21世纪
高等院校法学系列精品教材

个人信息保护法教程

程 啸 王 苑 著

中国人民大学出版社
· 北京 ·

| 作者简介 |

程　啸：法学博士、清华大学法学院教授、博士研究生导师、法学院副院长。主要研究领域为侵权法、人格权法、个人信息保护法、物权法、担保法、数据权属等。出版《人格权研究》《个人信息保护法理解与适用》《侵权责任法》《担保物权研究》《不动产登记法研究》等独著10余部，在《中国社会科学》《中国法学》《法学研究》等权威核心期刊发表论文一百余篇。兼任最高人民法院执行特邀咨询专家、最高人民检察院民事行政诉讼监督案件专家委员会委员、中共云南省委法律顾问、中国法学会法学教育研究会常务理事、中国法学会立法学研究会常务理事、中国消费者协会专家委员会委员、北京市法学会不动产法研究会副会长等。先后参与侵权责任法、民法典、个人信息保护法、不动产登记法等法律和相关司法解释的起草论证。

王　苑：法学博士、清华大学法学院博士后，东南大学法学院讲师、人权研究院助理研究员。主要研究领域为个人信息保护法、侵权法、人格权法、网络法等。出版译著《场景中的隐私——技术、政治和社会生活中的和谐》，在《法学家》《环球法律评论》《华东政法大学学报》《中国法律评论》等法学核心期刊发表论文十余篇。主持司法部、中国博士后科学基金等省部级课题3项；参与国家社会科学基金重大项目、重点项目，最高人民法院、文化和旅游部、住房和城乡建设部等国家与省部级课题5项。

内容提要

本书是国内首部全面、系统地阐释我国个人信息保护法律制度的教科书，对于个人信息保护法的基本概念与原理、个人信息处理规则、个人信息权益、个人信息处理者的义务与法律责任等进行了准确的分析与介绍。全书紧密结合实践，通过丰富的案例使读者在具体场景中理解和掌握个人信息保护法的规则与制度。全书采用了大量图表来呈现相关知识点，并就疑难复杂问题专辟“评论”栏目加以分析，还在每一章最后附上“进一步阅读文献”，以满足读者深入学习研究的需要。

前言

习近平总书记指出："发展数字经济意义重大，是把握新一轮科技革命和产业变革新机遇的战略选择。"党的十八大以来，我国深入实施网络强国战略、国家大数据战略，先后印发数字经济发展战略、"十四五"数字经济发展规划，加快推进数字产业化和产业数字化，推动数字经济蓬勃发展。十年来，我国数字经济取得了举世瞩目的发展成就，总体规模连续多年位居世界第二，对经济社会发展的引领支撑作用日益凸显。2020年，我国数字经济核心产业增加值占GDP的比重达到7.8%。全国软件业务收入从2012年的2.5万亿元增长到2021年的9.6万亿元，年均增速达16.1%。截至2021年，我国工业互联网核心产业规模超过1万亿元，大数据产业规模达1.3万亿元。电子商务交易额由2015年的21.8万亿元增长到2020年的37.2万亿元。从2015年至2020年，我国信息消费规模由3.4万亿元增长到5.8万亿元。

数字中国的发展与建设离不开法治保障，在网络科技高度发达的现代社会，个人信息保护成为重中之重。个人信息古已有之，传统的民法、行政法和刑法也都进行了相应的调整，如人格权法、侵权法保护自然人的姓名权、肖像权、名誉权和隐私权等人格权益。然而，进入现代社会后，随着网络信息科技的突飞猛进，个人信息利用越来越频繁，也越来越重要。在现代社会的生产生活中，个人信息处理可谓无处不在、无所不在、无时不在。因此，制定个人信息保护法是保护个人信息权益，实现个人信息合理利用的必然要求；是维护网络空间良好生态的现实需要；也是促进数字经济健康发展的重要举措。所谓个人信息保护法，也称个人数据保护法或个人资料保护法，它是以保护个人信息权益、规范个人信息处理活动、促进个人信息的合理利用为目的，兼采公法与私法的手段，对个人信息处理的基本原则、个人信息处理规则、个人信息权益、个人信息处理者的义务与责任以及履行个人信息保护职责的部门的职责等加以规范的法律。

早在2012年《全国人民代表大会常务委员会关于加强网络信息保护的决定》就对网络个人信息的保护作出了较为具体的规定。历经十余年的发展，目前我国已经建立了以《民法典》《个人信息保护法》《网络安全法》《数据安全法》等法律为核心，包括《最高人民法院关于审理使用人脸识别技术处理个人信息相关民事案件适用法律若干问题的规定》《最高人民法院关于审理利用信息网络侵害人身权益民事纠纷案件适用法律若干问题的规定》等司法解释，《计算机信息网络国际联网安全保护管理办法》《征信业管理条例》等行政法规，以及《儿童个人信息网络保护规定》《数据出境安全评估办法》《电信和互联网用户个人信息保护规定》等部门规章在内的较为完备的个人信息保护法律体系。

不久前，中共中央办公厅、国务院办公厅印发的《关于加强新时代法学教育和法学理论研究的意见》明确指出，要加快发展数字法学等新兴学科。个人信息保护法是数字法学的重要组成部分。在法学教育与法律实践中，个人信息保护法的重要性日益凸显。故此，就个人信息保护法应当单独开设课程加以讲授，同时，也需要有若干稳妥可靠的教科书供师生使用。本书是一部全面系统地阐释我国个人信息保护法律制度，介绍、分析个人信息保护的理论与实践的教科书。全书共分为四编，总计十五章。第一编“导论”主要对个人信息保护法的立法目的、调整对象，个人信息与个人信息处理的含义与类型，个人信息保护法的基本原则等内容加以分析介绍。第二编“个人信息处理规则”主要对个人信息处理的法律根据、个人信息的特殊处理情形、敏感个人信息的处理、国家机关处理个人信息以及个人信息的出境等进行分析介绍。第三编“个人信息权益”则就个人信息权益的概念、性质与权能，个人信息权益的内容、个人信息权益的实现程序以及侵害个人信息权益的侵权责任作了介绍。第四编“个人信息处理者的义务与责任”介绍了个人信息处理者的义务、行政责任与刑事责任、个人信息保护公益诉讼以及履行个人信息保护职责的部门等内容。

个人信息保护法是极富实践性的法律部门，为充分做到理论与实践的紧密结合，让读者能在具体场景中理解和掌握个人信息保护法的规则与制度，本书的每个章节或部分前都以一个或数个“例子”开头，在正文中结合具体知识分析这些例子。所有的例子均来自个人信息保护纠纷案件或个人信息保护法律实践中发生的问题。本书也尽量多采取图表等可视化方式呈现相关知识点，就深入讨论的问题专辟“评论”部分加以阐述，并在每一章后附“进一步阅读文献”，以供想要深入学习研究的读者参考。

北京清律律师事务所熊定中律师阅读了本书初稿，从实务角度就书中的一些案例场景提出了宝贵的意见，在此表示衷心感谢！

本书由程啸与王苑通力合作完成，全书写作分工如下：

程啸撰写：第一编第一～三章；第二编第四章，第五章第一～三节、第五节；第三编第九～十二章；第四编第十四章。

王苑撰写：第二编第五章第四节，第六～八章；第四编第十三章、第十五章。

个人信息保护法的内容博大精深，而作者才疏学浅。作为目前国内出版的第一本个人信息保护法教科书，本书的缺漏、错误之处在所难免，敬请广大读者批评指正，不吝赐教！

本书所依据的法律、法规、司法解释、规章等规范性文件和案例，截止到 2023 年 3 月 15 日。

程　啸
2023 年 3 月 15 日于清华园

缩略语

一、法律

1.《宪法》=《中华人民共和国宪法》
2.《民法典》=《中华人民共和国民法典》
3.《个人信息保护法》=《中华人民共和国个人信息保护法》
4.《数据安全法》=《中华人民共和国数据安全法》
5.《网络安全法》=《中华人民共和国网络安全法》
6.《电子商务法》=《中华人民共和国电子商务法》
7.《未成年人保护法》=《中华人民共和国未成年人保护法》
8.《消费者权益保护法》=《中华人民共和国消费者权益保护法》
9.《专利法》=《中华人民共和国专利法》
10.《著作权法》=《中华人民共和国著作权法》
11.《商标法》=《中华人民共和国商标法》
12.《反不正当竞争法》=《中华人民共和国反不正当竞争法》
13.《国家赔偿法》=《中华人民共和国国家赔偿法》
14.《突发事件应对法》=《中华人民共和国突发事件应对法》
15.《传染病防治法》=《中华人民共和国传染病防治法》
16.《民事诉讼法》=《中华人民共和国民事诉讼法》
17.《行政诉讼法》=《中华人民共和国行政诉讼法》

二、司法解释

1.《人身损害赔偿解释》=《最高人民法院关于审理人身损害赔偿案件适用法律若干问题的解释》

2.《精神损害赔偿解释》=《最高人民法院关于确定民事侵权精神损害赔偿责任若干问题的解释》

3.《利用信息网络侵害人身权益纠纷规定》＝《最高人民法院关于审理利用信息网络侵害人身权益民事纠纷案件适用法律若干问题的规定》

4.《人脸识别解释》＝《最高人民法院关于审理使用人脸识别技术处理个人信息相关民事案件适用法律若干问题的规定》

目　录

第一编　导　论

第三编　个人信息权益

第四编 个人信息处理者的义务与责任

第一编

导　论

第一章　个人信息保护法概述

第一节　个人信息保护法的概念、特征与法律渊源

一、个人信息保护法的概念

个人信息保护法（Personal Information Protection Law），也称个人数据保护法（Personal Data Protection Law），它是以规范个人信息处理活动为内容，以实现个人信息权益保护与个人信息合理利用为目的的法律。个人信息保护法有广义与狭义之分。狭义的个人信息保护法即形式意义上的个人信息保护法。在我国，它是指 2021 年 8 月 20 日第十三届全国人民代表大会常务委员会第三十次会议通过，自 2021 年 11 月 1 日起施行的《个人信息保护法》。该法是我国第一部个人信息保护领域的专门的、基本的法律，共分八章、总计 74 条，分别对个人信息保护法的立法目的与适用范围、个人信息保护法的基本原则、个人信息处理规则、个人信息跨境提供的规则、个人在个人信息处理活动中的权利、个人信息处理者的义务、履行个人信息保护职责的部门以及法律责任等作出了具体的规定。

广义的个人信息保护法，也称实质意义上的个人信息保护法，是对所有的规范个人信息处理活动、保护个人信息权益与促进个人信息合理利用的法律规范的统称。在我国，广义的个人信息保护法除《个人信息保护法》外，还包括《宪法》《民法典》《网络安全法》《电子商务法》《消费者权益保护法》《数据安全法》等法律，《互联网信息服务管理办法》《征信业管理条例》《关键信息基础设施安全保护条例》等行政法规，《人脸识别解释》等司法解释，以及《儿童个人信息网络保护规定》等规章中的关于个人信息保护的法律规范（参见图 1-1）。

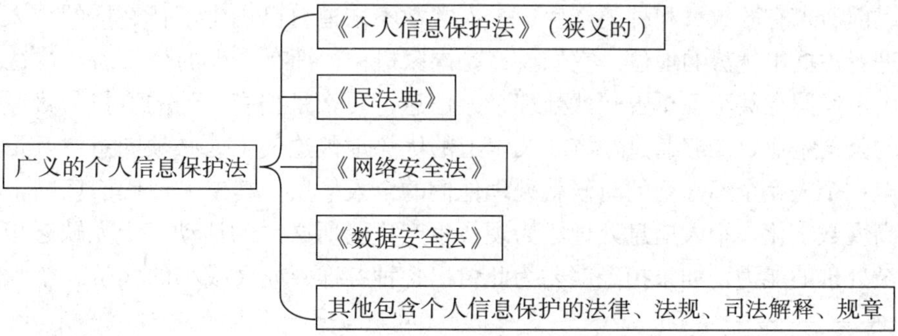

图 1-1　个人信息保护法的类型

二、个人信息保护法的特征

例 1： 张三和李四是门对门的邻居。因担心放在门口的快递被他人偷走，张三便在自己的门上安装了一个摄像头，进行 24 小时监控。该摄像头对着李四的房门，可以将楼道和李四家人员进出的情况都拍摄进去。李四认为张三侵害了自己及家人的隐私权和个人信息权益，于是依据《民法典》《个人信息保护法》起诉张三，要求拆除摄像头并赔礼道歉、赔偿精神损害。

（一）个人信息保护法调整的是能力不对等的个人信息处理者与个人之间的法律关系

在进入信息社会之前，个人信息如自然人的姓名、电话号码、家庭住址、肖像、财产信息、病历资料等已经存在，并被政府、企业等主体收集、保管、分析和使用。但是，在前信息社会中，个人信息的类型相对简单，产生的渠道也非常有限，更重要的是，个人信息处理者处理个人信息的能力也较弱，在个人信息处理者与个人之间尚未形成处理能力上的不平等关系。故此，通过调整平等主体之间的人身、财产关系的民法，就足以保护自然人的个人信息。例如，未经同意公开或披露自然人的隐私信息（如家庭住址、电话号码等）的，擅自使用他人姓名的，分别构成民法上侵害隐私权、名誉权或姓名权的侵权行为，承担停止侵害、赔偿损失等侵权责任即可。

然而，随着信息网络科技尤其是大数据与人工智能的发展，个人信息的收集、存储和利用等处理活动发生了巨大的变化。一方面，现代网络信息技术已将社会的生产、生活高度数字化（或数据化），Cookie 技术和各种传感器可以自动地收集与存储个人信息。个人信息被大规模、自动化地收集和存储的情形变得越来越普遍，可谓无时不在、无处不在。另一方面，随着计算机软件技术的高度发展，个人信息处理者的处理能力越来越强。尤其是随着大数据与人工智能技术的发展，对海量数据的分析与使用也变得非常简单，个人信息被非法使用或滥用的可能性极大地增加。例如，网络公司和数据企业通过分析和利用海量的个人信息，对目标群体做人格画像，实施精准营销，甚至进行行为操纵，就可能严重危害自然人的人格尊严，妨害人格的自由发展。因此，现代信息社会中逐渐形成的是个人信息处理者与个人之间持续性的能力不平等的个人信息处理关系。①

具体而言，这种不对等关系表现在以下几个方面：其一，现代网络信息科技的发展，使个人信息以前所未有的数量和种类产生，个人常常不知道自己产生了什么样的个人信息。个人信息处理者占据很优势的地位。它们要么是国家机关，拥有强大的公权力，往往以履行法定职责为由不经同意甚至不予告知就处理个人信息；要么是拥有专门的科技与雄厚资金、人力与物力的公司企业，能够通过经济或技术上的优势地位迫使个人必须同意对其个人信息的处理，甚至在个人完全不知情的时候就处理他们的个人信息。其二，现代信息网络技术使得社会生活高度数字化，个人信息处理成为现代生产生活所必需的活动，个人缺乏拒绝或阻止个人信息被处理的能力，如果拒绝就要为此付出各种各样、或大或小的代价。个人信息处理

---

① 王苑. 个人信息保护在民法中的表达：兼论民法与个人信息保护法之关系. 华东政法大学学报，2021（2）：72；丁晓东. 个人信息保护原理与实践. 北京：法律出版社，2021：191.

者留给个人的选项只有留下或离开。其三，随着网络信息科技的飞速发展，个人信息处理的目的和方式具有越来越多的可能性，而算法的专业性与不透明性会使个人信息处理可能对个人权益产生何种危险或损害，常常是个人难以了解的。正如经营者与消费者之间的不对等地位引发了消费者保护运动，最终产生了消费者权益保护法一样，个人信息处理者与个人之间的不对等关系引发了个人信息保护运动，个人信息保护法由此而生。

所以，个人信息保护法调整的是处理能力持续不对等的个人信息处理者与个人之间的法律关系。至于自然人因个人或者家庭事务处理个人信息的，不由个人信息保护法调整，仍由民法调整。在前述**例 1** 中，张三与李四之间的个人信息处理关系属于自然人之间的个人信息处理关系，他们之间并不存在个人信息处理能力的不对等问题，依据我国《个人信息保护法》第 72 条第 1 款，不适用《个人信息保护法》，而适用《民法典》等法律的规定。张三安装摄像头拍摄了李四及其家人的活动，该行为当然构成侵害李四及其家人的隐私权和个人信息权益，张三应当依据《民法典》的规定承担停止侵害、排除妨害、赔偿损失、赔礼道歉等侵权责任。

（二）个人信息保护法是综合运用公法与私法规范个人信息处理活动的领域法

由于个人信息保护法调整的是处理能力不平等的个人信息处理者与个人之间的法律关系，故此，个人信息保护法既非单纯的公法，也非民事特别法，而是综合运用公法与私法方法对个人信息处理活动予以调整的领域法。首先，个人信息保护法调整的个人信息处理活动既包括公司、企业、事业单位等民事主体基于商业目的等处理个人信息的活动，也包括国家机关、承担行政职能的法定机构因履行法定职责处理个人信息的活动，因此，个人信息保护法调整的个人信息处理活动既有平等的民事主体之间的民事活动，也有公权力机关与民事主体之间不平等的行政管理活动。正因如此，我国《个人信息保护法》专门在第二章“个人信息处理规则”第三节对国家机关处理个人信息作出特别规定。既然个人信息保护法调整的法律关系既包括公法关系也包括私法关系，那么个人信息保护法不可能只是使用单纯的公法或私法的调整方法，必须兼而用之。

其次，个人信息保护法对个人信息处理活动予以全过程的规范，不仅注重个人信息权益被侵害后的救济，更重视个人信息权益的预防性保护。这也就要求个人信息保护法中既要有公法性规范，也应有私法性规范。一方面，公法性规范主要是对个人信息处理规则、个人信息跨境提供的规则、个人信息处理者的义务的规定，个人信息处理者必须遵守这些强制性规范，从而保证其个人信息的处理符合正当、必要、合法、诚信、目的限制等原则，不侵害个人信息权益。同时，个人信息保护法还明确了履行个人信息保护职责的部门，要求这些部门严格履行保护个人信息的职责，查处各种非法处理个人信息的行为并对违法者施加警告、没收违法所得、罚款等法律责任。另一方面，个人信息保护法也对自然人的个人信息权益的内容及其保护作出了规定。我国《个人信息保护法》在第四章“个人在个人信息处理活动中的权利”中对自然人的个人信息权益的权能以及行使程序作出了规定，明确了个人对于个人信息处理享有知情权、决定权，个人针对其个人信息享有查阅权、复制权、可携带权、更正权、补充权、删除权等；死者的近亲属在符合一定条件下可以针对死者的相关个人信息行使查阅、复制、更正、删除等权利；当个人信息处理者拒绝个人行使权利的请求时，个人可以依法向人民法院提起诉讼。同时，《个人信息保护法》

还在“法律责任”一章就侵害个人信息权益的侵权赔偿责任的归责原则、损害赔偿的计算方法等作出了规定。上述规范都属于私法性规范。

评　论

《民法典》第 111 条第一句规定：“自然人的个人信息受法律保护。”同时，《民法典》第四编人格权的第六章“隐私权和个人信息保护”采用了六个条文（第 1034—1039 条）分别对个人信息的概念、处理的含义、私密信息与非私密信息的法律适用、个人信息的合理使用、个人信息权益的内容、信息处理者的义务等作出了规定。由此，在学界产生了对于《民法典》与《个人信息保护法》关系的争论。一种观点认为：《个人信息保护法》是一部保护个人信息的综合性立法，其所包含的个人信息的私法规则与《民法典》构成特别法与一般法的关系，《民法典》确立了个人信息的性质及其在民事权利体系中的位置，故此，《个人信息保护法》的适用需要在《民法典》的体系框架中展开。[①] 另一种观点认为：《个人信息保护法》是保护个人信息的基本立法，其调整范围、义务主体和执行机制均不同于《民法典》，故此，它不是《民法典》的特别法或下位法。《个人信息保护法》和《民法典》一样，都是基本法。[②]

本书认为，《民法典》与《个人信息保护法》是我国个人信息保护法律体系中最重要最基本的法律，均以保护个人信息权益，协调个人信息的保护与利用为鹄的。由于《民法典》与《个人信息保护法》存在调整范围与调整方法上的差异，故此，不能简单地将它们的关系界定为一般法与特别法的关系或者并存的基本法，而应当进行类型化分析。具体而言，《民法典》与《个人信息保护法》的关系可以分为四种类型：其一，《个人信息保护法》的规定对《民法典》相关规定进行了充实与丰富发展；其二，《个人信息保护法》通过转介条款或相关规定指向了《民法典》的相关规定；其三，《个人信息保护法》的规定相对于《民法典》的规定是特别规定而应当优先适用；其四，《个人信息保护法》与《民法典》有不同的规范目的而分别适用不同的情形。[③]

三、个人信息保护法的法律渊源

我国个人信息保护法的法律渊源包括法律、行政法规、司法解释、地方性法规、规章以及规范性文件等（参见表 1-1）。

（一）法律

我国个人信息保护最基本也最重要的法律渊源就是《宪法》。《宪法》第 33 条第 3 款规定：“国家尊重和保障人权。”第 38 条规定：“中华人民共和国公民的人格尊严不受侵犯。禁止用任何方法对公民进行侮辱、诽谤和诬告陷害。”第 40 条规定：“中华人民共和

① 王利明. 论《个人信息保护法》与《民法典》的适用关系. 湖湘法学评论，2021（1）；王苑. 个人信息保护在民法中的表达：兼论民法与个人信息保护法之关系. 华东政法大学学报，2021（2）；石佳友. 个人信息保护的私法维度：兼论《民法典》与《个人信息保护法》的关系. 比较法研究，2021（5）.

② 周汉华. 个人信息保护的法律定位. 法商研究，2020（3）；龙卫球.《个人信息保护法》的基本法定位与保护功能：基于新法体系形成及其展开的分析. 现代法学，2021（5）.

③ 程啸. 论《民法典》与《个人信息保护法》的关系. 法律科学（西北政法大学学报），2022（3）.

国公民的通信自由和通信秘密受法律的保护。除因国家安全或者追查刑事犯罪的需要，由公安机关或者检察机关依照法律规定的程序对通信进行检查外，任何组织或者个人不得以任何理由侵犯公民的通信自由和通信秘密。”《宪法》对人格尊严、通信自由与通信秘密的规定是我国个人信息保护的最基本和最重要的法律依据。在网络信息科技高度发达的现代社会，如果不能建立科学合理的个人信息保护法律制度，不能充分保护个人信息权益，就无法真正尊重和保障人权，维护人格尊严与人身自由，保护公民的通信自由和通信秘密。有鉴于此，我国《个人信息保护法》第 1 条明确规定“根据宪法，制定本法”。这不仅充分体现了《宪法》的最高法律效力，也着重强调了《宪法》是我国《个人信息保护法》的立法根据。《个人信息保护法》的规定也必须体现宪法尊重和保障人格权、保护人格尊严的精神，落实宪法的要求，不得违背宪法。

除《宪法》以及《个人信息保护法》之外，作为个人信息保护法的渊源的法律还包括：《民法典》《数据安全法》《网络安全法》《电子商务法》《消费者权益保护法》《未成年人保护法》《刑法》《反电信网络诈骗法》《全国人民代表大会常务委员会关于加强网络信息保护的决定》《全国人民代表大会常务委员会关于维护互联网安全的决定》，等等。《民法典》作为民事基本法律，其对个人信息保护作出规定具有重大意义，尤其是《民法典》在第四编“人格权”中专章对“隐私权和个人信息保护”的规定，非常明确地表明了我国法上的个人信息权益属于民事权益，是民事权益中不同于隐私权等其他人格权的新型人格权益。[①]

（二）行政法规

作为个人信息保护法的法律渊源的行政法规主要包括：《计算机信息网络国际联网安全保护管理办法》《互联网信息服务管理办法》《计算机信息系统安全保护条例》《征信业管理条例》《关键信息基础设施安全保护条例》，等等。例如，《计算机信息网络国际联网安全保护管理办法》第 7 条规定：“用户的通信自由和通信秘密受法律保护。任何单位和个人不得违反法律规定，利用国际联网侵犯用户的通信自由和通信秘密。”再如，《征信管理条例》对征信机构处理个人信息包括敏感的个人信息作出了详细规定。

（三）司法解释

司法解释也是个人信息保护法的重要法律渊源，其对于人民法院裁判个人信息保护纠纷，惩治侵害公民个人信息权益的违法犯罪行为具有重要的作用，主要包括：《人脸识别解释》《利用信息网络侵害人身权益纠纷规定》以及《最高人民法院、最高人民检察院关于办理侵犯公民个人信息刑事案件适用法律若干问题的解释》《最高人民法院、最高人民检察院关于办理非法利用信息网络、帮助信息网络犯罪活动等刑事案件适用法律若干问题的解释》等。特别值得一提的是，2021 年 7 月 27 日颁布的《人脸识别解释》是我国首部对使用人脸识别技术处理人脸信息以及处理基于人脸识别技术生成的人脸信息引发的民事案件的审理作出全面系统规范的司法解释。

（四）地方性法规

地方性法规对个人信息保护的规定相对较少，主要散见于一些地方颁布的社会信用条例和数据条例，且基本上是对《个人信息保护法》《数据安全法》等相关法律规定的重复，

---

① 程啸. 论我国民法典中个人信息权益的性质. 政治与法律，2020（8）.

如《广东省社会信用条例》《天津市社会信用条例》《河南省社会信用条例》《上海市数据条例》《北京市数字经济促进条例》《重庆市数据条例》《深圳经济特区数据条例》等地方性法规中的规定。

（五）部门规章与地方政府规章

个人信息保护方面的部门规章主要是由国家互联网信息办公室、工业和信息化部、公安部、国家市场监督管理总局等国家部委单独或者联合颁布的。单独颁布的如，国家互联网信息办公室颁布的《儿童个人信息网络保护规定》《数据出境安全评估办法》，工业和信息化部颁布的《电信和互联网用户个人信息保护规定》。联合颁布的如：国家互联网信息办公室、工业和信息化部与公安部联合颁布的《互联网信息服务深度合成管理规定》，国家互联网信息办公室、工业和信息化部、公安部与国家市场监督管理总局联合颁布的《互联网信息服务算法推荐管理规定》。涉及个人信息保护的地方政府规章相对较少，如《北京市公共安全图像信息系统管理办法》《陕西省公共安全图像信息系统管理办法》等。

（六）规范性文件

个人信息保护的规范性文件主要是由工业和信息化部、国家互联网信息办公室、公安部等国家部委颁布的文件，例如，国家互联网信息办公室秘书局、工业和信息化部办公厅、公安部办公厅、国家市场监督管理总局办公厅联合制定的《常见类型移动互联网应用程序必要个人信息范围规定》《App违法违规收集使用个人信息行为认定方法》，国家市场监督管理总局与国家互联网信息办公室颁布的《个人信息保护认证实施规则》，国家邮政局颁布的《寄递服务用户个人信息安全管理规定》等。

表1-1 个人信息保护法的法律渊源

个人信息保护法的法律渊源	法律	《宪法》《个人信息保护法》《民法典》《网络安全法》《数据安全法》《电子商务法》《消费者权益保护法》等
	行政法规	《计算机信息网络国际联网安全保护管理办法》《互联网信息服务管理办法》《计算机信息系统安全保护条例》《征信业管理条例》《关键信息基础设施安全保护条例》等
	司法解释	《人脸识别解释》《利用信息网络侵害人身权益纠纷规定》以及《最高人民法院、最高人民检察院关于办理侵犯公民个人信息刑事案件适用法律若干问题的解释》
	地方性法规	《广东省社会信用条例》《天津市社会信用条例》《河南省社会信用条例》《上海市数据条例》《北京市数字经济促进条例》《重庆市数据条例》《深圳经济特区数据条例》等
	部门规章和地方政府规章	《儿童个人信息网络保护规定》《数据出境安全评估办法》《电信和互联网用户个人信息保护规定》《互联网信息服务深度合成管理规定》《互联网信息服务算法推荐管理规定》《银行保险机构消费者权益保护管理办法》等
	规范性文件	《常见类型移动互联网应用程序必要个人信息范围规定》《App违法违规收集使用个人信息行为认定方法》《个人信息保护认证实施规则》《寄递服务用户个人信息安全管理规定》等
	国家标准	《信息安全技术 公共及商用服务信息系统个人信息保护指南》《信息安全技术 个人信息安全规范》《信息安全技术 移动智能终端个人信息保护技术要求》《信息安全技术 个人信息去标识化指南》等

评　论

个人信息保护领域的相关标准也很重要。这些标准主要是由国家市场监督管理总局、工业和信息化部、公安部、中国人民银行等部委发布的国家标准和行业标准，以推荐性国家标准（GB/T）居多。个人信息保护领域中的标准不属于个人信息保护法的法律渊源。不过，由于这些标准规定得较为丰富细致，因此，对于个人信息处理者依法处理个人信息具有很好的指导和示范作用。随着我国对个人信息保护的重视，近年个人信息保护领域的标准也不断增加和更新，其中，比较重要的一些标准有《信息安全技术 公共及商用服务信息系统个人信息保护指南》《信息安全技术 个人信息安全规范》《信息安全技术 移动智能终端个人信息保护技术要求》《信息安全技术 个人信息去标识化指南》《网络安全标准实践指南——移动互联网应用程序（App）收集使用个人信息自评估指南》《网络安全实践指南——移动互联网应用基本业务功能必要信息规范》《网络安全标准实践指南——移动互联网应用程序（App）个人信息保护常见问题及处置指南》《网络安全标准实践指南——移动互联网应用程序（App）系统权限申请使用指南》《网络安全标准实践指南——移动互联网应用程序（App）使用软件开发工具包（SDK）安全指引》《移动终端权限申请目的说明实施指南》《个人金融信息保护技术规范》《电信和互联网服务用户个人信息保护定义及分类》等。

第二节　个人信息保护法的目标

一、概述

了解个人信息保护法的立法目的，有利于更透彻地理解个人信息保护法的规则、制度及体系，从而准确地阐释并适用相关规范，维护个人信息权益，处理个人信息纠纷。我国《个人信息保护法》第 1 条是对立法目的的规定。该条在立法中经历了一个变化过程。《个人信息保护法草案（征求意见稿）》第 1 条曾规定："为了规范个人信息处理活动，保护个人信息权益，保障个人信息依法有序自由流动，促进个人信息合理利用，制定本法。"《个人信息保护法草案（一审稿）》将之修改为："为了保护个人信息权益，规范个人信息处理活动，保障个人信息依法有序自由流动，促进个人信息合理利用，制定本法。"这就更加彰显了"保护个人信息权益"在立法目的中处于更重要的地位。此后，鉴于个人信息的有序自由流动就是为了合理利用个人信息，故此，《个人信息保护法草案（二审稿）》将"保障个人信息依法有序自由流动"的表述予以删除，最终形成了《个人信息保护法》第 1 条的规定："为了保护个人信息权益，规范个人信息处理活动，促进个人信息合理利用，根据宪法，制定本法。"

由此可见，我国《个人信息保护法》第 1 条所列出的立法目的包括：保护个人信息权益、规范个人信息处理活动，以及促进个人信息合理利用。本书认为，规范个人信息处理活动是对个人信息保护调整对象的表述，况且规范个人信息处理活动本身也不是目的，其目的仍在于保护个人信息权益与促进个人信息合理利用，尤其是实现二者的有机协调。故此，我国《个人信息保护法》的立法目的就是两个：一是，保护个人信息权益；二是，促进个人信息合理利用。

二、保护个人信息权益

例 2：A 公司研发并运营的一款购物 App 在没有告知并取得用户同意的情况下，大量收集并存储用户的个人信息。因未采取充分技术措施等保护存储的个人信息的安全，黑客入侵了 A 公司的数据库，窃取了大量包含个人信息的数据，并通过地下暗网非法出售给境外犯罪团伙，导致不少用户因电信网络诈骗损失惨重。

个人信息权益，简单地说，就是自然人针对其个人信息享有的民事权益，任何组织和个人不得侵害自然人的个人信息权益。保护个人信息权益是随着现代网络信息时代的到来而产生的重大法律与社会问题。在大数据时代，个人信息处理方式发生了革命性变化。信息处理能力的突飞猛进，不仅使海量的个人信息可以被包括国家机关、企事业单位等各类主体无时无刻、无所不在地加以收集、存储、加工，并且这些个人信息会以人们想不到的各种方法被予以加工、使用、传输、提供或公开。个人信息的各种处理行为因此产生了侵害自然人的人格尊严、妨害人格自由以及损害人身财产权益的各种风险，并时常会造成现实的损害后果。这些风险至少包括以下几类：其一，因个人信息被非法收集、买卖或使用而使违法犯罪分子得以对自然人的生命权、健康权、名誉权、隐私权等人格权益以及债权、物权、股权等财产权益实施侵害行为。在**例 2** 中，A 公司没有告知并取得用户的同意就收集个人信息，该行为本身就已经构成了对个人信息权益的侵害。然而更严重的是，该公司没有采取必要措施保护个人信息安全，导致个人信息被黑客窃取后出售给境外犯罪团伙，从而使得用户因电信网络诈骗而遭受重大财产损失。其二，基于被合法收集的个人信息形成的大数据，通过算法等技术进行社会分选、歧视性对待，进而损害人格尊严的危险，如社会上曾广泛关注的算法歧视。其三，通过大数据和人工智能技术进行人格画像、自动化决策，将原本属于主体的自然人降格为客体并加以操控，损害人格自由等。

综上所述，围绕着个人信息处理活动实际上展开的是自然人需要通过对其个人信息的自主决定与控制来防止遭受人格歧视、人身财产权益陷于危险或受到损害的利益需求，与处理者希望更多、更自由地利用个人信息达致各种目的（提高行政效率、追求商业利润等）的利益需求这二者之间的矛盾紧张关系。我国社会已经进入网络信息时代，生产生活中个人信息的处理活动普遍存在。根据中国互联网络信息中心（CNNIC）发布的第 50 次《中国互联网络发展状况统计报告》，截至 2022 年 6 月，我国网民规模为 10.51 亿，其中，短视频用户规模达 9.62 亿，即时通信用户规模达 10.27 亿，网络直播用户规模达 7.16 亿，网络新闻用户规模达 7.88 亿，互联网普及率达 74.4%。[①] 现实中一些组织或个人为了商业利益甚至牟取非法利益，随意收集、违法获取、过度使用、非法买卖个人信息的现象十分严重，利用个人信息侵扰广大人民群众的生活安宁，实施电信网络诈骗等侵害广大

① 中国互联网络信息中心. 第 50 次中国互联网络发展状况统计报告.（2022-08-31）[2022-12-27]. http://cnnic.cn/n4/2022/0916/c38-10594.html.

人民群众人身财产权益等违法犯罪问题依旧非常突出。如何有效地保护个人信息权益，已成为广大人民群众和社会各界最关心也最现实的问题之一。

党中央高度重视网络空间法治建设，对个人信息保护立法工作作出了相应部署。习近平总书记多次强调，要坚持网络安全为人民、网络安全靠人民，保障个人信息安全，维护公民在网络空间的合法权益，对加强个人信息保护工作提出明确要求。[①] 为了及时回应广大人民群众的呼声和期待，落实党中央的部署，我国颁布了《民法典》《个人信息保护法》等重要法律。所谓个人信息保护法，实质上就是个人信息权益保护法。《个人信息保护法》在第 1 条就旗帜鲜明地将保护个人信息权益作为第一位的立法目的，并且在第 2 条再次明确“自然人的个人信息受法律保护，任何组织、个人不得侵害自然人的个人信息权益”。为了实现对个人信息权益的全面、充分的保护，我国《个人信息保护法》作出了如下系统全面、细致的规定。

（1）明确了合法、正当、必要、诚信、目的限制、最小必要、质量、责任等个人信息保护法的基本原则。这些也是个人信息处理活动应当遵循的基本原则。这些原则的根本目的就是要规范个人信息处理者的处理活动，保护个人信息权益。例如，依据《个人信息保护法》第 6 条规定的目的限制原则，处理个人信息应当具有明确、合理的目的，并应当与处理目的直接相关，采取对个人权益影响最小的方式。收集个人信息，应当限于实现处理目的的最小范围，不得过度收集个人信息。无论什么样的个人信息处理者为了何种处理目的，以何种方式实施个人信息处理活动，都应当遵循这些基本原则。此外，调整规范个人信息处理活动的各类法规规章和司法解释也不得违反上述基本原则。

（2）详细规定个人信息处理活动中最重要的合法性根据——告知同意规则，明确要求个人信息处理者在处理个人信息前，必须以显著方式、清晰易懂的语言真实、准确、完整地向个人告知法律规定的事项，除非法律、行政法规规定应当保密或者不需要告知，或者告知将妨碍国家机关履行法定职责。如果个人信息处理者是基于个人同意而处理个人信息的，那么个人的同意必须是个人在充分知情的前提下自愿、明确地作出，个人信息处理者不得以个人不同意处理其个人信息或者撤回同意为由，拒绝提供产品或者服务。

（3）对于社会普遍关注的“大数据杀熟”“人脸识别”等问题，明确要求个人信息处理者保证自动化决策的透明度和结果公平、公正，不得对个人在交易价格等交易条件上实行不合理的差别待遇。如果通过自动化决策方式作出对个人权益有重大影响的决定，个人有权要求个人信息处理者予以说明，并有权拒绝个人信息处理者仅通过自动化决策的方式作出决定。在公共场所安装图像采集、个人身份识别设备，应当为维护公共安全所必需，遵守国家有关规定，并设置显著的提示标识。所收集的个人图像、身份识别信息只能用于维护公共安全的目的，不得用于其他目的，除非取得个人单独同意。

（4）区分敏感的与非敏感的个人信息，对前者给予非常严格的保护。所谓敏感个人信息，即一旦泄露或者非法使用，容易导致自然人的人格尊严受到侵害或者人身、财产安全受到危害的个人信息，包括生物识别、宗教信仰、特定身份、医疗健康、金融账户、行踪

① 全国人大常委会法制工作委员会副主任刘俊臣. 关于《中华人民共和国个人信息保护法（草案）》的说明（2020 年 10 月 13 日在第十三届全国人民代表大会常务委员会第二十二次会议上）.

轨迹等信息，以及不满14周岁未成年人的个人信息。依据《个人信息保护法》的规定，只有在具有特定的目的和充分的必要性，并采取严格保护措施的情形下，个人信息处理者方可处理敏感的个人信息。同时，处理敏感的个人信息应当取得个人的单独同意，处理不满14周岁未成年人个人信息的，应当取得未成年人的父母或者其他监护人的同意。

(5) 专章详细规定了个人在个人信息处理活动中的权利。个人在个人信息处理活动中的权利是个人信息权益的具体内容即权能，对这些权利作出规定，就是为了更好地实现自然人的个人信息权益。《个人信息保护法》在《网络安全法》《民法典》的规定的基础上，立足于我国个人信息保护实践的要求，吸收借鉴比较法上的优秀成果，对个人在个人信息处理活动中的权利作出了系统全面的规定，明确规定了个人在个人信息处理活动中享有：对个人信息处理的知情权与决定权、查阅复制权、可携带权、更正补充权、删除权、解释说明权等。此外，为了维护死者的近亲属的合法、正当利益，《个人信息保护法》还规定了死者的近亲属为了自身的合法、正当利益，可以对死者的相关个人信息行使查阅、复制、更正、删除等权利，除非死者生前另有安排。

(6) 专章集中、详细规定了个人信息处理者的义务，构建了完整的义务体系。这些义务包括：采取措施确保个人信息处理活动合法并保护个人信息安全的义务；按照规定指定个人信息保护负责人的义务，定期合规审计的义务，对于高风险个人信息处理活动进行个人信息保护影响评估并对处理情况进行记录的义务，在发生或可能发生个人信息泄露等安全事件时立即采取补救措施并通知监管机构和个人的义务，提供重要互联网平台服务、用户数量巨大、业务类型复杂的个人信息处理者负有的特殊义务。

(7) 对于违法处理个人信息或者没有履行法律规定的个人信息保护义务的行为规定了严格的行政处罚，如对违法行为情节严重的，没收违法所得，并处5 000万元以下或者上一年度营业额5%以下罚款，并可以责令暂停相关业务或者停业整顿、通报有关主管部门吊销相关业务许可或者吊销营业执照等。对直接负责的主管人员和其他直接责任人员处10万元以上100万元以下罚款，并可以决定禁止其在一定期限内担任相关企业的董事、监事、高级管理人员和个人信息保护负责人。

(8) 规定了科学合理的民事责任制度以及公益诉讼。依据《个人信息保护法》的规定，处理个人信息侵害个人信息权益造成损害，个人信息处理者不能证明自己没有过错的，应当承担损害赔偿等侵权责任。侵害个人信息权益造成损害的损害赔偿责任按照个人因此受到的损失或者个人信息处理者因此获得的利益确定；个人因此受到的损失和个人信息处理者因此获得的利益难以确定的，根据实际情况确定赔偿数额。在个人信息处理者违反《个人信息保护法》规定处理个人信息，侵害众多个人的权益时，人民检察院、法律规定的消费者组织和由国家网信部门确定的组织可以依法向人民法院提起诉讼。

三、促进个人信息合理利用

例3： D公司运营的购物App告知并取得用户同意后，收集了用户的住址、兴趣爱好等个人信息，向用户推送可能感兴趣的商品信息和相关促销优惠活动信息等。用户张某认为D公司的行为侵害自己的合法权益。

个人信息保护法如果偏执一隅，过度保护个人信息权益，以致妨害个人信息的合理利用，也是不可取的。这将不利于我国网络信息科技的发展和数字经济的繁荣，最终损害国家利益、公共利益以及社会的整体福利，对个人也没有好处的。故此，几乎所有国家或地区在保护个人信息的法律规范中，都要关注民事权益保护与合理自由维护这一对价值的协调，既尊重和保护自然人的人格尊严等基本人权，也充分维护公共利益，保护言论与信息自由、商业活动的正常进行。例如，欧盟《一般数据保护条例》在鉴于部分明确了自然人在个人数据处理方面获得保护是一项基本权利，受到《欧盟基本权利宪章》第 8 条第 1 款和《欧盟运行条约》第 16 条第 1 款的保护。同时，该条例又明确指出："本条例致力于实现自由、安全、公平和经济联盟，致力于经济和社会进步，加强并聚集内部市场的经济，实现个人的幸福"，"保护个人数据的权利不是一项绝对权利，必须考虑其在社会中的作用并应当根据比例性原则与其他基本权利保持平衡。本条例尊重所有基本权利，并奉行《欧盟运行条约》基于《欧盟基本权利宪章》承认的自由和原则，尤其是在以下方面：个人和家庭生活、家庭和通信、个人数据保护、思想自由、意识和宗教、言论和信息自由、商业活动自由、获得有效救济和公正审判的权利、文化、宗教和语言多样性。"

在我国，党的十九大报告提出了建设网络强国、数字中国、智慧社会的任务要求。按照这一要求，应当统筹个人信息保护与利用，通过立法建立权责明确、保护有效、利用规范的制度规则，在保障个人信息权益的基础上，促进信息数据依法合理有效利用，推动数字经济持续健康发展。[①] 十年来，我国数字经济取得了举世瞩目的发展成就，总体规模连续多年位居世界第二，对经济社会发展的引领支撑作用日益凸显。例如，截至 2021 年，我国工业互联网核心产业规模超过 1 万亿元，大数据产业规模达 1.3 万亿元，并成为全球增速最快的云计算市场之一，2012 年以来其年均增速超过 30%。[②] 故此，我国《个人信息保护法》不仅以保护个人信息权益为目的，也高度关注个人信息的合理利用，致力于协调个人信息权益与信息自由、言论自由、商业活动自由的关系，以及"合理平衡保护个人信息与维护公共利益之间的关系"[③]。在《个人信息保护法》中，旨在促进个人信息合理利用的内容主要包括如下几个方面。

(1) 规定了较为广泛的个人信息处理合法性根据的范围。《个人信息保护法》第 13 条除在第 1 款第 1 项明确规定处理个人信息需要告知并取得个人同意这一基本规则外，还在同条第 1 款中的第 2 项至第 7 项列举了不需要取得个人同意而合法处理个人信息的其他情形，如：为履行个人作为一方当事人的合同所必需的，为履行法定职责或者法定义务所必需的，为应对突发公共卫生事件，或者在紧急情况下为保护自然人的生命健康和财产安全所必需，依法在合理的范围内处理已经公开的个人信息等。

---

① 全国人大常委会法制工作委员会副主任刘俊臣. 关于《中华人民共和国个人信息保护法（草案）》的说明（2020 年 10 月 13 日在第十三届全国人民代表大会常务委员会第二十二次会议上）.

② 国家发展和改革委员会主任何立峰. 国务院关于数字经济发展情况的报告（2022 年 10 月 28 日在第十三届全国人民代表大会常务委员会第三十七次会议上）.

③ 全国人民代表大会常务委员会副委员长王晨. 关于《中华人民共和国民法典（草案）》的说明（2020 年 5 月 22 日在第十三届全国人民代表大会第三次会议上）.

（2）并未一概禁止对于敏感个人信息的处理，而是要求个人信息处理者只有在具有特定的目的和充分的必要性，并采取严格保护措施的情形下，方可处理敏感个人信息。同时，还规定了处理敏感个人信息必须取得个人的单独同意、向个人告知处理敏感个人信息的必要性，以及其对个人权益的影响（《个人信息保护法》第28—30条）。

（3）明确规定了在特定情形下，个人信息处理者处理个人信息不仅可以无须取得个人同意，还可以不告知个人。例如，《个人信息保护法》第18条规定，个人信息处理者处理个人信息，有法律、行政法规规定应当保密或者不需要告知的情形的，可以不向个人告知第17条第1款规定的事项。紧急情况下为保护自然人的生命健康和财产安全无法及时向个人告知的，个人信息处理者应当在紧急情况消除后及时告知。再如，《个人信息保护法》第35条规定，国家机关为履行法定职责处理个人信息，应当依照本法规定履行告知义务，但是法律、行政法规规定应当保密或者告知将妨碍国家机关履行法定职责的除外。

（4）允许个人信息处理者不取得同意就可以在合理的范围内处理个人自行公开或者其他已经合法公开的个人信息，除非个人明确拒绝。此外，个人信息处理者处理已公开的个人信息，对个人权益有重大影响的，则应当依法取得个人同意（《个人信息保护法》第27条）。

（5）允许个人信息的共同处理、委托处理、个人信息的提供以及个人信息的转移，但要求符合一定的条件（《个人信息保护法》第20—23条）。同时，明确规定，在具备一定条件的情况下，个人信息处理者因业务等需要，可以向我国境外提供个人信息，即个人信息的跨境提供（《个人信息保护法》第38—43条）。

（6）允许个人信息处理者利用个人信息进行自动化决策，包括通过自动化决策方式向个人进行信息推送、商业营销，但是个人信息处理者应当保证决策的透明度和结果公平、公正，不得对个人在交易价格等交易条件上实行不合理的差别待遇（《个人信息保护法》第24条）。在通过自动化决策方式向个人进行信息推送、商业营销时，应当同时提供不针对其个人特征的选项，或者向个人提供便捷的拒绝方式。在**例3**中，D公司经过用户同意收集用户的个人信息，并利用个人信息进行自动化决策而向用户推销商品或发送促销信息等，这本身并不违法，重要的是D公司是否提供了不针对用户个人特征的选项以及便捷的拒绝方式。如果没有提供，则张某可以认为D公司的行为侵害了其个人信息权益中的决定权。

第三节 个人信息保护立法的发展

一、域外个人信息保护立法的发展

个人信息保护制度发端于20世纪六七十年代。计算机等新科技的日新月异、高速发展，使个人信息被大量地收集、存储和利用成为可能，与此同时，隐私权等个人权益受到侵害的可能性也逐渐增大。1965年，美国社会科学研究委员会（Social Science Research Council）提议建立联邦层面的数据中心，汇聚所有政府所掌握的个人信息。这一提议引发了巨大的争议。为应对公众日益增长的对隐私、个人数据保护的焦虑，美国政府在1973

年成立了“自动化个人数据系统咨询委员会（Advisory Committee on Automated Personal Data System）”。该委员会的主要职能是评估计算机记录系统的使用并据此制定政策指南，其在当年的7月发布了一份具有里程碑意义的报告——《记录、计算机与公民权利（Records，Computers and the Rights of Citizens）》，建议针对所有的自动化个人数据系统制定联邦“公平信息实践准则（Code of Fair Information Practice）”。该报告首次提出了五项公平信息实践原则（Fair Information Practice Principles），即：不得秘密设置个人数据记录存储系统；必须为个人提供查找属于其记录中的信息内容以及该信息是如何被使用的方法；必须为个人提供有效方法，防止用于特定用途的个人信息未经他或她的同意被用于其他用途（目的特定原则）；必须为个人提供更正或修改个人身份信息记录的方法；任何创建、维护、使用或传播个人身份信息的组织必须确保信息用于既定目的的可靠性，并必须采取预防措施以防信息滥用。20世纪70年代，不少欧洲国家颁布的个人信息保护方面的法律都或多或少受到上述原则的影响，如1973年瑞典的《数据保护法》、1977年德国的《联邦个人数据保护法》、1978年法国的《法国计算机、文件和自由法》等。

1980年经济合作与发展组织发布了《隐私保护和个人数据跨境流通指南（Guidelines on the Protection of Privacy and Transborder Flows of Personal Data）》（简称《隐私指南》）。1981年欧洲委员会通过了第108号公约（Convention for the Protection of Individuals with Regard to Automatic Processing of Personal Data），该公约也是世界上第一个有关个人数据保护的国际公约。1995年欧盟颁布了《保护个人享有的与个人数据处理有关的权利以及个人数据自由流动的指令（Directive 95/46/EC）》，该指令吸纳了《隐私指南》和第108号公约的框架及精要，虽然仅作为指导性规范无法直接适用于各成员国，但各成员国均以此为框架制定或修订了相应的国内个人数据保护法。

进入21世纪后，为实现欧盟范围内数字单一市场的建设，欧盟开启了统一立法进程，2012年提交了《一般数据保护条例》（建议稿），经过四年的谈判和修改，2016年欧盟议会和欧盟理事会正式通过了《一般数据保护条例》，并于2018年5月25日起施行。该条例除鉴于条款部分的173个条文外，正文部分分11章，共99条，分别对适用范围、定义、数据处理的基本原则、数据主体的权利、数据控制者和处理者的义务与责任、跨境数据传输、独立监管机构、法律责任和处罚措施等作出了非常详细的规定。欧盟《一般数据保护条例》已经成为世界上影响最大的一部个人信息保护立法，对于很多国家或地区的个人数据或个人信息保护立法都产生了影响。我国在起草《民法典》《数据安全法》《个人信息保护法》等法律时，也充分吸收借鉴了《一般数据保护条例》中的优秀立法成果和经验。

随着网络信息技术的高速发展，现代社会早已是信息社会、网络时代，个人信息保护已经受到世界各国或地区的高度重视。为了更好地保护个人数据或个人信息，大多数国家或地区都颁布了个人信息、数据隐私保护等方面的法律。自德国黑森州于1970年颁布了世界上第一部《数据保护法（Datenschutzgesetz）》以来，截至2022年3月，全世界232个国家或地区中已经有157个国家或地区陆续颁布了个人信息保护或数据隐私保护方面的法律，占比67.67%（参见表1-2）。[①] 仅在2019年至2020年这一年内，颁布了数据隐私法的国家或地区的数量就从132个增加到145个，增长了10%。[②]

表1-2 各国或地区个人信息（数据）保护立法数量统计（截至2022年3月）[③]

地区	国家数	已颁布相关法律的国家数	比例
北美	3	3	100%
欧盟	27	27	100%
澳洲	2	2	100%
其他欧洲地区	30	28	93%
中亚	6	6	100%
中东	14	11	78%
拉丁美洲	22	13	59%
非洲	58	35	60%
亚洲	28	16	57%
加勒比地区	29	16	55%
太平洋岛屿	13	0	0%
总和	232	157	67%

二、我国个人信息保护立法的发展

（一）刑法保护阶段

我国最早对个人信息收集、利用和保护加以规范的法律是《刑法》。2005年十届全国人大常委会第十四次会议通过的《刑法修正案（五）》增设了“窃取、收买、非法提供信用卡信息罪”（《刑法》第177条之一第2款）。这是我国法律上第一个关于侵害公民个人信息犯罪的规定。2009年十一届全国人大常委会第七次会议审议通过的《刑法修正案（七）》在《刑法》中新增第253条之一，首次将窃取或以其他方式非法获取公民个人信息、出售或非法提供公民个人信息的行为情节严重的规定为犯罪行为，纳入刑事打击的范围。2015年通过的《刑法修正案（九）》对《刑法》第253条之一作了修改，明确规定：“违反国家有关规定，向他人出售或者提供公民个人信息，情节严重的，处三年以下有期徒刑或者拘役，并处或者单处罚金；情节特别严重的，处三年以上七年以下有期徒刑，并处罚金。违反国家有关规定，将在履行职责或者提供服务过程中获得的公民个人信息，出

① Graham Greenleaf. Now 157 Countries: Twelve Data Privacy Laws in 2021/22 (March 15, 2022), (2022) 176 Privacy Laws & Business International Report 1, pp. 3-8.

② Graham Greenleaf. Global data privacy laws 2021: Despite Covid delays, 145 laws show GDPR dominance, (2021) 169 Privacy Laws & Business International Report, p. 1.

③ Graham Greenleaf. Global data privacy laws 2021: Despite Covid delays, 145 laws show GDPR dominance, (2021) 169 Privacy Laws & Business International Report, p. 3; Graham Greenleaf, Now 157 Countries: Twelve Data Privacy Laws in 2021/22 (March 15, 2022), (2022) 176 Privacy Laws & Business International Report 1, pp. 3-8.

售或者提供给他人的，依照前款的规定从重处罚。窃取或者以其他方法非法获取公民个人信息的，依照第一款的规定处罚。单位犯前三款罪的，对单位判处罚金，并对其直接负责的主管人员和其他直接责任人员，依照各该款的规定处罚。”此外，最高人民法院、最高人民检察院等还颁布了相应的侵害个人信息犯罪方面的司法解释，如《最高人民法院、最高人民检察院关于办理侵犯公民个人信息刑事案件适用法律若干问题的解释》《最高人民法院、最高人民检察院、公安部关于依法惩处侵害公民个人信息犯罪活动的通知》等。

（二）网络安全法保护阶段

2012 年 12 月 28 日十一届全国人大常委会第三十次会议通过的《全国人民代表大会常务委员会关于加强网络信息保护的决定》首次对网络服务提供者和其他企业事业单位、国家机关及其工作人员在收集、使用、保管公民个人电子信息中应当遵循的原则、承担的义务及法律责任作出了较为具体的规定。该决定明确规定，任何组织和个人不得窃取或者以其他非法方式获取公民个人电子信息，不得出售或者非法向他人提供公民个人电子信息。网络服务提供者和其他企业事业单位在业务活动中收集、使用公民个人电子信息，应当遵循合法、正当、必要的原则，明示收集、使用信息的目的、方式和范围，并经被收集者同意，不得违反法律、法规的规定和双方的约定收集、使用信息。此外，该决定还要求：“网络服务提供者和其他企业事业单位及其工作人员对在业务活动中收集的公民个人电子信息必须严格保密，不得泄露、篡改、毁损，不得出售或者非法向他人提供。”“网络服务提供者和其他企业事业单位应当采取技术措施和其他必要措施，确保信息安全，防止在业务活动中收集的公民个人电子信息泄露、毁损、丢失。在发生或者可能发生信息泄露、毁损、丢失的情况时，应当立即采取补救措施。”

2016 年 11 月 7 日十二届全国人大常委会第二十四次会议审议通过了《网络安全法》。该法在第四章“网络信息安全”中对个人信息的收集、存储、保管和使用进行了更全面细致的规范。该法第 41 条明确规定：网络运营者收集、使用个人信息，应当遵循合法、正当、必要的原则，公开收集、使用规则，明示收集、使用信息的目的、方式和范围，并经被收集者同意。网络运营者不得收集与其提供的服务无关的个人信息，不得违反法律、行政法规的规定和双方的约定收集、使用个人信息，并应当依照法律、行政法规的规定和与用户的约定，处理其保存的个人信息。第 42 条明确规定：网络运营者不得泄露、篡改、毁损其收集的个人信息；未经被收集者同意，不得向他人提供个人信息。但是，经过处理无法识别特定个人且不能复原的除外。网络运营者应当采取技术措施和其他必要措施，确保其收集的个人信息安全，防止信息泄露、毁损、丢失。在发生或者可能发生个人信息泄露、毁损、丢失的情况时，应当立即采取补救措施，按照规定及时告知用户并向有关主管部门报告。此外，该法第 43 条规定：个人发现网络运营者违反法律、行政法规的规定或者双方的约定收集、使用其个人信息的，有权要求网络运营者删除其个人信息；发现网络运营者收集、存储的其个人信息有错误的，有权要求网络运营者予以更正。网络运营者应当采取措施予以删除或者更正。同时，该法第 76 条第 5 项还对个人信息进行了界定，即：“个人信息，是指以电子或者其他方式记录的能够单独或者与其他信息结合识别自然人个人身份的各种信息，包括但不限于自然人的姓名、出生日期、身份证件号码、个人生物识别信息、住址、电话号码等。”

（三）私法保护阶段

2013 年 10 月 25 日十二届全国人大常委会第二次会议修正《消费者权益保护法》时，在原第 14 条中新增了消费者“享有个人信息依法得到保护的权利”，并在第 50 条就侵害该权利的民事责任作出了规定。这是我国法律首次从民事权利的角度对个人信息作出的规定。有鉴于当时我国个人信息泄露以及非法数据交易现象较为严重，尤其是“徐某玉因信息泄露而被骗学费引发急病发作死亡”以及“清华大学教师被电信诈骗 1 700 多万元”这两起因个人信息泄露引发的案件在社会上产生了很大的影响，2017 年 10 月 1 日起施行的《民法总则》第 111 条专门规定：“自然人的个人信息受法律保护。任何组织和个人需要获取他人个人信息的，应当依法取得并确保信息安全，不得非法收集、使用、加工、传输他人个人信息，不得非法买卖、提供或者公开他人个人信息。”① 《民法总则》这一条文“从民事基本法的高度赋予了自然人个人信息保护的权利（权益），为个人信息保护在民法分则进一步细化规定提供了基础”②，因此具有十分重要的意义。

2018 年 8 月 31 日十三届全国人大常委会第五次会议审议通过的《电子商务法》也针对电子商务经营活动中的个人信息保护问题作出了规定。例如，考虑到随着大数据技术发展而出现的针对用户进行数据画像、精准营销的行为，为了更好地保护消费者的知情权和选择权，该法第 18 条第 1 款规定：“电子商务经营者根据消费者的兴趣爱好、消费习惯等特征向其提供商品或者服务的搜索结果的，应当同时向该消费者提供不针对其个人特征的选项，尊重和平等保护消费者合法权益。”

2020 年 5 月 28 日十三届全国人大第三次会议审议通过了《民法典》。《民法典》是民事领域的最基本的法律，是新中国第一部以法典命名的法律，开创了我国法典编纂立法的先河，具有里程碑意义。《民法典》除在总则编中将《民法总则》第 111 条完全保留下来之外，还在第四编“人格权”中对个人信息保护作出了更详细的规定。一方面，在人格权编第六章“隐私权和个人信息保护”中，立法者使用 6 个条文（第 1034 条至 1039 条）对个人信息的概念和类型，个人信息保护与隐私权的关系，处理个人信息应当遵循的原则和符合的条件，自然人对其个人信息享有的查阅、抄录和复制的权利以及更正和删除的权利，侵害个人信息的免责事由，信息处理者的义务等，作出了较为详细的规定；另一方面，在人格权编的第一章“一般规定”和第五章“名誉权和荣誉权”中还就个人信息的合理使用（第 999 条），信用信息的处理的准用规则作出了规定（第 1030 条）。③

此外，2020 年 10 月 17 日十三届全国人大常委会第二十二次会议修订的《未成年人保护法》专门增加了第五章“网络保护”，其中第 72 条和第 73 条专门就未成年人的个人信息保护作出了规定。

---

① 杨立新. 个人信息：法益抑或民事权利：对《民法总则》第 111 条规定的“个人信息”之解读. 法学论坛，2018（1）.

② 张新宝.《民法总则》个人信息保护条文研究. 中外法学，2019（1）.

③ 《民法典》的物权编和侵权责任编中也有涉及个人信息保护的规定，如《民法典》第 219 条规定：“利害关系人不得公开、非法使用权利人的不动产登记资料。”第 1226 条规定：“医疗机构及其医务人员应当对患者的隐私和个人信息保密。泄露患者的隐私和个人信息，或者未经患者同意公开其病历资料的，应当承担侵权责任。”

（四）个人信息保护法的颁布

尽管《民法典》《刑法》《网络安全法》《电子商务法》等法律分别从网络信息安全、侵害个人信息犯罪行为的刑事责任、个人信息权益的民法保护等角度作出了相应的规定，但是，我国还需要一部专门的法律来对个人信息保护进行全方位、详尽的规范。个人信息保护法既是保护个人信息的专门法律，也是综合性的法律，并非民事特别法或单纯的行政管理法。个人信息保护法是针对个人信息保护的特点，综合运用义务性规范与授权性规范以及行政责任、民事责任等多种法律责任，全面系统地保护个人信息权益与调整规范个人信息处理活动的法律。

2021 年 8 月 20 日，十三届全国人大常委会第三十次会议审议通过了《个人信息保护法》。它是我国第一部个人信息保护方面的专门法律。《个人信息保护法》的颁行将极大地加强我国个人信息保护的法制保障，从而在个人信息保护方面形成更加完备的制度、提供更有力的法律保障；《个人信息保护法》以严密的制度、严格的标准、严厉的责任规范个人信息处理活动，规定了完备的个人在个人信息处理活动中的权利，全方位落实各类组织、个人等个人信息处理者的义务与责任，有力地维护了网络空间良好生态，满足人民日益增长的美好生活需要；《个人信息保护法》科学地协调个人信息权益保护与个人信息合理利用的关系，建立了权责明确、保护有效、利用规范的个人信息处理规则，从而在保障个人信息权益的基础上，促进了包括个人信息在内的数据信息的自由安全的流动与合理有效的利用，推动了数字经济的健康发展。

【进一步阅读文献】

1. 张新宝. 从隐私到个人信息：利益再衡量的理论与制度安排. 中国法学，2015（3）.

2. 丁晓东. 个人信息私法保护的困境与出路. 法学研究，2018（6）.

3. 周汉华. 个人信息保护的法律定位. 法商研究，2020（3）.

4. 王利明. 论《个人信息保护法》与《民法典》的适用关系. 湖湘法学评论，2021（1）.

5. 王苑. 个人信息保护在民法中的表达：兼论民法与个人信息保护法之关系. 华东政法大学学报，2021（2）.

6. 龙卫球.《个人信息保护法》的基本法定位与保护功能：基于新法体系形成及其展开的分析. 现代法学，2021（5）.

7. 石佳友. 个人信息保护的私法维度：兼论《民法典》与《个人信息保护法》的关系. 比较法研究，2021（5）.

8. 程啸. 论《民法典》与《个人信息保护法》的关系. 法律科学（西北政法大学学报），2022（3）.

第二章　个人信息保护法的调整对象

第一节　个人信息的概念与类型

一、个人信息的概念

例 1：张三是 A 公司的员工，该公司分配给张三的工作证号码为：A1998990126；提供互联网信息服务的 W 公司在用户账号信息页面展示了用户李四的互联网用户账号“ABC0119”的互联网协议（IP）地址归属地信息：北京。

例 2：朱某利用 B 公司的搜索引擎在网络上搜索了“减肥”“人工流产”“隆胸”等关键字后，发现进入某些网站时，就会出现有关减肥、流产和隆胸的广告。朱某认为 B 公司利用网络技术记录和跟踪了自己所搜索的关键词，然后进行广告推送，属于非法处理个人信息的行为。

例 3：S 快递公司根据顾客的选择，将贴在快递物品外包装的快递单上寄件人和收件人的手机号码的中间四位数字用星号替代。

（一）个人信息的判断标准：识别说与相关说

如何判断哪些信息属于个人信息，存在“识别说”与“相关说”两种不同的观点。依据识别说，凡是能够单独识别或者与其他信息结合后识别出特定自然人的信息，就是个人信息。《网络安全法》《民法典》采取的是识别说。《网络安全法》第 76 条第 5 项规定：“个人信息，是指以电子或者其他方式记录的能够单独或者与其他信息结合识别自然人个人身份的各种信息，包括但不限于自然人的姓名、出生日期、身份证件号码、个人生物识别信息、住址、电话号码等。”《民法典》第 1034 条第 2 款规定：“个人信息是以电子或者其他方式记录的能够单独或者与其他信息结合识别特定自然人的各种信息，包括自然人的姓名、出生日期、身份证件号码、生物识别信息、住址、电话号码、电子邮箱、健康信息、行踪信息等。”（见表 2－1）

相关说，也称关联说，依据该说，只要是与已识别或可识别的自然人有关的各种信息（any information relating to an identified or identifiable natural person）都属于个人信息。欧盟《一般数据保护条例》采取了相关说，其第 4 条第 1 款规定：“个人数据是指与已识别或可识别的自然人（数据主体）相关的任何信息。可识别的自然人，尤其是指通过诸如姓名、身份证号码、位置数据、在线身份识别码等标识，或者通过自然人的一个或多个的身体、生理、遗传、心理、经济、文化或社会身份等要素，能够被直接或间接地加以识别。”我国《个人信息保护法》采取的也是相关说，其第 4 条第 1 款规定：“个人信息是以电子或者其他方式记录的与已识别或者可识别的自然人有关的各种信息，不包括匿名化处理后的信息。”

识别说是从信息本身出发，看是否能够从信息本身直接识别出特定自然人或者与其他信息结合后识别出特定自然人。关联说则是从信息主体出发，强调的是任何与已识别或可识别的自然人相关的信息都属于个人信息。通常，凡是与已识别或可识别的自然人无关的信息，本身也不可能识别出特定的自然人，不属于个人信息。因此，识别说与相关说的总体差异不大。但如果更仔细地辨识可以发现，关联说更强调的是个人信息的相对性，即某些信息是否属于个人信息要看对谁而言，对于 A 处理者不是个人信息的信息，对于 B 处理者而言就是个人信息。在前述**例 1** 中，A 公司分配给张三的工作证号码为 A1998990126。显然，这个号码对于其他的公司而言，并不知道指的是谁，完全无法识别出特定的自然人张三，故此，A1998990126 这个号码不属于个人信息。但是，对于 A 公司而言，这个号码属于与已识别的自然人相关的信息，而且仅凭借这个工作证号码也可以识别出特定的自然人，属于个人信息。同样，**例 1** 中李四的用户账号信息页面展示的“互联网用户账号‘ABC0119’的互联网协议（IP）地址归属地信息：北京”，对不知道 ABC0119 这个账号究竟是谁的账号的人来说，互联网用户账号 ABC0119 的互联网协议（IP）地址归属地信息不属于个人信息。但是，对于 W 公司而言，其显然知道 ABC0119 是李四的用户账号，因为我国网络用户账号采取的是“后台实名，前台自愿”的原则，故此，对于 W 公司来说，ABC0119 这个账号的互联网协议（IP）地址归属地信息就是李四的个人信息。如果没有告知并取得李四的同意或者在没有法律、行政法规规定的情形下，W 公司不能任意公开李四的互联网用户账号 ABC0119 的互联网协议（IP）地址归属地信息。在前述**例 2** 中，朱某利用 B 公司的搜索引擎搜索了“减肥”“人工流产”“隆胸”等关键词，这些因搜索相关信息而形成的检索关键词记录是否属于个人信息，取决于 B 公司是否知道这些关键词的检索记录是与特定自然人即朱某相关的信息。如果 B 公司已经知道或能够知道是朱某在进行涉案的关键词检索，这些检索记录就属于朱某的个人信息，否则，就不是个人信息。①

表 2-1 个人信息的具体类型②

个人基本信息	姓名、出生日期、出生地、性别、国籍、家庭住址、电话号码、电子邮箱等
个人身份信息	身份证号码、护照号码等各类证件号码以及民族、种族、党员、工会会员等特定身份信息
宗教信仰信息	无神论者抑或信仰某一宗教的信息等
生物识别信息	血型、基因、人脸信息、指纹、声纹、虹膜、步态等

① 北京百度网讯科技有限公司与朱某隐私权纠纷案，南京市中级人民法院（2014）宁民终字第 5028 号民事判决书.

② 本表参考了国家标准《信息安全技术 个人信息安全规范》（GB/T 35273—2020）列举的个人信息类型。

续表

医疗健康信息	身高、体重、心率、血压、既往病史、病症、检验单、化验单、治疗记录、手术记录、过敏史等
财产信息	储蓄账户、证券账户等金融账户信息；信用信息；不动产登记信息；各类商业交易信息、消费信息、信贷信息等
网络通信信息	个人的网络账号、IP 地址、个人数字证书、网络浏览记录、网页收藏信息、点击信息等网络信息；信件、通信记录、电子邮件、短信、其他即时通信信息、通讯录、好友列表等
行踪轨迹信息	个人的位置、住宿信息、出行信息、行动轨迹等
违法犯罪信息	违法行为以及遭受行政处罚、被判处刑罚等信息
常用设备信息	硬件序列号、设备 MAC 地址、软件列表以及唯一设备识别码（如 IMEI、SIM 卡）等
其他信息	如教育背景、工作经历、培训记录、成绩单、婚姻史、性取向等

（二）匿名化处理后的信息不属于个人信息

个人信息不包括“匿名化处理后的信息”（《个人信息保护法》第 4 条第 1 款）。匿名化（Anonymisation），是指个人信息经处理无法识别特定自然人且不能复原的过程。因此，匿名化是一种修改个人信息的方法，其结果是使信息与个人没有关联。匿名化处理后的信息必须是无法识别特定自然人并且不能复原，如果还能够复原，则不构成匿名化。[①]

对个人信息进行匿名化处理往往是在统计和科学研究中，匿名化的方法主要有两种：(1) 随机化（Randomization）。所谓随机化是一系列改变数据准确性的技术，旨在消除数据和个体之间的紧密联系。如果数据已经足够的不确定，那么它们就无法指向特定的个人。随机化本身不会减少每条记录的独特性，每条记录仍将来自单个的数据主体，但随机化可以防止推理攻击（inference attacks），并且可以结合一般化技术来提供更强的隐私保证。[②] (2) 泛化（generalization），其方法包括通过修改相应的规模或数量级（如使用一个地区而非一个城市，一个月而非一周）来概括或稀释数据主体的属性。泛化可以有效地防止挑出（single out），但不能保证在所有的情况下都可以进行有效的匿名化，尤其是它需要具体和复杂的定量方法来防止连接与推断（prevent linkability and inference）。[③]

考虑到匿名化处理后的信息已经无法识别特定的自然人，故此，对于匿名化处理的信息就不再适用个人信息保护法的规定（《个人信息保护法》第 4 条第 1 款）。需要注意的是，个人信息的匿名化只是相对的。在可获得的数据来源越来越丰富以及算法越来越强大的大数据时代，匿名化处理的信息也可以复原，从而重新具有可识别特定个人的可能。技术专家可以通过再识别（Re-identify）或者去匿名化（De-anonymize）的方法来实现个人

---

① 《网络安全法》第 42 条第 1 款第二句中规定“经过处理无法识别特定个人且不能复原的除外”，指的就是个人信息的匿名化。

② Article 29 Data Protection Working Party, Opinion 05/2014 On Anonymisation Techniques, 0829/14/EN WP 216 (2014), p. 12.

③ Article 29 Data Protection Working Party, Opinion 05/2014 On Anonymisation Techniques, 0829/14/EN WP 216 (2014), p. 16.

身份的再识别。例如，2006 年 8 月，美国在线公布了大量旧的搜索查询数据供研究者分析，尽管整个数据库进行过精心的匿名化处理，但《纽约时报》的两名记者麦克·巴巴罗（Michael Barbaro）与汤姆·泽乐（Tom Zeller）依然在几天内就通过把搜索记录综合分析后，识别出了该数据库中代号 4417749 的用户是来自佐治亚州利尔本的一位名叫赛尔亚·阿诺德的 62 岁寡妇。[①] 总之，匿名化不是绝对的。

评 论

匿名化（Anonymisation）不同于假名化（Pseudonymisation）。欧盟《一般数据保护条例》第 4 条第 5 款将假名化界定为："一种使个人数据在不使用额外信息的情况下不指向特定数据主体的个人数据处理方式，若该处理方式将个人数据与其他额外信息分别存储，凭技术性和组织性措施无法指向可识别或被识别的自然人。"美国统一州法委员会制定的《美国统一个人数据保护法》规定，"假名数据（Pseudonymized data）"是指没有直接标识符的个人数据，该标识符可以合理地连接到数据主体的身份，或者维护该标识符便于和数据主体进行个性化通信，或便于对数据主体个性化对待。该术语还包括没有直接标识符的记录，如果该记录中包含了互联网协议地址、浏览器、软件或硬件标识码、持久唯一码，或特定设备有关的其他数据。该术语不包括去识别数据。我国法没有采取假名化的概念，而是采取了"去标识化"（de-identification）的概念。依据《个人信息保护法》第 73 条第 3 项，去标识化是指个人信息经过处理，使其在不借助额外信息的情况下无法识别特定自然人的过程。关于去标识化与假名化的关系，有的人认为，去标识化只是假名化的一种方法，假名化的方法还包括加密（Encryption）等；有的人认为，"假名化"属于去标识化所使用的一种技术手段；还有的人则认为，去标识化和假名化基本是一回事。我国《个人信息保护法》第 51 条第 3 项明确区分了加密与去标识化，将二者都列为个人信息处理者应当采取的安全技术措施。在前述**例 3** 中，快递公司将贴在快递物品外包装的快递单上的寄件人和收件人的手机号码的中间四位数字用星号替代，就属于去标识化的一种措施。

匿名化不同于去标识化（或假名化），二者的区别在于：一方面，匿名化处理后的信息已经无法识别特定的自然人且不能复原，故此匿名化处理的信息不属于个人信息，不适用《个人信息保护法》的规定。仅仅去标识化后的信息在某种程度上也实现了"无法识别特定自然人"的效果，但由于去标识化后的数据仍是建立在个体基础之上，保留了个体颗粒度，只是用了其他符号来标注数据，而非用真实的身份[②]，故此，一旦借助额外信息，仍然存在复原的可能性。所以，去标识化的信息还属于个人信息，应适用《个人信息保护法》的规定。另一方面，匿名化的价值取向在于"安全与保护"，几乎无视了数据本身的利用价值，不符合处理者利用数据的要求，所以匿名化后的数据或信息主要是用在统计或研究领域，可用性较小。但是，去标识化更符合企业对于信息数据开发的综合需求，其目的以"开发利用"为根本价值取向，同时兼顾个人信息的安全保护，使信息处理主体得以

---

① Paul Ohm. Broken Promises of Privacy. 57 UCLA Law Review，1701（2010），at 1718.

② 王融. 数据匿名化的法律规制. 信息通信技术，2016（4）.

更具灵活性地发掘信息生产要素的潜能。

二、个人信息的要素

例 4：A 公司是一家宠物店，其并未在 B 点评网站上添加公司的地址、营业时间、门店外观和内景照片等信息，不知何人未经 A 公司同意，就将其地址、营业时间、门店外观和内景照片等信息上传到 B 点评网站，A 公司向法院起诉，认为 B 点评网站侵害 A 公司的个人信息。

例 5：E 公司是一家二手车网站，该公司未告知并取得张某的同意收集了张某的一辆奔驰车的历史车况报告，其中涉及的信息包括：车架号、车辆基本行驶数据、维保数据、碰撞数据、评分项目及具体评分等。

个人信息应当满足以下三个要素：（1）自然人；（2）已识别或者可识别的自然人；（3）相关的各种信息。

（一）自然人

个人信息是指自然人的信息。自然人是指活着的自然人，个人信息一般是指活着的自然人的个人信息。至于已经死亡的自然人即死者的个人信息，应当适用特别的规定。依据我国《个人信息保护法》第 49 条，死者的近亲属在符合一定条件的情形下可以行使与死者有关的个人信息处理的某些权利。胎儿没有出生，不属于民事主体，故此，原则上胎儿不享有个人信息权益。不过，《民法典》第 16 条规定："涉及遗产继承、接受赠与等胎儿利益保护的，胎儿视为具有民事权利能力。但是，胎儿娩出时为死体的，其民事权利能力自始不存在。"因此，如果个人信息的保护涉及胎儿的利益，那么胎儿视为具有民事权利能力，其个人信息也受到法律保护。

绝大多数的国家或地区都将个人信息限定于自然人的信息，排除了法人、非法人组织的信息。例如，欧盟《一般数据保护条例》鉴于部分第 14 条明确指出："本条例不包括涉及法人特别是作为法人而成立的企业的个人数据处理，包括法人的名称、形式以及法人的详细联系信息。"但是，也有少数国家立法认为，法人的某些信息属于个人信息。例如，南非《个人信息保护法》第 1 条将个人信息界定为"可识别的、现存的自然人以及可识别的、现有法人的信息。"德国法原则上将法人的信息排除在个人信息之外，但在一人有限公司或者依据《德国民法典（BGB）》成立的民法上的公司，或依据《德国商法典（HGB）》成立的无限公司或两合公司等商法上的公司中，有关公司团体的相关资料有可能对个别成员造成影响，如有关公司团体的财务状况的信息就是这样的情况，因此，这些信息也被作为个人信息。[①]

我国法上的个人信息仅限于自然人的信息，不包括法人或者非法人组织的信息。这是因为：首先，《民法典》第 111 条和《个人信息保护法》第 2 条明确宣布的是"自然人的

---

① Maria Christia Caldarola & Joachim Schrey. 大数据与法律实务指南. 赵彦清，黄俊凯，译. 台北：元照出版有限公司，2020：52.

个人信息受法律保护”。其次，“个人信息”一词中的“个人”当然仅指自然人，不包括法人、非法人组织。再次，个人信息保护的根本目的是维护人格尊严和人身自由，依据我国《宪法》和《民法典》，只有自然人才享有人格尊严和人身自由，法人和非法人组织则不享有。最后，将个人信息保护法的适用范围扩张至法人等组织，会产生各种各样的问题，例如，当自然人本身也是个人独资企业的所有人时，就很难将自然人的个人信息与个人独资企业的信息区分开。①

法人和非法人组织当然也存在相关的各种信息，如政府信息、企业信息、财务信息、经营信息、人员信息、技术信息等。这些信息中的有些依法应当公开，例如，《政府信息公开条例》明确要求行政机关公开政府信息，应当坚持以公开为常态、不公开为例外，遵循公正、公平、合法、便民的原则。再如，依据《企业信息公示暂行条例》，市场监督管理部门登记的企业从事生产经营活动过程中形成的信息以及政府部门在履行职责过程中产生的能够反映企业状况的信息依法应当公示。此外，《证券法》对于发行人等信息披露义务人，《慈善法》对慈善组织、慈善信托的受托人应当履行的信息披露或信息公开义务，也有相应的规定。如果不是依法必须公开的法人或非法人组织的信息，则适用相应的法律制度加以保护。例如，营利法人的商业信息属于商业秘密的，受到《反不正当竞争法》的保护，涉及个人隐私的，适用《民法典》的规定。再如，国家机关等机关法人的信息中属于依法需要保密的信息，则适用《保密法》等法律的规定。

总之，法人和非法人组织等组织的任何信息都不属于个人信息，不适用《个人信息保护法》。在前述**例 4** 中，A 公司的公司地址、营业时间、门店外观和内景照片等信息，不属于个人信息，并且有些信息（如公司住所地等）本身就是依法必须公开的信息，有些则是 A 公司主动公开的，如营业时间等，所以，本案中不涉及侵害 A 公司的个人信息的问题，至于是否侵害 A 公司的数据权益，需要进一步研究。

（二）已识别或可识别的自然人

个人信息的核心特征就在于“可识别性（Identifiability）”。如果完全是与自然人无关的信息，如天气变化、潮汐情况、地质演变等自然界的信息，或者通过采取匿名化技术处理后无法识别特定自然人且不能复原的信息，如抽样调查统计数据中显示的被调查的人数、地域分布、年龄、男女比例等信息，都不属于个人信息。

可识别性包括已识别（Identified）与可识别（Identifiable），它们是从特定自然人是否已经被识别进行的区分。已识别指的是特定的自然人已经被识别出来，而可识别是指存在识别出特定的自然人的可能性，至于究竟是通过直接识别还是间接识别而产生的此种可能性，在所不问。“一般来说，当一个自然人在一群人中被视为有别于该群体中的其他自然人时，便可以认为是‘已识别’。同理，当一个自然人的身份虽然没有被识别，但识别其身份是有可能的，则该自然人就属于‘可识别’”，“识别身份通常是通过我们称之为‘标识符（identifiers）’的具体信息来实现的，该数据与具体个人之间存在专属和密切的联系，如该人的外貌，如身高、毛发颜色、服装等，或该人无法被直接察觉出的某项特

① ［德］Christopher Kuner. 欧洲数据保护法：公司遵守与管制：第 2 版. 旷野，等译. 北京：法律出版社，2008：83.

质，如职业、能力、称谓等”[①]。当然，可识别性本身也是相对而言的，需要结合识别的手段、识别成本和时间等因素来判断。在判断自然人的身份是否可识别时，“需要考虑所有可能使用的手段，比如利用控制者或其他人来直接或间接地确认自然人身份。为判断所使用的手段是否可能用于识别自然人，需要考虑所有客观因素，包括对身份进行确认需要花费的金钱和时间，考虑现有处理技术以及科技发展（欧盟《一般数据保护条例》鉴于部分第 26 条）。”在**例 5** 中，对 E 公司收集的张某奔驰车的历史车况报告是否属于个人信息[②]，不能简单地加以肯定或否定，需要考虑该车况信息是否具有可识别性。从表面上看，车况信息似乎只是与特定的汽车这一有体物有关，但由于该车可能是归属于特定自然人的，本例中归属于张某，所以车况信息也有可能成为个人信息。尤其是车况信息中包含了车架号，而车架号是唯一的，与唯一的车辆相对应的，车辆又与车主相联系，所以车架号信息可能成为与车主相关的信息即个人信息。[③]

（三）相关的各种信息

个人信息包括了与已识别或可识别的自然人相关的各种信息。首先，所谓“相关的（relating to）”是指，当信息涉及一个人的身份、特征或行为，或被用于确定或影响该人的地位或评价方式的时候，该信息就是与已识别或可识别的自然人有关的信息。换言之，确定信息是否与自然人有关时，应当考虑该信息的内容、目的和效果，即该信息具有内容要素、目的要素或者结果要素。[④] 其次，所谓“各种信息”就意味着个人信息的范围非常广泛，不限于敏感的、私密的信息，还包括其他各种信息。这些信息可能是如自然人的基因、疾病等客观信息，也可能是他人对自然人加以评价的主观的信息，如诚信评价、工作表现评价；可能是自然人的生活信息、经济信息，也可能是职业信息、工作信息等。总之，只要是涉及已识别或可识别自然人的各种信息都属于个人信息，至于该等信息的内容如何，无关紧要。

评　论

“数据（Data）”和“信息（information）”经常被人们混用，严格来说，二者确实有区别。数据侧重的是对信息的记录，信息则是有意义的数据，是把数据放在一定背景下对数字进行解释和赋予意义。这一点从我国《现代汉语词典》（第七版）中对数据和信息的定义即可看出。该词典将数据定义为：“进行各种统计、计算、科学研究或技术设计等所依据的数值。”将信息界定为：“1. 音信；消息。2. 信息论中指用符号传送的报道，报道的内容是接收符号者预先不知道的。”我国《数据安全法》对于数据的定义突出了这一区分。该法第 3 条第 1 款规定：“本法所称数据，是指任何以电子或者其他方式对信息的

---

① Article 29 Data Protection Working Party，Opinion 4/2007 On the Concept of Personal Data，01248/07/EN WP 136，p. 12.

② 余某与北京酷车易美网络科技有限公司隐私权纠纷案，广州互联网法院（2021）粤 0192 民初 928 号民事判决书.

③ 赵精武. 个人信息“可识别”标准的适用困局与理论矫正——以二手车车况信息为例. 社会科学，2021（12）.

④ Article 29 Data Protection Working Party，Opinion 4/2007 On the Concept of Personal Data，01248/07/EN WP 136，pp. 10 - 11.

记录。”事实上，在网络信息时代，数据主要的形式就是电子化或数字化的记录，即数据表现为存在于计算机及网络上流通的在二进制的基础上由0和1组合的比特形式。

虽然数据和信息存在上述区别，但是个人数据（personal Data）和个人信息（personal information）的区分，没有什么意义。无论是个人数据还是个人信息都必须强调其意义，即信息是数据的内容，数据是信息的形式，无非侧重点不同。当我们使用个人信息的表述时，更侧重的是内容，而并不在乎其是否通过数据加以呈现，使用个人数据的表述时，当然包括了个人信息的意思，但更侧重的是数据化。例如，数据库中所记载的个人信息和便于检索而整理成文件的个人信息可以成为个人数据。但是，为了向数据库输入数据而进行的书面申请，在申请书上填写的个人信息或者备忘笔记中记载的个人信息，一般不称为个人数据。[①] 无论如何，个人数据和个人信息是密切联系的。就个人数据而言，其之所以具有经济利益或者涉及人格利益，就是因为包含着个人信息。没有个人信息的数据不是个人数据，而只是以二进制代码表现出来的比特形式，对于收集与使用这些数据的人即处理者而言，没有意义，法律上也无须加以调整。这就如同作为所有权客体的动产和不动产当然是由各种化学元素组成的，但法律上绝不会讨论元素能否成为民事权利客体的问题，更不会认为某个特定的民事主体可以享有某一元素的所有权。需要讨论的只是该民事主体对由元素组成的特定动产或不动产上的民事权利。任何民事主体如果仅仅获取或复制二进制代码的数据而未能在“信息”的意义上加以呈现和利用，该行为既不会为获取者带来任何经济利益，也不会损害被复制者的经济利益或人格利益。只有数据被信息化呈现，关于数据归属的争议才会产生或者说资源的稀缺性才会出现，进而才有必要讨论数据应否被私人控制以及公共执法机构对该数据上的民事权利如何保护的问题。因此，讨论自然人对个人数据的民事权利，当然就是在讨论自然人对以数据形式呈现的个人信息的民事权利或者说对包含了个人信息的数据的权利问题。无论是我国《民法典》《网络安全法》对个人信息的定义，还是欧盟《一般数据保护条例》等对个人数据的界定，基本上都是相同的。

三、个人信息的类型

例6：某著名歌星王某因嫖娼而感染性病，到A诊所治疗。A诊所的工作人员张某将王某得性病的消息发布在网络上。

例7：A小区的物业公司以疫情防控为名，在小区大门口安装人脸识别设备，并要求小区所有住户在一周内到物业公司录入人脸信息，否则不能进入小区。

例8：A公司经营一款企业信息查询软件。该软件通过数据抓取方法将中国裁判文书网上刊登的涉及相关企业的法定代表人的案件的法律文书附录在对应的法定代表人栏目下，B公司的法定代表人张某名下列出了1起交通事故判决书以及2起借款合同纠纷判决书。张某以未经同意公开个人信息为由，起诉A公司侵害个人信息权益。

---

① ［日］松本恒雄，斋藤雅弘，町村泰贵. 电子商务法. 朴成姬，译. 北京：北京大学出版社，2019：170－172.

（一）私密与非私密个人信息

1. 区分的标准

我国现行法一般都将个人信息分为两类：其一，隐私信息，即涉及个人隐私的信息（或电子信息），即私密信息；其二，其他个人信息，即不涉及隐私的个人信息。例如，《全国人民代表大会常务委员会关于加强网络信息保护的决定》第1条第1款规定：“国家保护能够识别公民个人身份和涉及公民个人隐私的电子信息。”《公共图书馆法》第43条规定：“公共图书馆应当妥善保护读者的个人信息、借阅信息以及其他可能涉及读者隐私的信息，不得出售或者以其他方式非法向他人提供。”

私密信息属于隐私（《民法典》第1032条第2款）。凡是自然人不愿意为他人知晓且旨在维护自然人的私生活安宁或私生活秘密的信息，都属于私密信息。私密信息与公共事务无关，它只是与个人有关，一旦被其他的民事主体或者国家机关知晓或被公开，就会损害个人的自决与自由，侵害、干扰私生活安宁或私生活的秘密。无论是婚姻信息、财产信息、健康信息、家庭住址、病历资料、犯罪记录、人生经历、嗜好、性取向、日记、私人信件以及其他个人不愿公开的信息等，都可以纳入私密信息。例如，丈夫违背夫妻忠诚义务而搞婚外情的信息，属于私密信息，受到隐私权的保护。前述**例6**中，著名歌星王某感染性病的信息，就属于私密信息（同时也属于敏感的个人信息）。非私密的个人信息也属于个人信息，但这些个人信息常常必须为他人所知或公开，否则对于信息主体参与社会交往活动也是不利的。例如，姓名、肖像属于个人信息，但姓名、肖像都是自然人的标识，如果姓名和肖像无法为他人所知，则信息主体参与社会活动是有困难的，因此它们不属于私密信息。

私密信息的认定因不同的时间、不同的文化和社会以及不同的人而有所不同。判断个人信息是否属于私密信息，核心的标准在于这些信息对于维护个人的自决与自由以及保护自然人的私生活安宁和私生活秘密的重要性。当然，也要考虑该等信息对于维护社会正常交往、信息自由的重要程度以及社会公众的一般认知等因素。[①]

2. 区分的意义

首先，法律适用上存在差异。《民法典》第1034条第3款规定：“个人信息中的私密信息，适用有关隐私权的规定；没有规定的，适用有关个人信息保护的规定。”这就是说，在处理私密信息时，先要适用的是《民法典》关于隐私权的规定，隐私权没有规定的，才适用《民法典》《个人信息保护法》等法律关于个人信息保护的规定。

其次，适用的个人信息处理规则存在差异。具体体现在三点上：（1）在未经权利人同意的情形下，处理私密信息只能依据法律的规定，而处理非私密的个人信息可以依据法律和行政法规的规定；（2）处理私密信息必须取得权利人的同意，处理非私密的个人信息可以取得自然人或者其监护人的同意；（3）处理私密信息必须取得的是权利人的“明确同意”，而处理非私密的个人信息取得的是自然人或者其监护人的同意。

---

① 黄某诉腾讯科技（深圳）有限公司等隐私权、个人信息权益网络侵权责任纠纷案，北京互联网法院（2019）京0491民初16142号民事判决书.

（二）敏感与非敏感的个人信息

1. 区分的标准

敏感的个人信息是指，一旦泄露或者被非法使用，容易导致自然人的人格尊严受到侵害或者人身、财产安全受到危害的个人信息（《个人信息保护法》第 28 条第 1 款）。由此可见，敏感的个人信息中的“敏感”实际上强调的是在引发侵害或危害的后果上的难易程度。越是容易使人格尊严受到侵害或者人身、财产安全受到危害的个人信息，就越敏感。敏感的个人信息与私密的个人信息存在重合之处，如有些个人信息既是私密的也是敏感的，如罹患性病的信息、堕胎记录等，但二者并不完全重合，比如喜欢吃臭豆腐、愿意裸睡、暗恋某个女生等，这些信息是私密的个人信息，但并不是敏感的个人信息。反过来，敏感的个人信息也未必是私密的个人信息，如人脸信息等（参见图 2－1）。

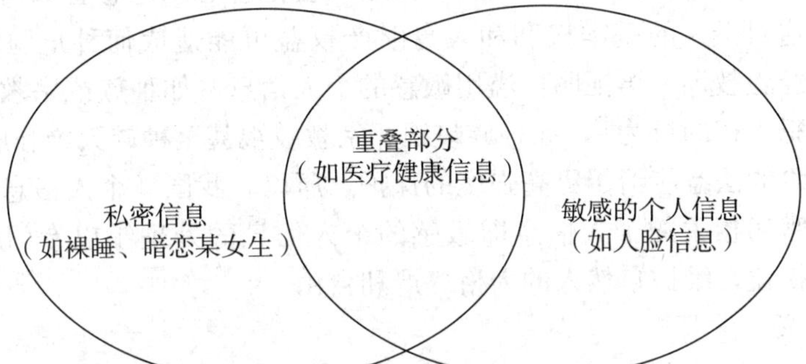

图 2－1　私密信息与敏感的个人信息的关系

依据《个人信息保护法》第 28 条第 1 款，敏感的个人信息具体包括：生物识别、宗教信仰、特定身份、医疗健康、金融账户、行踪轨迹等信息，以及不满十四周岁未成年人的个人信息。生物识别信息，也称“个人生物特征”“个人生物识别信息”，是指关于自然人的身体、生理或行为特征的信息，包括人脸、指纹、声纹、掌纹、基因、虹膜、耳廓等信息。在**例 7** 中，人的脸部信息就属于生物识别信息，是敏感的个人信息。宗教信仰信息，是指一个人是否信仰宗教以及信仰何种宗教、信仰的程度等信息。特定身份信息的含义则非常广泛，是指自然人基于生物或社会构建而产生的某种身份信息，如民族、种族、工会成员、政党成员、性取向（如同性恋、双性恋等）、犯罪分子身份等信息。当然，并非特定身份信息都属于敏感的个人信息，而需要分别加以考察。医疗健康信息，即个人的医疗信息与健康信息，包括自然人罹患的各种疾病（如艾滋病、癌症、精神疾病）、身体健康状况、心理状况、家族病史、正在接受的医疗措施（如服用药物的名称和剂量等）、过敏史等信息。金融账户信息，即个人在银行、证券公司等金融机构开设的账户相关信息，包括账户名、账号、支付密码、网银密码、存款的数额、股票等证券的数额、支付收款记录等。① 行踪轨迹信息，也称“行踪信息”②，即以电子

---

① 《中国人民银行金融消费者权益保护实施办法》第 28 条第 1 款。

② 《民法典》第 1034 条第 2 款称为“行踪信息”；《最高人民法院、最高人民检察院关于办理侵犯公民个人信息刑事案件适用法律若干问题的解释》第 1 条称为“行踪轨迹”。

方式或其他方式记录的个人的出行信息，通俗地说，就是一个人以何种交通方式，在什么时间去过哪些地方，在哪里停留过多长时间等信息。个人行踪信息既包括自然人在特定时间的动态地理位置，也包括个人空间位置移动而形成的轨迹，也就是说，既包括实时的位置信息，也包括移动的轨迹。此外，所有不满十四周岁的未成年人的个人信息，都属于敏感的个人信息。

敏感的个人信息与自然人的人格尊严等基本权利和重大人身财产权益具有极为密切的联系，对这些个人信息的处理行为，无论是合法的还是非法的都会对自然人的基本权利及人身财产安全产生重大风险甚至直接的损害。例如，自然人的基因、指纹、声纹、掌纹、脸部特征等生物识别信息“不可逆转地改变了身体和身份之间的关系，它们使得人体的特征变为‘机器可读（machine-readable）’并能够进一步予以永久性的使用”[①]。掌握这些信息的主体就可以永久地识别特定自然人，其未来会挖空心思地想着如何利用这些信息来谋取各种利益，这对个人的基本权利和人身财产权益可能造成何种危险将难以预测和控制。人类历史的经验教训一再证明，滥用敏感的个人信息（如种族或宗教的信息）会极大地助长大规模侵犯人权的行为[②]，如种族歧视、宗教歧视甚至种族灭绝和屠杀。在法律上，对于更高价值位阶的法益应给予更高强度的保护，所以，我国《个人信息保护法》对于与这些高位阶法益密切相关的个人信息即敏感的个人信息的处理予以专门的、更严格的规范，以保护个人权益，维护自然人的人格尊严和自由。

2. 区分的意义

首先，适用的个人信息处理规则不同（参见表 2－2）。法律上对于处理敏感的个人信息提出了更严格的要求，具体表现在以下四点：（1）处理目的和必要性的要求不同。依据《个人信息保护法》第 28 条第 2 款，只有在具有特定的目的和充分的必要性，并采取严格保护措施的情形下，个人信息处理者方可处理敏感的个人信息。但是，对于非敏感的个人信息的处理只要求具有明确、合理的目的即可。（2）同意的要求不同。依据《个人信息保护法》第 29 条，处理敏感个人信息应当取得个人的单独同意；法律、行政法规规定处理敏感个人信息应当取得书面同意的，从其规定。对于非敏感的个人信息，只有在某些情形下，如个人信息的提供、公开个人信息、个人信息出境等（《个人信息保护法》第 23、25、26、39 条）情形下才需要取得个人的单独同意。（3）告知的事项不同，处理非敏感的个人信息之前，处理者应当向个人告知的事项包括：个人信息处理者的名称或者姓名和联系方式；个人信息的处理目的、处理方式，处理的个人信息种类、保存期限；个人行使本法规定权利的方式和程序；法律、行政法规规定应当告知的其他事项（《个人信息保护法》第 17 条第 1 款）。然而，处理敏感的个人信息，除要告知前述事项外，还必须向个人告知处理敏感个人信息的必要性以及对个人权益的影响（《个人信息保护法》第 30 条）。（4）行政许可不同。处理非敏感的个人信息不涉及行政许可的问题，但是处理某些敏感的个人信息，则需要取得行政许可或者存在法律、行政法规作出的其他限制。例如，依据

① EDPS 2005, p. 19, cited in the Opinion of Advocate General Megozzi in Case C-291/12, Schwarz (AG Opinion), para. 1.

② Christopher Kuner, Lee A. Bygrave & Christopher Docksey ed. . The Eu General Data Protection Regulation (GDPR): A Commentary. Oxford University Press, 2020: 369.

《人类遗传资源管理条例》第 11 条的规定，采集我国重要遗传家系、特定地区人类遗传资源或者采集国务院科学技术行政部门规定种类、数量的人类遗传资源的，必须符合一定条件并且经国务院科学技术行政部门批准。

其次，个人信息处理者的义务不同。个人信息处理者在处理任何敏感个人信息之前，都必须进行个人信息保护影响评估并对处理情况进行记录（《个人信息保护法》第 55 条第 1 项）。但是，处理者如果处理的是非敏感的个人信息，则当此等处理活动对个人权益有重大影响时，如利用个人信息进行自动化决策、委托处理个人信息、向其他个人信息处理者提供个人信息、公开个人信息以及向境外提供个人信息等，才需要进行个人信息保护影响评估（《个人信息保护法》第 55 条第 2—5 项）。

表 2-2　敏感的与非敏感的个人信息处理规则的差异

处理规则	个人信息的类型	
	敏感个人信息	非敏感个人信息
处理目的和必要性的要求	（1）明确、合理的目的； （2）特定的目的和充分的必要性	明确、合理的目的
同意的要求	（1）个人自愿、明确作出的同意； （2）单独同意； （3）书面同意（法律、行政法规的规定）	个人自愿、明确作出的同意
告知的事项	（1）个人信息处理者的名称或者姓名和联系方式； （2）个人信息的处理目的、处理方式，处理的个人信息种类、保存期限； （3）个人行使本法规定权利的方式和程序； （4）处理敏感个人信息的必要性以及对个人权益的影响； （5）法律、行政法规规定应当告知的其他事项	（1）个人信息处理者的名称或者姓名和联系方式； （2）个人信息的处理目的、处理方式，处理的个人信息种类、保存期限； （3）个人行使本法规定权利的方式和程序； （4）法律、行政法规规定应当告知的其他事项
行政许可或其他限制	法律、行政法规的规定	无

评　论

敏感与非敏感的个人信息、私密信息与非私密的个人信息分别是《个人信息保护法》与《民法典》基于不同的规范目的对个人信息所作的两种不同的分类，二者均有其重要意义，并不矛盾。首先，敏感和非敏感的个人信息是《个人信息保护法》从规范个人信息处理行为的角度进行的一种重要分类，并在该区分的基础上针对信息处理者提出了不同的处理规则上的要求，从而有针对性地提高处理者在处理敏感的个人信息时的法定义务，更加充分地保护自然人的个人信息权益。由于敏感的个人信息对于维护自然人的人身财产安全与人格尊严极为重要，该等信息一旦泄露或被非法使用，势必会对自然人的人身财产权益造成严重的侵害或损害，故此，法律上对处理者处理此类信息有非常严格的要求。但是，对于非敏感的个人信息的处理而言，则没有如此严格的要求。这一点在《个人信息保护法》中有鲜明的体现，前已述及。正是由于敏感和非敏感的个人信息是为了确定不同的个人信息处理规则而对个人信息作出的区分，故此，该分类仅适用个人信息保护法所调整的个人信息处理行为，而不适用自然人因个人或者家庭事务而处理个人信息的活动。对此，《个人信息保护法》第 72 条第 1 款也作出了明确的规定。

私密信息和非私密的个人信息则是从民事权益保护的角度即为正确区分隐私权与个人信息权益的保护方法由《民法典》对个人信息进行的分类。依据《民法典》第 1034 条第 3 款，私密信息属于隐私，对于私密信息的保护首先适用隐私权的规定，隐私权没有规定的，才适用个人信息保护的规定。也就是说，私密信息和非私密信息区分的侧重点在于民事权益的类型与保护方法的差异，而非如敏感信息与非敏感信息那样基于对处理者处理个人信息的行为规范的不同所作的分类，两种划分的规范目的存在明显的区别。此外，私密信息和非私密信息的区分适用于所有的侵害个人信息权益的侵权纠纷。无论是网络企业、国家机关处理个人信息中发生的侵权纠纷，还是自然人之间因个人或家庭事务而出现的侵害个人信息的侵权行为，区分私密信息与非私密信息都是必要的，因为这涉及被告侵害的民事权益究竟是隐私权还是个人信息权益的认定。从《民法典》第 1033 条的规定来看，除了法律另有规定或者权利人明确同意，否则，任何处理他人私密信息的行为都构成对他人隐私权的侵害。但是，非私密信息的处理行为的合法性基础不仅包括取得信息主体（个人）及其监护人的同意，还包括法律和行政法规另有规定的情形。《民法典》第 1036 条还专门规定了处理个人信息的三类免责事由。

《个人信息保护法》并非《民法典》的特别法，而是一部对个人信息保护进行全面规范的兼具公法与私法属性的综合性法律，故此，《个人信息保护法》有必要从个人信息处理规则的角度对敏感信息和非敏感信息进行界分。同样，《民法典》从民事权益保护的角度区分私密信息和非私密信息也是非常必要的。总之，这两种个人信息的分类方法的规范目的各不相同，均有其重要意义。

（三）公开的与非公开的个人信息（参见图 2-2）

1. 区分的标准

公开的个人信息，是指已经处于明显公开（Making Public）状态的个人信息，如自然人在大众媒体上公开披露的个人信息、政府机关履行法定职责时公开的个人信息、人民法院依法公开裁判文书中涉及的个人信息等。我国法上公开的个人信息包括个人自行公开的个人信息与其他已经合法公开的个人信息（《民法典》第 1036 条第 2 项、《个人信息保护法》第 27 条）。公开的个人信息必须符合以下两个要件。

其一，已经被公开的个人信息。一般来说，就是指个人信息在客观上已经处于可由不特定的人所获取的状态，如个人信息出现在大众媒体如网站、报纸杂志等之上。可由不特定的人获取使个人信息的公开不同于个人信息的提供，后者只是在特定的个人信息处理者之间提供个人信息。处于公开状态的个人信息具有被不特定人获取的可能，至于事实上是否被获取，无关紧要。在网络信息社会之前，公开的个人信息经过一段时间后沉淀下去，为人们所遗忘，可能再次成为不公开的个人信息。但是，随着网络信息科技的发展，“今天，在广泛流行的技术的帮助下，遗忘已经变成了例外，而记忆却成了常态”[①]。因此，一

---

① ［英］维克托·迈尔-舍恩伯格. 删除：大数据取舍之道. 袁杰，译. 杭州：浙江人民出版社，2013：6.

旦个人信息被公开了，基本上不可能重新回到不公开的状态。

其二，合法公开的个人信息。合法公开意味着不是通过侵害个人信息权益或隐私权等非法方式公开的，而是在取得权利人的同意或者符合法律规定的条件下的公开，具体包括：自然人自行公开的或者其他已经合法公开的信息。自然人自行公开是自然人作为个人信息权益主体行使权益的结果，其他已经合法公开的信息是指通过其他合法方式公开的个人信息，例如，依据《个人信息保护法》第 13 条第 1 款第 3 项，公开个人信息是履行法定职责所必需的时候，可以公开自然人的个人信息。倘若个人信息是被他人非法公开的，如个人信息本身就是通过非法买卖、窃取等方法违法取得的，或者虽然收集个人信息是合法的却在没有合法根据的情况下公开了个人信息，则不属于合法公开的个人信息。

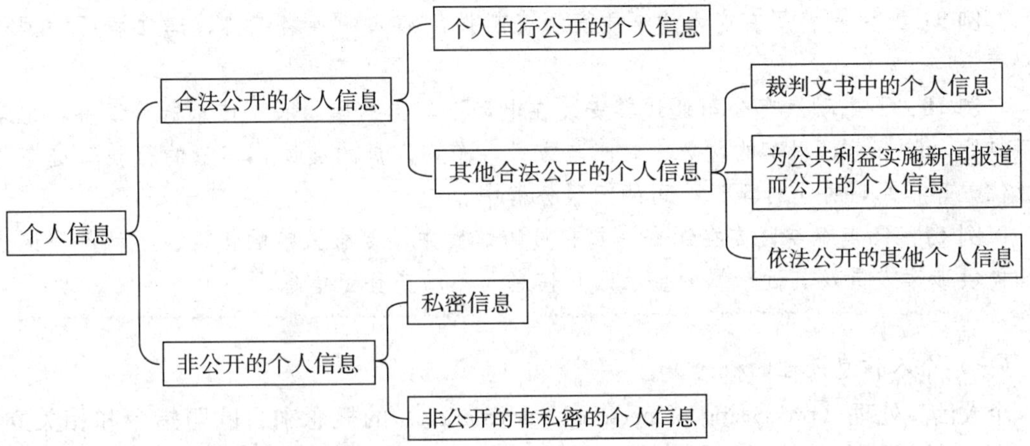

图 2－2　公开的与非公开的个人信息的类型

2. 区分的意义

首先，个人信息的处理活动的合法性根据不同。为了促进个人信息的合理利用，我国《民法典》《个人信息保护法》规定，个人信息处理者只要是在合理的范围内处理合法公开的个人信息，就不需要取得个人的同意，除非对个人权益有重大影响。但是，倘若个人信息处理者处理的是非公开的个人信息，那么除非有法律、行政法规规定的情形，否则，处理者都必须告知并取得个人的同意。

其次，阻止处理者处理活动的方法不同。对于公开的个人信息的处理，只要个人明确拒绝，个人信息处理者就不得处理了，但是拒绝之前的处理活动只要是合理的，也不构成侵权行为（《民法典》第 1036 条第 2 项、《个人信息保护法》第 27 条）。对于非公开的个人信息，只有当处理者是基于个人的同意而处理个人信息时，个人才可以通过撤回同意而阻止处理者继续处理（《个人信息保护法》第 15 条）；如果处理者是依据法律、行政法规规定的情形，如应对突发公共卫生事件所必需等而处理个人信息，则不存在个人撤回同意或拒绝处理的可能。在前述**例 8** 中，由于 A 公司处理的是已经合法公开的张某的个人信息（中国裁判文书网上公开的张某的个人信息），故此，A 公司无须取得张某的同意就可以在合理的范围内进行处理，该行为不构成侵权。但是，张某可以明确表示拒绝，如果在张某已经明确拒绝之后，A 公司依然处理张某的这些个人信息，就构成侵害个人信息权益的侵权行为。①

最后，是否再次公开不同。已经合法公开的个人信息不存在再次公开的问题，但是，如果处理者将没有公开的个人信息公开，则必须取得个人的单独同意（《个人信息保护法》第25条），除非法律、行政法规另有规定。

第二节　个人信息处理与个人信息处理者

一、个人信息处理的概念与类型

例9：X医院将所有病人的纸质病历资料按照病人的姓名编排，建立病历数据资料库。

例10：T电动汽车公司通过其安装在电动汽车上的摄像头、传感器等设备，记录用户的人脸信息，用车的次数、时间与方式，车内人员的交谈，车辆的行驶轨迹与停放位置等信息，并上传至该公司的云服务器中。

例11：R市纪委监委在调查一起官员贿赂案中，要求该市的银行、不动产登记机构提供涉案人员及其近亲属的金融账户信息、不动产登记信息。

（一）个人信息处理的概念

个人信息处理（processing of personal information）的概念来自欧盟指令和相关立法。1995年《个人数据保护指令》第2条第2款规定："个人数据处理（简称处理），是指不管是否以自动方式对个人数据进行的任何操作，如收集、录制、组织、存储、改变或修改、检索、查阅、使用、通过传送使数据公开、传播或者使数据可被他人获取、排列或组合、冻结、删除或销毁。"欧盟《一般数据保护条例》总体上延续了这一规定，其第4条第2款规定："'处理'是指针对个人数据或个人数据集合的任何一个或一系列操作，如收集、记录、组织、建构、存储、修改、检索、咨询、使用、披露、传播或其他方式利用、排列或组合、限制、删除或销毁，无论该等操作是否采用自动化方式。"② 不少国家的个人信息保护法或个人数据保护法都接受了欧盟使用的"个人信息处理"这一概念，如日本《个人信息保护法》、菲律宾《数据隐私法》、南非《个人信息保护法》、韩国《个人信息保护法》等。

考虑到个人信息处理的概念包容性强，为了与国际上通行的做法保持一致，我国《民法典》首次采取了"个人信息处理"的概念，如《民法典》第1035条第2款规定："个人信息的处理包括个人信息的收集、存储、使用、加工、传输、提供、公开等。"《个人信息

---

① 梁某冰与北京汇法正信科技有限公司网络侵权责任纠纷案，北京市第四中级人民法院（2021）京04民终71号民事判决书；苏州贝尔塔数据技术有限公司与伊某人格权纠纷案，江苏省苏州市中级人民法院（2019）苏05民终4745号民事判决书.

② DPD与《一般数据保护条例》对于个人数据处理的定义基本相同，二者唯一的区别在于它们列举的"处理"的具体类型有些不同，《一般数据保护条例》列举处理类型时增加了"建构（structuring）"，同时用"限制（restriction）"取代了"冻结（blocking）"，因为后者被认为是含糊不清的概念。Christopher Kuner，Lee A. Bygrave & Christopher Docksey ed.. The EU General Data Protection Regulation（GDPR）：A Commentary. Oxford University Press，2020：118.

保护法》第4条第2款延续了这一概念，但是，在列举出来的个人信息处理活动的具体类型中增加了“删除”这一处理活动。

（二）个人信息处理行为的类型

我国《民法典》《个人信息保护法》并未限定个人信息处理的具体方式，也就是说，认定个人信息处理行为时无须考虑个人信息媒介和处理的方式，无论是以自动方式（通过计算机以电子介质）处理个人信息，还是以其他方式（通过人工以纸介质）处理个人信息，都属于个人信息的处理。在这一点上，我国个人信息处理的界定与欧盟的《一般数据保护条例》是相同的。个人信息处理行为的具体类型很多，《民法典》与《个人信息保护法》列举了八类最典型的个人信息处理行为。

1. 收集

收集（collection）就是指个人信息处理者获取自然人的个人信息的行为。收集个人信息的行为的方式很多，既包括自然人主动提供其个人信息给处理者的情形，也包括处理者向自然人索取其个人信息的情形，如以纸质或电子形式要求自然人填写姓名、身份证号码、地址、电子邮箱、联系电话、家庭住址等，以及在上网或使用App等的过程中自动记录其个人信息的情形，如通过Cookie技术记录网络用户的身份识别号码ID、密码、浏览过的网页、停留的时间、用户在Web站点购物的方式或用户访问该站点的次数等。

个人信息处理者可以直接从个人信息主体即个人处收集个人信息，也可以从第三人处收集个人信息，通过网络检索等方式搜集自然人合法公开的个人信息等。处理者并非直接从信息主体处收集个人信息的情形，被欧盟《一般数据保护条例》称为“并非从数据主体处获取个人数据（personal data have not been obtained from the data subject）”。我国法上并未作此区分。依据《个人信息保护法》第23条，如果个人信息处理者不是直接从个人信息主体处收集个人信息，而是由其他的个人信息处理者提供个人信息给它，此时应当由提供方而非接收方来告知并取得个人的单独同意。在**例9**和**例10**中，X医院和T公司都是直接从个人处收集个人信息，无非X医院采取的是以纸质方式收集个人信息，而T公司是通过电子方式收集个人信息。但是，在**例11**中，R市纪委监委则是要求银行与不动产登记机构向其提供个人信息。

2. 存储

信息处理者对收集的个人信息需要进行存储（storage），才能便于后续的加工、使用等处理活动。个人信息的存储方式很多，既包括纸介质的存储，也包括电子方式的存储，如存储在计算机或云服务器当中。存储的时间可能是长期的，也可能是短期的；被存储的个人信息既包括被收集的原始的个人信息，也包括进行分析加工后的个人信息。

3. 使用

个人信息的使用（use）有广狭义之分。广义的个人信息的使用包含的范围很广，即通过自动或非自动方式对个人信息进行操作，例如记录、组织、排列、存储、改编或变更、检索、咨询、披露、传播或以其他方式提供、调整或组合、限制、删除等都属于使用（《互联网个人信息安全保护指南》[1] 第3.6条）。狭义的个人信息的使用不包括个人信息的

---

① 该指南由公安部网络安全保卫局、北京网络行业协会、公安部第三研究所于2019年4月10日发布。

存储、加工、传输、提供以及公开，仅指个人信息处理者对个人信息进行的分析和利用。

基于不同的个人信息处理目的，个人信息处理者使用个人信息的方式也各不相同。对于作为营利法人的企业而言，主要是为了商业目的使用个人信息，例如，通过对收集的用户的交易信息（如订购的商品、下单的时间、支付的方式等）进行分析，了解该用户的购物偏好、支付能力、信用状况等，从而进行精准广告推送，以便推销商品或服务。再如，政府机关使用个人信息是为了履行法定职责，如疫情期间通过对自然人的行踪信息进行收集分析可以实现疫情联防联控，做到精准防疫。

4. 加工

加工（process）是指个人信息处理者对所收集、存储的个人信息进行筛选、分类、排序、加密、标注、去标识化等活动。现代网络信息科技高速发展，对个人信息的加工规模和能力是以往所无法比拟的。这一点尤其是体现在个人信息处理者对大量的非结构化个人数据进行标注、清洗、建模和计算等方面。

5. 传输

传输（transmission）是指处理者传送所收集的个人信息的行为，个人信息的传输可以是在处理者内部的各个部门或者不同的存储器之间进行，如将本地存储的个人信息数据上传到云存储中，也可以是因为委托他人处理信息而传送个人信息的行为或者将个人信息从境内传输到境外。它与个人信息处理者将个人信息提供给他人的情形不同。

6. 提供

提供（provision）是指个人信息处理者将个人信息提供给他人，即提供给个人信息处理者与信息主体之外的组织或个人。提供个人信息可以是在境内的不同的个人信息处理者之间，也可以是在境内与境外的个人信息处理者之间，即个人信息的跨境提供。《个人信息保护法》第 23 条规定，个人信息处理者向其他个人信息处理者提供其处理的个人信息的，应当向个人告知接收方的名称或者姓名、联系方式、处理目的、处理方式和个人信息的种类，并取得个人的单独同意。接收方应当在上述处理目的、处理方式和个人信息的种类等范围内处理个人信息。接收方变更原先的处理目的、处理方式的，应当依照本法规定重新取得个人同意。该法第 3 章对个人信息跨境提供的规则作出了详细的规定。

7. 公开

公开（public disclosure）个人信息是指将个人信息公之于众，从而使社会公众或不特定的人可以获取该信息。《信息安全技术 个人信息安全规范》（GB/T 35273—2020）第 3.11 条将之称为“公开披露”，并界定为“向社会或不特定人群发布信息的行为”。由于公开个人信息是一种对于信息主体的个人信息权益影响很大的信息处理方式，故此，我国法律对之作出了更为严格的规范。例如，《个人信息保护法》第 25 条规定：“个人信息处理者不得公开其处理的个人信息，取得个人单独同意的除外。”再如，依据《个人信息保护法》第 55 条第 3 项的规定，个人信息处理者公开个人信息的，应当在公开前进行个人信息保护影响评估，并对处理情况进行记录。

8. 删除

删除（erase）个人信息的根本目的就是要使得个人信息不可用，即个人信息处理者或者其他人不可能取得、读取与使用个人信息，故此只要通过某种措施使个人信息无法或者除非花费巨额的成本否则不可能再被个人信息处理者或其他人取得、读取与使用即可。具体的删除方式是多种多样的，可以是物理上毁掉存储个人信息的硬盘，也可以是其他的技术手段。如果仅仅是无法在线访问或者删掉回收站，显然不构成删除，因为处理者可以很轻易地再次取得和使用该个人信息。《个人信息保护法》第 47 条明确规定了个人信息处理者应当主动删除个人信息的五类情形，同时，也明确了如果删除个人信息从技术上难以实现的，则个人信息处理者应当停止除存储和采取必要的安全保护措施之外的处理。

评 论

个人信息的转移（transfer），就是个人信息从一个主体处转向另一个主体处的客观现象。若个人信息存储在硬盘或者纸介质上，那么只要按照动产的交付规则即可判断个人信息是否转移。但是，在互联网时代，个人信息以数据的形式可以通过网络进行传输而为他人获取，故此，认定何为个人信息的转移就比较复杂了。个人信息的传输（transmission）、提供（provision）、公开（public disclosure）以及个人信息处理者的主体变化（分立、合并等），都可能导致个人信息的转移。因此，《个人信息保护法》没有将个人信息的转移作为个人信息处理的一种类型，只是在第 22 条规定了个人信息处理者因合并、分立等原因需要转移个人信息的情形。此外，该法第 21 条至第 23 条区分了委托处理个人信息时个人信息处理者将个人信息提供给受托人处理的情形、个人信息处理者合并或分立等原因导致个人信息的转移、个人信息处理者向其他个人信息处理者提供个人信息等三种不同的情形，对适用的处理规则作出了相应规定。

二、个人信息处理者的概念与类型

例 12：张某向 C 市公安局申请普通护照，公安局要求张某按照要求填写“中国公民因私出国（境）申请表”，该表中包括的信息有申请人的姓名、照片、身份证号码、出生年月、婚姻状况、文化程度、家庭住址、联系电话、本人单位、家庭主要成员等。

例 13：A 公司合法收集了用户的个人信息，该公司与 B 公司签订了云服务合同，约定 A 公司利用 B 公司提供的云存储服务存储包括个人信息在内的各类数据。

（一）个人信息处理者的概念

我国《民法典》《个人信息保护法》没有如欧盟《一般数据保护条例》那样区分所谓个人数据的控制者（Controller）与处理者（Processor）[①]，而是统一采取了“个人信息处

① 在欧盟法上，个人数据的控制者是指，能单独或联合决定个人数据的处理目的和方式的自然人、法人、公共机构、代理机构或其他组织。个人数据的处理者则是，为控制者处理个人数据的自然人、法人、公共机构、代理机构或其他组织。这一区分的理由在于：控制者是个人数据保护法实施中的关键行为者，它们是个人数据保护法所设定的向数据主体负担的义务的首要承担者。因此，确定控制者的标准对于理解欧盟个人数据保护法的适用至关重要。Christopher Kuner，Lee A. Bygrave & Christopher Docksey ed.. The EU General Data Protection Regulation（GDPR）：A Commentary. Oxford University Press，2020：146 - 160.

理者”的概念。依据《个人信息保护法》第 73 条第 1 项，所谓个人信息处理者，是指在个人信息处理活动中自主决定处理目的、处理方式的组织、个人。我国法上的个人信息处理者与欧盟法上的个人数据控制者相同。至于欧盟法上的个人数据处理者，即按照他人决定的处理目的和处理方式处理个人信息的主体，在我国法中就是“接受委托处理个人信息的受托人”，其与个人信息处理者之间是委托合同关系（参见表 2-3）。具体而言：一方面，个人信息处理者与受托处理个人信息的主体（受托人）之间应当通过委托合同约定委托处理的目的、期限、处理方式、个人信息的种类、保护措施以及双方之间的权利和义务等，并对受托人的个人信息处理活动进行监督（《个人信息保护法》第 21 条）。另一方面，受委托处理个人信息的主体不是个人信息处理者，无须承担个人信息处理者的全部义务，而只是需要依法采取必要措施保障所处理的个人信息的安全，并协助个人信息处理者履行《个人信息保护法》规定的义务即可（《个人信息保护法》第 59 条）。

表 2-3　个人信息处理者与个人信息处理的受托人的区别

差异	主体类型	
	个人信息处理者	个人信息处理的受托人
是否自主决定个人信息处理目的和处理方式	是	否
是否承担《个人信息保护法》第五章规定的义务	是	否 （只需要采取必要措施保障所处理的个人信息的安全，并协助个人信息处理者履行本法规定的义务）
是否适用过错推定责任	是 （《个人信息保护法》第 69 条第 1 款）	否 （《民法典》第 1165 条第 1 款）

（二）个人信息处理者的认定

依据《个人信息保护法》第 73 条第 1 项，个人信息处理者须符合以下要件。

1. 个人信息处理者是组织或者个人

个人信息处理者往往是组织，也可以是个人。组织既包括法人组织、非法人组织，也包括国家机关、企业事业单位等。在**例 12** 中，C 市公安局要求申请普通护照的张某提交出生日期、身份证号码、住址、联系电话、工作单位、主要家庭成员等个人信息，该行为属于个人信息处理行为，并且 C 市公安局是自主决定处理目的和处理方式，故此属于个人信息处理者。

2. 自主决定个人信息的处理目的与处理方式

只有那些自主地决定处理目的、处理方式的组织或个人才是个人信息处理者。首先，自主决定就是指由组织或个人依照自身的意志来决定，倘若是由他人来决定抑或自己决定后需要得到他人的同意或批准，则不构成自主决定。其次，自主决定的内容必须是个人信息的处理目的和处理方式。所谓个人信息的处理目的，是指处理者究竟是为了实现何种目的而处理个人信息。个人信息的处理方式，是指处理者对个人信息采取何种处理方法，如收集、存储、使用、加工、传输、提供、公开等。个人信息处理者并不需要自主决定个人信息处理中的全部内容，只需要自主决定处理目的和处理方式即可。这是因为个人信息的处理目的和处理方式在个人信息处理中具有决定性的作用，不同的处理目的和处理方式对于个人权益的影响是完全不同的。在**例 13** 中，A 公司才是个人信息处理者，B 公司只是按照 A 公司的要求为其提供云存储的服务，并未自主决定处理目的和处理方式，故此，B 公司属于受委托处理个人信息的受托人，而非个人信息处理者。如果 B 公司违反与 A 公司的约定，自行决定对 A 公司存储的个人信息加以使用或者公开，则 B 公司属于个人信息处理者。当然，B 公司的处理行为不仅违反了与 A 公司的合同，构成违约行为。同时，B 公司在没有取得个人同意或者缺乏法律、行政法规规定的情形下，就处理个人信息，也构成对个人信息权益的侵权行为。

第三节　个人信息保护法的适用范围

一、个人信息保护法的空间适用范围

例 14：设在 A 国的 W 公司通过网络收集 B 国自然人的个人信息，又将这些个人信息交由 C 国的 Y 公司加工，并与 D 国的 Z 公司进行共享。

例 15：C 公司是 Y 国的法人，在中国上海设立了分公司 E，经营葡萄酒销售业务，其顾客群体多为在华 Y 国人士，E 公司在产品销售的过程中，收集了用户的个人信息。

例 16：H 公司位于 E 国，是该国法人，经营一家网店。该公司在国外并无子公司或分支机构，网店也只有英文版。但该网店接受顾客以欧元付款，也可以向德国、法国的顾客交货。如果来自这些欧盟成员国的客户访问 H 公司网站，他们将被从域名“H. au”定向至“H. com/de”“H. com/fr”等。

（一）概述

随着经济的全球化，现代世界各国各地区的交往联系越来越密切，货物、服务、资本等生产要素的全球流动日益频繁，尤其是在网络信息科技高速发展的今天，互联网的虚拟性、开放性和全球性打破了国家主权实体边界的物理限制，数据和个人信息通过网络科技可以在全世界范围内流动。在**例 14** 中，由于 W 公司是 A 国法人，其通过网络收集了 B 国自然人的个人信息，而这些个人信息又被交给 C 国的 Y 公司加工，并与 D 国的 Z 公司进行共享。这样一来，就产生了对这些个人信息处理活动，究竟如何适用 A、B、C、D 等国的个人数据或个人信息保护法的问题。比如，B 国能否因为其国内的自然人的个人信息被 W 公司处理了，就对 W 公司处理个人信息的行为适用本国的个人信息保护法。这些就是个人信息保护法的空间适用或地域适用范围的问题。

法律的空间适用范围要解决的是一国法律在什么地域、对什么人适用的问题。法律的空间适用范围是一个国家的管辖权的体现。当今世界，国内法的空间适用范围问题不是单纯的一国主权范围内的事情，也受到国际法的制约，应当尊重其他国家的主权。在国际法上，依据行使的依据不同，可以将国家立法管辖权分为四类，即属地管辖、属人管辖、保

护管辖以及普遍管辖。[①] 所谓属地管辖，就是依据领土所行使的管辖权，即国内法对于发生在本国领土范围内的一切人、物和所发生的事件予以适用。属人管辖是依据国籍所行使的管辖权，即对于一国的公民，无论其是在国内还是在国外，该国的法律对其从事的相关行为都可以适用。保护管辖是指，为了保护本国的安全和重大利益，对于外国人在该国领域外的侵害行为行使管辖的权力。普遍管辖以保护各国的共同利益为标准，认为凡是国际条约所规定的侵犯各国共同利益的违法犯罪行为，无论行为人的国籍与行为地的属性，缔约国或参加国只要发现该行为人在其领域内，其法律便可以行使管辖权。基于主权平等原则，原则上一个国家的国内法具有属地性，只能规范本国领域内发生的行为。这就是国内法的域内效力。与之对应的是国内法的域外效力，即一国权力机关针对本国领域外发生的行为在本国域内适用或执行国内法。[②] 属人管辖、保护管辖和普遍管辖都是对属地管辖原则的突破，体现了国内法的域外效力。在尊重主权、不干涉内政和国际礼让等原则的前提下，法律的域外效力也是得到承认的。

在我国，基于对主权原则的尊重，对域外管辖总体上持一种比较排斥的态度，尽量避免我国司法的过度管辖给他国主权造成影响。[③] 但是，考虑到互联网的开放性与全球性以及数据信息流动性的特点，为了充分保护我国境内自然人的个人信息权益，也有必要赋予我国《个人信息保护法》以必要的域外效力。[④]《数据安全法》第 2 条明确规定："在中华人民共和国境内开展数据处理活动及其安全监管，适用本法。在中华人民共和国境外开展数据处理活动，损害中华人民共和国国家安全、公共利益或者公民、组织合法权益的，依法追究法律责任。"故此，在《数据安全法》第 2 条的基础上，同时借鉴欧盟《一般数据保护条例》等国外立法的成果，我国《个人信息保护法》第 3 条对空间适用范围作出了具体规定。

（二）个人信息保护法的适用以属地管辖为原则

属地管辖意味着，一个主权国家的法律当然适用于该国主权所及的领土范围内的需要调整的活动。我国以往的许多法律在规定其适用的地域范围时，往往都表述为"中华人民共和国境内的某某活动，适用本法"。例如，《电子商务法》第 2 条第 1 款规定："中华人民共和国境内的电子商务活动，适用本法。"再如，《网络安全法》第 2 条规定："在中华人民共和国境内建设、运营、维护和使用网络，以及网络安全的监督管理，适用本法。"所谓中华人民共和国境内，就是指在中华人民共和国领域范围内。《个人信息保护法》调整的对象就是处理自然人的个人信息的活动。该法第 3 条第 1 款规定："在中华人民共和国境内处理自然人个人信息的活动，适用本法。"这就意味着：任何组织或者个人，无论处理者是组织还是个人，无论是法人组织还是非法人组织，无论是我国的还是外国的组织，无论是我国的个人还是外国的个人，只要是在我国境内从事处理自然人的个人信息的

---

① 程晓霞，余民才．国际法．6 版．北京：中国人民大学出版社，2021：48 页以下．

② 霍政欣．国内法的域外效力：美国机制、学理解构与中国路径．政法论坛，2020（2）．

③ 诚如学者所言，这种态度与我国在近代曾作为西方列强"治外法权"的受害国，从而对于域外管辖制度有着比较负面的历史记忆密切相关。石佳友．我国证券法的域外效力研究．法律科学（西北政法大学学报），2014（5）．

④ 全国人大常委会法制工作委员会副主任刘俊臣．关于《中华人民共和国个人信息保护法（草案）》的说明（2020 年 10 月 13 日在第十三届全国人民代表大会常务委员会第二十二次会议上）．

活动，都适用本法。依据《民法典》的规定，法人是具有民事权利能力和民事行为能力，依法独立享有民事权利和承担民事义务的组织（《民法典》第57条）。法人可以分为营利法人、非营利法人以及特别法人。所谓非法人组织，是指不具有法人资格，但是能够依法以自己的名义从事民事活动的组织，包括个人独资企业、合伙企业、不具有法人资格的专业服务机构等（《民法典》第102条）。依据法人或非法人组织是否依据我国法律成立，可以将之分为中国法人、中国非法人组织与外国法人、外国非法人组织。《公司法》第191条规定："本法所称外国公司是指依照外国法律在中国境外设立的公司。"外国公司在中国境内设立分支机构，必须向中国主管机关提出申请，并提交其公司章程、所属国的公司登记证书等有关文件，经批准后，向公司登记机关依法办理登记，领取营业执照。无论是外国公司、外国公司在我国设立的分支机构、外国企业常驻代表机构、外国常驻新闻机构等，还是外国政府组织或国际组织依据我国政府签订或参加条约和公约等在我国设立的机构，只要它们在我国境内处理自然人的个人信息，就要适用《个人信息保护法》的规定。在**例15**中，E公司在我国境内处理个人信息，即便处理的个人信息不是我国公民的个人信息，而是外国人的个人信息，但因为该处理个人信息的活动在我国境内发生，依据属地管辖原则，当然要适用我国个人信息保护法。

（三）适用我国《个人信息保护法》的境外个人信息处理活动

为了充分保护我国境内自然人的个人信息权益，《个人信息保护法》第3条第2款借鉴了欧盟《一般数据保护条例》的目标原则或指向原则，即对于特定的一些在我国境外处理我国国境内自然人个人信息的活动也适用我国《个人信息保护法》的规定，具体包括以下三类。

1. 以向境内自然人提供产品或者服务为目的

所谓"以向境内自然人提供产品或者服务为目的"，是指处理者在我国境外处理了我国境内的自然人的个人信息，该处理活动的目的是向我国境内的自然人出售各种产品或者提供相应的服务，至于该产品或者服务的提供是有偿的还是无偿的，在所不问。我国境内的自然人是指个人信息处理活动发生时身处我国境内的任何自然人，既包括我国的公民，还包括在我国境内停留的外国人、无国籍人等。在判断境外的个人信息处理行为是否属于向我国境内自然人提供产品或者服务为目的时，可以参考的因素包括：是否使用中文或我国其他民族的语言文字；为该产品或服务支付对价的货币是否为人民币或者采取的电子支付方式是否为我国境内常用的支付方式，如可以使用支付宝、微信或者我国的银行信用卡等进行支付；是否可以向我国以快递等方式交付相应的产品或者以网络传输方式提供相应的服务；网站的域名是否指向我国；等等。在**例16**中，如果H公司经营这家网店时也接受我国境内的顾客以人民币付款，可以向我国境内的顾客交货，那么处理我国境内的个人信息的行为也适用我国的《个人信息保护法》。

2. 分析、评估境内自然人的行为

所谓分析、评估境内自然人的行为，其内涵与欧盟《一般数据保护条例》第3条中的监控是相同的，即通过各种网络方式对我国境内的自然人的行为进行分析和评估，包括对自然人进行数据画像，特别是做出自动化决策，或者对其个人偏好、行为或态度做出分析或预测。所谓自动化决策，是指通过计算机程序自动分析、评估个人的行为习惯、兴趣爱好或者

经济、健康、信用状况等，并进行决策的活动（《个人信息保护法》第73条第2项）。

3. 法律、行政法规规定的其他情形

为了避免列举的不全面，《个人信息保护法》第3条第2款第3项将法律、行政法规规定的其他情形作为兜底条款。

二、不适用个人信息保护法的个人信息处理活动

例17：中学生陈某喜爱交友，为能在班级同学生日之前送上祝福和相应的礼物，逐一收集了全班35位同学的生日、兴趣爱好等。

例18：P大学法学院教授李某举办了一场大规模的学术会议，邀请了50位学者参会，会议期间该教授让学生逐一收集与会学者的姓名、身份证号码、银行账户信息、工作单位、手机号码等，以便会后给参会学者发放相应的劳务费。

依据《民法典》第1035条第2款，无论是通过自动方式还是通过非自动方式处理个人信息，无论是公司企业、国家机关等个人信息使用者处理个人信息，还是纯粹的私人或家庭活动中的个人信息处理（如家人朋友之间进行的通信联络、保存联系方式或者社交活动中的个人信息的提供等），都属于个人信息的处理。但是，《个人信息保护法》第72条第1款明确规定："自然人因个人或者家庭事务处理个人信息的，不适用本法。"这一规定借鉴了欧盟《一般数据保护条例》的规定，依据该条例鉴于部分第18条，《一般数据保护条例》"不适用于自然人在不涉及任何职业或商业的纯个人或家庭活动中对个人数据的处理活动。个人或家庭活动可以包括通信、保存地址，或者社交活动以及在类似活动背景下进行的线上活动。但本条例适用于为上述个人日常活动提供个人数据处理方法的控制者或处理者。"该条例第2条第2款C也规定，本条例不适用于"自然人在纯粹的个人或家庭生活中（in the course of a purely personal or household activity）进行的处理活动"。

我国《个人信息保护法》将自然人因个人或家庭事务处理个人信息的活动排除在所调整的个人信息处理的范围之外，是非常必要的。这是因为：自然人之间因为个人或家庭事务而处理个人信息的行为，属于平等主体之间的个人信息利用或由此发生的侵害行为，如果是利用，是为了维持正常的社会交往所必需的；如果是侵害，也是个人信息处理能力对等的民事主体的侵害民事权益的行为，它们与现代网络信息科技中个人信息处理尤其是大规模自动化处理对个人信息权益造成的巨大危害不可同日而语。同时，自然人因个人或家庭事务处理个人信息的活动也与商业目的或者履行法定义务等目的无关。如果将这一类个人信息处理活动纳入个人信息保护法的调整范围，就意味着要给处理者施加各种法定义务，同时履行个人信息保护职责的部门也必须对此类处理活动加以监督管理，这显然是完全没有必要的。至于此类个人信息处理活动中发生的侵权行为，也完全可以适用《民法典》等民法的规定加以解决。

所谓自然人因个人或者家庭事务而处理个人信息的情形，主要是指自然人不涉及任何经济目的，而只是为了休闲活动、爱好、度假、娱乐，用于社交网络或者生日纪念、周年纪念等纯粹的个人或家庭事务的目的处理个人信息的情形。在**例17**中，陈某收集的同班

同学的生日和兴趣爱好，当然属于个人信息，客观上其收集、存储和使用这些个人信息的活动，属于个人信息处理活动，但由于陈某只是为了社交目的这一存储的个人目的而处理个人信息，故此，该个人信息处理活动不适用《个人信息保护法》。但是，在**例 18** 中，李教授让学生收集 50 位与会学者的姓名、身份证号码、银行账户信息、工作单位、手机号码等个人信息，显然不属于为个人或家庭事务的目的，故此应当适用《个人信息保护法》的规定。

三、优先适用其他法律的个人信息处理活动

依据《个人信息保护法》第 72 条第 2 款，法律对各级人民政府及其有关部门组织实施的统计、档案管理活动中的个人信息处理有规定的，适用其规定。我国颁布了《档案法》《档案法实施办法》等法律、行政法规来调整档案收集、整理、保护、利用及其监督管理活动；颁布了《统计法》《全国经济普查条例》《全国人口普查条例》等法律、行政法规以调整各级人民政府、县级以上人民政府统计机构和有关部门组织实施的统计活动。统计、档案管理活动具有特殊性，涉及收集、存储、加工、使用、公开、提供个人信息等处理活动有特殊的规定，因此，依据特别法优于一般法的原则，应当先适用《档案法》《统计法》等法律的规定，没有规定的，才适用《个人信息保护法》。

统计和档案管理活动中的个人信息处理之所以要优先适用《档案法》《统计法》等法律的规定，原因在于这些活动中个人信息处理具有的处理目的与处理方式的法定性。一方面，统计和档案管理活动中个人信息的处理目的为法律、行政法规严格限定。《统计法》第 25 条规定："统计调查中获得的能够识别或者推断单个统计调查对象身份的资料，任何单位和个人不得对外提供、泄露，不得用于统计以外的目的。"《全国经济普查条例》第 33 条规定："经济普查取得的单位和个人资料，严格限定用于经济普查的目的，不作为任何单位对经济普查对象实施处罚的依据。"《全国人口普查条例》第 33 条规定："人口普查中获得的能够识别或者推断单个普查对象身份的资料，任何单位和个人不得对外提供、泄露，不得作为对人口普查对象作出具体行政行为的依据，不得用于人口普查以外的目的。人口普查数据不得作为对地方人民政府进行政绩考核和责任追究的依据。"另一方面，个人信息的处理方式也具有严格的法定性。《档案法》第 27 条规定："县级以上各级档案馆的档案，应当自形成之日起满二十五年向社会开放。经济、教育、科技、文化等类档案，可以少于二十五年向社会开放；涉及国家安全或者重大利益以及其他到期不宜开放的档案，可以多于二十五年向社会开放。国家鼓励和支持其他档案馆向社会开放档案。档案开放的具体办法由国家档案主管部门制定，报国务院批准。"第 32 条规定："属于国家所有的档案，由国家授权的档案馆或者有关机关公布；未经档案馆或者有关机关同意，任何单位和个人无权公布。非国有企业、社会服务机构等单位和个人形成的档案，档案所有者有权公布。公布档案应当遵守有关法律、行政法规的规定，不得损害国家安全和利益，不得侵犯他人的合法权益。"《统计法》第 26 条规定："县级以上人民政府统计机构和有关部门统计调查取得的统计资料，除依法应当保密的外，应当及时公开，供社会公众查询。"

【进一步阅读文献】

1. 齐爱民，张哲. 识别与再识别：个人信息的概念界定与立法选择. 重庆大学学报（社会科学版），2018 (2).

2. 韩旭至. 个人信息概念的法教义学分析：以《网络安全法》第 76 条第 5 款为中心. 重庆大学学报（社会科学版），2018 (2).

3. 丁晓东. 论个人信息概念的不确定性及其法律应对. 比较法研究，2022 (5).

4. 王融. 数据匿名化的法律规制. 信息通信技术，2016 (4).

5. 北京百度网讯科技有限公司与朱某隐私权纠纷案，南京市中级人民法院（2014）宁民终字第 5028 号民事判决书.

6. 余某与北京酷车易美网络科技有限公司隐私权纠纷案，广州互联网法院（2021）粤 0192 民初 928 号民事判决书.

7. 黄某诉腾讯科技（深圳）有限公司等隐私权、个人信息权益网络侵权责任纠纷案，北京互联网法院（2019）京 0491 民初 16142 号民事判决书.

8. Christopher Kuner, Lee A. Bygrave & Christopher Docksey ed. . The EU General Data Protection Regulation (GDPR): A Commentary. Oxford University Press, 2020.

9. Article 29 Data Protection Working Party, Opinion 05/2014 On Anonymisation Techniques, 0829/14/EN WP 216 (2014).

10. Article 29 Data Protection Working Party, Opinion 4/2007 On the Concept of Personal Data, 01248/07/EN WP 136 (2007).

第三章　个人信息保护法的基本原则

第一节　概　述

个人信息保护法的基本原则，就是个人信息处理者在从事个人信息处理活动的过程中应当遵循的基本原则，故此，也可称为个人信息处理的基本原则。个人信息保护法对基本原则加以规定，既有利于构建科学合理的个人信息处理法律规范体系，也有助于实践中准确地阐释、适用以及补充个人信息保护法的具体规定。[①]

在比较法上，许多国家的个人数据保护法或个人信息保护法中都有对基本原则的规定。例如，早在 1980 年经济合作与发展组织（OECD）《隐私指南》中，就详细列举了收集限制原则、数据质量原则、列明目的原则、使用限制原则、安全保护原则、公开原则、个人参与原则、责任原则等八项原则。在全球范围内具有重大影响的欧盟《一般数据保护条例》第 5 条对“与个人数据处理相关的原则”作出了详细规定，其明确了合法、正当与透明原则，目的限制原则，数据最小化原则，准确原则，存储限制原则，完整与保密原则以及责任原则。2017 年修订的德国《联邦数据保护法》第 47 条规定：“处理个人数据应当遵循下列原则：1. 合法公平地处理；2. 为了特定、明确且合法的目的而收集的并以不违反这些目的的方式进行处理；3. 就处理目的而言适当、相关且不过度；4. 准确且于必要时更新，考虑到处理目的，应采取一切合理步骤来确保不准确的个人数据被删除或更正；5. 以允许识别数据主体的形式所保存的时间不超过处理该数据之目的所必需的时间；6. 以确保个人数据适当安全的方式进行处理，包括使用适当的技术或组织措施来防止未经授权或非法处理以及防止意外丢失、破坏或损坏。”该条确立了个人数据处理应当遵循的“合法与依据诚信处理的原则（Rechtmäßigkeit und Verarbeitung nach Treu und Glauben）”、“目的限制原则（Zweckbindung）”、“数据最小化与比例原则（Datenminimierung und Verhältnismäßigkeit）”、“正确性原则（Richtigkeit）”、“限制存储（Speicherbegrenzung）”以及“系统数据保护原则（Systemdatenschutz）”。

我国法律关于个人信息保护法基本原则的规定经历了一个逐渐发展完善的过程。2012 年《全国人民代表大会常务委员会关于加强网络信息保护的决定》第 2 条首次明确了个人信息处理应当遵循合法、正当、必要以及公开等四项原则。这四项原则为此后的《网络安全法》第 41 条第 1 款、《民法典》第 1035 条第 1 款所继受。在《个人信息保护法》的起草过程中，立法机关认为，应当在《民法典》《网络安全法》等法律规定的基础上，进一

---

① Gola/Heckmann, Bundesdatenschutzgesetz, 13. Auflage, Beck, 2019, Rn. 2-3.

步充实完善个人信息处理的基本原则，并将它们贯穿于个人信息处理的全过程、各环节。[①]故此，《个人信息保护法》第一章“总则”专门采用了五个条文（第5—9条）详细规定了九项个人信息保护法的基本原则，分别是：合法原则、正当原则、必要原则、诚信原则、目的限制原则、公开透明原则、质量原则、责任原则与安全原则。

第二节 合法、正当、必要与诚信原则

一、合法原则

例1：李某制作了一款具有非法窃取安装者相册照片功能的手机“黑客软件”，将其伪装成所谓的颜值检测软件发布于某论坛并提供给访客免费下载。用户下载安装该软件并使用时，软件就会自动在后台获取手机相册里的照片，并自动上传到李某搭建的云服务器后台。利用该软件，李某窃取安装者相册照片共计数千张，其中部分照片含有人脸信息、自然人姓名、身份号码、联系方式、家庭住址等公民个人信息，共有上千条。

合法原则，是指个人信息处理者在对个人信息进行收集、存储、加工、使用、提供、公开、删除等处理活动时，应严格遵循法律、行政法规的规定，采取合法的方式，不得违法处理个人信息。合法原则中的“法”的范围比较广泛，不仅包括全国人大及其常委会制定的法律，也包括行政法规、地方性法规、司法解释、部门规章、地方政府规章、强制性标准等。[②] 一方面，《个人信息保护法》第5条从积极的、肯定的角度要求处理个人信息遵循合法原则。另一方面，该法第10条又从禁止性角度规定，任何组织、个人不得非法收集、使用、加工、传输他人个人信息，不得非法买卖、提供、公开他人个人信息；不得从事危害国家安全、公共利益的个人信息处理活动。在个人信息处理活动中，合法原则的要求体现在以下几方面：

（1）只有符合法律、行政法规规定的情形时，个人信息处理者才能处理个人信息，该处理行为才是合法的。对于这些情形的全面列举在《个人信息保护法》第13条，该条列举了合法处理个人信息的七种情形，如：告知并取得个人的同意；为订立或者履行个人作为一方当事人的合同所必需；为履行法定职责或者法定义务所必需；等等。只有符合其中的某一情形，个人信息的处理行为才是合法的，否则就是非法行为。

（2）处理个人信息的目的和方式都应当是合法的。个人信息处理者不能为了侵害自然人的个人权益，损害其他民事主体的合法权益、社会公共利益或国家利益的目的而处理个

① 全国人大常委会法制工作委员会副主任刘俊臣. 关于《中华人民共和国个人信息保护法（草案）》的说明（2020年10月13日在第十三届全国人民代表大会常务委员会第二十二次会议上）.

② 欧盟《一般数据保护条例》第5条第1款（a）也确立了合法原则。欧盟第29条工作组（Article 29 Data Protection Working Party）认为，对所谓合法中的“法”应当作最广义的解释，其包括各种形式的成文法和普通法、初级立法和次级立法、市政法令、先例、宪法原则、基本权利、其他法律原则以及判例，因为这些“法律”将由主管法院解释和考虑。Art. 29 Data Protection Working Party，WP 203（2013），p. 20.

人信息。个人信息的处理方式也必须是合法的，个人信息处理者应当根据个人信息的处理目的、处理方式、个人信息的种类以及对个人权益的影响、可能存在的安全风险等，采取措施确保个人信息处理活动符合法律、行政法规的规定。

（3）禁止从事任何非法的个人信息处理活动。任何组织或者个人需要获取他人个人信息的，应当依法取得并确保信息安全，不得非法收集、使用、加工、传输他人个人信息，不得非法买卖、提供或者公开他人个人信息，不得从事危害国家安全、公共利益的个人信息处理活动。**例 1** 中，李某将窃取他人个人信息的黑客软件伪装成所谓的颜值测试软件，利用该软件窃取他人的个人信息，该行为显然是非法收集他人个人信息的违法行为，违反了合法原则，李某应当承担相应的法律责任。

二、正当原则

正当原则，也称公正原则（Fairness），是指个人信息处理活动必须是正当的，个人信息处理者不得采取不正当的手段或者误导、欺诈、胁迫等不公正方法处理个人信息。[①] 正当原则是个人信息保护中的一项基本原则。例如，日本《个人信息保护法》第 3 条规定："在尊重个人人格的理念下，个人信息应被慎重对待，鉴于此，应当实现个人信息之正当处理。"第 17 条第 1 款规定："个人信息处理业者不得以虚假及其他不正当手段获取个人信息。"我国《个人信息保护法》第 5 条明确要求处理个人信息应当遵循正当原则，该原则具体体现在以下几方面。

（1）个人信息的处理目的和处理方式都应当是正当的，不能违背公序良俗。个人信息处理者不得通过误导、欺诈、胁迫等方式处理个人信息，例如，在非服务所必需或无合理场景的情形下，以所谓积分、奖励、优惠等方式欺骗、误导用户提供身份证号码以及个人生物特征等个人信息。[②] 再如，物业公司规定不进行人脸识别，就不能进出小区等。这些对个人信息的处理行为都违反了正当的原则，属于违法行为。个人信息处理者通过欺诈、胁迫等方式取得个人的同意而处理个人信息的，该处理活动依然是违法的，不得以取得自然人的同意作为抗辩。对此，《人脸识别解释》第 4 条规定："有下列情形之一，信息处理者以已征得自然人或者其监护人同意为由抗辩的，人民法院不予支持：（一）信息处理者要求自然人同意处理其人脸信息才提供产品或者服务的，但是处理人脸信息属于提供产品或者服务所必需的除外；（二）信息处理者以与其他授权捆绑等方式要求自然人同意处理其人脸信息的；（三）强迫或者变相强迫自然人同意处理其人脸信息的其他情形。"

（2）个人信息处理者履行相应的义务以及确保个人在个人信息处理活动中的权利得以实现时，应当以公平的方式进行，充分尊重信息主体的个人权益和合理的期待，公平地协调个人信息权益保护与个人信息合理利用的关系。例如，个人信息处理者制定的隐私政策中不能对用户个人信息的处理作出不公平的约定，如不合理地免除处理者的责任，加重用户责任，限制用户主要权利或者排除用户主要权利等。

---

① Christopher Kuner，Lee A. Bygrave & Christopher Docksey ed. . The EU General Data Protection Regulation (GDPR)：A Commentary. Oxford University Press，2020：314.

② 《工业和信息化部关于开展纵深推进 APP 侵害用户权益专项整治行动的通知》（工信部信管函〔2020〕164 号）.

三、必要原则

例 2：X 公司运营一款电子图书类 App，在用户使用该 App 时要求获取用户的手机号码、IMEI、IMSI 权限以及读取用户手机通讯录等信息，如果用户不同意收集这些信息，则不能使用该电子图书 App。

必要原则是指，无论是个人信息的收集、存储、加工、使用还是其他的个人信息处理活动，就实现个人信息处理的目的而言都应当是必要的，不得超过合理的范围。任何不必要的或者超过合理限度的个人信息处理活动，都是违反必要原则的，不应当开展。必要原则在欧盟《一般数据保护条例》中被称为"数据最小原则"，该条例第 5 条第 1 款（a）要求，处理的个人数据必须是充分的、相关的且限于与处理目的有关的必要内容。所谓必要（limited to what is necessary）不仅指个人数据的数量，也包括个人数据的质量。①

必要原则是比例原则（der Grundsatz der Verhältnismässigkeit）在个人信息保护法中的具体体现。比例原则有广狭义之分，狭义的比例原则主要适用于负担行政行为以及所有的行政领域，广义的比例原则产生于法治国家原则，不仅约束行政，也约束立法，同时适用于一般性确定基本权利的界线，"即作为个人自由请求权和限制自由的公共利益之间的权衡要求适用"②。在行政法领域，比例原则包含三项要求：（1）必要性原则，即行政机关拟实施行政行为特别是实施对行政相对人的权利不利的行政行为时，只有认定该行为对达到相应的行政目的是必要的时候，才能实施；（2）适当性原则，即行政机关在实施行政行为前必须进行利益衡量，只有确认该行为对于实现相应的行政目的是适当的且可能取得的利益大于可能损害的利益时，才能实施；（3）最小损害原则，即行政机关必须在多种方案中选择对行政相对人权益损害最小的方案实施。③ 在民法中，比例原则意味着"只有在以下情形当中，个人自由及其私法自治才能受到干预，即对于维护更高的利益而言这是必要的，且此种干预既适于实现预期的目标，也是实现该目的的最缓和的方式"④。必要原则主要体现在以下几个方面：

（1）个人信息的收集应当是必要的，必须限制在实现处理目的所需要的最小范围，不得过度收集个人信息。《常见类型移动互联网应用程序必要个人信息范围规定》第 3 条明确规定："本规定所称必要个人信息，是指保障 App 基本功能服务正常运行所必需的个人信息，缺少该信息 App 即无法实现基本功能服务。具体是指消费侧用户个人信息，不包括服务供给侧用户个人信息。"**例 2** 中，X 公司运营的电子图书类 App 的基本功能为电子图书搜索、阅读，故此，其不需要收集任何个人信息就可以实现该基本功能。X 公司在用户使用该 App 时要求获取用户的手机号码、IMEI 和 IMSI 权限以及读取用户手机通讯录

---

① Christopher Kuner, Lee A. Bygrave & Christopher Docksey ed.. The EU General Data Protection Regulation (GDPR): A Commentary. Oxford University Press, 2020: 317.

② ［德］哈特穆特·毛雷尔. 行政法学总论. 高家伟，译. 北京：法律出版社，2000：238-239.

③ 姜明安. 行政法与行政诉讼法. 7 版. 北京：北京大学出版社，高等教育出版社，2019：77.

④ Larenz/Wolf, Allgemeiner Teil des Buergerlichen Rechts, 9Aufl., Beck, 2004, §1, Rn. 4.

等信息违反了必要原则。

（2）对于个人信息的加工、使用等应当是在合理的范围内，不超过合理的限度。个人信息处理者应当以对个人权益影响最小的方式处理个人信息。尤其是处理者要处理敏感的个人信息时，必须具有充分的必要性，否则不得处理。

（3）存储个人信息的期限应当是必要的，除非法律、行政法规另有规定，否则个人信息保存期限应当为实现处理目的所必要的最短的时间。一旦个人信息处理目的已经实现、无法实现或者为实现个人信息处理目的不再必要的，个人信息处理者就应当主动删除个人信息，除非法律、行政法规另有规定。[①]

（4）个人信息处理者应当依法采取必要的技术措施和其他措施，以保证个人信息的安全，防止未经授权的访问以及个人信息泄露、篡改、丢失。接受委托处理个人信息的受托人，也应当依法采取必要措施保障所处理的个人信息的安全，并协助个人信息处理者履行本法规定的义务。

四、诚信原则

诚信原则，也称诚实信用原则（Treu und Glauben），它不仅是私法领域的最高原则之一，也是公法领域的基本原则。诚信原则要求秉持诚实、恪守承诺，以及当事人应当真实真诚，如实披露相关信息，不坑蒙拐骗，不欺诈他人，同时严守承诺，讲求信用。[②]

个人信息的处理活动也应当遵循诚信原则。例如，《巴西通用数据保护法》第 6 条规定，个人数据处理活动应遵循诚信和相应的原则。在我国法律中，诚信原则是非常重要的一项原则，被许多法律加以规定，如《民法典》第 7 条规定："民事主体从事民事活动，应当遵循诚信原则，秉持诚实，恪守承诺。"这就是说，在从事民事活动时，民事主体应当讲诚信、守信用，以善意的方式行使权利、履行义务，不诈不欺，言行一致，信守诺言。[③] 除《民法典》之外，还有不少法律都明确规定了诚信原则，例如，《反不正当竞争法》第 2 条第 1 款规定："经营者在生产经营活动中，应当遵循自愿、平等、公平、诚信的原则，遵守法律和商业道德。"《电子商务法》第 5 条规定："电子商务经营者从事经营活动，应当遵循自愿、平等、公平、诚信的原则，遵守法律和商业道德，公平参与市场竞争，履行消费者权益保护、环境保护、知识产权保护、网络安全与个人信息保护等方面的义务，承担产品和服务质量责任，接受政府和社会的监督。"《消费者权益保护法》第 4 条规定："经营者与消费者进行交易，应当遵循自愿、平等、公平、诚实信用的原则。"

《个人信息保护法》第 5 条明确将诚信原则作为个人信息处理活动应当遵循的一项基

---

① 《App 违法违规收集使用个人信息行为认定方法》第 4 条规定，以下行为可被认定为"违反必要原则，收集与其提供的服务无关的个人信息"：（1）收集的个人信息类型或打开的可收集个人信息权限与现有业务功能无关；（2）因用户不同意收集非必要个人信息或打开非必要权限，拒绝提供业务功能；（3）App 新增业务功能申请收集的个人信息超出用户原有同意范围，若用户不同意，则拒绝提供原有业务功能，新增业务功能取代原有业务功能的除外；（4）收集个人信息的频度等超出业务功能实际需要；（5）仅以改善服务质量、提升用户体验、定向推送信息、研发新产品等为由，强制要求用户同意收集个人信息；（6）要求用户一次性同意打开多个可收集个人信息的权限，用户不同意则无法使用。

② 王利明，杨立新，王轶，程啸．民法学：上册．6 版．北京：法律出版社，2020：43．

③ 黄薇．中华人民共和国民法典总则编解读．北京：中国法制出版社，2020：20．

本原则，抽象地说，诚信原则要求个人信息处理者在从事个人信息处理活动时，应当始终秉持诚实、恪守承诺，不通过任何欺诈、误导、胁迫等方式处理个人信息。[①] 具体而言，该原则体现在以下几方面。

(1) 在基于告知同意规则而得以合法处理个人信息时，个人信息处理者应当遵循诚信原则来履行告知义务，以显著方式、清晰易懂的语言真实、准确、完整地向个人告知相应的事项，不能使用含混的、有歧义的方式，更不能以欺诈、误导等方式来履行告知义务。尤其是个人信息处理者在以个人信息处理规则的方式来履行告知义务的，不能利用其强势地位，通过不公平不合理的格式条款来损害个人的合法权益，加重个人的责任以及减轻或免除自己的责任。

(2) 个人信息处理者依据法律、行政法规的规定，虽然不需要取得个人同意即可处理个人信息时，其也应当讲求诚信，严格按照法律、行政法规的规定处理个人信息，不从事任何违反处理目的和处理方式的处理活动。

(3) 个人信息处理者应当遵循诚信原则的要求履行个人信息处理者的义务，保障个人在个人信息处理活动中的权利的实现。例如，个人信息处理者利用个人信息进行自动化决策时，应当遵循诚信原则保证决策的透明度和结果公平、公正，不得对个人在交易价格等交易条件上实行不合理的差别待遇。[②] 再如，当存在《个人信息保护法》第 47 条规定的情形时，个人信息处理者应当主动及时删除个人信息。

第三节 目的限制原则

一、目的限制原则的概念与意义

(一) 目的限制原则的概念

目的限制原则 (purpose limitation/Zweckbindungsgrundsatz)，是个人信息保护法的一项基本原则，贯穿于个人信息处理活动的始终，是个人信息保护的基石和大多数其他基本要求的先决条件。[③] 许多国家的个人信息保护立法都确立了目的限制原则。例如，欧盟《一般数据保护条例》第 5 条第 1 款 (b) 规定：“为特定、明确、合法的目的收集个人数据，且随后不得以与该目的相违背的方式进行处理；第 89 条第 1 款中为实现公共利益存档目的、科学研究或历史研究、统计目的而进行的进一步数据处理不视为与最初目的相违背。”再如，韩国《个人信息保护法》第 3 条第 1—3 款规定：“个人信息处理者应当明确处理个人信息的目的，并限于其目的之必要范围内合法、正当地收集最低限度的个人信

① 有观点认为，作为个人信息保护法的基本原则的诚信原则既约束个人信息处理者，也约束作为信息主体的个人。许可．诚信原则：个人信息保护与利用平衡的信任路径．中外法学，2022 (5)．本书认为，该观点混淆了个人信息保护法与民法中的诚信原则。在个人信息保护法中，诚信原则只是约束个人信息处理者。至于作为信息主体的个人行使个人信息权益应当遵循诚信原则，只是民法对于行使民事权利的要求而已（《民法典》第 7 条）。

② 许可．诚信原则：个人信息保护与利用平衡的信任路径．中外法学，2022 (5)．

③ Christopher Kuner, Lee A. Bygrave & Christopher Docksey ed.. The EU General Data Protection Regulation (GDPR): A Commentary. Oxford University Press, 2020: 315.

息。个人信息处理者应当在处理个人信息目的之必要范围内适当地处理个人信息，不能将其用于目的之外的其他用途。个人信息处理者应在个人信息处理目的之必要范围内，保障个人信息的准确性、完整性和最新性。”

我国《个人信息保护法》第 6 条对目的限制原则作出了详细的规定，即：“处理个人信息应当具有明确、合理的目的，并应当与处理目的直接相关，采取对个人权益影响最小的方式。收集个人信息，应当限于实现处理目的的最小范围，不得过度收集个人信息。”从这一规定可以看出，目的限制原则包含三个层次的内容：首先，目的特定，即处理个人信息必须是为了明确的与合理的目的，具体来说，就是指个人信息的收集必须基于收集时特定的（specified）、明确的（explicit）以及合法的（legitimate）目的而进行，应当限于实现处理目的的最小范围；其次，目的兼容的方式（in a manner compatible with those purposes），即在个人信息收集之后对个人信息进行的处理活动如加工、使用、存储等都必须以与处理目的直接相关的方式进行；最后，采取对个人权益影响最小的方式来实现个人信息的处理目的。

（二）目的限制原则的意义

一方面，目的限制原则有利于更好地保护个人信息权益。合法的个人信息处理无非两类：一是基于个人同意，二是依据法律、行政法规的规定。基于个人同意处理个人信息时，处理者在处理个人信息之前必须告知个人信息被处理的自然人并取得其同意。倘若处理者告知的目的是模糊的、笼统的，而非明确的，那么，个人就不可能作出真正自愿的同意。同样，在取得个人同意后进行的个人信息处理活动，也不能超越个人所同意的处理目的和处理方式，否则，就等于个人没有同意，处理活动也是非法的。如果处理者是直接依据法律、行政法规的规定，在不取得个人同意的情形下就可以处理个人信息，那么，应当明白的是，法律、行政法规之所以赋予个人信息处理者这样的“特权”，旨在维护更高位阶的利益，即为了正当的目的，如履行法定职责或法定义务，维护社会公共利益或国家利益或自然人的生命财产安全等。因此，这种基于法律、行政法规的个人信息处理活动同样要受到目的的限制，不能超越目的范围甚至背道而驰，否则，个人信息处理活动也是非法的。此外，只有处理目的是明确的，才能确定处理活动是否符合法律、行政法规的规定，处理者才能据此采取相应的个人信息保护措施。例如，《个人信息保护法》第 51 条规定，个人信息处理者应当根据个人信息的处理目的等，采取相应的措施确保个人信息处理活动符合法律、行政法规的规定，并防止未经授权的访问以及个人信息的泄露等。明确的目的也有利于贯彻公开透明原则以及责任原则，尊重个人对其个人信息的处理所享有的知情权、决定权，使个人信息处理者为其处理行为负责。

另一方面，目的限制原则很好地协调了个人权益保护和个人信息合理利用之间的关系。目的限制原则要求个人信息处理者在开始处理活动之前，就必须确定个人信息处理的目的，即个人信息处理必须具有明确、合理的目的。这就使个人信息处理者可以据此评估其即将开展的个人信息处理活动对于个人权益可能产生的影响或造成的风险，并且由于处理者必须将个人信息的处理限定在该目的范围内，故而，个人信息处理可能引发的风险不仅能够被提前发现，而且可以被限制在初始目的的范围内。这是因为，目的同一性要求后续的处理活动中不能创造出与原来的风险性质不同的风险或者增加风险。这样一来，目的限制原则不仅保护了个人权益尤其是个人对个人信息处理活动享有的知情权与决定权，也为个人信息处理者提供了足够的空间，使其能够根据具体情况的特殊性，通过变更处理目的重新取得个人同意抑或维持原有的处理目的等方式找到最佳解决方案。故此，目的限制原则通过提供客观上的法律尺度，使处理者可以及时评估各种处理活动的风险，有利于个人信息的合理利用，推动了科技创新与数字经济的发展。①

二、目的限制原则的具体要求

例 3：H 网络企业在隐私政策中告知个人其收集、存储和使用个人信息的目的时，写到“本公司有权将所收集的个人信息用于任何本公司业务发展所需之合法用途”。

例 4：张三在 A 公司的网上商城订购新鲜牛奶，A 公司每周送一箱牛奶到张三家中。为此张三提供了银行账号、家庭住址、联系方式等个人信息，同时，张三也同意 A 公司向其推销新鲜牛奶的广告。此后，A 公司又推出了另外一些类型的牛奶和奶制品，于是利用所收集的张三的个人信息进行了广告推送。

（一）明确与合理的目的

处理个人信息应当具有明确、合理的目的。明确的目的意味着：一方面，个人信息处理的目的必须是清晰、明确地被表达出来的，而不能是秘密的或隐匿的；另一方面，处理的目的应当是有特定范围的，不能是含糊不清的，如以服务体验、产品研发、算法推荐、风险控制等含混的表述作为目的。在**例 3** 中，H 网络企业所谓的将个人信息“用于任何本公司业务发展所需之合法用途”，其处理目的显然是不明确的，毫无限制，不符合目的限制原则。个人信息的处理活动对个人的权益产生的危险越大，则对于处理目的明确性与合理性的要求就越高。例如，对于敏感信息的处理，《个人信息保护法》第 28 条第 2 款就明确要求必须具有特定的目的。

个人信息处理的目的不仅仅应当是明确的，还必须是合理的。合理的目的首先应当是合法的目的，如果处理个人信息是为了履行法定的职责或者告知并取得个人的同意，则该处理就具有合法的目的。② 也就是说，如果符合《个人信息保护法》第 13 条第 1 款所列举的情形而处理个人信息，处理目的当然是合法的。不过，合法性只是对处理目的的基本要求，因为合法目的并非都是合理的目的。处理的目的合理与否，应当在考虑个案的具体因素的基础上，权衡个人信息处理者与信息主体等各方的权益和自由，最好地实现个人信息权益的保护与个人信息的合理利用之间的利益协调与平衡。③ 此外，目的的合理性也会随着时间的推移而变化。这取决于科学技术的发展以及社会和文化态度的变化。④

（二）处理活动应当与处理目的直接相关

目的限制原则要求，个人信息处理者只能对个人信息实施符合处理目的的、相应的处

① Maximilian von Grafenstein. The Principle of Purpose Limitation in Data Protection Laws. Nomos，2018，pp. 649 - 653.

② Gola/Heckmann/Braun，13. Aufl. 2019，BDSG §47 Rn. 17.

③ Explanatory Report Convention 108，2018：8.

④ Article 29 Working Party，Opinion 03/2013 on purpose limitation，WP 203，adopted on 2 April 2013，p. 19.

理活动，不得从事与处理目的无关的个人信息处理。在判断是否与处理目的一致时，欧盟《一般数据保护条例》区分了与数据收集目的不一致和采取与初始确定的不同的目的进一步处理数据这两种情形，该条例只是禁止与初始确定的目的不一致的个人数据处理活动，并不禁止出于不同目的而进一步处理数据。《一般数据保护条例》第 6 条第 4 款提供了标准，用于判断为收集个人数据的目的（初始目的）之外的其他目的进行的处理是否与该初始目的相一致，需要考虑的因素包括：这两个目之间的可能联系、收集个人数据的背景，特别是数据主体和控制者之间的关系、个人数据的性质（普通的或敏感的）、进一步的处理活动对数据主体可能产生的后果，以及是否存在适当的保障措施等。

我国《个人信息保护法》第 6 条第 1 款要求个人信息处理的活动“应当与处理目的直接相关”。该款中的“处理目的”是指个人信息处理者在处理个人信息前以符合法律规定的方式告知个人的“处理目的”，即初始目的。“直接相关”意味着处理者所开展的一系列的个人信息处理行为都应当是在该处理目的之内的，具有密切的关联性。在判断是否“直接相关”上，应当兼顾个人信息权益保护与个人信息的合理利用，即考察个人信息处理者后续实施的处理行为的目的是否通常为初始的目的所包含，或者二者具有内在的合理的联系。在**例 4** 中，A 公司收集个人信息的初始目的是商业目的，即销售和推销牛奶。张三也能够合理地预见到 A 公司会进行其他产品的推送，故此，A 公司在推出了新的牛奶和奶制品后，利用所收集的张三的个人信息进行广告推送，与初始目的是直接相关的。但是，如果 A 公司是为了推销洗涤用品或 B 公司的产品而处理张三的个人信息，显然就是一个新的处理目的，要告知并取得张三的同意。

（三）采取对个人权益影响最小的方式

所谓“个人权益”就是指因个人信息处理活动可能影响到的自然人的各种权益，既包括宪法上的基本权利如人格尊严和人身自由，也包括《民法典》规定的自然人的人身财产权益等，还包括《消费者权益保护法》《未成年人保护法》《妇女权益保障法》《残疾人保障法》《老年人权益保障法》等法律规定的特殊群体的自然人享有的权益。个人信息处理者处理个人信息的活动，不可避免会对个人的权益造成各种影响。就个人信息处理者而言，在有多种处理方式可供选择时，应当选择其中既能实现个人信息处理目的，又对个人权益影响最小的方式。这也是比例原则中“最小损害原则”的要求。换言之，个人信息处理者应尽可能减少所处理的个人信息的处理以及对个人信息的使用次数，以避免对个人信息权益造成不利的影响。

（四）个人信息收集的最小化

《个人信息保护法》第 6 条第 2 款规定：“收集个人信息，应当限于实现处理目的的最小范围，不得过度收集个人信息。”该款是专门针对收集个人信息作出的规定，其所确立的原则，也被称为个人信息最小化原则或数据最小化原则（Grundsatz der Datenminimierung）。事实上，该原则也是目的限制原则与必要原则在个人信息收集环节的体现。一方面，个人信息的收集应当以必要为原则，不必要的个人信息的收集对于个人权益存在危险，对于个人信息处理者来说也不是好事（个人信息泄露的风险增加）；另一方面，是否必要，还必须从处理目的能否实现的角度加以判断，只要收集的个人信息对于实现处理目的而言已经足够了，就不应当再收集了。凡是超过该范围而收集的个人信息，都是不属于必要的个人信息。

收集个人信息应当限于“实现处理目的的最小范围”。这是指如果没有某些个人信息，个人信息处理者的处理目的就完全无法实现或者说主要、核心的目的无法实现。例如，《常见类型移动互联网应用程序必要个人信息范围规定》① 第3条规定：“本规定所称必要个人信息，是指保障App基本功能服务正常运行所必需的个人信息，缺少该信息App即无法实现基本功能服务。具体是指消费侧用户个人信息，不包括服务供给侧用户个人信息。”该规定第5条针对最常见类型的39种App的基本功能以及为实现该基本功能所需的必要的个人信息的范围逐一作出了列举。例如，地图导航类的基本功能服务为“定位和导航”，必要个人信息为：位置信息、出发地、到达地；网络约车类的基本功能服务为“网络预约出租汽车服务、巡游出租汽车电召服务”，必要个人信息包括（1）注册用户移动电话号码；（2）乘车人出发地、到达地、位置信息、行踪轨迹；（3）支付时间、支付金额、支付渠道等支付信息（网络预约出租汽车服务）。再如，即时通信类的基本功能服务为“提供文字、图片、语音、视频等网络即时通信服务”，必要个人信息包括（1）注册用户移动电话号码；（2）账号信息：账号、即时通信联系人账号列表。

第四节 公开透明原则

一、公开透明原则的意义

公开透明原则（the Transparency Principle）是个人信息保护法中的一项重要原则，它是指个人信息处理者在处理个人信息时应当采取公开、透明的方式，公开个人信息处理的规则，向信息主体明示个人信息处理的目的、处理的方式和处理的范围（《个人信息保护法》第7条）。确立公开透明原则的理由在于：如果个人信息处理者不以公开、透明的方式处理个人信息，而是采取隐秘的、暗箱操作的方式，那么该处理行为就不可避免地被滥用，进而损害个人的人格尊严和人身自由等权益。故此，为了切实地保障自然人对其个人信息处理享有的知情权和决定权，应当将公开透明作为个人信息处理的基本原则。例如，欧盟《一般数据保护条例》鉴于部分第39条指出，透明原则“特别涉及数据主体关于控制者身份的信息和处理目的以及进一步处理的信息，以确保对有关自然人的公正和透明的处理以及获得有关其正在被处理的数据的个人确认和通信的权利。应该让自然人了解与处理个人数据有关的风险、规则、保障和权利，以及如何行使与处理有关的权利。特别是，处理个人数据的具体目的应清晰且合法，并在收集个人数据时予以明确。”再如，2018年美国加利福尼亚州的《消费者隐私法案（CCPA）》第二节“立法目的”明确指出：“人们期许隐私和其信息的更多控制。加利福尼亚消费者应当能够就其个人信息行使控制权，并且期待防治个人信息滥用的保护措施。企业可能在尊重消费者隐私的同时，就其企业活动提供高水平的透明度。”

---

① 2021年3月12日国家互联网信息办公室秘书局、工业和信息化部办公厅、公安部办公厅、国家市场监督管理总局办公厅印发，国信办秘字〔2021〕14号。

二、公开透明原则的要求

公开透明原则在个人信息处理活动中表现为对个人信息处理者的要求，具体体现在以下几个方面：

(1) 履行告知义务，即个人信息处理者在处理个人信息时，应当通过清晰易懂的语言向个人告知相应的事项，从而确保个人是在充分知情的前提下，自愿、明确地作出同意的，除非有法律、行政法规规定应当保密或者不需要告知的情形。《个人信息保护法》第 14 条第 1 款第一句规定：基于个人同意处理个人信息的，该同意应当由个人在充分知情的前提下自愿、明确作出。该法第 17 条规定：个人信息处理者在处理个人信息前，应当以显著方式、清晰易懂的语言真实、准确、完整地向个人告知相关的事项。如果个人信息处理者是通过制定个人信息处理规则的方式告知法律规定的事项的，该处理规则应当公开，并且便于查阅和保存。这两条规定就是基于公开透明原则的要求作出的。此外，在个人无法或难以理解个人信息处理规则时，依据《个人信息保护法》第 48 条，个人还有权要求个人信息处理者对其个人信息处理规则进行解释说明。当个人信息处理者因合并、分立、解散、被宣告破产等原因需要转移个人信息或者向其他个人信息处理者提供其处理的个人信息时，其应当向个人告知接收方的名称或者姓名和联系方式、处理目的、处理方式和个人信息的种类等事项。《个人信息保护法》第 22 条和第 23 条分别对此作出了明确的规定。

(2) 自动化决策时的公开透明，即在利用个人信息进行自动化决策时，个人信息处理者应当保证决策的透明度和结果公平、公正。通过自动化决策作出对个人权益有重大影响的决定的，个人有权要求个人信息处理者予以说明，并有权拒绝个人信息处理者仅通过自动化决策的方式作出决定（《个人信息保护法》第 24 条）。

(3) 提示标识义务。在公共场所安装图像采集、个人身份识别设备，应当为维护公共安全所必需，遵守国家有关规定，并设置显著的提示标识，从而保障个人对其个人信息的知情权（《个人信息保护法》第 27 条）。

(4) 通知义务。发生或者可能发生个人信息泄露、篡改、丢失，个人信息处理者采取措施无法有效避免信息泄露、篡改、丢失造成危害的，个人信息处理者应当通知履行个人信息保护职责的部门和个人。虽然采取措施能够有效避免信息泄露、篡改、丢失造成危害，但是履行个人信息保护职责的部门认为可能对个人造成损害的，有权要求个人信息处理者通知个人（《个人信息保护法》第 57 条）。

第五节　质量、责任与安全原则

例 5：2006 年 8 月，胡某与 A 银行、张某签订个人担保借款合同一份，约定胡某向 A 银行借款 5 万元，张某为该笔借款的保证担保人。借款到期后，胡某、张某未归还上述借款。A 银行于 2009 年 9 月起诉至法院，要求二人立即归还贷款本金及利息。诉讼中，A 银行申请追加 B 公司为被告并同意将该笔贷款直接划入 B 公司名下，B 公司亦确认该笔贷款由其实际使用，并同意偿还借款本息，各方据此达成调解协议，约定：案涉贷款本息由B公司偿还。2021年1月，胡某在查询其个人信用报告时发现案涉5万元贷款仍记载为逾期状态，要求A银行删除其不良征信信息但遭拒绝。胡某诉至法院，请求判令A银行立即向中国人民银行征信中心报送删除胡某不良征信信息的申请并赔偿精神损害抚慰金5 000元。

一、质量原则

质量原则，也称准确性原则（Accuracy Principle），是指个人信息处理者应当保证所处理的个人信息的质量，避免因为个人信息的不准确或不完整对个人权益造成不利影响。个人信息可以重建自然人的某种状态或某种特性，而由于此种状态或特性的重建会产生相应的法律效果，所以信息或数据必须是完整的、准确的。[①] 如果被处理的个人信息是不准确的或不完整的，就很容易因此对信息主体的个人权益造成不利影响甚至损害。例如，当征信机构所收集的个人信息是不准确的，存在错误或遗漏时，就很可能导致从征信机构获取该信息的银行等金融机构据此不给予申请贷款的个人发放贷款；再如，政府部门作出针对个人的行政许可或审批事项时，如果相关的个人信息是错误的，个人就无法取得相应的许可或审批。故此，个人信息处理活动应当遵循质量原则。我国《个人信息保护法》第8条规定："处理个人信息应当保证个人信息的质量，避免因个人信息不准确、不完整对个人权益造成不利影响。"

质量原则的具体要求体现在：个人信息处理者应当积极采取各种技术措施和组织措施来检查所处理的信息的质量，确保信息的准确和完整，最大限度地减少错误的风险，避免因个人信息不准确、不完整对个人权益造成不利影响。例如，依据《征信业管理条例》第16条的规定，征信机构对个人不良信息的保存期限，自不良行为或者事件终止之日起为5年；超过5年的，应当予以删除。故此，作为个人信息处理者的征信机构应当确保在5年期限届满后，立即将该个人不良信息删除，从而确保信息的准确。[②] 在**例5**中，虽然胡某与A银行就贷款偿还发生纠纷，但是各方已经达成和解协议约定该笔贷款由B公司偿还，与胡某无关。此时，A银行就应当删除胡某个人信用中的5万元贷款逾期的记录，但其并未删除，导致了胡某的个人信用信息记载错误。《民法典》第1029条规定，民事主体可以依法查询自己的信用评价；发现信用评价不当的，有权提出异议并请求采取更正、删除等必要措施。信用评价人应当及时核查，经核查属实的，应当及时采取必要措施。《个人信息保护法》第46条也规定，个人发现其个人信息不准确或者不完整的，有权请求个人信息处理者更正、补充。个人请求更正、补充其个人信息的，个人信息处理者应当对其个人信息予以核实，并及时更正、补充。故此，胡某有权要求A银行删除错误的信息，并承担相应的侵权责任。

---

① Paal/Pauly, DSGVO, Art. 5 (2017), rec. 39.

② 肖某与中国农业银行股份有限公司安远县支行名誉权纠纷案，赣州市中级人民法院（2016）赣07民终930号民事判决书.

质量原则并不意味着个人信息处理者对个人信息的准确和完整承担了担保责任，也就是说，并非只要个人信息不准确、不完整而给个人造成了损害，处理者就要承担侵害个人信息权益的侵权责任。依据《个人信息保护法》第 69 条第 1 款，如果个人信息不准确或不完整非处理者过错所致，个人信息处理者可以证明自己没有过错的，不需要承担赔偿责任。如果个人已经向处理者指出了个人信息存在错误或缺漏，处理者不及时更正或补充的，则处理者存在过错，需要承担侵权责任。由于处理者没有采取相应的技术措施，个人信息被篡改的，个人信息处理者也需要承担侵权责任。

二、责任原则

责任原则（Accountability principle）意味着个人信息处理活动应当采取问责制，个人信息处理者是个人信息处理活动的首要责任主体，应当对其从事的个人信息处理活动负责。一方面，个人信息处理者决定了个人信息和个人信息处理活动，其对处理活动具有控制力，基于控制力理论，处理者当然要为处理活动负责。另一方面，依据报偿原则，利益之所在，风险之所归。个人信息处理者为了自己的利益而从事处理活动，自然也需要为其处理活动负责。

欧盟《一般数据保护条例》首次明确了数据控制者的可问责性即责任原则，该条例第 5 条第 2 款规定："控制者应该负责，并能够证明符合第 1 款。"该款将确保处理活动符合《一般数据保护条例》要求的责任以及相应的证明责任施加给控制者。依据欧盟《一般数据保护条例》，责任原则包含两个要素：一是，数据控制者要为确保处理活动的合规性（符合《一般数据保护条例》的规定）而负责（responsibility）；二是，数据控制者具有向监管机构证明此种合规性的能力（ability）。[①] 我国《个人信息保护法》也确立了责任原则，该法第 9 条第一句规定，个人信息处理者应当对其个人信息处理活动负责。责任原则具体体现在以下几方面：

（1）个人信息处理者应当考虑到处理的目的、处理的方式和处理的范围，以及处理活动给自然人的权益带来的风险，采取适当的措施确保处理活动是依法进行的，符合法律法规的规定，并防止未经授权的访问以及个人信息泄露、篡改、丢失（《个人信息保护法》第 51 条）。

（2）处理个人信息达到国家网信部门规定数量的个人信息处理者应当依法指定个人信息保护负责人负责对个人信息处理活动以及相应的保护措施等进行监督（《个人信息保护法》第 52 条第 1 款）。

（3）个人信息处理者应当定期对其个人信息处理活动遵守法律、行政法规的情况进行合规审计（《个人信息保护法》第 54 条）。

（4）责任原则也意味着个人信息处理者要对违反法律规定处理个人信息的行为承担行政责任、民事责任乃至刑事责任。对于违反法律规定处理个人信息的，依据《个人信息保护法》第 66 条，应当追究相应的法律责任，包括责令改正、给予警告、没收违法所得、

---

① Paul Voigt & Axel von dem Bussche. The EU General Data Protection Regulation（GDPR）：A Practical Guide. Springer，2017：31.

罚款等。此外，《个人信息保护法》第 69 条所规定的侵害个人信息权益的侵权责任，也是责任原则的具体要求。

三、安全原则

安全原则，也被称为保密原则，其要求个人信息处理者应当采取必要措施来保护所处理的个人信息的安全，防止出现个人信息的泄露、篡改、丢失。个人信息是与已识别或可识别的自然人相关的信息，个人信息一旦发生泄露、窃取、篡改，必然会对自然人的个人权益造成不利影响或损害，故此，无论是个人信息处理者还是接受委托处理个人信息的主体，都必须确保个人信息的安全。例如，欧盟《一般数据保护条例》第 5 条第 1 款（f）要求，个人数据应当“以确保个人数据适度安全的方式处理，包括使用适当的技术性或组织性措施来防止未经授权、非法处理、意外遗失、灭失或损毁”。

在《个人信息保护法》颁布前，我国不少法律已明确规定了个人信息处理者负有保障信息安全的义务。例如，《网络安全法》第 42 条第 2 款规定：“网络运营者应当采取技术措施和其他必要措施，确保其收集的个人信息安全，防止信息泄露、毁损、丢失。在发生或者可能发生个人信息泄露、毁损、丢失的情况时，应当立即采取补救措施，按照规定及时告知用户并向有关主管部门报告。”《民法典》第 1038 条第 2 款规定：“信息处理者应当采取技术措施和其他必要措施，确保其收集、存储的个人信息安全，防止信息泄露、篡改、丢失；发生或者可能发生个人信息泄露、篡改、丢失的，应当及时采取补救措施，按照规定告知自然人并向有关主管部门报告。”再如，《数据安全法》第 27 条规定，开展数据处理活动应当依照法律、法规的规定，建立健全全流程数据安全管理制度，组织开展数据安全教育培训，采取相应的技术措施和其他必要措施，保障数据安全。

我国《个人信息保护法》第 9 条将保障个人信息的安全即安全原则规定为个人信息处理活动应当遵循的一项基本原则，同时，第 51 条还明确、详细地规定了个人信息处理者为保护个人信息安全，防止未经授权的访问以及个人信息泄露、篡改、丢失而应当采取的措施类型。此外，《个人信息保护法》第 57 条对于个人信息处理者发现个人信息泄露，应当采取补救措施和通知履行个人信息保护职责的部门和个人以及通知应当包括的事项作出了更具体的规定。这些都是安全原则的具体体现。

【进一步阅读文献】

1. 张新宝. 个人信息处理的基本原则. 中国法律评论，2021（5）.

2. 程啸. 论我国个人信息保护法的基本原则. 国家检察官学院学报，2021（5）.

3. 刘权. 论个人信息处理的合法、正当、必要原则. 法学家，2021（5）.

4. 许可. 诚信原则：个人信息保护与利用平衡的信任路径. 中外法学，2022（5）.

5. 梁泽宇. 个人信息保护中目的限制原则的解释与适用. 比较法研究，2018（5）.

6. Article 29 Working Party，Opinion 03/2013 on purpose limitation，WP 203，adopted on 2 April 2013.

7. Maximilian von Grafenstein. The Principle of Purpose Limitation in Data Protection Laws. Nomos，2018.

第二编

个人信息处理规则

第四章　个人信息处理的法律根据

第一节　概　述

一、个人信息处理法律根据的含义

> **例 1：** W 网络公司履行告知义务并取得张某的同意而收集了张某的手机号码等个人信息，可以向张某进行广告推送。然而，W 网络公司推送了大量的广告信息，并且全天候地发送广告推送短信。

个人信息处理的法律根据（legal justifications for processing），也称个人信息处理的合法性根据或法律基础（legal bases for processing），是指对于个人信息进行的收集、加工、存储、使用等处理活动所必须满足的法律规定的合法性条件，如不具备则该处理活动就是非法的，应当被禁止。倘若在一个社会中，个人信息可以被他人自由地加以处理，那么，个人信息处理的法律根据就完全没有必要。显然，这样的一个社会是无法做到对自然人的人格尊严、人身自由和其他个人权益的尊重与保护的。要更好地保护个人信息权益，维护人格尊严与自由，个人信息处理活动必须具备法律根据。也就是说，除非满足法律规定的合法性条件，否则，自然人的个人信息是禁止被处理的，任何组织或个人都不能处理。没有法律根据处理个人信息，就是侵入或干扰自然人的个人信息权益，属于侵权行为，应当追究行为人相应的法律责任。但是，有了法律根据，处理者就取得了处理个人信息的自由空间，可以处理个人信息。这些个人信息处理活动是合法的。当然，合法的个人信息处理活动不等于就不会产生侵权责任，例如，依据《民法典》第 1036 条第 1 项，处理者虽然取得个人同意而处理个人信息，但是超越了合理的范围，那么也会构成侵权。**例 1** 就是典型的例子，虽然 W 网络公司收集并利用张某的个人信息进行广告推送是合法的，但超越了合理的范围，其全天候地发送广告短信，已经影响了张某的私人生活安宁，构成了对张某隐私权的侵害，依据《民法典》第 1033 条第 1 项应当承担侵权责任。

《民法典》《个人信息保护法》等法律明确将合法原则作为个人信息处理的基本原则，又从正反两面对合法与非法的个人信息处理活动作出了规定。所谓正面，就是要求个人信息处理必须具备合法性根据，否则不得实施。例如，《民法典》第 111 条第二句中规定："任何组织或者个人需要获取他人个人信息的，应当依法取得并确保信息安全。"再如，《个人信息保护法》第 13 条明确规定，只有满足该条第 1 款所列举的情形之一的，个人信息处理者方可处理个人信息。所谓反面，就是严格禁止那些没有合法性根据的个人信息处理活动，例如，《个人信息保护法》第10条规定："任何组织、个人不得非法收集、使用、加工、传输他人个人信息，不得非法买卖、提供或者公开他人个人信息；不得从事危害国家安全、公共利益的个人信息处理活动。"在个人信息处理活动合法与否发生争议时，个人信息处理者负有证明其个人信息处理活动具备法律根据的责任。

二、个人信息处理法律根据的类型

（一）个人同意与法定理由

依据个人信息的处理是否告知并取得个人的同意，可以将个人信息处理的法律根据分为两大类：一是告知同意，即处理者在处理个人信息之前履行告知义务并取得个人的同意之后，才实施个人信息处理活动，该处理活动属于所谓的"基于个人同意的处理活动（Processing Based on Consent）"，其合法性来自信息主体即个人的有效同意；二是法定理由，也称法定许可，即在具备法律规定的理由或情形时，个人信息处理者无须取得个人的同意即可实施个人信息处理活动，该处理活动因为具备法律规定的理由而属于合法的处理活动，即"基于法定许可的处理活动（Processing Based on a Legal Permission）"。《个人信息保护法》第13条对个人信息处理的法律根据作出具体的规定，该条第1款列举了7项个人信息处理的法律根据，其中第一项是"取得个人的同意"，而第二至七项则是法律、行政法规规定的情形，即所谓的法定理由。

上述两类个人信息处理的法律根据的差异在于：首先，基于个人同意处理个人信息是个人行使个人信息权益的结果，而基于法定理由处理个人信息是法律出于特定的利益考量（如实现个人信息的合理理由、维护公共利益等）而对个人信息权益的限制。[①] 其次，存在法定理由时，个人信息处理者可以不需要取得个人的同意即可处理个人信息，甚至在某些情形下（如法律、行政法规规定应当保密）可以不告知个人。最后，在基于个人同意而处理个人信息的场合，个人可以随时撤回同意，一旦撤回，个人信息处理者就不得处理个人信息。但是，个人信息处理者基于法定理由处理个人信息的，即便个人明确表示反对，也不影响个人信息处理的合法性。

对于满足哪些法律规定的理由就可以不需要取得个人同意即处理个人信息，比较法上存在差异。例如，欧盟《一般数据保护条例》第6条针对普通的个人数据处理规定了五种无须数据主体的同意即可处理个人数据的情形，分别是：（1）为了履行数据主体作为一方当事人的合同或在订立合同前为实施数据主体要求的行为所必要的数据处理；（2）为履行数据控制者的法定义务所必要的数据处理；（3）为保护数据主体或另一自然人的重大利益所必要的数据处理；（4）为履行涉及公共利益的职责或实施已经授予数据控制者的职务权限所必要的数据处理；（5）数据控制者或第三方为追求合法利益目的而进行的必要数据处理，但当该利益与要求对个人数据进行保护的数据主体的基本权利和自由相冲突时，尤其是当该数据主体为儿童时，不得进行数据处理。再如，巴西《通用数据保护法》第7条规定了九种不需要取得数据主体同意就可以处理个人数据的情形：（1）控制者为遵守法律或

---

① 程啸．论我国民法典中的个人信息合理使用制度．中外法学，2020（4）．

监管义务；(2) 根据该法第四章的规定，公共行政部门处理和共享使用为履行法律法规所要求的，或者基于合同、协议或者类似文件所必需的数据；(3) 研究机构为开展研究，并尽可能确保对个人数据进行匿名化；(4) 应数据主体的要求，当履行以该数据主体为一方当事人的协议或者与该协议相关的初步程序为必需时；(5) 为定期行使司法、行政或仲裁程序中的权利；(6) 为保护数据主体或第三方的生命或人身安全；(7) 为保护健康，按医护人员或医疗机构执行的程序；(8) 为满足控制者或第三方合法利益所必需的，但根据数据主体普适性的基本权利和自由要求保护个人数据的情况除外；(9) 为了保护信用，包括所适用的法律中关于信用的规定。

就我国而言，《民法典》规定了三类无须个人同意即可处理个人信息的情形：(1) 为公共利益实施新闻报道、舆论监督等行为的，可以合理使用民事主体的个人信息（《民法典》第999条）；(2) 合理处理该自然人自行公开的或者其他已经合法公开的信息，但是该自然人明确拒绝或者处理该信息侵害其重大利益的除外（《民法典》第1036条第2项）；(3) 为维护公共利益或者该自然人合法权益，合理实施的其他行为（《民法典》第1036条第3项）。在我国《个人信息保护法》的制定过程中，围绕着究竟应当规定哪些个人信息处理的法定理由，产生了很大的争议。想要更加自由地利用个人信息的一方，希望尽可能多规定一些法定理由。例如，有的人认为，出于历史、文化和科学研究的目的，以及为了处理者自己或第三人的合法、正当的利益等情形，应当规定为法定理由。然而，对于希望更加严格地保护个人信息权益一方来说，我国当前的问题主要还不是个人信息未被合理使用的问题，而是个人信息权益没有得到有效的保护，非法买卖、泄露等侵害个人信息权益的现象十分严重。因此，对于不需要个人同意而可以处理个人信息的法定理由不能规定得太宽太泛。

立法机关经过反复权衡，最终在《个人信息保护法》第13条第1款第2项至第7项规定了六类无须取得个人同意即可处理个人信息的情形（参见表4-1），分别是：(1) 为订立、履行个人作为一方当事人的合同所必需，或者按照依法制定的劳动规章制度和依法签订的集体合同实施人力资源管理所必需；(2) 为履行法定职责或者法定义务所必需；(3) 为应对突发公共卫生事件，或者紧急情况下为保护自然人的生命健康和财产安全所必需；(4) 为公共利益实施新闻报道、舆论监督等行为，在合理的范围内处理个人信息；(5) 依照本法规定在合理的范围内处理个人自行公开或者其他已经合法公开的个人信息；(6) 法律、行政法规规定的其他情形。

表4-1 《民法典》《个人信息保护法》对个人信息处理法律根据的规定之比较

法律根据	法律类型	
	《民法典》第1035、1036条	《个人信息保护法》第13条
取得个人同意	有	有
订立履行合同所必需	无	有
人力资源管理所必需	无	有
履行法定职责所必需	无	有

续表

法律根据	法律类型	
	《民法典》第 1035、1036 条	《个人信息保护法》第 13 条
履行法定义务所必需	无	有
维护公共利益合理实施	有	有（限于应对突发公共卫生事件）
维护自然人合法权益所必需	有（限于信息主体）	有（所有自然人）
为公共利益实施新闻报道、舆论监督等行为	有	有
处理合法公开的个人信息	有	有

评　论

《个人信息保护法》第 13 条第 1 款规定的七项个人信息处理的法律根据的效力是相等的，也就是说，只要存在其中任何一项，个人信息处理行为就是合法的。当然，实践中可能出现，个人信息处理活动的多个法定理由并存的情形，例如，国家医疗卫生管理部门处理传染病患者的个人信息，既是履行法定职责所必需，也是为了应对突发公共卫生事件。在这种情形下，个人信息处理者证明其中一个就足够了，而多个法定理由的并存意味着，当一个法定理由消失时，由于存在另一个法定理由，个人信息处理活动仍然是合法的。然而，必须注意的是，如果个人信息处理者将个人信息处理活动建立在同意的基础之上，一旦主体撤回同意，个人信息处理者应当停止相应部分的个人信息处理。如果允许个人信息处理者对外以个人同意作为处理个人信息的合法性基础，而同时还依据其他法律基础来处理个人信息，这对于个人信息主体是不公平的。至于个人信息处理者在多个法定许可之间转换，这是可以的，不过由于每个法定理由的处理目的是不同的，因此其处理方式也未必相同，故此法定许可的转换不能当然保证处理行为的合法性。

（二）处理敏感与非敏感的个人信息的法律根据

个人信息可以区分为敏感的个人信息与非敏感的个人信息，处理敏感的个人信息与非敏感的个人信息的法律根据也存在差别。在欧盟《一般数据保护条例》中，对于非敏感的个人数据也就是一般的个人数据处理的法律根据规定在第 6 条，但是，对于敏感的个人信息即特殊类型的个人数据处理的法律根据，则由第 9 条与第 10 条作出了专门的规定，非常严格。例如，处理一般个人数据时，数据控制者自身的合法利益可以作为法律根据（第 6 条第 1 款 f）。但是，在处理特殊类型的个人数据时，数据控制者自身的合法利益则不能作为法律根据。

我国《个人信息保护法》也对敏感的与非敏感的个人信息处理的法律根据进行了区分，但是这种区分主要不是体现在法定理由层面，而是体现在对个人同意的要求上。换言之，《个人信息保护法》第 13 条第 1 款第 2—7 项的法定理由普遍地适用于敏感的与非敏感的个人信息处理。但是，如果个人信息处理者是基于个人同意处理个人信息的，那么处理敏感的与非敏感的个人信息存在不同的要求。具体表现在：一方面，告知的事项不同。处理敏感的个人信息除要告知《个人信息保护法》第 17 条第 1 款规定的事项外，还要告知处理敏感个人信息的必要性以及对个人权益的影响（《个人信息保护法》第 30 条）。另一方面，取得的同意不同。处理敏感的个人信息，需要取得的是个人的单独同意，如果处理的是不满十四周岁未成年的人个人信息，则应当取得未成年人的父母或者其他监护人的同意；倘若，法律、行政法规规定处理敏感的个人信息应当取得书面同意，则从其规定（《个人信息保护法》第29、31条）。处理非敏感的个人信息，处理者只需取得个人的同意即可，并不需要单独同意或书面同意。

第二节　告知同意规则

一、概述

例2：中国青年报社社会调查中心联合问卷网对1 561名受访者进行的一项调查显示，70.9%受访者很少或从没阅读过App用户协议/隐私协议。64.1%的受访者指出，当下的App用户协议冗长复杂，用户无法在较短时间内读完或读懂，61.3%的受访者觉得用户个人信息收集使用部分写得模糊。[1]

例3：记者在手机应用市场里下载5款下载量过亿次的社交、游戏、短视频、购物等App发现，各App会根据自身特点规定用户协议和隐私政策的内容。不过，一些基本内容是相同的。这5款App用户协议和隐私政策总字数超过13万字，平均每款App需要用户“阅读并同意”的内容约2.7万字。[2]

（一）告知同意规则的概念与意义

告知同意规则，也称“知情同意规则”，它要求任何组织或个人在处理个人信息之前都应当向个人信息被处理的自然人即信息主体履行告知义务，并在取得个人的同意后，方可从事相应的个人信息处理活动，否则处理活动就是非法的，除非法律、行政法规规定可以不取得个人同意。[3] 由此可见，告知同意规则可以分为两部分：告知与同意。二者紧密联系，不可分割。没有充分、清晰、完整的告知，自然人无法就其个人信息被处理作出真实有效的同意与否的表示；虽然处理者进行了充分、清晰、完整的告知，但未取得自然人的同意，其对个人信息的处理也是非法的，侵害了个人信息权益。告知同意规则对于保护个人信息权益非常重要。它是最基本的个人信息处理规则，具有如下重要意义。

（1）告知同意规则是判断个人信息处理行为合法与否的一项基本标准，凡是没有遵守该规则的处理行为，原则上都是非法的，除非法律、行政法规另有规定。这就意味着：首先，个人信息处理者对其处理行为合法与否具有更明确的预期，即知道在处理个人信息时应当怎么做才使得处理行为是合法的；对于信息主体即自然人而言，由于被告知了个人信息将被处理，其在知情权得到充分尊重的基础上享有了同意或拒绝的权利。故此，告知同

---

① https://m.gmw.cn/baijia/2022-03/31/35627155.html.

② 王井怀，刘惟真.“我已阅读并同意”？你没读过的App用户协议有哪些“坑”？. https://baijiahao.baidu.com/s?id=1727386420982482477&wfr=spider&for=pc.

③ 王利明，程啸，朱虎.中华人民共和国民法典人格权编释义.北京：中国法制出版社，2020：419.

意这种标准化的模式无论是对于用户还是对于信息处理者而言均为成本最小化的解决方式，双方减少了因不信任而产生的交易成本，能直接进入到个人信息权益行使最为核心的地带：同意及同意的撤回，甚至删除权。[①] 其次，对于个人信息保护执法机构来说，告知同意规则为其查处违法的个人信息处理行为提供了明确的标准。凡是没有遵循该规则且没有法律、行政法规例外规定的个人信息处理行为就是违法行为，就可以查处。最后，在个人信息民事纠纷案件的裁判中，告知同意规则是法院认定处理者应否承担侵权责任的重要标准。只要没有遵循告知同意规则而进行处理，当然就是侵害个人信息权益的不法行为，至少应当承担停止侵害、排除妨碍、消除危险等侵权责任；如果因此造成损害并符合其他损害赔偿请求权的构成要件，还要承担损害赔偿责任。

尽管告知同意规则的实践操作如冗长复杂的内容，并未让用户真正了解个人信息处理的目的、方式或范围等（如**例 2** 和**例 3** 的情形），但不能因此就否定告知同意规则，认为该规则是没有意义的。该规则的存在至少使得用户知悉自己的个人信息正在被哪个个人信息处理者所处理并且自己曾经同意处理。这样一来，知情同意规则不仅建立了处理行为的合法性基础，也不影响下文将要提及的即便经过同意的处理行为也可能构成违法行为的法律评价。无论个人信息处理者在告知同意规则中使用如何复杂冗长甚至含混的表述，也无论个人信息被处理的自然人是否实际阅读或理解了告知的内容，只要因此发生纠纷，行政机构在执法或法院在裁判案件时，首先要审查的就是处理者是否依法履行了告知同意规则。只要没有履行该规则，就是非法处理行为，应当承担法律责任。如果处理者履行了告知同意规则，就不存在非法处理个人信息的行为，自然人原则上也不得对该合法处理行为进行阻碍。因此，告知同意规则在具体落实中存在的一些问题，如处理者的告知含糊不清、复杂烦琐，自然人缺乏真正的意思自由等[②]，都不成为问题。实践中暴露出来的这些问题，不仅没有削弱告知同意规则在个人信息处理中的重要意义，反而彰显了该规则的重要性。

（2）告知同意规则并不意味着发生侵害个人信息权益的违法行为时，处理者可以据此免于承担任何法律责任，处理者也不能以其遵循了告知同意规则来排除其他个人信息保护规则的适用。首先，即便处理者充分适当地履行了告知同意规则，也只是使得处理行为本身不具有非法性而已，即存在违法阻却事由，可能无须承担行政责任或刑事责任。[③] 但是，在处理的过程中，不合理的处理行为如处理者的故意或过失等造成自然人的人身财产权益受到侵害的，依然要承担民事责任。《民法典》第 1036 条第 1 项就是要表明，即便是在自然人或其监护人同意的范围内实施的个人信息处理行为也必须是合理的，如果不合理，依然要承担民事责任。[④] 也就是说，合法的个人信息处理行为应当遵循比例原则。其次，告知同意规则并非一劳永逸的规则，而只是针对依法告知并取得同意的特定处理者的特定个

① 万方. 个人信息处理中的“同意”与“同意撤回”. 中国法学，2021（1）：173.

② 任龙龙. 论同意不是个人信息处理的正当性基础. 政治与法律，2016（1）；方禹. 个人信息保护中的“用户同意”规则：问题与解决. 网络信息法学研究，2018（1）.

③ 例如，依据《最高人民法院、最高人民检察院关于办理侵犯公民个人信息刑事案件适用法律若干问题的解释》第 2 条的规定，违反法律、行政法规、部门规章有关公民个人信息保护的规定的，应当认定为《刑法》第 253 条之一规定的“违反国家有关规定”。

④ 黄薇. 中华人民共和国民法典人格权编解读. 北京：中国法制出版社，2020：220.

人信息处理行为而言。这就是说，并非告知并取得同意后，处理者就可以随意地无限制地处理个人信息，其仍应当严格遵循法律规定和当事人的约定。例如，在处理目的、处理方式等发生变更时，处理者应当将变更的部分告知个人并取得其同意。最后，告知同意规则也需要符合个人信息保护法中的必要、正当、合法、诚信、目的限制等基本原则。告知同意规则不能免除个人信息处理者负有的确保个人信息处理活动符合法律、行政法规规定的义务以及保护个人信息安全的义务。同样，告知同意规则也不能排除信息主体针对个人信息处理者享有的权利，如：查阅或者复制其个人信息的权利，发现信息有错误时提出异议并请求及时采取更正等必要措施的权利等。即便个人信息处理者在告知时通过格式条款排除了自然人的这些权利并取得了自然人的同意，这些格式条款也是无效的（《民法典》第497条）。

（3）因告知同意规则涉及自然人的个人信息权益，故此其适用需要受到相应的限制。一方面，人格权益具有专属性，不得放弃、转让或者继承（《民法典》第992条）。因此，任何组织或个人都不能通过告知同意规则而一次性取得对他人的个人信息的无限制、永久的处理权限，自然人本身也不能放弃、转让其个人信息权益。依据《人脸识别解释》第11条，如果个人信息处理者采用格式条款与自然人订立合同，要求自然人授予其无期限限制、不可撤销、可任意转授权等处理人脸信息的权利，那么该自然人有权请求法院确认该格式条款无效。另一方面，告知同意规则不得违背公序良俗原则，不得抵触更高位阶的权益，否则即便遵循了告知同意规则，处理行为也是违法的。显然，通信自由和通信秘密作为宪法保护的高位阶的权利，不应该受到告知同意规则的限制。①

（二）告知同意规则的演进

告知同意规则最早为1970年德国黑森州的《数据保护法》所确认，目前已成为绝大多数国家和地区的数据保护法或个人信息保护法中的一项基本规则。1973年美国政府成立的“自动化个人数据系统咨询委员会（Advisory Committee on Automated Personal Data System）”在当年7月发布了《记录、计算机与公民权利（Records，Computers and the Rights of Citizens）》的报告。该报告建议：针对所有的自动化个人数据系统制定联邦“公平信息实践准则（Code of Fair Information Practice）”。该准则共有五项，其中的两项分别是：“必须确保个人知晓其被收集的信息是什么以及该信息被如何使用（There must be a way for an individual to find out what information about him is in a record and how it is used.）”；“必须确保个人能够阻止未经其同意将基于某一目的所获取的信息用于其他的目的，或未经其同意将其信息提供给他人用于其他目的（There must be a way for an individual to prevent information about him that was obtained for one purpose from being used or made available for other purposes without his consent.）”②。1974年美国的《隐私权法（The Privacy Act）》明确采取了告知同意规则。该法规定：任何机关不得以任何方式向任何个人或者其他机关提供其档案系统中的任何材料，除非有该档案内容相关者的书面申请或者事前的书面同意为根据，但有该法规定的12项例外情形的除外。1980

---

① 张新宝．个人信息收集：告知同意原则适用的限制．比较法研究，2019（6）．

② Records，Computers and the Rights of Citizens，Report of the Secretary's Advisory Committee on Automated Personal Data Systems，July，1973．该报告全文载 https://epic.org/privacy/hew1973report/#preface.

年经济合作与发展组织《隐私指南》第10条规定："如果不是依据第9条载明的目的，个人数据不应当被披露和公开使用，除非：（a）经过数据主体的同意；或者（b）经过法律的授权。"1995年《个人数据保护指令》第7条规定："各成员国应当规定，只有在下列条件下才可以对数据进行处理：（a）数据主体明确表示同意；或（b）处理对于履行数据主体作为当事人的合同是必要的，或者为了根据数据主体提出的要求从而在合同生效前采取某些措施；或（c）处理对于管理者履行其合法义务是必要的；或（d）处理对于保护数据主体的重要利益是必要的；或（e）处理对于为了公共利益或管理者以及向其公开数据的第三方在行使官方授权中所执行的任务是必要的；或（f）处理对于管理者或第三方或其他向其公开数据的当事人的合法利益是必要的，除非第1条第1款所保护的数据主体的基本权利和自由的利益优先于这些利益。"2018年欧盟《一般数据保护条例》鉴于部分第32条指出："处理个人数据之前应征得数据主体的同意，通过清楚明确的行为自愿表明同意对其个人数据进行处理，例如通过书面陈述（包括电子形式）或者口头声明。同意方式可以包括在浏览网页时在方框里打上钩，对信息社会服务进行技术设置或者其他陈述或行为以清楚表示接受对其个人数据的处理。因此，默示、预选方框或者不作为不构成同意。同意范围应当包括所有基于同一目的或同一类目的而进行的数据处理活动。当数据处理活动存在多种目的时，每项目的都应当征得同意。如果数据主体是基于电子形式的请求而做出的同意，请求应清晰、简洁且不影响所提供服务的使用。"

在我国《个人信息保护法》颁布前，法律上就已明确规定了告知同意规则。《全国人民代表大会常务委员会关于加强网络信息保护的决定》第2条规定，网络服务提供者和其他企业事业单位在业务活动中收集、使用公民个人电子信息，应当遵循合法、正当、必要的原则，明示收集、使用信息的目的、方式和范围，并经被收集者同意。《网络安全法》第41条第1款规定："网络运营者收集、使用个人信息，应当遵循合法、正当、必要的原则，公开收集、使用规则，明示收集、使用信息的目的、方式和范围，并经被收集者同意。"《民法典》第1035条第1款更是明确规定："处理个人信息的，应当遵循合法、正当、必要原则，不得过度处理，并符合下列条件：（一）征得该自然人或者其监护人同意，但是法律、行政法规另有规定的除外；（二）公开处理信息的规则；（三）明示处理信息的目的、方式和范围；（四）不违反法律、行政法规的规定和双方的约定。"《个人信息保护法》第13条第1款将取得个人的同意作为个人信息处理者可以处理个人信息的首要的法律依据，并就告知规则和同意规则的具体要求作出了详细的规定。

二、告知规则

例4： A公司因为履行合同所必需而收集了用户张某的个人信息，张某认为A公司没有履行告知义务，存在违法行为。A公司认为自己并非基于张某同意而处理个人信息，故此无须履行告知义务。

例5： X市国家安全机关侦查发现李某正在为国外特务机关收集我国的军事情报，为了进一步侦查，该国家安全机关在李某家中安装窃听器，对李某电话、电脑等通信设备进行监控。

例 6：八岁的痴呆儿童 A 离家出走，被 B 公安机关的民警找到。找到时，A 被严重冻伤，情况危及，B 公安机关将 A 送到医院后，急需联系到其家人。此时，公安机关将儿童的相貌等个人信息在电视台和网络上公开，以寻找其家人。

例 7：某款运动手环收集用户的性别、年龄、身高、心率、血氧饱和度等个人信息，但是在告知用户时只是简单地说：收集用户的“健康有关的一些信息”。

例 8：W 网络公司在其平台上公布的隐私政策中称：“本公司将基于业务发展的需要而自行决定将收集的用户个人信息提供给与本公司有关之单位。”

（一）告知义务的产生与免除

所谓告知义务，就是指个人信息处理者在处理个人信息之前，应当按照法律要求的方式，向个人信息将要被处理的个人告知相关事项的义务。告知与同意密切联系，不履行告知义务，处理者肯定不能取得个人的同意，即便形式上取得了，该同意也是无效的。但是，告知义务并非仅适用于基于个人同意处理个人信息的情形，也就是说，即便在无须取得个人同意而是基于法定理由处理个人信息的场合，原则上也存在告知义务，除非法律免除了个人信息处理者的告知义务。而且，法律上免除告知义务的情形要明显少于无须取得个人同意即可处理个人信息的情形。这是因为，在个人信息的处理中，如果以取得个人同意作为处理行为合法的唯一法律根据，会极大地妨害个人信息的合理利用。故此，法律上必须出于维护公共利益、国家利益、自然人的生命健康和财产安全等多种考虑，规定一些不需要个人同意即可处理个人信息的法定理由。但是，告知义务则有所不同。要求那些基于法定理由而处理个人信息的处理者履行告知义务，本身并不会妨碍处理者合理利用个人信息，更重要的是，履行告知义务是公开透明原则的要求，有利于切实保障个人对其个人信息处理的知情权，加强对个人信息处理活动的监督，维护人格尊严和人格自由。故此，法律上对于免于告知义务的情形规定得很少。在**例 4** 中，虽然 A 公司因为履行合同所必需而可以不经用户张某的同意处理其个人信息，但 A 公司并不能就因此免除告知义务，其仍然应当履行告知义务，否则该公司的个人信息处理活动也是非法的。

依据我国《个人信息保护法》第 18 条以及第 35 条，免除告知义务的情形被严格限定在以下四种情形。

1. 法律、行政法规规定应当保密的情形

所谓法律、行政法规规定应当保密的情形，是指基于侦查犯罪、反恐怖主义等维护公共安全、国家安全等社会公共利益和国家利益的考虑，而由法律、行政法规规定的处理者的保密义务。《保守国家秘密法》第 9 条规定：“下列涉及国家安全和利益的事项，泄露后可能损害国家在政治、经济、国防、外交等领域的安全和利益的，应当确定为国家秘密：（一）国家事务重大决策中的秘密事项；（二）国防建设和武装力量活动中的秘密事项；（三）外交和外事活动中的秘密事项以及对外承担保密义务的秘密事项；（四）国民经济和社会发展中的秘密事项；（五）科学技术中的秘密事项；（六）维护国家安全活动和追查刑事犯罪中的秘密事项；（七）经国家保密行政管理部门确定的其他秘密事项。政党的秘密事项中符合前款规定的，属于国家秘密。”在**例 5** 中，X 市国家安全机关侦查发现李某正

在为国外特务机关收集我国的军事情报，依据《反间谍法》第12条等规定，该国家安全机关可以对李某采取技术侦查措施收集李某的个人信息，此时显然不可能告知李某。

2. 不需要告知的情形

《个人信息保护法》没有规定具体的或典型的不需要告知的情形。本书认为，所谓不需要告知的情形，至少应当包括以下几类情形：(1) 作为信息主体的个人已经知悉了告知的内容，此时无须处理者告知。例如，在处理者A向处理者B提供其处理的个人信息时，根据《个人信息保护法》第23条的规定，A应当向个人告知B的身份、联系方式、处理目的、处理方式和个人信息的种类，并取得个人的单独同意。在这种情形下，由于A已经履行了告知义务，个人已经知道了告知的内容，B就无须再行告知了。(2) 处理已经合法公开的个人信息。《民法典》第1036条第2项规定，合理处理该自然人自行公开的或者其他已经合法公开的信息，行为人不承担民事责任。有观点认为，在处理合法公开的个人信息时，处理者不需要取得个人的同意，应当认为也不需要告知个人，因为，如果要求对已经合法公开的个人信息也逐一告知并取得同意的话，成本极为巨大，难以实现。

3. 告知将妨碍国家机关履行法定职责

这一情形主要是指虽然法律、行政法规没有规定国家机关的保密义务，但是如果处理个人信息前告知个人，就会使得国家机关无法履行法定职责。例如，依据《税收征收管理法》第54条的规定，税务机关有权检查纳税人的账簿、记账凭证、报表和有关资料，检查扣缴义务人代扣代缴、代收代缴税款账簿、记账凭证和有关资料。这种情形下，处理个人信息不仅无须取得同意，也不需要告知，否则可能出现个人突击转移、篡改甚至销毁账簿、记账凭证、报表和有关资料，导致税务机关无法履行税收征收管理的法定职责。为了防止随意以告知将“妨碍国家机关履行法定职责”为由，不履行告知义务，未来我国法律法规还是有必要对于妨碍国家机关履行法定职责的情形予以明确。

4. 紧急情况下为保护自然人的生命健康和财产安全无法及时向个人告知的

在紧急情况下为保护自然人的生命健康和财产安全无法及时向个人告知的，可以不告知，但个人信息处理者应当在紧急情况消除后及时告知。具体而言：首先，被保护的自然人可能是个人信息被处理的个人，也可能是其他的自然人。其次，必须是紧急情况下为保护自然人的生命健康和财产安全所必需的。最后，紧急情况后还是应当及时告知，从而维护个人对其个人信息处理享有的知情权。在**例6**中，八岁的痴呆儿童A被民警找到时已严重冻伤，情况危急且不知道其家人是谁，为了及时联系其家人，B公安机关无法履行告知义务且无法取得监护人的同意而将A的个人信息（也是敏感的个人信息）加以公开是可以的。

（二）告知义务的主体与内容

负有告知义务的是个人信息处理者，如果仅仅是受委托处理个人信息的受托人，不需要履行告知义务。个人信息处理者需要向个人信息即将被处理的个人即信息主体履行告知义务，如果个人属于14周岁以下的未成年人，则应当向该未成年人的父母或者其他监护人履行告知义务。

告知义务的内容就是处理者应当向个人信息被处理的个人告知的事项有哪些。我国《民法典》第1035条、《网络安全法》第41条第1款只是规定了“处理信息的目的、方式和范围”等内容，没有作出更具体的规定。《个人信息保护法》对于告知事项采取了“一般规定+特殊规定”的立法模式。所谓一般规定，就是该法第17条第1款规定的事项。这些事项是任何个人信息处理者在处理个人信息前都应当向个人告知的事项，属于共同事项或一般事项。所谓特殊规定，就是针对一些特殊的个人信息处理行为，专门规定应当告知的一些事项，例如，《个人信息保护法》第23条规定的向其他处理者提供个人信息时应当告知的事项、第30条规定的处理敏感个人信息前应当告知的事项、第39条规定的向境外提供个人时应当告知的事项。依据《个人信息保护法》，个人信息处理者应当向个人告知的一般事项如下。

1. 个人信息处理者的名称或者姓名和联系方式

现代网络信息科技的发展，使个人信息处理活动成为生产生活中的常态，不仅处理者主体多种多样，且处理行为隐秘、专业且复杂。如果处理者不向个人告知处理者的名称或者姓名以及联系方式的话，个人信息究竟是否被处理以及被何人处理了，个人往往难以知悉，更谈不上依法行使个人信息权益的可能。故此，处理者必须向个人告知个人信息处理者的名称或者姓名和联系方式。

2. 个人信息的处理目的、处理方式

个人信息处理的目的是指，处理者究竟是为了什么而处理个人信息。之所以要求必须告知处理目的，是因为处理目的在个人信息处理中非常重要。首先，目的限制原则是个人信息处理中的基本原则，《个人信息保护法》第6条规定，处理个人信息应当具有明确、合理的目的，并应当与处理目的直接相关，采取对个人权益影响最小的方式。收集个人信息，应当限于实现处理目的的最小范围。故此，只有明确了处理目的，个人才能自由地决定是否就特定的处理目的的处理行为给予同意。当处理者有多个处理目的时，为了确保个人作出的同意是明确的，不能将这些处理目的进行合并而一次性取得授权，必须分别就具体的处理目的取得个人的同意。其次，在个人同意后，个人以及履行个人信息保护职责的机关才能据此判断处理者处理个人信息是否与处理目的直接相关，收集的个人信息是否限于实现处理目的的最小范围，有无超出处理目的的处理行为。再次，处理目的是认定处理者以及共同处理者的重要标准。一方面，《个人信息保护法》第73条第1项规定，只有那些在个人信息处理活动中自主决定处理目的和处理方式的组织或个人才是个人信息处理者。另一方面，只有共同决定个人信息处理目的和处理方式的个人或组织才是共同处理者，它们在共同处理个人信息时，如果侵害个人信息权益，应当承担连带责任（《个人信息保护法》第20条）。最后，处理目的也决定了对敏感的个人信息能否进行处理。只有在具有特定的目的和充分的必要性，并采取严格保护措施的情形下，个人信息处理者才可以处理敏感的个人信息（《个人信息保护法》第28条第2款）。**例8**中，W网络公司将其处理目的笼统地写成“本公司将基于业务发展的需要而自行决定将收集的用户个人信息提供给与本公司有关之单位”显然是不行的，该处理目的既不特定也不明确。

个人信息的处理方式主要是指处理者对个人信息采取何种处理方法。个人信息的处理包括个人信息的收集、存储、使用、加工、传输、提供、公开等。不同的处理方式对于个人权益的影响不同，如只是收集和使用，但不存储，那么个人信息被泄露或被非法窃取的可能性就比较低。再如，公开个人信息这一处理活动，对于个人权益影响最大，处理者必须取得个人的单独同意，除非法律、行政法规另有规定。此外，即便都是收集、加工和使用个人信息，加工和使用的具体方法不同，对于个人权益的影响也有很大的差别。所以，处理方式属于必须告知个人的事项。

3. 处理的个人信息种类、保存期限

个人信息的种类很多，包括但不限于自然人的姓名、出生日期、身份证件号码、生物识别信息、住址、电话号码、电子邮箱、健康信息、行踪信息等。个人信息可以分为敏感的个人信息与非敏感的个人信息，不同的个人信息对于个人信息权益的影响不同。敏感的个人信息的处理对于个人信息权益的危险就很大，因为此类信息一旦泄露或者非法使用，就有可能导致人格尊严受到侵害或者人身、财产安全受到严重危害。所以，个人信息的种类属于必须告知的事项。处理者在向个人告知处理的个人信息种类时，应当遵循公开透明的原则，不能过于笼统。**例 7** 中，只简单告知处理的是与“健康有关的一些信息”，显然是不行的，而应当具体说清楚处理了哪些个人信息，如用户的性别、年龄、身高、心率、血氧饱和度等。

个人信息的保存期限很重要，保存期限越长，出现泄露或非法使用的可能性就越大，对个人信息权益的不利影响就越大，故此，《个人信息保护法》第 19 条规定，除法律、行政法规另有规定外，个人信息的保存期限应当为实现处理目的所必要的最短时间。此外，个人信息的保存期间已经届满的，除非法律、行政法规另有规定，否则个人信息处理者应当主动删除个人信息，没有删除的，个人也有权请求删除。故此，个人信息处理者应当将个人信息的保存期限告知个人。

4. 个人行使《个人信息保护法》规定权利的方式和程序

个人信息处理者只需要向个人告知个人行使《个人信息保护法》中规定的权利的方式和程序。《个人信息保护法》中规定的权利如该法第 15 条规定的个人撤回同意的权利，该法在第四章“个人在个人信息处理活动中的权利”中详细列举的各种权利等。

5. 法律、行政法规规定应当告知的其他事项

这是兜底性规定，既可以使《个人信息保护法》第 17 条与该法关于特殊告知事项的其他规定相衔接，也为将来相关法律和行政法规对应当告知事项的规定留下空间。

在个人信息处理者将《个人信息保护法》第 17 条第 1 款规定的事项告知给个人后，这些事项发生变更的，则应当将变更部分告知个人。这里需要区分变更的究竟是哪些事项，如果变更的是个人信息的处理目的、处理方式、处理的个人信息种类，那么，依据《个人信息保护法》第 14 条第 2 款的规定，处理者要重新取得个人同意。故此，在这三个事项发生变更的情形下，只有将变更的部分告知个人并重新取得个人的同意后，个人才能按照变更后的处理目的、处理方式、处理的个人信息种类来处理个人信息。至于其他不需要重新取得同意的事项发生变更的，只要将变更部分告知个人即可。

（三）告知的方式和要求

网络信息社会中个人信息的保护之所以困难，就是因为处理者与个人在信息技术能力上的完全不对等。个人信息处理者，尤其是各类网络运营者掌握足够的专业技术知识和充分的信息，但是个人信息主体则处于弱势地位，缺乏相关的专业技术能力，更没有足够的信息。这种情况下，为了尽可能矫正这种不对等的局面，法律必须对个人信息处理者向个

人告知的方式作出强制性的要求。我国《个人信息保护法》第 17 条第 1 款明确要求个人信息处理者“应当以显著方式、清晰易懂的语言真实、准确、完整地”向个人告知相关事项。

1. 显著方式、清晰易懂的语言

个人信息处理具有很强的技术性，十分专业，个人对此知之甚少，导致了个人与处理者之间的信息不对称。如果处理者通过一大堆专业术语或者含糊其词的表述来告知相关事项，那么个人难以理解此种个人信息处理对自己的权益有何利弊，存在何种风险，无法作出自愿、明确的同意。

所谓显著方式，是指个人信息处理者应当以个人容易辨识且易于获取的方式了解处理者告知的内容，而不能将其隐藏在一大堆包含各种内容的所谓的“隐私政策”当中，或者以极小、难以辨识的字体等其他不显著的方式，让个人无法容易辨识或获取处理者所告知的内容。这种所谓的告知，实际就是欺诈或误导个人。实践中，不少个人信息处理者为了满足法律的要求，规避法律风险，往往采取“捆绑式”的方式列出内容冗长烦琐的隐私政策条款，给用户带来极大的阅读困难。有研究表明，用户仅阅读一年中所使用的网络服务的隐私政策就需要花费 224 个小时，同时还要考虑到用户因教育背景不一对于各个条款的理解能力有所偏差所带来的现实性困境。[①]

清晰易懂的语言意味着处理者应当以普通的而非专业人士才能理解的语言表述来进行告知，从而使任何不具备个人信息处理方面的专业知识的个人能够知道处理者所告知的内容。实践中，为规避法律责任，一些个人信息处理者往往倾向于使用极其抽象含混或者晦涩难懂、冗长烦琐，夹杂大量专业术语的语言来描述个人信息的处理目的和处理方式，例如，“改善服务质量”“提升用户体验”“研发新产品”“增强安全性”等。这种语言表述显然违反了关于“清晰易懂的语言”的要求。

2. 真实、准确、完整地告知

合法、正当、必要和诚信原则是个人信息处理活动应当遵循的基本原则，个人信息处理者不得通过误导、欺诈、胁迫等方式处理个人信息。误导、欺诈的典型体现就是处理者没有真实、准确、完整地将法律、行政法规规定应当告知的事项告知个人。故此，要求处理者必须是真实、准确、完整地告知。所谓真实，意味着处理者不能虚构事实，欺骗个人，将虚假的事实告诉个人，如明明是为了 A 处理目的而处理信息，却说是为了 B 处理目的；准确，要求处理者不能将含糊不清的信息告知个人，信息必须是正确的，不能有偏差或者是令人误读误解的。完整，即不能隐瞒一些信息、不告诉全部的信息。例如，只是告诉个人处理个人信息对其有何种好处，却不说其中的风险等。

（四）履行告知义务的形式

个人信息处理者履行告知义务的形式有两种：一是逐一告知，即个人信息的处理者在处理个人信息前，以一对一的方式向每一个个人信息被处理的自然人进行告知，并逐一取得自然人的同意。此种方式在以人工的或非自动化的方式处理个人信息时使用较多，例如，在当事人申请不动产登记时，其向登记机构提交登记申请书，申请相应的不动产登

① 范为. 大数据时代个人信息保护的路径重构. 环球法律评论，2016（5）：93.

记，不动产登记机构应当在登记申请书中向申请人告知处理该申请人的个人信息的目的、方式和范围等内容，进而取得申请人的同意。再如，个人信息处理者在与某一自然人磋商订立合同时而收集该自然人的个人信息的，也可能进行一对一的告知并取得同意。

二是统一告知。所谓统一告知，主要就是指个人信息处理者通过提前拟定好统一的、反复适用的个人信息处理规则来向个人信息被处理的自然人履行告知义务并取得其同意。这种方式主要是在利用互联网等信息网络处理个人信息时使用，如用户在手机上安装使用各类 App 时，其运营公司通过所谓“隐私政策”将个人信息处理的目的、方式和范围等内容告知个人。这种方式适用于一对多的情形，即某个特定的个人信息处理者面向不特定的个人而处理个人信息。其优点是高效快捷。依据《民法典》第 1035 条和《个人信息保护法》第 17 条第 3 款的规定，当个人信息处理者以制定个人信息处理规则的方式来告知自然人的，个人信息处理规则应当公开，并且便于查阅和保存的。否则，应当认为个人信息处理者没有履行告知的义务。尤其是在实践中个人信息处理规则以电子信息的方式存在的情况下，如果自然人无法方便地查阅和保存这些规则，就容易出现个人没有完全阅读完毕这些个人信息处理规则就必须作出同意的情形，或者出现处理者私自变更规则，以致双方就个人信息的处理发生纠纷时，个人无法提供相应的证据的情形。例如，《App 违法违规收集使用个人信息行为认定方法》第 1 条规定，以下行为可被认定为“未公开收集使用规则”：(1) 在 App 中没有隐私政策，或者隐私政策中没有收集使用个人信息规则；(2) 在 App 首次运行时未通过弹窗等明显方式提示用户阅读隐私政策等收集使用规则；(3) 隐私政策等收集使用规则难以访问，如进入 App 主界面后，需多于 4 次点击等操作才能访问到；(4) 隐私政策等收集使用规则难以阅读，如文字过小过密、颜色过淡、模糊不清，或未提供简体中文版等。此外，如果处理者没有证明其个人信息处理规则是公开的并且便于查阅和保存的，那么在处理者与个人就处理规则是否公开等问题发生争议时，应认定个人信息处理者没有履行告知义务。如果个人所保存的处理者的个人信息处理规则与处理者提供的规则不一致，应当以个人提供的规则为准，除非处理者能够证明个人提供的规则是不真实的。

评 论

隐私政策 (Privacy policy)，也称隐私声明，是指网络服务提供者就其如何处理个人信息所作出的书面声明、陈述、允诺或者保证。“隐私政策”这一概念最早来自美国。由于美国的网络信息产业最为发达，故此，世界上其他国家的网络服务提供者也都纷纷接受并使用了这一概念，我国很多网络公司也是如此。不过，在法律层面，我国只有一些文件和行业规定使用了“隐私政策”的概念，如，国家互联网信息办公室秘书局等单位联合印发的《App 违法违规收集使用个人信息行为认定方法》第 1 条。《民法典》《个人信息保护法》《网络安全法》等法律中并无“隐私政策”一词，而是使用了“处理信息的规则”“个人信息处理规则”的概念，如《民法典》第 1035 条第 1 款第 2 项、《个人信息保护法》第 17 条第 3 款。

所谓个人信息处理规则，就是指个人信息处理者制定的，用于向个人信息被处理的自然人履行法定告知义务的、公开的书面声明、陈述或者承诺。个人信息处理规则具有普遍适用性与公开性，任何个人信息被处理的自然人都适用该规则，其实现的是履行法定告知义务的作用。需要注意的是，该“个人信息处理规则”不同于作为《个人信息保护法》第二章章名的“个人信息处理规则”。这一章的个人信息处理规则是法律规定的个人信息处理者处理个人信息时应当遵循的各项规则。

隐私政策的基本性质就是个人信息处理者规则，也就是说，隐私政策实际上履行的就是实现法律规定的个人信息处理者处理个人信息前向自然人告知相关事项的义务之功能。《个人信息保护法》明确规定了处理个人信息应当遵循公开透明原则，公开个人信息处理规则，明示处理的目的、方式和范围。同时，个人信息权益的核心就是自然人对其个人信息处理享有知情权和决定权。保障知情权，就必须使自然人对个人信息处理充分知情。隐私政策既然属于个人信息处理规则，那么当然要适用个人信息保护的相关法律规范加以调整，如《个人信息保护法》第17、31、48条。

网络服务提供者之所以制定隐私政策，一方面是为了向用户承诺自己的处理行为是合法、正当、必要、公平且透明的，另一方面也是处理者自我行为约束的明确承诺或表态。如果隐私政策本身就违反法律的规定，则处理者据此从事的处理行为就是非法的。在侵害个人信息权益纠纷中，认定个人信息处理者是否存在侵害行为，其制定的隐私政策具有很重要的作用。因为当隐私政策本身就违反《个人信息保护法》等法律时，当然就可据此认定处理者实施的个人信息处理行为是违法的。在**例8**中，显然W网络公司的这个告知的事项即便经过用户的同意，也是无效的。一旦该公司据此将个人信息提供给其他单位，就构成侵权行为。因为依据《个人信息保护法》第23条，个人信息处理者向其他个人信息处理者提供其处理的个人信息的，应当履行告知义务并取得个人的单独同意。反之，如果隐私政策是合法的，则处理者可以通过提交隐私政策来证明自己的处理行为的合法性，个人必须证明处理者实施的个人信息处理行为并不符合隐私政策或者存在违法情形。

有观点从合同的角度来看待隐私政策，认为隐私政策属于格式条款，即网络服务提供者通过制定隐私政策不仅要履行法定的告知义务，该隐私政策经由个人的同意还在网络服务提供者与网络用户之间形成了个人信息处理合同关系。此种合同是网络服务提供者与网络用户就个人信息处理的相关问题达成的合意。它不是购买商品或接受服务的网络消费合同，因为网络消费合同一般是因为用户同意网络服务提供者制定的“用户协议”“网络平台交易规则”等格式条款而缔结的。既然隐私政策具有格式条款的性质，故此，需要适用《民法典》合同编的相关规范，尤其是第496—498条关于格式条款的规定加以调整。应当说，隐私政策的性质属于个人信息处理规则，即履行告知并取得个人同意的义务，而个人的同意性质上是自然人对其个人信息权益的处分，它阻却了处理行为的不法性。通常，单纯对隐私政策的个人同意并不必然意味着在处理者与个人间形成了个人信息处理合同法律关系。

三、同意规则

例9：P公司运营的一款App在通过隐私政策向用户履行告知义务时，默认选项是用户“同意”隐私政策，授权该App收集用户的个人信息。除非用户自行更改选项为“拒绝”。

例 10： 张某下载了 M 公司的 App 后，页面直接跳出“服务协议”“隐私政策”的温馨提示，但仅有两个选择：“同意并继续”“不同意并退出”。用户必须点击同意“服务协议”“隐私政策”方能使用该 App，如不同意，将直接退出该 App。

例 11： X 公司的软件在收集用户个人信息时通过隐私政策告知了相应的处理目的和处理方式，该隐私政策中有一条写道：“必要时，本公司会将所收集的个人信息提供给本公司的子公司或关联公司。”

例 12： K 公司告知并取得个人同意处理的个人信息都是非敏感的个人信息，后来 K 公司决定增加对于个人的人脸信息、行踪轨迹信息的处理。

例 13： 甲公司就 A、B、C 三个不同的处理行为告知并取得了自然人李某的同意，李某向甲公司发出邮件，撤回了对 A 行为的同意，但并未撤回对 B、C 行为的同意。

（一）同意的概念与性质

个人的同意（Einwilligung /Consent）是个人信息处理行为具有合法性的重要根据。欧盟《一般数据保护条例》第 4 条第 11 款将“数据主体的同意（consent of the data subject）”界定为：“数据主体依其个人意愿自由、明确、知情且清晰地通过陈述或积极行为，就与其相关的个人数据的处理作出的同意。”巴西《通用数据保护法》第 5 条第 12 款规定：同意是指“数据主体同意为特定目的处理其个人数据自由、知情和明确的声明”。

我国《民法典》《个人信息保护法》没有界定同意的概念。本书认为，对个人信息保护法中个人的同意，是指自然人在充分知情的前提下自愿、明确作出的允许其个人信息被处理的表示。关于同意的性质问题，学说上存在不同的看法，有双重属性说、单一属性说等不同观点。本书认为，对个人同意的性质可以从消极与积极两层面加以认识。[①] 在消极层面上，个人同意属于违法阻却事由，其功能在于针对那些法益侵害行为发挥正当化的效力。从积极层面上看，个人信息处理中的个人同意为个人信息处理行为提供了合法根据，取得同意的处理者只要是在个人同意的范围（包括自然人所同意的处理主体、处理目的、处理方式和处理的个人信息种类等）之内，从事个人信息处理行为，那么该行为就不构成侵害行为，不具有非法性。自然人针对个人信息享有受法律保护的权利，也称个人信息权益。作为个人信息权益主体的个人，可以对自己权益进行合法的处分，其可以自行行使该权益，也可以同意他人对自己的民事权益进行干涉。因此，在得到民事权益所有者的同意后，被同意者实施的客观上侵害他人民事权益的行为，对于同意者而言，就不构成侵害。

（二）同意的类型

1. 明示同意与默示同意

同意是一种表示，个人可以通过书面或言语等明示的方式作出该表示，也可以通过实际行为动作来作出该表示。因此，同意可以是明示的（expressly），也可以是默示的（im-

---

① 程啸. 论个人信息处理中的个人同意. 环球法律评论，2021（6）.

plied)。但是，完全的不作为（什么都不做）即沉默不是同意。我国《个人信息保护法》第 14 条第 1 款第一句明确规定，个人对于其个人信息被处理的同意必须是在充分知情的前提下自愿、明确作出的。故此，在**例 9** 中，P 公司的 App 将用户的同意设置为默认选项，只要用户不更改为“拒绝”即属于同意，显然是违反《个人信息保护法》的。国家互联网信息办公室秘书局等发布的《App 违法违规收集使用个人信息行为认定方法》第 3 条第 4 款也将以默认选择同意隐私政策等非明示方式征求用户同意的行为，认定为“未经用户同意收集使用个人信息”。

2. 单独同意与书面同意

单独同意是与概括同意（或一揽子同意）相对应的。法律上提出单独同意的要求，本质上就是强制地要求个人信息处理者将特定的个人信息处理活动（如向其他处理者提供个人信息、公开个人信息）或者针对特定个人信息实施的处理活动（如处理敏感的个人信息)，与其他的个人信息处理活动区分开来，分别取得个人的同意。这样做，既能够提醒个人信息处理者其所从事的活动的特殊性、对个人信息权益造成的影响，也能使个人对于这些特殊的个人信息处理活动有所认识，慎重地决定是否同意。在以往的个人信息处理实践中，不少处理者将各种内容混在一起，放在所谓的隐私政策或服务条款中，其中既有个人信息处理活动的内容，也有合同权利义务的约定、警示提示甚至宣传吹嘘自己服务的内容等，长篇大论，个人只需要点击最后一个概括性的同意即可。显然，这种实践既不符合个人信息处理中的合法、公开与正当的原则，也不利于保护个人信息权益。故此，《个人信息保护法》才创立了“单独同意”这个概念。

依据《个人信息保护法》，需要取得单独同意的个人信息处理活动包括以下几类：(1）处理者向其他处理者提供其处理的个人信息（第 23 条）；（2）处理者公开个人信息（第 25 条)；(3）将在公共场所安装图像采集、个人身份识别设备所收集的个人图像、身份识别信息用于维护公共安全之外的其他目的（第 26 条)；(4）处理敏感个人信息（第 29 条)；(5）向我国境外提供个人信息（第 39 条)。在**例 11** 中，即便用户已经同意了隐私政策，X 公司如果将所收集的个人信息提供给 X 公司的子公司或关联公司，依据《个人信息保护法》第 23 条，仍必须取得个人的单独同意，否则就是违法的。

所谓书面同意，是指个人应当以书面的形式作出同意。依据《民法典》第 469 条，书面形式是合同书、信件、电报、电传、传真等可以有形地表现所载内容的形式。以电子数据交换、电子邮件等方式能够有形地表现所载内容，并可以随时调取查用的数据电文，视为书面形式。书面形式既有助于发挥警示的作用，使当事人三思而后行，也有助于保存证据，避免和解决纠纷。在个人信息处理中，书面同意提高了对处理者的要求，其意味着，个人的同意不仅应当是个人在充分知情的前提下自愿、明确地作出的，还必须采取书面形式，而处理者负有举证证明存在该书面同意的义务。如果处理者不能证明取得了个人的书面同意，即便可以证明取得了同意，该处理活动也是非法的、无效的。

《个人信息保护法》并没有要求同意必须是书面形式，而只是规定法律、行政法规要求采取书面形式的，从其规定。不过，由于《个人信息保护法》第 14 条第 1 款已经要求同意必须是明确作出的，在个人信息处理活动中，处理者为了证明已经取得个人明确、自愿的同意，基本上都会对个人的同意采取书面形式，否则难以证明这一点。

（二）同意的有效要件

对个人信息的处理影响了自然人的个人信息权益，属于非常重大的事情，为了更好地保护自然人，应当明确个人同意的有效要件，即满足哪些条件之后，个人就对其个人信息的处理所做的同意才是有效的，可以发生阻却处理行为违法性的法律效果。比较法上不少国家或地区的立法对此都有规定。例如，依据欧盟《一般数据保护条例》第 4 条第 11 款，有效的同意必须具备四个要件：（1）自由地作出（freely given）；（2）具体的（specific）；（3）被告知的（informed）；（4）明确的（unambiguous）。这一标准被认为，提高了有效同意的门槛，欧盟的数据保护机构也倾向于严格地解释这四项标准。[①] 依据德国《联邦数据保护法》第 51 条的规定，同意只有在数据主体自由作出决定时有效，而评估是否属于自由决定，必须考虑给予同意的情况。同时，应当告知数据主体处理的预期目的，如有必要在个别情况下或数据主体提出要求时，还要将拒绝同意的后果告知数据主体。

我国《个人信息保护法》第 14 条第 1 款第一句对同意的一般有效要件作出了规定："基于个人同意处理个人信息的，该同意应当由个人在充分知情的前提下自愿、明确作出。"此外，十四岁周岁以下的未成年人不具有同意能力，对于个人信息的处理需要取得其父母或者其他监护人的同意。由此可见，有效的同意应当具备以下四项要件。

1. 具有同意能力

在个人信息处理中，只有当作出同意的自然人具有同意能力（capacity to consent）时其作出的同意方属有效。同意能力不同于民事行为能力，限制行为能力人或无民事行为能力人并不一定就没有就其个人信息处理作出同意的能力。自然人是否具有同意能力，关键在于能否认识到行为的后果，即有无识别能力。依据《未成年人保护法》及《个人信息保护法》，个人信息处理者处理不满十四周岁未成年人个人信息的，应当取得未成年人的父母或者其他监护人的同意。故此，十四周岁以下的未成年人在个人信息处理中不具有同意的能力，其作出的同意是无效的。至于十四周岁以上的未成年人原则上具有同意能力。此外，如果因疾病等而不能认识行为后果，一旦就其是否具有同意能力发生争执，需由法院根据个人信息的处理目的、处理方式、处理的个人信息的种类、可能对个人权益产生的不利益后果等因素具体认定。

2. 充分知情

任何有效的同意都应当在同意者充分知情（informed）的前提下作出，否则同意就不是自愿的、真实的。确保同意者充分知情的关键在于个人信息处理者充分且合理地履行告知义务，为个人提供足够的信息，使作为信息主体的个人能够了解与个人信息处理有关的风险、规则、保障和权利，以及如何行使与个人信息处理有关的权利。为了确保个人是在充分知情的前提下作出同意的，我国《个人信息保护法》第 17 条对于个人信息处理者在处理个人信息前应当向个人告知的事项以及告知方式等作出了细致的规定。

3. 自愿

同意必须是自愿的（voluntary），如果个人是在受到欺诈或胁迫的情况下而作出同意

---

① Christopher Kuner, Lee A. Bygrave & Christopher Docksey ed. . The EU General Data Protection Regulation (GDPR): A Commentary. Oxford University Press, 2020: 181.

的，那么，该同意就不是个人在有真正的选择权的情形下作出的，不是自愿的，不能成为个人信息处理的法律根据。之所以要确保个人的同意必须是自愿的，根本原因在于现代网络信息时代中个人信息处理者与个人之间的关系属于持续性的信息不平等关系。“特别是当控制者是公权力一方且基于特定情形下予以考虑的所有条件认为同意不可能是自愿作出的，该同意并不能成为该特定情形个人数据处理的有效法律依据。”[①]

正因如此，为了避免个人作出同意时受到强迫或陷入其他丧失选择自由的状态，我国《个人信息保护法》第 14 条明确规定，在基于个人同意处理个人信息时，个人作出的同意必须是自愿的。这就是说，个人信息处理者通过欺诈、胁迫或者误导等方式取得的个人的同意是无效。同时，《个人信息保护法》第 16 条明确规定：“个人信息处理者不得以个人不同意处理其个人信息或者撤回同意为由，拒绝提供产品或者服务；处理个人信息属于提供产品或者服务所必需的除外。”在**例 10** 中，M 公司 App 的选项设置就存在对个人的强迫，即要么同意处理个人信息，要么就退出，无法安装 App。在这种情形下，M 公司显然是以个人不同意处理其个人信息为由，拒绝提供产品或者服务。为了能够使用相应的服务，张某被迫同意提供个人信息，倘若此后发生纠纷，M 公司以其已经取得了个人的同意为由作为抗辩的，法院不予支持（《人脸识别解释》第 4 条第 1 项）。如果处理个人信息属于提供产品或者服务所必需的，个人如果不同意处理该个人信息，则个人信息处理者可以拒绝提供产品或服务。例如，对于网络预约出租车 App 而言，其基本功能服务是为用户提供网络预约出租汽车的服务，故此，用户必须同意该 App 收集并使用用户的电话号码，乘车人的出发地、到达地、位置信息、行踪轨迹以及支付信息，否则就无法实现该 App 的前述基本功能服务。

4. 明确

同意应当是明确的（specific）。这就要求个人是以清晰、明白而非含糊的、模棱两可的方式表示同意。只要同意是以明确的方式作出的即可，至于是通过纸质、电子形式等书面方式作出的，还是通过口头、行动等方式作出的，无关紧要。在我国，除《个人信息保护法》要求同意是明确的外，《民法典》中也有多处使用“明确同意”的表述，例如，《民法典》第 1033 条第 5 项规定，除法律另有规定或者权利人明确同意外，任何组织或者个人不得处理他人的私密信息。再如，《民法典》第 1219 条规定，医务人员在诊疗活动中应当向患者说明病情和医疗措施。需要实施手术、特殊检查、特殊治疗的，医务人员应当及时向患者具体说明医疗风险、替代医疗方案等情况，并取得其明确同意；不能或者不宜向患者说明的，应当向患者的近亲属说明，并取得其明确同意。

（三）重新取得同意

虽然个人信息处理者已经取得了个人的同意，但是，此后其个人信息的处理目的、处理方式和处理的个人信息种类发生了变更，就应当重新取得个人同意（《个人信息保护法》第 14 条第 2 款）。因为这三个事项在个人信息处理中至关重要，对个人信息权益的影响最大。首先，变更处理目的就意味着处理方法和处理的个人信息的种类等都可能发生变化，即便它们不会变化，新的处理目的是否明确、合理，对个人信息权益将产生何种影响，也

---

① 欧盟《一般数据保护条例》“鉴于”部分的第 43 条。

是未知的，必须告知个人并重新取得同意，否则不得按照变更后的处理目的实施处理行为。其次，在处理目的不发生变化的情况下，虽然处理方式的变化仍然受制于处理目的，但仍不可能避免导致对个人权益的影响方式发生改变。由于个人此前的同意只是针对变更前的处理方式作出的，其同意承受的是变更前的处理方式对个人权益的影响，故此，处理方式的变更需要告知并重新取得个人的同意。至于处理的个人信息的种类不同，对于个人权益的影响不同，法律上的要求也不同，处理者应当告知并重新取得同意。**例 12** 中，K 公司要增加处理人脸信息和行踪轨迹信息，这两项属于敏感的个人信息，故此，K 公司必须告知个人并重新取得同意，并且该同意应当是单独同意。

（四）同意的有效期限

对个人信息处理者取得个人同意，该同意持续多长时间，《个人信息保护法》没有规定，事实上，也没有必要规定。一方面，《个人信息保护法》第 15 条明确规定了，基于个人同意处理个人信息的，个人有权撤回其同意。也就是说，无论同意的持续期间是一年还是十年，对个人而言没有约束力，个人有权随时撤回其同意。处理者对该同意的期限也不会产生法律上值得保护的信赖。不仅如此，处理者以格式条款的方式来取得无期限限制或不可撤回的同意的，该条款也属于无效条款。对此，《人脸识别解释》第 11 条规定：“信息处理者采用格式条款与自然人订立合同，要求自然人授予其无期限限制、不可撤销、可任意转授权等处理人脸信息的权利，该自然人依据民法典第四百九十七条请求确认格式条款无效的，人民法院依法予以支持。”

（五）同意的撤回

个人有权撤回同意（right to withdraw consent/Widerrufsrecht），即享有撤回同意的权利，这是因为：个人的同意体现了自然人处分个人信息权益的自由，性质上属于违法阻却事由。个人信息上承载了法律给予保护的自然人享有的非常广泛的权益，既包括宪法上的人格尊严、人身自由等基本权利，也包括人身权益、财产权益等民事权益。如果一旦个人作出了同意，就不能撤回或者很难撤回，个人的同意就不可能是真正的同意，其对个人信息的处理就没有真正的自主决定权[①]，也无法充分地维护人格尊严和人身自由。故此，法律上应当允许个人随时撤回其同意，任何禁止或限制个人撤回同意的格式条款或单方声明等都是无效的。

从比较法上来看，各国或地区的法律也都明确允许信息主体或数据主体撤回其同意。例如，欧盟《一般数据保护条例》第 7 条第 3 款规定：“数据主体有权随时撤回其同意。同意的撤回不应影响在撤回前基于同意作出的数据处理的合法性。在作出同意前，数据主体应被告知上述权利。撤回同意应与作出同意同样容易。”再如，德国《联邦数据保护法》第 51 条第 3 款规定：“数据主体有权随时撤回其同意，撤回同意不得影响撤回前同意处理的合法性。在作出同意前应当将此事告知数据主体。”

依据我国《个人信息保护法》第 15 条，首先，个人有权随时撤回其同意，也就是说，个人撤回同意是无条件的，只要个人想撤回，就可以撤回，既不需要法律上规定的理由，

① 德国学者认为，撤回同意权保证了数据主体对其个人数据享有的“稳定的高权（eine ständige Hoheit）”，维护了数据主体的个人信息自决权。Gola/Heckmann，Bundesdatenschutzgesetz，13. Aufl.，2019，Rn. 41.

更无须向处理者说明理由。不仅如此，法律上不存在对个人撤回同意的权利的其他限制，处理者也不能通过格式条款或其他任何方式与个人约定撤回权行使的期间等为由而限制或剥夺个人的撤回权。如果存在这些条款或约定，则其均属无效。[①]

其次，个人撤回同意只适用于基于个人同意处理个人信息的情形，至于并非基于个人同意处理个人信息的情形，即依据法律、行政法规的规定无须取得个人同意即可处理个人信息的场合，个人并未作出同意，自然也就不存在个人撤回同意。

再次，个人信息处理者应当提供便捷的撤回同意的方式。也就是说，个人信息处理者提供给个人的撤回同意的方式至少要和作出同意一样便捷，当然，也可以更便捷。这就是说，如果个人作出同意仅仅是通过点击鼠标、滑动或单击键盘即可完成，那么要撤回同意也应当是同样轻松或者更轻松的，不能让个人必须在花费不适当或不合理的努力（如为了撤回同意而必须跳转诸多界面或完成一系列复杂的手续）后才能完成。此外，个人信息处理者也不能因为个人要撤回同意而收取费用或者降低甚至取消产品或服务的提供，否则，就构成了个人信息处理者对个人的胁迫，违反了《个人信息保护法》的规定。

最后，撤回同意将产生以下三种法律效果：（1）就基于个人同意而进行的个人信息处理活动而言，自个人撤回同意之时起，该处理活动就丧失了合法性基础，处理者必须停止与撤回同意相关的个人信息处理活动。在**例 13** 中，由于李某撤回了对 A 行为的同意，甲公司不得再实施 A 行为，除非该处理行为还有其他的法律根据。但是，李某并未撤回对 B、C 行为的同意，故此甲公司还可以继续实施这两个处理行为。（2）删除个人信息。《个人信息保护法》第 47 条第 1 款第 3 项规定：如果个人撤回同意，则个人信息处理者应当主动删除个人信息；个人信息处理者未删除的，个人有权请求删除。（3）个人撤回同意不具有溯及力。也就是说，个人撤回同意不影响撤回前基于个人同意已经进行的个人信息处理活动的效力。所谓不影响效力，是指不影响这些个人信息处理活动仍被认为是基于个人同意而进行的处理活动，个人不得以其撤回同意为由要求处理者承担侵害个人信息权益的民事责任，依法履行个人信息保护职责的机关也不得以个人已经撤回同意为由，认定撤回前基于个人同意已经进行的个人信息处理活动是违法的，进而追究处理者的行政责任或刑事责任。当然，撤回同意只是不影响"基于个人同意已进行的个人信息处理活动的效力"，倘若处理活动尚未进行或者处理活动原本就不是基于个人同意而是为履行法定职责或其他法律、行政法规定的情形，自然不存在影响效力的问题。

（六）同意的证明责任

个人信息处理者是否告知并取得个人的同意，应由其负证明责任，即处理者必须证明其在处理个人信息之前已经依法告知并取得了个人的同意，如果处理者不能证明，就认为其个人信息处理行为并未取得个人的同意。此时，除非属于无须取得个人同意的情形，否则该处理活动就是非法的。欧盟《一般数据保护条例》第 7 条第 1 款明确规定，"如果处理是基于同意，控制者应能证明数据主体已经同意处理其个人数据"。我国《个人信息保护法》没有规定处理者对于已经取得个人同意负有证明责任，但也应当作相同的理解。同时，《个人信息保护法》对于不同类型的处理活动中的处理者所取得的个人同意还有形式

---

① 《人脸识别解释》第 11 条。

上的特别要求，如公开个人信息的，必须取得个人的单独同意（《个人信息保护法》第25条），再如，处理敏感的个人信息应当取得个人的单独同意，法律、行政法规规定处理敏感的个人信息要求书面同意的，从其规定（《个人信息保护法》第29条）。故此，在《个人信息保护法》等法律、行政法规对同意的形式作出了特殊规定的情形下，处理者不仅要证明已经取得了个人的同意，而且该同意的形式还必须符合法定的要求，如属于单独的同意或者书面的同意。

评　论

所谓许可（Lizenz），是指权利人将其权利允许他人在一定时间以及一定地域范围内实施或使用的意思表示，如许可他人将自己的姓名使用在某种商品上、注册为商标或者在某项服务上使用。①《民法典》第993条规定："民事主体可以将自己的姓名、名称、肖像等许可他人使用，但是依照法律规定或者根据其性质不得许可的除外。"当自然人许可他人使用其姓名、肖像以及个人信息时，作为许可人的自然人与被许可人之间就形成了许可合同或许可使用合同（Lizenzvertrag）关系。

个人同意他人处理其个人信息与个人许可他人使用其个人信息是不同的。首先，二者的性质不同。在积极方面，同意强调了个人对自己的个人信息权益的处分或行使，而在消极方面同意阻却了客观上构成对个人信息权益空间的侵入行为的违法性，成为该行为的合法性根据。个人信息处理者处理个人信息时，如果没有取得个人的同意，且缺乏法律、行政法规规定无须同意的情形，处理行为就是非法的。许可强调的是许可人与被许可人之间的许可使用合同关系。在这种关系中，许可人（Lizenzgeber）的主给付义务为授予许可或授予使用权，而被许可人（Lizenznehmer）的对待给付义务就是支付相应的费用。其次，同意往往是可以撤回的，而许可一旦作出、形成合同，就不能撤回。例如，为了维护人格尊严和人格自由，《个人信息保护法》第15条第1款第一句明确规定，基于个人同意处理个人信息的，个人有权撤回其同意。但是一旦成立许可使用合同且明确约定了期限，除非存在法定的或约定的解除合同的情形，否则不能任意解除许可使用合同。例如，依据《民法典》第1022条的规定，如果对肖像许可使用期限有明确约定，肖像权人必须有正当理由才能解除许可使用合同。所谓正当理由，可以是与肖像权人的个人发展（如宗教、政治、艺术信念的改变或者专业立场的改变）有关，也可以是与被同意者所设想的商业利用类型有关（如构成贬低性语境，被同意者的产品严重丧失声誉等）。②

第三节　法定许可

一、概述

告知并取得个人的同意并非个人信息处理活动的唯一合法性基础。为了实现个人信息

---

① 程啸. 论人格权的商业化利用. 中国法律评论，2023 (1).

② Huw Beverley-Smith，Ansgar Ohly and Agnès Lucas-Schloetter. Privacy，Property and Personality：Civil Law Perspectives on Commercial Appropriation. Cambridge University Press，2005：132.

的合理利用，维护他人的合法权益、社会利益、公共利益以及国家利益，应当允许处理者在特定的情形下无须取得个人同意即可处理个人信息。哪些情形下可以无须取得个人同意，并非由处理者自行决定，须由立法者通过法律明确规定。这些情形就是个人信息处理的法定许可（Legal Permission），也称“个人信息的合理使用”，属于对个人信息权益的合理限制。[①]

总的来说，法律上是否对某种民事权益进行限制以及施加何种程度的限制，必须综合考虑被限制的权益的性质、位阶、相互冲突的价值、比例原则等因素。例如，对于生命权、身体权、健康权，法律上的限制就很少，因为这三类权利是自然人最基本、最重要的权利，具有最高权利位阶。在我国《民法典》第 998 条规定：“认定行为人承担侵害除生命权、身体权和健康权外的人格权的民事责任，应当考虑行为人和受害人的职业、影响范围、过错程度，以及行为的目的、方式、后果等因素。”这就是说，在认定侵害生命权、身体权和健康权的民事责任时，不能适用所谓的动态系统论。

个人信息权益受保护的程度显然不可能如同生命权、身体权和健康权那样高，而对个人信息的利用又是现代社会不可或缺的，否则社会利益、公共利益和国家利益就无法得到维护、网络科技和数字经济也无法发展，故此，法律上对于个人信息权益的限制比较多。我国《民法典》从三个层面规定了对个人信息权益的合理限制：首先，在总则编层面上通过公序良俗、诚实信用以及不得滥用权利等原则和免责事由的规定加以限制；其次，在人格权编的一般性规定的层面，即第 998 条明确地认定人格权侵权责任应当考虑的主要因素，以及第 999 条对人格权合理使用的规定；最后，《民法典》第 1036 条规定的侵害个人信息的免责事由，这是直接针对个人信息合理使用的具体规定。在考虑我国国情并吸收借鉴比较法优秀成果的基础上，我国《个人信息保护法》第 13 条第 1 款第 2 项至第 7 项规定了六类无须取得个人同意即可处理个人信息的情形。

二、订立或履行合同所必需

例 14： A 公司经营一家网店销售办公文具，顾客 B 浏览该网站后决定购买某些文具。为此，B 需要注册账户，并在账户中填写收货人的姓名、收货地址、联系方式等信息。

例 15： 罗某使用 G 公司运营的一款英语学习软件时，该软件在用户首次登录界面时，就要求用户提交画像信息，并填写“姓名”“职业”“英语水平”等内容才能完成登录，该软件未设置“跳过”“拒绝”等途径。于是罗某起诉 G 公司侵犯其个人信息权益，要求停止侵权、赔偿损失等。G 公司认为，收集这些信息是为了针对不同用户需求推荐合适的服务内容，属于提供服务所必需。

订立或履行合同所必需是指，当处理个人信息是为了订立或者履行个人作为一方当事人的合同所必需时，个人信息处理者不需要取得个人同意即可处理个人信息。申言之，如

---

① 程啸．论我国民法典中的个人信息合理使用制度．中外法学，2020（4）．

果个人信息处理者只有在取得个人的同意之后才能处理个人信息，则无法与其个人信息被处理的个人订立合同或履行以该个人作为一方当事人的合同。在**例 14** 中，B 要想购买 A 公司的文具，即与 A 公司订立文具买卖合同并履行该合同，那么 B 就必须主动向 A 公司提供相关的个人信息。如果不提供，B 就无法向 A 公司购买文具。表面上，是个人同意，但实际上不提供不行，而这种情形又被法律排除在个人信息处理者以个人不同意处理其个人信息或者撤回同意为由，拒绝提供产品或者服务的情形之外（《个人信息保护法》第 16 条），因此，因订立或履行合同所必需的情形，被作为法律、行政法规规定的无须取得个人同意的情形。

在认定哪些个人信息的处理属于为订立或履行合同所必需时，应当在合同订立或履行前就基于全部的具体情形加以分析评估。首先，必须符合比例原则，也就是说，需要考虑是否存在可以比处理个人信息的侵入性更小的其他方式[①]，如有此种方式，就说明不是“必需”。其次，要从处理者与个人双方当事人的角度来考虑合同的目的，即对于实现合同的目的而言，作为合同一方当事人的个人，其个人信息被处理是否属于必不可少的。对此，个人信息处理者负有证明责任。在**例 15** 中，G 公司收集用户的画像、姓名、职业和英语水平等信息，并非是履行合同所必需。是不是履行合同所必需并非由个人信息处理者单方认定，而应当从客观上加以判断，即只有当个人信息的处理是 G 公司的该软件运行的基本功能所必需的，才属于必需。在**例 15** 中，G 公司收集的信息只是运行附加功能所必需的，因此必须尊重用户的自主决定权。G 公司的涉案软件在用户首次登录界面时要求用户提交画像信息，未设置“跳过”“拒绝”等途径，显然会迫使用户为实现使用软件的目的不得不同意。此种同意不属于有效同意。

评　论

《个人信息保护法》第 13 条第 1 款第 2 项规定的“为订立、履行个人作为一方当事人的合同所必需”与第 16 条中的“处理个人信息属于提供产品或者服务所必需”，这两种情形既有联系也有区别。例如，自然人 A 使用 B 公司的网络平台购物，B 公司为了履行买卖合同，就必须取得 A 的联系方式等个人信息。在此种情形下，既可以说 B 公司处理 A 的个人信息是提供产品或服务所必需的情形，也可以说是履行个人作为一方当事人的合同所必需的情形，二者是重叠的。如果 A 不同意，B 公司可以依据第 16 条，拒绝向 A 提供服务或产品。二者的区别在于：第 16 条只是适用于基于个人同意而进行的个人信息处理活动，其规范的情形既包括个人不同意处理其个人信息，也包括同意后撤回同意的情形。然而，依据第 13 条第 2 款的规定，如果处理个人信息是为订立或者履行个人作为一方当事人的合同所必需的，处理者不需要取得个人的同意即可处理个人信息。此时，自然也就不存在个人撤回同意的问题。

---

① Christopher Kuner，Lee A. Bygrave & Christopher Docksey ed. . The EU General Data Protection Regulation (GDPR)：A Commentary. Oxford University Press，2020：331.

三、人力资源管理所必需

例 16： A 集团公司准备在年底召开集团所属各公司管理层会议，该公司人力资源部为筹备会议，收集了集团所有部门和下属三十余家子公司与分公司的中层干部以上级别的员工的身份证信息、车牌信息、是否携家人（及家人身份证信息）等个人信息，并将其发送给召开会议的 B 酒店，做入住登记。

例 17： B 公司按照总公司的要求于每年的年底将本公司人员的姓名、年龄、性别、专业技术能力、工资、缴纳社保情况等个人信息汇总后上报总公司，用于总公司确定下一年度 B 公司的人员的调配与薪资。

所谓“人力资源管理所必需”是指，依据《个人信息保护法》第 13 条第 1 款第 2 项规定，倘若处理个人信息是按照依法制定的劳动规章制度和依法签订的集体合同实施人力资源管理所必需的，那么，个人信息处理者无须取得个人同意即可处理个人信息。之所以增加这样一项法定许可，主要是为了满足单位实现人力资源管理的客观需求。单位在进行人力资源管理时，涉及各种各样的需要处理个人信息的场景，从招聘新员工时处理应聘者的简历，到员工入职后办理社保、支付薪水、提供福利、绩效考评、业务培训，工作场所使用信息和通信监控技术，工作中使用单位车辆和各种记录仪，单位向第三人披露员工信息，公司集团内部员工信息的转移甚至是跨境提供等，都是对个人信息的处理。[①] 在**例 16** 中，A 集团公司为召开全集团的中层干部会议而收集相关员工的身份证、车辆号牌等个人信息，发送给 B 酒店用于办理会议期间的入住和准备餐饮，可以认为是人力资源管理的一部分。在**例 17** 中，B 公司向总公司提交本公司人员的姓名、年龄、性别、专业技术能力、工资、缴纳社保情况等个人信息汇总，是为总公司的管理所必需的，即总公司可以据此确定下一年度 B 公司的人员的调配与薪资。在这些场景中，如果每一个个人信息的处理行为都要逐一取得同意，那么人力资源管理活动就无法正常进行。故此，《个人信息保护法》第 13 条规定，单位可以基于人力资源管理这种合法利益所必需而处理个人信息。

依据《个人信息保护法》第 13 条第 1 款第 2 项可知：首先，处理个人信息必须是实施人力资源管理所必需。其次，不是所有的人力资源管理工作的需要都意味着可以不取得个人的同意就处理个人信息，只有“按照依法制定的劳动规章制度和依法签订的集体合同”而实施的人力资源管理中必须处理个人信息的情形中，才可以在不取得个人同意的情形下而处理个人信息。这样就排除了企业依据自身制定的不合理的劳动规章制度而以实施人力资源管理所必需为由处理职工的个人信息，也防止了企业随意扩大解释人力资源管理

① 欧盟第 29 条工作组在《第 2/2017 号关于工作中数据处理的意见》中归纳了单位处理员工个人数据的九种具体场景，包括：招聘过程中的处理操作、就业筛选中产生的处理操作、工作场所使用信息和通信监控技术（ICT）产生的处理操作、工作场所外使用 ICT 监控技术产生的处理操作、与时间和出勤有关的处理操作、使用视频监控系统的处理操作、涉及员工车辆使用的处理操作、涉及向第三方披露员工数据的处理、涉及人力资源和其他员工数据的国际转移的处理操作。

的范围任意处理员工的个人信息。

依据《劳动法》第4条和《劳动合同法》第4条的规定，用人单位应当依法建立和完善劳动规章制度，保障劳动者享有劳动权利、履行劳动义务。用人单位在制定、修改或者决定有关劳动报酬、工作时间、休息休假、劳动安全卫生、保险福利、职工培训、劳动纪律以及劳动定额管理等直接涉及劳动者切身利益的规章制度或者重大事项时，应当经职工代表大会或者全体职工讨论，提出方案和意见，与工会或者职工代表平等协商确定。在规章制度和重大事项决定实施过程中，工会或者职工认为不适当的，有权向用人单位提出，通过协商予以修改完善。用人单位应当将直接涉及劳动者切身利益的规章制度和重大事项决定公示，或者告知劳动者。

所谓集体合同，是指工会或职工代表代表全体职工与用人单位根据法律、法规的规定，就劳动报酬、工作时间、休息休假、劳动安全卫生、保险福利等事项，在平等协商一致的基础上签订的协议。《劳动法》第33条规定，企业职工一方与企业可以就劳动报酬、工作时间、休息休假、劳动安全卫生、保险福利等事项，签订集体合同。集体合同草案应当提交职工代表大会或者全体职工讨论通过。集体合同由工会代表职工与企业签订；没有建立工会的企业，由职工推举的代表与企业签订。《劳动合同法》第51条规定，企业职工一方与用人单位通过平等协商，可以就劳动报酬、工作时间、休息休假、劳动安全卫生、保险福利等事项订立集体合同。集体合同草案应当提交职工代表大会或者全体职工讨论通过。集体合同由工会代表企业职工一方与用人单位订立；尚未建立工会的用人单位，由上级工会指导劳动者推举的代表与用人单位订立。

四、履行法定职责或法定义务所必需

例18： 某日傍晚C市交警在公路上设卡查酒驾，通过吹气，发现司机任某构成醉酒驾驶机动车，故此，强制抽取了任某的血液进行检查，发现其确实构成醉酒状态。任某以交警非法收集个人生物识别信息为由起诉C市交管部门。

例19： A银行将其针对张某、李某等大约1 000位小客户的不良贷款债权打包转让给B资产管理公司，A银行通过公告的方式发出了债权转让通知。在转让债权时，张某、李某等债务人的个人信息也随之转移到了B资产管理公司。张某等认为，A银行向其他个人信息处理者提供信息而未取得自己的单独同意，构成侵害个人信息权益。

例20： S科技公司经营一家智能快件柜，2020年5月S公司与原告许某就该智能快件柜取快递的超时保管费问题发生诉讼，被告S公司为证明其主张，向某公证处申请公证保全，证据内容涉及原告使用的手机号在2020年5月至11月间的取件记录及其对应的快递公司的寄递信息，包括派件时间、快递公司、运单号、取件时间、取件人手机号等，并向法庭提交。被告据此证明，原、被告的有偿保管服务协议合法有效。最终，法院判决驳回原告许某的全部诉求。其后，许某提起诉讼，认为S公司未经个人同意从数据库中调阅其寄递信息属于违法收集个人信息，侵害个人信息权益。

（一）*履行法定职责所必需*

法定职责包括法定职权和法定责任，是指立法、行政以及司法机关等国家机关依据法律法规的规定而享有的职权以及必须履行的义务。履行法定职责是法治国原则的体现。一方面，国家机关的职权来自法律法规的授权，不得任意扩张其职权，否则就是超越职权范围的违法行为；另一方面，国家机关依法行使职权是其法定的责任，不依法履行职责也属于违法行为，应当承担法律责任。为确保公权力机关能够履行法定职责，《个人信息保护法》第 13 条第 1 款第 3 项规定，为履行法定职责所必需的，不需要取得个人同意。在**例 18** 中，C 市交警发现任某构成醉酒驾车，涉嫌刑事犯罪，故此，为了履行法定职责，有权强制采集任某的血液样本信息。对此，《刑事诉讼法》第 132 条第 1 款也有明确的规定："为了确定被害人、犯罪嫌疑人的某些特征、伤害情况或者生理状态，可以对人身进行检查，可以提取指纹信息，采集血液、尿液等生物样本。"这种情形下，公安机关的行为属于履行法定职责所必需，不需要取得个人同意。

法定职责中的"法"是广义上的法，既包括全国人大及其常委会颁布的法律，也包括行政法规、地方性法规、部门规章和地方政府规章等规范性法律文件。国家机关等为履行法定职责而处理个人信息时，只有为履行法定职责所必需的，才可以不需要取得个人同意。这就是说，并非只要是国家机关为履行法定职责而处理个人信息的，就一定不需要取得个人同意，只有那些不强制处理个人信息就无法履行法定职责的情形才可以不取得个人同意即处理其个人信息。此外，国家机关履行法定职责而处理个人信息时并非一定都伴随着具体的行政行为，有时是在作出行政许可、审批、申报、征税、处罚等具体的行政行为时处理个人信息，有时则是专门以收集信息为目的而进行活动。例如，国家统计机关依据《统计法》《全国经济普查条例》《全国人口普查条例》等法律法规的规定进行统计调查时对个人信息的处理，就并不伴随着具体的针对特定个人的行政行为。

（二）*履行法定义务所必需*

法定义务是指信息处理者依据法律法规的规定而负有的义务。法定义务不同于法定职责，法定职责仅指公权力机关即国家机关以及法律法规授权的具有管理公共事务职能的组织，而法定义务限于普通的民事主体即自然人、法人和非法人组织。我国法律中规定了很多的法定义务。例如，我国《社会保险法》《劳动合同法》《劳动法》《工伤保险条例》等法律法规要求，职工应当参加工伤保险，由用人单位缴纳工伤保险费，职工不缴纳工伤保险费。故此，用人单位在为职工投保工伤保险时，就必须收集职工的相关个人信息，否则就无法履行该义务。再如，依据我国《反洗钱法》的规定，金融机构负有反洗钱的法定义务，该义务就包括必须从事某些个人信息处理行为，如要求客户出示真实有效的身份证件或者其他身份证明文件，进行核对并登记。在**例 19** 中，A 银行因为转移债权给 B 公司，就不可避免地要将债务人的个人信息提供给 B 公司。这也是债权转让所必需，属于《民法典》对债权人转让债权中的转让义务的基本要求。如果要求在债务人单独同意后，A 银行才能将债务人的个人信息提供给受让人 B 公司，就等于违反了《民法典》关于债权转让无须债务人同意的规定。在**例 20** 中，当事人在诉讼中向法院提供证据证明自己的主张，也是履行法定义务。我国《民事诉讼法》第 67 条第 1 款规定："当事人对自己提出的主张，有责任提供证据。"S 公司与许某因保管费纠纷发生诉讼，为了在该案件的诉讼中证明自己的主张而提供许某的个人信息，属于履行法定义务，无须取得许某的同意，不构成侵权。①

五、应对突发公共卫生事件所必需

例 21：2020 年 3 月 30 日，为实现疫情联防联控，国家政务服务平台“防疫健康码”整合“通信大数据行程卡”相关信息，可在健康码中显示用户是否去过中高风险地区等行程信息。2022 年 12 月 13 日 0 时起，“通信大数据行程卡”正式下线。此外，在防控疫情期间，北京等省市分别推出各种健康码，要求人们到公共场所必须扫码。

例 22：2022 年 1 月 2 日，江某因治疗感冒前往 S 药房购买药品，该药房店员要求江某先扫描店门口的二维码并录入个人信息（姓名、身份证号码、手机号码、住址等）后才能进店买药，江某按要求操作后进店。江某认为药价太高，没有购买。江某离开之前，要求 S 药房删除留存的所有其个人的信息被拒绝，便向法院起诉。S 药房辩称：录入信息是按照市场监督管理局的统一要求，即对感冒发烧、止咳、消炎、抗病毒等四类药品的销售情况进行登记，以便追溯，江某的信息被收集后储存在市场监督管理局的系统中，S 药房无法删除。

所谓突发公共卫生事件，是指突然发生，造成或者可能造成社会公众健康严重损害的重大传染病疫情、群体性不明原因疾病、重大食物和职业中毒以及其他严重影响公众健康的事件。突发公共卫生事件属于突发事件的一类。依据《突发事件应对法》第 3 条，突发事件是指突然发生，造成或者可能造成严重社会危害，需要采取应急处置措施予以应对的自然灾害、事故灾难、公共卫生事件和社会安全事件。

通过信息网络科技收集、分析个人的行踪轨迹、生物识别信息等个人信息对于实现疫情联防联控具有重要的作用。这一点在 2020 年年初至 2022 年年底这三年的新冠肺炎疫情防控中得到鲜明的体现。《个人信息保护法》的起草和颁布正是在新冠肺炎疫情防控期间，故此，为了更好地应对突发公共卫生事件，《个人信息保护法》第 13 条第 1 款第 4 项明确将应对突发公共卫生事件所必需，作为可以不取得个人同意而处理个人信息的情形。**例 21** 中的“通信大数据行程卡”就是我国为了实现疫情联防联控而采取的一项举措，其基于电信企业和互联网行业的数据资源和技术能力优势，持续且普遍地收集了个人的行踪信息，属于个人信息处理活动。依据《民法典》、《网络安全法》和《个人信息保护法》等法律的规定，处理个人信息必须告知并取得个人的同意，或者存在法律、行政法规规定的合法事由。“通信大数据行程卡”在没有取得个人同意的前提下就收集个人的行踪信息，其合法性基础在于应对新冠肺炎疫情这一突发公共卫生事件。自 2022 年 12 月以来，我国疫情防控政策已发生重大调整，“通信大数据行程卡”处理个人信息的目的已经实现，其合法性基础已不复存在。为了更充分地保护个人信息权益，“通信大数据行程卡”服务当然应该下线。此外，基于疫情防控需要由各地政府推出的各类健康码等也应当下线，立即停止个

① 北京互联网法院. 未经对方同意将合法收集的对方当事人个人信息作为证据向法院提交，是否侵权?. [2023-05-12]. https://mp.weixin.qq.com/s/W-MyckZHny7NHLhHo5cRaQ.

人信息处理活动，并且及时删除所收集的个人信息。在**例 22** 中，因为应对疫情的需要，S药房按照市场监督管理局的要求收集了江某的个人信息，市场监督管理局储存了江某的个人信息。这些处理个人信息的行为实际上都是强制的。如果江某不提供这些信息，则其无法进店买药，但是因为存在应对突发公共卫生事件这一法定情形，故此，它们的处理活动即便没有得到江某的同意，也都是合法的。①

六、保护生命健康和财产安全所必需

例 23： 甲突发疾病而处于昏迷，生命垂危。A 医院急需在掌握其既往病史等个人信息的基础上进行对应的抢救治疗，而又无法取得其本人或近亲属的同意。此时，为了挽救甲的生命，A 医院可以无须甲同意即实施个人信息的处理行为。

所谓保护生命健康和财产安全所必需，是指依据《个人信息保护法》第 13 条第 1 款第 4 项的规定，如果个人信息处理是在紧急情况下为保护自然人的生命健康和财产安全所必需，则个人信息处理者无须取得个人的同意即可处理个人信息。所谓自然人的生命健康和财产安全既包括其个人信息被处理的自然人，也包括其他的自然人。**例 23** 就是保护个人信息主体的自然人即甲的生命健康所必需的情形。

《民法典》第 1036 条第 3 项仅规定了维护作为个人信息权益主体的“该自然人”的合法权益，没有规定维护其他民事主体合法权益时的合理使用。为了明确此种情形，《个人信息保护法》第 13 条第 1 款第 4 项后半句作出了规定。依据本句之规定，只要是在紧急情况下为了保护自然人的生命健康和财产安全所必需的，处理者就可以不需要取得个人同意，即实施个人信息处理行为。

七、为公共利益实施新闻报道、舆论监督等行为

例 24： 国家互联网信息办公室颁布的《互联网用户账号信息管理规定》第 12 条规定：“互联网信息服务提供者应当在互联网用户账号信息页面展示合理范围内的互联网用户账号的互联网协议（IP）地址归属地信息，便于公众为公共利益实施监督。”

依据《民法典》第 999 条，为公共利益实施新闻报道、舆论监督等行为的，可以合理使用自然人的个人信息，使用不合理侵害民事主体人格权的，应当依法承担民事责任。《个人信息保护法》第 13 条第 1 款第 5 项规定：“为公共利益实施新闻报道、舆论监督等行为，在合理的范围内处理个人信息”的，不需要取得个人同意。虽然这两项都明确了对个人信息的合理使用，但它们的侧重点不同。《民法典》强调的是此种对个人信息的使用行为不构成对自然人的个人信息权益的侵害，《个人信息保护法》则强调的是无须取得个人的同意。因新闻报道、舆论监督等行为而不取得个人同意就处理个人信息的情形必须符

① 江某、滨州神奇大药房有限公司滨城泰山名郡店个人信息保护纠纷案，山东省滨州市滨城区人民法院（2022）鲁 1602 民初 976 号民事判决书.

合以下要件。

（1）必须是新闻报道、舆论监督等行为。所谓新闻报道就是指对新近发生的事实进行的报道。在我国，能够进行新闻报道的是依法设立的新闻单位，如报纸出版单位、新闻性期刊出版单位、通讯社、广播电台、电视台、广播电视台、新闻网站、网络广播电视台等。舆论监督是在功能或作用意义上使用的概念，简单地说，就是通过形成公众言论而对公共事务、热点事件等与公共利益、国家利益相关的事情予以监督并加以评论的活动。以往，舆论监督一般就是指新闻单位所做的新闻报道中的批评性报道。然而，在社交媒体时代，不仅新闻单位可以，自媒体（We Media）上的普通用户的言论集合也可以形成舆论监督。一般的社会大众也可以很容易地通过网络（如微信、微博、Facebook、推特、博客、个人网站）等途径向外发布、分享某些事实与观点，评论公共事务，从而发挥舆论监督功能。

需要注意的是，无论是《民法典》还是《个人信息保护法》强调的都是，为了实施新闻报道、舆论监督等行为。该行为是指特定组织或个人实施的具体的、特定的行为，如在报纸上公开揭露某个违法事件等，不能包括立法活动、司法活动等。换言之，这一规定是给特定的组织或个人的具体行为作为抗辩事由或者处理个人信息的合法性根据的，不能成为地方性法规或规章的立法根据。在**例 24** 中，作为部门规章的《互联网用户账号信息管理规定》第 12 条直接以《民法典》第 999 条和《个人信息保护法》第 13 条第 1 款第 5 项作为立法根据是错误的，这也导致《个人信息保护法》第 13 条第 1 款第 7 项对法定许可的限制被架空了。

（2）为了公共利益。新闻报道、舆论监督只有是为了公共利益而非个人利益或组织单位的利益时，才能不需要取得个人同意就可以处理个人信息。这是因为在为公共利益而实施的新闻报道、舆论监督中不可避免地要涉及特定的自然人，会使用自然人的姓名、性别、家庭住址等一些个人信息，如果使用这些个人信息都要逐一告知并征得自然人的同意，在自然人不同意的情况下就不能使用，那么新闻报道就无法正常进行。尤其是为了维护公共利益的舆论监督，本来就是要揭露各种不道德的、违法和犯罪的人与事情，打击邪恶，监督公权力，维护社会正义。这是自由与法治的社会所不可或缺的。故此，更有必要合理使用自然人的个人信息。总之，为公共利益而实施新闻报道、舆论监督的行为，对于维护广大民事主体的合法权益，保护表达自由，具有不可替代的重要作用，至于与公共利益无关，完全是娱乐性的新闻报道或者仅仅是涉及个人的不道德或违法行为的舆论监督，不能适用《民法典》《个人信息保护法》的规定，如果处理者未经同意而处理他人的个人信息，就构成侵权。

（3）为了公共利益进行新闻报道、舆论监督等行为的主体既可以是个人，也可以是组织；既可以是中央报刊媒体（如新华社、人民日报、中央广播电视总台），也可以是地方报刊媒体（如各省市区的电台电视台、报纸杂志）；既可以是官方的媒体，也可以是私营的媒体。

（4）必须是在合理的范围内处理个人信息。合理的范围体现了比例原则的要求。所谓合理的范围，就是指无论是收集、加工、使用，抑或是提供、公开等个人信息处理活动，都应当是服务于“为公共利益实施新闻报道、舆论监督等行为”这一目的的，既没有超越该目的范围，且处理的方式也没有超过为实现该目的而可以采取的最缓和方式。如果不是在合理的范围内处理个人信息，侵害民事主体合法权益的，应当依法承担责任。

八、处理公开的个人信息

为了实现个人信息的合理利用，依据《民法典》第 1036 条第 2 项、《个人信息保护法》第 13 条第 1 款第 6 项，个人信息处理者在合理范围内处理已合法公开的个人信息，无须取得个人同意。例如，某自然人的相关民事纠纷被法院依法判决，其涉案姓名、性别及其相关民事纠纷等信息客观上作为已公开裁判文书的组成部分而被合法公开，显然属于已经合法公开的个人信息，故此，处理者可以不取得该自然人的同意而使用。[①]

无须个人同意而处理公开的个人信息应具备以下要件：首先，个人信息必须是已经合法公开的个人信息，包括个人自行公开的或者其他已经合法公开的个人信息。其次，个人信息处理者虽然不需要取得个人的同意即可处理合法公开的个人信息，但该处理活动仍然必须是在合理的范围内的，应当遵循正当、必要、限制等原则。如果使用不合理，依然会构成对自然人的个人信息权益的侵害行为。最后，即便是合理处理已经公开的个人信息，如果该自然人明确拒绝或者处理该信息侵害其重大利益的，除非取得该自然人的同意，否则也不得进行处理。

九、法律、行政法规规定的其他情形

《个人信息保护法》第 13 条第 1 款第 7 项规定的“法律、行政法规规定的其他情形”既是兜底性规定，也是限制性规定，即只有法律、行政法规可以规定无须取得同意即可处理自然人的个人信息的情形，其他的如规章、地方性法规都不可以。除《个人信息保护法》第 13 条第 1 款第 2—6 项之外，法律还规定了一些处理个人信息不需要取得个人同意情形下。例如，依据《民法典》第 1020 条规定，合理实施下列行为的，可以不经肖像权人同意：（1）为个人学习、艺术欣赏、课堂教学或者科学研究，在必要范围内使用肖像权人已经公开的肖像；（2）为实施新闻报道，不可避免地制作、使用、公开肖像权人的肖像；（3）为依法履行职责，国家机关在必要范围内制作、使用、公开肖像权人的肖像；（4）为展示特定公共环境，不可避免地制作、使用、公开肖像权人的肖像；（5）为维护公共利益或者肖像权人合法权益，制作、使用、公开肖像权人的肖像的其他行为。上述情形有些与《个人信息保护法》第 13 条第 1 款的规定是重合或交叉的，如第二、三、五种情形，但第一、四种情形则是《个人信息保护法》第 13 条第 1 款所没有规定的。

评　论

在《个人信息保护法》起草过程中，有观点认为，应当借鉴欧盟《一般数据保护条例》的规定，将个人信息处理者的合法利益也作为可以无须取得个人同意而合法处理个人信息的情形之一。从现实来看，处理者为了自身或第三人的合法利益处理个人信息的典型

---

① 梁某冰与北京汇法正信科技有限公司网络侵权责任纠纷案，北京市第四中级人民法院（2021）京 04 民终 71 号民事判决书.

情形包括：维护网络安全、数据安全、防范欺诈等。但是，立法机关没有接受这一意见，这主要是考虑到：维护网络安全和数据安全可以纳入履行法定义务所必需，我国《网络安全法》《数据安全法》等对网络安全等级保护和数据安全保护义务的规定就是法定义务；所谓防范欺诈等制止犯罪行为的情形，要么属于紧急情况下为保护自然人的财产安全所必需，要么属于维护自身合法权益（可以适用正当防卫或紧急避险的规定）。故此，《个人信息保护法》没有必要再规定处理者为了自身或第三人的合法利益而处理个人信息无须取得个人同意。此外，从欧盟《一般数据保护条例》第6条第1款第6项的规定来看，它也并不是简单地规定数据控制者或第三方为追求合法利益目的就可以进行数据处理，而是规定，一方面，能够进行的是必要的数据处理；另一方面，控制者或第三人的利益与要求不能与对个人数据进行保护的数据主体的基本权利和自由相冲突，尤其是当该数据主体为儿童时，如果存在这种冲突，也是不能进行数据处理的。如果我国《个人信息保护法》只是简单地规定，处理者为了自身或第三人的合法利益而处理个人信息就可以无须取得个人同意，那么该规定在实践中就很容易被扩大解释，出现滥用，不利于保护人格尊严等基本权利和个人的民事权益。

【进一步阅读文献】

1. 程啸. 论我国个人信息保护法中的个人信息处理规则. 清华法学，2021（3）.

2. 高富平. 个人信息处理：我国个人信息保护法的规范对象. 法商研究，2021（2）.

3. 任龙龙. 论同意不是个人信息处理的正当性基础. 政治与法律，2016（1）.

4. 方禹. 个人信息保护中的“用户同意”规则：问题与解决. 网络信息法学研究，2018（1）.

5. 万方. 隐私政策中的告知同意原则及其异化. 法律科学（西北政法大学学报），2019（2）.

6. 万方. 个人信息处理中的“同意”与“同意撤回”. 中国法学，2021（1）.

7. 陆青. 个人信息保护中“同意”规则的规范构造. 武汉大学学报（哲学社会科学版），2019（5）.

8. 程啸. 论个人信息处理中的个人同意. 环球法律评论，2021（6）.

9. 王洪亮，李依怡. 个人信息处理中“同意规则”的法教义学构造. 江苏社会科学，2022（3）.

10. 张新宝. 个人信息收集：告知同意原则适用的限制. 比较法研究，2019（6）.

11. 姚佳. 知情同意原则抑或信赖授权原则：兼论数字时代的信用重建. 暨南学报（哲学社会科学版），2020（2）.

12. 程啸. 论我国民法典中的个人信息合理使用制度. 中外法学，2020（4）.

13. 申卫星，杨旭. 论订立合同作为个人信息处理合法性基础的限缩适用. 南京社会科学，2022（4）.

14. 谢增毅. 职场个人信息处理的规制重点：基于劳动关系的不同阶段. 法学，2021（10）.

15. 彭錞. 论国家机关处理个人信息的合法性基础. 比较法研究，2022（1）.

16. 王锡锌. 行政机关处理个人信息活动的合法性分析框架. 比较法研究，2022（3）.

第五章　个人信息的特殊处理情形

第一节　共同处理个人信息

一、共同处理个人信息的含义

例 1： X 银行面向稳定受薪人士和小微企业客户开办一项小额无抵押贷款业务，该业务借款人的授信准入条件只能是“已向 Y 保险公司投保个人贷款保证保险”。张某在向 Y 保险公司投保该保险后，与 X 银行签订了一份贷款合同。张某分别向 Y 保险公司和 X 银行提供了相同的个人信息。

例 2： M 公司运营一个在线旅行社（OTA）平台，该公司与 A 航空公司、C 连锁酒店三方约定，顾客通过 M 公司的 OTA 平台订酒店、买机票抑或购买旅游产品的，其个人信息被 M 公司收集后由三家公司共同使用，并据此为各公司向用户推送相应的广告。

（一）共同处理的概念

所谓共同处理是指，共同决定个人信息的处理目的和处理方式的两个以上的处理者处理个人信息。要构成共同处理，必须符合以下两个条件。

（1）存在两个以上的个人信息处理者。至于这些个人信息处理者是自然人、法人还是非法人组织，它们之间的关系是紧密的还是松散的，在所不问。例如：A 公司与其全资子公司 B 公司之间，显然是具有紧密联系的，它们可以成为共同处理人；完全没有任何股权控制关系的 C 公司与 D 公司，也可以成为共同处理人。如果一个是个人信息处理者，另一个是该处理者委托处理个人信息的受托人，不属于共同处理。法律上之所以对共同处理作出规定，就是为了在多个处理者共同处理个人信息时更好地保护个人信息权益，既避免因为处理者增多而出现侵害个人信息权益的情形，又可以有效地保证个人针对个人信息处理者行使个人信息权益（如查阅权、复制权、删除权等）。

（2）两个以上个人信息处理者必须共同决定处理目的和处理方式（《个人信息保护法》第 20 条第 1 款第一句）。如前所述，在个人信息处理中最重要的事项就是个人信息的处理目的和处理方式，它们具有决定性意义。只有共同决定处理目的和处理方式的组织或个人才是共同处理者。如果两个处理者处理的是相同的个人信息，但只要它们没有共同决定处理目的和处理方式，也不构成共同处理。在**例 1** 中，虽然 X 银行与 Y 保险公司处理的是同一客户张某的相同的个人信息，但它们并未共同决定处理目的和处理方式，不属于共同处理者。当然，X银行的行为属于强制捆绑个贷业务与保险产品的违法行为。[①]

（二）共同决定处理目的和处理方式是判断共同处理者的标准

无论如何，要成为共同处理者就必须是共同决定处理的目的和方式（无论是全部的还是部分的共同决定）。仅仅是不同的主体在个人信息处理中单纯合作的事实，并不能使它们成为共同处理者，因为在一组共同的操作中，如果没有共享处理的目的或方式的各方之间所进行的个人信息交换，仅仅是独立的控制者之间的简单个人信息的提供。

所谓共同决定个人信息的处理目的和处理方式，就是指多个处理者之间有意思联络，他们对于个人信息的处理目的和处理方式的决定都是自主的，并且相互之间形成了一致的意思表示。在**例2**中，M公司运营的OTA平台与A航空公司、C连锁酒店构成共同处理个人信息，因为它们共同决定了处理目的——发送广告，推销本公司的产品和服务（机票服务、旅游服务和酒店住宿）；也决定了处理方式——通过M公司收集个人信息并供M、A、C三家公司来使用进行广告推送。共同处理者只要共同决定了处理目的和处理方式即可，至于它们在处理个人信息的各个阶段或环节中具体是如何分工的，无关紧要。它们可能实施了完全相同的处理行为，如收集、存储、加工、使用等，也可能分工负责，各自负责其中的一部分。

处理目的和处理方式是不可分割的，处理目的决定了处理方式，不同的处理目的所要求的处理方式是不同的，反之，不同的处理方式也往往影响处理目的的实现。因此，共同处理者对处理目的和处理方式应当都是共同决定的。如果一个处理者决定处理目的，另一个处理者决定处理方式，那么他们就不是共同处理者。欧盟数据保护委员会（EDPB）认为："共同控制权存在的首要标准是两个或多个实体共同参与决定处理操作的目的和方式。更具体地说，共同参与需要一方面决定目的，另一方面决定方式。如果这些元素中的每一个都是由所有相关实体共同决定的，那么它们应该被视为相关处理的共同控制者。"[②]

二、共同处理者的约定及其法律效力

（一）约定的内容

为了防止因共同处理个人信息而对个人信息权益造成不利影响，法律上要求共同处理者应当约定各自的权利义务（《个人信息保护法》第20条第1款第一句），具体包括：个人信息处理的目的、处理方式；个人信息处理的法律根据；个人信息从收集到删除等全生命周期中各方可以实施的处理行为；如何履行向个人的告知义务；如何采取必要的技术措施和其他措施来保障个人信息的安全，防止出现泄露、篡改等；如何履行法律规定的个人信息保护影响评估、进行合规审计；如何响应个人提出的行使个人在个人信息处理活动中的权利的请求；在出现个人信息安全事件时如何及时采取补救措施，由谁来通知履行个人信息保护职责的部门和个人；对个人信息泄露等造成的个人损害如何承担赔偿责任等。

---

① 《银行保险机构消费者权益保护管理办法》第26条第1项规定：银行保险机构销售产品或者提供服务的过程中，应当保障消费者自主选择权，不得强制捆绑、强制搭售产品或者服务。

② EDPB, Guidelines 07/2020 on the concepts of controller and processor in the GDPR, adopted on 02 September 2020, p. 17.

（二）约定的法律效力

共同处理个人信息中处理者相互之间的权利义务约定属于内部的约定，具有相对性，只能约束个人信息处理者，不能对个人产生不利影响。具体而言，首先，依据《个人信息保护法》第 20 条第 1 款第二句，共同处理者的约定不影响个人向其中任何一个个人信息处理者要求行使本法规定的权利。所谓“本法规定的权利”，主要是指《个人信息保护法》第 4 章规定的“个人在个人信息处理活动中的权利”以及其他权利，如查阅复制权、更正补充权、删除权以及个人撤回其同意的权利等。其次，共同处理者也不得以内部的约定对抗个人请求其承担侵害个人信息权益的侵权责任。以上述**例 2** 而言，M 公司、A 航空公司与 C 连锁酒店构成共同处理个人信息，一旦出现个人信息泄露，个人可以将这三个公司作为共同被告。它们不能以内部的约定来对抗原告。

三、共同处理个人信息的侵权责任

（一）依法承担连带责任的具体情形

依据《个人信息保护法》第 20 条第 2 款，个人信息处理者共同处理个人信息，侵害个人信息权益造成损害的，应当依法承担连带责任。这就是说，《个人信息保护法》第 20 条第 2 款不是独立的请求权基础，个人信息权益被侵害的自然人不能依据该款直接要求共同处理者承担连带责任，而只能依据相关法律的规定。具体而言，个人信息权益被侵害并因此遭受损害的自然人应当依据的“法”，就是《民法典》等民事实体法。

《民法典》第 1168 条至第 1171 条对多数人侵权的连带责任作出了规定，包括共同加害行为（第 1168 条）、教唆帮助行为（第 1169 条）、共同危险行为（第 1170 条）以及无意思联络的数人侵权（第 1171 条）。就构成共同加害行为的共同处理个人信息侵权行为而言，实践中常见的一种情形就是非法买卖、提供个人信息，即个人信息的处理者以买卖或者其他方式非法向第三人提供个人信息，进而给自然人造成损害。非法买卖个人信息是我国法律所严厉禁止的行为。该行为对于自然人的人身财产权益的危害极大，也为各种诈骗等违法犯罪活动提供了极大的便利。在非法买卖个人信息的情形下，无论是出卖人还是买受人都是故意的，二者属于共同故意实施侵权行为，故此依据《民法典》第 1168 条，二者构成共同加害行为，应当承担连带责任。如果个人信息处理者的共同处理行为构成教唆帮助侵权行为，那么依据《民法典》第 1169 条第 1 款的规定，“教唆、帮助他人实施侵权行为的，应当与行为人承担连带责任”[①]。

上述两类分别构成共同加害行为、教唆帮助行为的情形，虽然也可以被纳入共同处理个人信息的情形，但仅这两种并未涵盖全部的共同处理个人信息的情形。因为在上述两类情形中，数个处理者一开始就是要追求侵害自然人个人信息权益的目的而共同实施非法处理个人信息的违法行为，但是，在共同处理个人信息而侵害个人信息权益的具体情形中，并非都如此。有可能出现的情形是：多个处理者共同决定了个人信息的处理目的和处理方式，并且都依法取得了个人的同意，且处理目的和处理方式也不存在违法的

---

① 《利用信息网络侵害人身权益纠纷规定》第 15 条曾规定：“雇佣、组织、教唆或者帮助他人发布、转发网络信息侵害他人人身权益，被侵权人请求行为人承担连带责任的，人民法院应予支持。”该条已被废止。

情形，即共同处理者并非一开始就追求侵害个人信息权益的非法目的。但是，他们在共同处理个人信息的过程中都超出了个人同意的处理目的与处理方式，增加了新的处理目的和处理方式，或者在处理中都没有尽到个人信息安全保护义务以致个人信息被他人窃取或篡改等，从而侵害个人信息权益并造成了损害。具体包括以下类型。

（1）共同处理者全部均违反了法定或约定的义务，如**例 2** 中，M、A、C 三家公司共同处理个人信息，假设出现了个人信息泄露事件侵害个人信息权益造成了损害，但无法查清究竟是谁实际出现了泄露行为。[①] 此时，如果能够证明这三家公司都存在泄露个人信息的危险，即存在危及他人人身财产安全的危险，就可以适用《民法典》第 1170 条规定的共同危险行为[②]，由 M、A、C 三个公司承担连带赔偿责任，其中的某个处理者如果能够证明并非其处理行为实际造成的损害，可以免责。

（2）共同处理者均违反了法定或约定的义务以致发生个人信息泄露，并且每个行为都足以造成信息主体的同一损害，或者某些行为足以造成信息主体的全部的同一损害，某些只能造成信息主体的部分的同一损害。如果是前一种情形即所有的处理者的行为均足以造成信息主体的同一损害，依据《民法典》第 1171 条，这些处理者需要承担连带责任。如果是后一种情形，依据《民法典》第 1172 条，这些处理者只是承担按份责任，即：能够确定责任大小的，各自承担相应的责任；难以确定责任大小的，平均承担责任。

（3）共同处理者中只有一个或多个处理者而非全部的处理者违反了法定或约定的义务，侵害了个人信息权益并造成了损害。如**例 2** 中 M、A、C 三家公司共同处理个人信息，现在非常清楚是 C 连锁酒店的员工利用履行职务的便利将处理的个人信息非法出售给第三人，从而造成他人损害的，那么，虽然 M、A、C 三家公司是共同处理个人信息，但不属于《个人信息保护法》第 20 条第 2 款所称的“个人信息处理者共同处理个人信息，侵害个人信息权益造成损害的”情形，因此，只需要由 C 连锁酒店为其工作人员的行为承担侵权责任，M 公司与 A 航空公司不需要承担连带责任。

（二）共同处理者内部的分摊与追偿

共同处理者在向个人信息权益被侵害的受害人承担连带赔偿责任后，内部能否分摊以及如何追偿的问题，应当适用《民法典》关于连带赔偿责任的追偿与分摊的规定。侵权连带赔偿责任属于法定之债（非合同之债），其内部的分摊和追偿，首先应当适用《民法典》第 178 条第 2 款的规定：“连带责任人的责任份额根据各自责任大小确定；难以确定责任大小的，平均承担责任。实际承担责任超过自己责任份额的连带责任人，有权向其他连带责任人追偿。”此外，《民法典》第 468 条规定：“非因合同产生的债权债务关系，适用有关该债权债务关系的法律规定；没有规定的，适用本编通则的有关规定，但是根据其性质不能适用的除外。”故此，《民法典》第 519 条关于连带债务的分摊、追偿以及第 520 条关

---

① 庞某鹏与北京趣拿信息技术有限公司等隐私权纠纷，北京市第一中级人民法院（2017）京 01 民终 509 号民事判决书.

② 《德国联邦数据保护法（BDSG）》第 83 条第 3 项规定：“在个人信息的自动化处理场合，如果无法查明数个参与处理的控制者中谁造成了损害，则每一控制者或者权利行使者均负有责任。”理论上对多个信息主体适用共同危险行为的探讨，参见阮神裕. 民法典视角下个人信息的侵权法保护：以事实不确定性及其解决为中心. 法学家，2020（4）。

于连带债务中发生绝对效力、有限制的绝对效力的事项的规定也可以相应地予以适用。

第二节　委托处理个人信息

一、委托处理个人信息的含义

例 3：A 公司是一家化妆品销售公司，B 公司是专业的客服外包公司。为了提升售后服务质量、统一服务标准，A 公司决定将旗下五个品牌产品的售后渠道统一管理并委托 B 公司为其提供客服服务。在委托期间，A 公司为 B 公司提供了 CRM 系统账号，供 B 公司员工查阅客户订单信息，跟进售后处理服务的进展。

例 4：E 银行发放贷款时收集了借款人个人信息，在借款人到期不还款时，E 银行委托 F 律师事务所催讨债务，F 律师事务所按照 E 银行的要求向借款人逐一发出催款通知书。

所谓委托处理个人信息，是指个人信息处理者将处理个人信息的事务委托给其他的组织或个人，双方成立委托关系，个人信息处理者是委托人，受托处理个人信息事务的是受托人，受托人按照委托人的指示对个人信息进行处理。委托人可以特别委托受托人对某一类个人信息实施某一种处理活动（如存储或加工），也可以委托受托人对某些种类的个人信息实施多种处理活动（如既存储，也加工、分析等）。实践中，委托处理个人信息的情形很常见，如**例 3** 中，B 公司接受 A 公司的委托为其提供客服服务，在该服务过程中就涉及对个人信息的处理。**例 4** 中，F 律师事务所为客户 E 银行服务进行债务催讨，同样属于受委托处理个人信息。

在委托处理个人信息的情形下，存在多方主体，既有个人信息被他人处理的信息主体即自然人，也有作为个人信息处理者的委托人，还有实际从事个人信息处理事务的受托人，显然法律关系更加复杂，同时，出现违法处理行为导致个人信息权益被侵害的风险也显著增加。为了更好地保护个人信息权益，规范委托处理个人信息中委托人与受托人的权利义务关系，并正确地界定各方的义务和责任，《个人信息保护法》第 21 条对个人信息的委托处理进行了专门规定：“个人信息处理者委托处理个人信息的，应当与受托人约定委托处理的目的、期限、处理方式、个人信息的种类、保护措施以及双方的权利和义务等，并对受托人的个人信息处理活动进行监督。受托人应当按照约定处理个人信息，不得超出约定的处理目的、处理方式等处理个人信息；委托合同不生效、无效、被撤销或者终止的，受托人应当将个人信息返还个人信息处理者或者予以删除，不得保留。未经个人信息处理者同意，受托人不得转委托他人处理个人信息。”

二、处理者与受托人的法律关系

（一）处理者应当与受托人订立委托合同

《个人信息保护法》第 21 条第 1 款要求，个人信息处理者委托处理个人信息的，应当与受托人约定委托处理的目的、期限、处理方式、个人信息的种类、保护措施以及双方的权利和义务等，并对受托人的个人信息处理活动进行监督。故此，在委托处理个人信息时，处理者应当与受托人签订合同，约定上述事项。这个合同就是委托合同。

委托合同属于有名合同，它是指委托人和受托人约定，由受托人处理委托人事务的合同（《民法典》第 919 条）。《民法典》合同编第二十三章对委托合同作出了详细的规定。由于委托合同中受托人处理的事务各不相同，故此，双方具体的权利义务关系也千差万别。《民法典》作为调整民事关系的基本法律，不可能对委托合同中当事人应当约定的各种事项均作出规定，而只是就委托合同中委托人和受托人的主要权利义务作出了规定。[①]

（二）委托合同的形式与内容

合同法以合同自由为基本原则（《民法典》第 5 条），当事人享有缔结合同的自由、选择相对人的自由、决定合同内容的自由、选择合同形式的自由、选择补救方式的自由等。[②]故此，《民法典》第 135 条规定："民事法律行为可以采用书面形式、口头形式或者其他形式；法律、行政法规规定或者当事人约定采用特定形式的，应当采用特定形式。"个人信息处理者委托他人处理个人信息而订立委托合同，属于民事法律行为，自然适用《民法典》第 135 条关于民事法律行为的规定。《个人信息保护法》并未对委托处理个人信息的合同的形式作出特别规定。比较法上，欧盟《一般数据保护条例》第 28 条第 9 条规定，无论是控制者指示、授权还是雇佣处理者处理个人数据，双方的合同或其他法律文件应当采取书面形式，包括电子形式。

依据《个人信息保护法》第 21 条第 1 款，个人信息处理者委托处理个人信息的，应当与受托人约定委托处理的目的、期限、处理方式、个人信息的种类、保护措施以及双方的权利和义务等。从这一规定来看，立法者将"委托处理的目的、期限、处理方式、个人信息的种类、保护措施"与"双方的权利和义务"分开加以表述。这是因为：前者涉及个人信息权益的保护，这些约定既是委托方与受托方对"委托事务"的具体约定，也是法律规定的义务，故此，它们属于个人信息处理者委托他人处理个人信息所成立的委托合同中必须具备的条款。例如，《儿童个人信息网络保护规定》第 16 条第 2 款规定受托方负有以下义务：（1）按照法律、行政法规的规定和网络运营者的要求处理儿童个人信息；（2）协助网络运营者回应儿童监护人提出的申请；（3）采取措施保障信息安全，并在发生儿童个人信息泄露安全事件时，及时向网络运营者反馈；（4）委托关系解除时及时删除儿童个人信息；（5）不得转委托；（6）其他依法应当履行的儿童个人信息保护义务。显然，《儿童个人信息网络保护规定》规定的这些受托人的义务都是法律规定的义务，即便当事人不约定，也是存在的，必须履行。但是，《个人信息保护法》第 21 条第 1 款单独列出的"双方的权利和义务"，则更多的是委托人与受托人之间的民事权利义务关系的约定，具体如何约定应当基于意思自治的原则，只要不违反法律、行政法规的强制性规定和公序良俗原则，该约定就是有效的，法律没有必要逐一列举。当然，未来我国有关主管机关也可以考虑针对委托处理个人信息等情形，制定示范合同文本供当事人参照。

---

① 王利明，杨立新，王轶，程啸. 民法学：下册. 6 版. 北京：法律出版社，2020：839－841.

② 王利明. 合同法研究：第 1 卷. 3 版. 北京：中国人民大学出版社，2018：172－175.

三、委托人与受托人的义务

（一）委托人的监督义务

《个人信息保护法》第 21 条第 1 款规定，委托人应当对受托人的个人信息处理活动进行监督。这就是说，委托人不能仅仅和受托方作出约定了事，还必须履行监督的义务。《数据安全法》第 40 条第一句也规定："国家机关委托他人建设、维护电子政务系统，存储、加工政务数据，应当经过严格的批准程序，并应当监督受托方履行相应的数据安全保护义务。"就委托方的监督义务的具体内容，《个人信息保护法》《数据安全法》未作规定，需要将来由相应的法律法规或规章加以细化。[①]

（二）受托人按照约定处理个人信息的义务

《民法典》第 922 条第一句规定，受托人应当按照委托人的指示处理委托事务。需要变更委托人指示的，应当经委托人同意。《个人信息保护法》第 21 条第 2 款第一句规定，受托方应当按照约定处理个人信息，不得超出约定的处理目的、处理方式等处理个人信息。《数据安全法》第 40 条第二句规定："受托方应当依照法律、法规的规定和合同约定履行数据安全保护义务，不得擅自留存、使用、泄露或者向他人提供政务数据。"如果受托人没有按照约定处理个人信息，如违反委托合同约定的处理目的处理个人信息，或者采取约定之外的处理方式处理个人信息，那么受托人的这一处理行为属于非法处理个人信息的行为，应当依法承担行政责任乃至刑事责任。如果侵害个人信息权益造成损害，还需要依法承担民事责任。同时，由于受托人违反委托合同的约定，也构成对委托人的违约行为，所以需要向委托人承担违约责任。

（三）受托人不得任意转委托的义务

委托合同是基于委托人对受托人的信赖而委托受托人处理事项所产生的民事法律关系。受托人负有亲自处理委托事务的义务，而不得任意转委托他人。《民法典》第 923 条规定："受托人应当亲自处理委托事务。经委托人同意，受托人可以转委托。转委托经同意或者追认的，委托人可以就委托事务直接指示转委托的第三人，受托人仅就第三人的选任及其对第三人的指示承担责任。转委托未经同意或者追认的，受托人应当对转委托的第三人的行为承担责任；但是，在紧急情况下受托人为了维护委托人的利益需要转委托第三人的除外。"在个人信息的委托处理中，原则上受托人不能在没有得到委托人的同意的情形下转委托，因为这种做法一则违背委托人的意志，有损委托人的合法权益，二则不利于保护个人信息权益，增加了个人信息被泄露或被非法使用的风险。《个人信息保护法》第 21 条第 3 款规定，未经个人信息处理者同意，受托人不得转委托他人处理个人信息。当然，如果存在紧急情况，为了维护作为委托人的个人信息处理者的利益，受托人可以依据《民法典》第 923 条的规定转委托给第三人。

（四）受托人的保障个人信息安全及协助个人信息处理者的义务

《个人信息保护法》第 59 条还特别规定了受托人的两项法定义务：一是，依法保护个

---

① 《电信和互联网用户个人信息保护规定》第 11 条规定："电信业务经营者、互联网信息服务提供者委托他人代理市场销售和技术服务等直接面向用户的服务性工作，涉及收集、使用用户个人信息的，应当对代理人的用户个人信息保护工作进行监督和管理，不得委托不符合本规定有关用户个人信息保护要求的代理人代办相关服务。"

人信息安全的义务，即受托人应当依据法律、行政法规的规定，采取必要措施保障所处理的个人信息的安全，例如，依据《个人信息保护法》第51条，个人信息委托处理中的受托人应当根据个人信息的处理目的、处理方式、个人信息的种类以及对个人权益的影响、可能存在的安全风险等，采取相应的措施防止未经授权的访问以及个人信息泄露或者被窃取、篡改、丢失。二是，协助个人信息处理者履行《个人信息保护法》规定的义务，具体包括协助个人信息处理者履行合规审计义务、保护个人信息安全的义务、保障个人行使其在个人信息处理活动中的权利以及发生个人信息安全事件的处置和报告义务。[①]

（五）受托人返还或删除个人信息的义务

《民法典》第157条规定：民事法律行为无效、被撤销或者确定不发生效力后，行为人因该行为取得的财产，应当予以返还；不能返还或者没有必要返还的，应当折价补偿。有过错的一方应当赔偿对方由此所受到的损失；各方都有过错的，应当各自承担相应的责任。法律另有规定的，依照其规定。为了有效地保护个人信息权益，《个人信息保护法》第21条第2款第二句规定，委托合同不生效、无效、被撤销或者终止的，受托人应当将个人信息返还个人信息处理者或者予以删除，不得保留。

四、委托处理个人信息的侵权责任

例5：甲公司在告知并取得个人同意后实施了收集、存储等个人信息处理行为。此后，为实现精准的广告投放，甲公司委托乙公司对所收集的个人信息进行分析。甲公司在收集个人信息时已经向个人告知了这一处理目的和处理方式。甲公司与乙公司签订了委托合同，乙公司也严格按照委托人甲公司的指示，依据约定的处理目的和处理方式等实施了处理活动。

例6：L汽车公司委托W公司利用个人信息为自己的客户提供客服服务，但W公司又将该等个人信息非法出售给L汽车公司的竞争对手X公司使用。

例7：A房产中介公司为了销售学区房，通过添加QQ好友的方式，从甲处购买了某幼儿园家长的联系方式，并将联系方式提供给B公司，委托其发送房产营销短信。

例8：甲公司提供农业技术服务，并运营宣传网站。甲公司在未告知用户和取得同意的情况下，获取了通过手机浏览该网站的用户的IMEI号。随后，甲公司将非法收集的IMEI号提供给乙公司，委托其通过IMEI号进行手机号的匹配，并通过外呼系统给用户拨打骚扰电话，推销甲公司的服务。

在委托处理个人信息的情形中，如果委托人的个人信息处理活动符合《民法典》《个人信息保护法》等法律的要求，受托人也是按照法律的规定和委托合同的约定处理个人信息，通常不大可能发生侵害个人信息权益的问题，如**例5**的情形。万一受托人在处理个人信息时出现侵害个人信息权益的情形，如个人信息毁损、灭失或者泄露的，此时，委托人

① 杨合庆. 中华人民共和国个人信息保护法释义. 北京：法律出版社，2022：149.

和受托人如何承担责任，值得研究。由于委托处理个人信息中产生的侵害个人信息权益的情形很多，所以需要区分情形来分别确定委托人和受托人的侵权责任，不能一概认为由委托人承担责任或者由委托人和受托人承担连带责任。具体而言，分为以下几种情形。

（一）委托处理事项合法的侵权责任

当委托处理的事项合法（包括所处理的个人信息是合法取得的、委托受托人进行的处理行为本身也是合法的），受托人也严格按照委托合同的约定实施个人信息处理活动时，如果受托人在处理活动中侵害个人信息权益造成损害，应当由作为委托人的个人信息处理者承担侵权赔偿责任，适用《个人信息保护法》第 69 条第 1 款确定的过错推定责任。至于委托人承担赔偿责任后，能否向受托人请求赔偿损失，则应当依据《民法典》第 929 条第 1 款的规定处理，即有偿的委托合同，因受托人的过错造成委托人损失的，委托人可以请求赔偿损失。无偿的委托合同，因受托人的故意或者重大过失造成委托人损失的，委托人可以请求赔偿损失。

委托处理的事项合法，而受托人没有按照约定或者法律规定处理个人信息，侵害个人信息权益造成损害的，如**例 6** 中，W 公司为了牟取非法利益而将 L 汽车公司委托其处理的个人信息非法出售给 X 公司，W 公司的行为构成违约，应当向 L 汽车公司承担违约责任。同时，W 公司违反约定的处理目的和方式的行为即非法出售个人信息的行为，也使 W 公司成为自主决定处理目的和处理方式的主体。这种情形下受托人 W 公司就已经是个人信息处理者了，其应当作为个人信息处理者来承担民事责任、行政责任乃至刑事责任。至于 L 公司作为委托人，是否需要承担责任，决定于 L 公司是否依法履行了监督义务，如果 L 公司没有履行监督义务，则需要依据过错责任原则，就个人信息权益主体的损害承担相应的责任。

（二）委托事项非法的侵权责任

实践中，委托人非法取得个人信息并将之交由他人进行处理的情形也很常见，例如，**例 7** 和**例 8** 中的情形。委托人非法取得个人信息的行为侵害个人信息权益的，委托人当然要承担侵权责任。一方面，委托人应当停止处理个人信息的活动并且删除个人信息（《个人信息保护法》第 47 条），另一方面，如果侵害个人信息权益造成损害，委托人要承担损害赔偿责任，除非能够证明自己没有过错（《个人信息保护法》第 69 条第 1 款）。此时，受委托处理个人信息的受托人是否需要承担侵权赔偿责任，取决于其有无过错。也就是说，如果受托人知道或者应当知道委托人交由其处理的个人信息是非法取得的个人信息，就意味着受托人也知道或者应当知道其不能对这些个人信息进行处理，否则其处理行为就是违法的，是对个人信息权益的侵害，受托人需要承担侵权赔偿责任。此外，在很多情形下，受托人知道或者应当知道个人信息是非法取得的仍然对之进行处理，往往也意味着受托人与委托人对于侵害个人信息权益是具有意思联络的，即二者存在共同故意，实施了共同加害行为，或者受托人为委托人的侵权行为提供了帮助，属于帮助行为。无论是哪一种，依据《民法典》第 1168 条或第 1169 条第 1 款，委托人与受托人都要承担连带责任。

反之，如果受托人并不知道且不应当知道其所处理的个人信息是委托人非法取得的，那么，一方面，由于受托人是依据委托人的指示实施个人信息处理活动的，故其并非个人信息处理者。《个人信息保护法》第 69 条第 1 款规定："处理个人信息侵害个人信息权益造成损害，个人信息处理者不能证明自己没有过错的，应当承担损害赔偿等侵权责任。”故此，只有作为个人信息处理者的委托人要承担侵权责任。另一方面，由于受托人对于个人信息权益被侵害并不存在过错，依据过错责任原则这一侵权法的基本归责原则（《民法典》第1165条第1款），受托人也不需要承担侵权责任。

第三节 个人信息的转移与提供

一、个人信息的转移

例9：A网络购物公司与B网络娱乐公司进行新设合并，A公司与B公司均归于消灭，这两家公司的所有的资产负债和数据都转移给新成立的C公司。

（一）个人信息转移的概念

个人信息处理者常常是组织，即法人与非法人组织。法人和非法人组织有可能会发生合并、分立、解散或被宣告破产等主体变化的情形。此时，作为个人信息处理者的组织，其所处理的个人信息也就相应地会发生转移。如**例9**中，A网络购物公司和B网络娱乐公司的个人信息都因为原来的主体消灭而被转移给新的主体即C公司了。此时，原先的个人信息处理者无论是基于个人同意处理个人信息，还是依据法律的规定处理个人信息，因个人信息处理者已经发生了变化，故此，都应当向个人履行告知的义务，除非存在《个人信息保护法》规定的免除告知义务的情形。但是，由于这种因合并、分立、解散、被宣告破产等导致的个人信息转移并非是因为个人信息处理者出于自己的意愿将个人信息提供给其他的处理者，而且接收方并未变更处理目的、处理方式，仍然继续履行个人信息处理者的义务，所以，这种类型的个人信息的转移不需要取得个人同意。只要处理者向个人告知接收方的名称或者姓名以及联系方式，以便于个人向接收方行使权利即可。但是，如果接收方要变更原先的处理目的、处理方式，那么就必须重新取得个人的同意。为了明确上述问题，《个人信息保护法》第22条作出了规定。

（二）转移个人信息的情形

《个人信息保护法》第22条规定的转移个人信息的情形仅限于个人信息处理者的法律主体地位变化而导致个人信息转移的情形。如果个人信息处理者的主体地位没有变化，只是委托其他主体处理个人信息，则属于委托处理个人信息的情形（《个人信息保护法》第21条）；如果个人信息处理者的主体地位没有变化，而是向其他处理者提供个人信息，则属于个人信息的提供，适用《个人信息保护法》第23条。

《个人信息保护法》第22条规定的发生个人信息转移的具体情形如下。

1. 因合并而需要转移个人信息

所谓合并，就是法人或者非法人组织的合并。《民法典》第67条第1款规定：“法人合并的，其权利和义务由合并后的法人享有和承担。”第108条规定：“非法人组织除适用本章规定外，参照适用本编第三章第一节的有关规定。”因此，非法人组织合并的，其权利义务也是由合并后的非法人组织享有和承担。最常见的法人的合并情形就是作为营利法人的公司的合并。例如，A公司与B公司进行吸收合并，A公司吸收B公司，被吸收的B公司解散，此时B公司的债权债务由合并后依然存续的A公司承继。B公司此前基于同意而收集的个人信息也转移给A公司。再如，**例9**的情形属于新设合并，A、B两公司收集的个人信息均转移给C公司。

2. 因分立而需要转移个人信息

《民法典》第67条第2款与《公司法》第176条分别对法人的分立与公司的分立作出了规定。分立分为两种情形：一是单纯分立，即一个法人或非法人组织分成两个以上的法人或非法人组织，具体包括存续分立与解散分立：前者是指一个法人或非法人组织分立成两个以上的法人或非法人组织，原来的法人或非法人组织依然存续。后者是指一个法人或非法人组织分立成两个以上的法人或非法人组织，原来的法人或非法人组织消灭。[①] 显然，在存续分立的情形下，由于原来的法人或者非法人组织依然存续，因此，并不一定需要转移个人信息，但是在解散分立的时候，就需要转移个人信息。二是分立合并，即法人或非法人组织因分立而与一个或多个现存的法人或非法人组织进行合并的情形。它具体又可以分为，吸收分立合并与新设分立合并，以公司法人为例前者是指公司将其部分营业分割出去作为出资并入其他既存的公司，所分割的营业被其他既存的公司所吸收；后者是指公司将其部分营业分割出去而与其他既存的公司的全部或部分的营业共同作为出资新设一个公司。[②] 显然在这两种分立合并的情形下，都可能会出现需要转移个人信息的问题。

3. 因被宣告破产需要转移个人信息

在法人被宣告破产的情形下，其原来处理的个人信息如何处理，需要视情况而定。多数时候，法人尤其是企业法人被宣告破产，意味着该法人将停止提供产品或者服务，或者其处理目的已经难以实现。此时，依据《个人信息保护法》第47条，个人信息处理者应当主动删除个人信息，如果不删除，个人有权请求删除。但也可能出现的情况是，法人虽然破产，其收集的个人信息以及法人的资产被作为破产财产，依据《企业破产法》规定的破产清算程序进行变价和分配。在这种情形下，就会出现个人信息被转移的问题。在破产清算程序中处置包含个人信息在内的破产人的数据财产时，需要考虑个人信息的接收方是否能够继续履行个人信息处理者的义务，如美国破产法实践中发展出的“合格购买者”的标准，要求受让人和转让人属于同一行业或者有相似的营业范围，受让人同意按照个人信息原来的使用目的进行使用，受让人同意遵循破产的债务人的隐私政策等。[③]

4. 因解散需要转移个人信息

《民法典》第69条规定了法人解散的五类情形，即：(1) 法人章程规定的存续期间届满或者法人章程规定的其他解散事由出现；(2) 法人的权力机构决议解散；(3) 因法人合并或者分立需要解散；(4) 法人依法被吊销营业执照、登记证书，被责令关闭或者被撤销；(5) 法律规定的其他情形。在上述情形中，除合并或分立而需要解散之外，其他的法

---

① 施天涛. 公司法论. 4版. 北京：法律出版社，2018：547.

② 施天涛. 公司法论. 4版. 北京：法律出版社，2018：547-548.

③ 郭东阳. 破产法视野下个人信息转让的同意规则研究. 东北大学学报（社会科学版），2020 (5)：96.

人解散的情形中是否需要转移个人信息也要视情况而定。如法人章程规定的存续期间届满或者法人的权力机构决议解散等，可能意味着该法人已经停止提供产品或者服务，所以，依据《个人信息保护法》第47条，该法人需要删除个人信息。至于法人因为被吊销营业执照等而被责令关闭或被撤销的，有可能是因为法人违法处理个人信息，从而被履行个人信息保护职责的部门依据《个人信息保护法》第66条第2款的规定处以吊销营业执照的行政处罚。在这种情况下，依据《个人信息保护法》第47条，应当删除个人信息，而不是转移个人信息。但是，有些法人如机关法人被撤销的，依据《民法典》第98条的规定，该机关法人的民事权利和义务由继任的机关法人享有和承担；没有继任的机关法人的，由作出撤销决定的机关法人享有和承担，故此，也需要转移个人信息。

（三）告知义务的履行

个人信息处理者因合并、分立、解散、被宣告破产等原因需要转移个人信息的，应当向个人告知接收方的名称或者姓名和联系方式（《个人信息保护法》第22条）。由此可见，告知义务是由转移个人信息的个人信息处理者来履行，当然，也可以由个人信息处理者与接收方来共同履行，但不适合仅由接收方来履行，因为个人不能确认接收方是否真的是接收方，即个人对于个人信息转移的事实是否发生以及何人属于接收方会存在疑问。

（四）接收方的义务

依据《个人信息保护法》第22条，接收方应当继续履行个人信息处理者的义务。接收方变更原先的处理目的、处理方式的，应当依照《个人信息保护法》的规定重新取得个人同意。这就是说，首先，原来的个人信息处理者无论是依据法律规定还是依据合同约定而负有的个人信息处理者的义务，接收方都应当继续履行，否则应当承担法律责任。其次，接收方应当按照原来的处理目的、处理方式处理信息，不得变更；如果需要变更，那么除非法律规定不需要取得同意，否则必须重新取得个人同意，而这种取得同意的前提当然是向个人履行告知义务。

二、个人信息的提供

例10： A公司为销售产品而收集、存储和使用张某等人的个人信息，在处理活动实施前，取得了张某等人的同意。后该公司将张某等自然人的个人信息提供给B公司用于广告宣传，并向张某等人告知了接受方是B公司以及B公司的处理目的、处理方式等，取得了张某等人的单独同意。B公司决定将张某等自然人的个人信息用于顾客消费行为模式分析。

（一）提供个人信息的含义

所谓提供个人信息，是指个人信息处理者将其处理的个人信息提供给其他的个人信息处理者，并由接收方对个人信息进行处理。其具有以下几项特征：

（1）提供个人信息本身就属于个人信息处理活动的一种类型。《个人信息保护法》第4条第2款列举的典型的个人信息的处理方式包括个人信息的收集、存储、使用、加工、传输、公开、删除等。

(2) 提供个人信息的活动发生在两个以上个人信息处理者之间，即无论是提供方还是接收方，都是个人信息处理者，即在个人信息处理活动中自主决定处理目的、处理方式的组织或者个人。这也是提供个人信息与共同处理个人信息、委托处理个人信息的重要区别(参见表5-1)。**例10**中，A公司与B公司就是两个个人信息处理者，二者之间可以发生个人信息的提供。

表5-1　四类特殊的个人信息处理的差别

区别	项目			
	共同处理个人信息	委托处理个人信息	个人信息的转移	个人信息的提供
法律条文	第20条	第21条	第22条	第23条
相关主体	两个以上处理者	处理者与受托人	处理者与处理者	处理者与处理者
告知个人	需要	不需要	需要	需要
单独同意	不需要	不需要	不需要	需要
重新取得同意	共同决定变更处理目的、处理方式的	受托人超出约定的处理目的、处理方式的	接收方变更原先的处理目的、处理方式的	接收方变更原先的处理目的、处理方式的
个人信息保护影响评估	不需要，除非处理敏感个人信息	需要	不需要	需要

注：本表所引法条均为《个人信息保护法》之法条。

(3) 提供个人信息中的提供方是个人信息处理者，其将自己处理的个人信息提供给其他的处理者。这就是说，提供方所提供的个人信息本身就应当是合法处理的个人信息，而不能是非法处理的个人信息。至于提供个人信息的个人信息处理者是通过告知并取得个人同意还是依据法律、行政法规的规定合法地处理个人信息，无关紧要。如果是个人信息处理者未经个人同意而收集的个人信息或者是通过窃取、非法买卖等违法方法取得的个人信息，那么该个人信息处理者向他人提供此类个人信息就属于非法提供个人信息。由于提供方本身就是非法处理个人信息的违法者，不可能通过向个人告知并取得个人的单独同意就能够合法地向其他个人信息处理者提供个人信息。

(4) 提供方将其处理的个人信息提供给接收方之后，接收方是按照自己的处理目的和处理方式处理接收到的个人信息，而提供方可能继续按照自己的处理目的、处理方式处理个人信息，也可能不再处理个人信息。

(二) 提供个人信息的类型

根据接收个人信息的个人信息处理者是我国境内的还是境外的，可以将提供个人信息分为两类：一是个人信息境内提供，二是个人信息跨境提供。前者是指，我国境内的个人信息处理者之间提供个人信息，而后者是指我国境内的个人信息处理者向我国境外的接收方提供个人信息。由于个人信息的跨境提供涉及个人权益的保护以及公共利益、国家利益与国家安全的维护等，故此，法律上对于个人信息的跨境提供有更加严格的规范。我国《个人信息保护法》专门设立第三章“个人信息跨境提供的规则”对于个人信息跨境提供加以规范。至于个人信息在我国境内提供，主要涉及的就是个人权益的保护，因此，《个人信息保护法》第 23 条作出了相应的规定。

个人信息处理者向其他的个人信息处理者提供个人信息的场景有两大类：

一是，商业经营活动中的个人信息提供，主要是个人信息处理者之间基于商业利益的考虑而提供个人信息的情形，具体场景包括授权登录、广告推送、网络购物、贷款审核、求职招聘、房屋租售、相亲交友等。[①] 例如，App 运营者通过在客户端嵌入的第三方代码、插件，接入第三方应用等方式向第三方提供个人信息，或者在个人信息被传输至 App 的后台服务器后再提供给第三方。在商业领域中，个人信息处理者之所以愿意将自己处理的个人信息提供给其他个人信息处理者，原因可能是多种多样的。例如，个人信息处理者都属于同一企业集团内部的子公司，基于集团公司的商业战略的考虑而互相提供个人信息。再如，个人信息处理者之间相互签订协议，提供方向接收方提供其处理的个人信息并据此获得相应的商业利益。

二是，政务信息共享中的个人信息提供，主要就是政府各个部门基于加强行政管理、提高行政效率、便民利民等目的而实行的包括个人信息在内的数据共享。为了更好地提供公共服务，遵循便民利民原则，实现"信息多跑路，群众少跑腿"，打破信息孤岛，党中央和国务院大力推进"互联网＋政务"，希望能够通过电子政务的建设，将各部门的数据连通，实现共享。我国不少法律、行政法规对信息共享作出了规定。《数据安全法》第 22 条第一句规定："国家建立集中统一、高效权威的数据安全风险评估、报告、信息共享、监测预警机制。"国务院还专门颁布了《政务信息资源共享管理暂行办法》，对于政务信息资源的共享作出了具体规定，并明确了政务信息资源"以共享为原则，不共享为例外"，各政务部门形成的政务信息资源原则上应予共享，涉及国家秘密和安全的，按相关法律法规执行。显然，政务信息包含了个人信息时，政务信息的共享就包括了个人信息处理者向其他处理者提供个人信息的情形。

（三）告知并取得单独同意

无论个人信息处理者是基于个人同意还是依据法律、行政法规的规定而处理个人信息的，只要处理者要将个人信息提供给其他的个人信息处理者，就必须告知个人并取得个人的单独同意，除非法律、行政法规规定不需要取得个人同意或不需要告知。提供个人信息的一方应当向个人告知的事项包括接收方的名称或者姓名、联系方式、处理目的、处理方式和个人信息的种类。

之所以提供个人信息时，提供方需要取得个人的单独同意，原因就是提供个人信息这一处理活动对个人信息权益的影响非常大，处理个人信息的主体增多、提供过程中的固有风险等因素都会导致个人信息被泄露、窃取，甚至很多时候个人连违法行为人究竟是谁，都搞不清楚。因此，《个人信息保护法》第 23 条通过单独同意的要求，一则尽量减少个人信息处理者从事个人信息的提供，二则使个人高度重视该处理活动，慎重同意。

（四）接收方的义务

首先，个人信息的接收方应当在已取得个人单独同意的处理目的、处理方式以及个人信息的种类的范围内处理个人信息，否则，处理行为属于非法处理行为。其次，如果接收

① 袁真富，娄积圆. 论个人信息共享问题的法律治理模式. 情报理论与实践，2021（1）：89.

方要变更原先的处理目的、处理方式，应当依照《个人信息保护法》的规定重新取得个人同意。在**例 10** 中，B 公司将原来已经取得的张某等用户单独同意的处理目的（广告宣传）加以变更（消费行为分析），故此，需要依法重新取得张某等用户的同意。

评　论

"三重授权原则"也称"三重同意原则"，它是实践中法院针对第三方应用通过开放应用程序接口（Open application programming interface，简称 Open API）获取用户信息时提出的一个规则。[①] 所谓三重授权，分别是"用户授权"、"平台授权"与"用户授权"。具体而言，该规则是指互联网企业在 Open API 合作开发时，应事先取得用户的同意再收集、利用相关信息，第三方应用基于 Open API 合作模式利用用户信息时，除应取得网络平台提供方同意外还应再次取得用户同意。[②] 显然，"三重授权原则"涉及的是个人信息的提供，即个人信息处理者通过 Open API 将其处理的个人信息提供给其他个人信息处理者。

本书认为，"三重授权原则"只是对合法的个人信息提供的典型描述而已，也就是说，在基于个人同意处理个人信息中，典型的个人信息提供确实存在三重同意，如**例 10** 的情形中：A 公司收集、存储和使用张某等用户的个人信息之前，取得了张某的同意（第一重同意，即第一重授权），此后，A 公司又同意（第二重同意，即第二重授权）将张某等人的个人信息提供给 B 公司，并且在提供前告知并取得了张某等人的单独同意（第三重同意，即第三重授权）。不过，由于个人信息处理者的合法性基础并非只有同意，故此，三重同意可能一重都不需要，也可能只需要两重。就前例而言，A 公司在为了履行合同的必要或履行法定义务等的情形下，无须张某等人的同意即处理个人信息。同样，如果 B 是国家机关，其为了履行法定职责而依法强制要求 A 公司提供张某等人的个人信息，则 B 既不需要 A 公司的同意，也不需要张某等人的同意。由此可见，即便是个人信息的提供，也不能说三重同意就是一个普适规则，不应当将其上升为企业间数据转让和交易的基本规则。

第四节　自动化决策方式处理个人信息

一、自动化决策的含义

例 11： 应届毕业生 A 将其简历投递到 B 公司的招聘系统，经计算机筛选，A 直接收到机器发送的拒绝邮件。A 事后了解到该简历未经人事审核。

自动化决策（Automated Decision-Making）分为完全自动化决策和混合决策（hybrid

---

① 北京淘友天下技术有限公司等与北京微梦创科网络技术有限公司不正当竞争纠纷上诉案，北京知识产权法院（2016）京 73 民终 588 号民事判决书.

② 张玲玲，田芬. 涉及用户数据信息商业利用的竞争行为是否属于正当的司法判断：评上诉人淘友技术公司、淘友科技公司与被上诉人微梦公司不正当竞争纠纷案. 中国知识产权报，2017-04-19（8）.

decision-making)，二者的区别在于决策中是否涉及人工干预①，只要在决定时检讨并考虑了其他因素，决策就不是完全自动化。比如**例 11** 中的 B 公司，如果算法自动筛选并作出了决策，A 的简历未经任何人工审核就被拒绝，即完全的自动化决策。反之，如果 B 公司运用算法决定对 A 不予录用，但是经过了人事部门的最终审核并发送给 A 拒绝的邮件，因为有人工审核的参与，该决策即混合决策。《个人信息保护法》第 73 条将自动化决策界定为“通过计算机程序自动分析、评估个人的行为习惯、兴趣爱好或者经济、健康、信用状况等，并进行决策的活动”。其中，并未明确计算机程序参与的尺度。而判断是否构成完全自动化决策，关键在于“人”是否进行了实质干预。

二、完全自动化决策的风险

例 12： P 银行信贷部利用算法审核申请贷款人的条件，未经过人为审核，直接拒绝了申请人的信贷申请。

例 13： T 国研发了一套司法审判系统，该系统只需要录入案件相关事实，即可以自动输出判决结果，包括原、被告的胜诉情况，赔偿金额，量刑长短，等等。

自动化决策的高效性和一致性，使得其应用范围越来越广，既包括商品销售、医疗保健、教育、金融服务等商业领域，也包括治安管理、犯罪预防、疫情防控等公共治理领域。完全自动化系统又被称为脱离环路的系统（human-out-of-the-loop），相较混合决策而言，存在较大的系统性风险。② 根据完全自动化决策是在商业领域还是在公共治理领域被使用，可以将这类风险分为两类：一是商业部门为追求效率最大化而使用完全自动化决策，二是公共部门为履行法定职责或法定义务使用完全自动化决策。

商业部门为追求决策的便捷和效率而大量使用自动化决策系统，可能会导致歧视等问题。如**例 12** 中的算法审核申请贷款人的条件。大公司从自动化决策的洞察力中受益，而弱势群体则可能被视为实验的素材，加剧双方的不平等。③ 比如某购物推荐系统倾向于推荐自己及其合作商家的商品，即便其他卖家的价格更低，消费者也无法获得公正的商品比对结果。④ 而搜索引擎对哪些搜索结果能够被呈现以及结果的排序都有绝对的话语权。⑤ 人类一旦把决策权完全交给了算法，就会形成一个算法统治的世界，强化楚波夫（Zuboff）所谓的“监视资本主义”(Surveillance Capitalism)⑥，最终引发人类身份认知的危机。

---

① ［美］P. W. 辛格. 机器人战争：21 世纪机器人技术革命与反思. 逯璐，周亚楠，译. 武汉：华中科技大学出版社，2016：119-121.

② 张凌寒. 算法自动化决策与行政正当程序制度的冲突与调和. 东方法学，2020（6）：4-17；马颜昕. 自动化行政的分级与法律控制变革. 行政法学研究，2019（1）：80-92；查云飞. 大数据检查的行政法构造. 华东政法大学学报，2022（1）：50-63.

③ Kate Crawford，Ryan Calo. There Is a Blind Spot in AI Research. Nature，2016，538：311-318.

④ 张涛. 自动化系统中算法偏见的法律规制. 大连理工大学学报（社会科学版），2020（4）：93.

⑤ 丁晓东. 个人信息保护：原理与实践. 北京：法律出版社，2021：97.

⑥ “监视资本主义”用以描述由此产生的对个人的分类、物化和控制，并建立了“一种新的权力形式，其中合同自由和法治国被一种新的看不见的手的奖惩所取代”。Shoshana Zuboff. Big Other：Surveillance Capitalism and the Prospects of an Information Civilization. Journal of Information Technology，2015：82.

随着技术上的重大变革，自动化行政从自动化作为行政辅助工具逐渐转变为主要的决策者。自动化可能会破坏行政国家的前提，因为自动化会削弱行政人员的专业知识和专业判断力，最终损害结果的公正性。① **例 13** 中的自动化审判系统，就是这类自动化决策的应用。有支持者认为，使用自动处理技术来确定刑期长短，有利于类案同判的实现。② 鉴于大多数司法机关承受案多人少、审判资源严重不足的压力，一旦采用自动化决策系统，法官有可能不适当地使用基于人工智能的支持系统，或将决策“委托”给并非为此目的而开发的技术系统，最终可能损害审判公平。

三、对自动化决策的规范

例 14： D 平台、H 平台等，通过收集用户的个人信息，利用推荐算法对用户进行精准推送和营销。

对于究竟应当如何消除自动化决策的弊端，理论界有两种看法。一种观点认为，自动化决策的弊端在于暗箱操作，即不透明性，故此应当从透明化入手来解决问题，即自动化决策需要更高的透明度，如公开运算的数据以及公开用于自动化决策的计算系统的源代码。另一种观点认为，应当通过赋予信息主体即个人拒绝完全基于自动化决策而作出对其产生法律效力或不利影响的决定的权利。唯其如此，方能矫正或消除自动化决策对个人造成的不利影响。

我国《个人信息保护法》第 24 条综合吸收了上述两种观点。首先，要求个人信息处理者利用个人信息进行自动化决策，应当保证决策的透明度和结果公平、公正。其次，通过自动化决策方式向个人进行信息推送、商业营销，应当同时提供不针对其个人特征的选项，或者向个人提供便捷的拒绝方式。最后，对通过自动化决策方式作出对个人权益有重大影响的决定，个人有权要求个人信息处理者予以说明，并有权拒绝个人信息处理者仅通过自动化决策的方式作出决定。

（一）个人信息处理者保证算法透明、结果公平公正的义务

公开透明原则是个人信息保护法的基本原则。《个人信息保护法》第 7 条规定：“处理个人信息应当遵循公开透明原则，公开个人信息处理规则，明示处理的目的、方式和范围。”由于公开运算数据和源代码的算法实际上对普通人而言并无意义，因此对个人信息处理者履行透明义务提出了进一步要求，即算法可解释性。这一要求强调了算法必须为数据主体或用户所理解。此外，所谓保证结果公平与公正，是指利用个人信息进行自动化决策对个人信息被处理的个人所产生的事实上和法律上的结果应当是公平和公正的，反对利用算法进行歧视的现象。

---

① “橡皮图章式官僚”，一般特指那种完全不对内容进行实质审核，仅负责盖章的行政官员。Ryan Calo and Keats Citron Danielle. The Automated Administrative State：A Crisis of Legitimacy. Emory Law Journal，2021，70（4）：835.

② 刘艳红. 人工智能技术在智慧法院建设中实践运用与前景展望. 比较法研究，2022（1）：6.

（二）个人信息处理者提供不针对个人特征的选项或提供拒绝方式的义务

通过自动化决策方式向个人进行信息推送、商业营销，个人信息处理者应当同时提供不针对其个人特征的选项，或者向个人提供便捷的拒绝方式。推荐算法的发展使私人定制成为可能，但这种私人定制也可能造成“大数据杀熟”等问题，比如同样是在某网站购买同一位置的演唱会门票，经常浏览该明星信息的用户可能会比较少浏览的用户贵出20%左右。为应对这一问题，《个人信息保护法》除了在第24条第1款明确规定了禁止“大数据杀熟”，“不得对个人在交易价格等交易条件上实行不合理的差别待遇”，同时还规定了在通过自动化决策进行信息推送和商业营销情形下，个人信息处理者必须提供不针对个人特征的选项或提供个人拒绝选项，即提供精准广告推荐和个性化推荐的关闭键。**例14**中的D平台、H平台等，收集用户的浏览痕迹等个人信息，并利用自动化算法精准推荐用户感兴趣的内容，如果未提供不针对个人特征的选项或明确的拒绝方式，即违反了《个人信息保护法》第24条第2款的规定。

（三）信息主体享有完全自动化决策拒绝权

结合《个人信息保护法》第24条第3款，完全自动化决策拒绝权的行使需满足两项前提，分别是：(1) 仅通过自动化决策的方式作出决定；(2) 对个人权益有重大影响。

(1) 必须是仅通过自动化决策的方式作出决定。

该要件有三个子要件须进一步明确：

第一，自动化决策的范围和边界。《个人信息保护法》第73条“自动化决策”的范围，大致等同于欧盟法上的画像。有两种情形需排除出我国法上的自动化决策：一是通过非个人信息进行的分析，比如直接对违反交通规则的车辆进行的罚款；二是通过对他人信息的识别分析而进行的决策，比如对某校上一年度学生升学情况进行分析评估，继而对该校本年度的学生所做的某些决定。①

第二，“仅通过自动化决策的方式”意味着没有处理者参与其中对决定的内容进行评估。仅通过自动化决策的方式即完全自动化决策，该要件的触发对该条的适用至关重要，当自动化决策只是一种决策的支持或辅助工具时，自动化处理就不属于《个人信息保护法》第24条第3款的适用范围。判断是完全自动化决策还是混合决策，除从形式外观上明确是否有个人信息处理者参与决策过程之外，还必须确认参与的实质效果，处理者应该有权力和能力改变决定，必须确保处理者对决策的监督和判断都是有意义的，而不仅仅是一种象征性的姿态。

第三，对“决定”的理解。一方面，“作出决定”与“作出的决定”文义不同。前者侧重于作出决定这一动作，强调了动态性；而后者则强调了作出了决定这一静态的结果，《个人信息保护法》第24条第3款明确表达为“作出决定”。比如贷款人向银行申请贷款，完全自动化决策作出的决定有可能会对个人造成重大影响，那么信息主体对这种完全自动化决策的方式作出决定就可以拒绝，决定是否已经作出无关紧要。另一方面，决定是指“由一个主体对一个特定的对象所采取的行为，而这一行为会对这个人产生法律影响”。作

---

① Danielle Keats Citron, Frank Pasquale. The Scored Society: Due Process for Automated Predictions. Washington Law Review, 2014, 89 (1): 2.

出决定是单方面的行为，只要对个人采取了一种特定的态度或立场，而这种态度或立场具有一定程度的约束力，或至少可能会根据这种态度或立场来采取针对个人的行动。一旦存在这种可能性，就是《个人信息保护法》第24第3款所谓的决定。

(2) 该决定需对个人权益有重大影响。

首先，《个人信息保护法》并未对"重大影响"给出定义或作出明确列举，"重大影响"标准与欧盟《一般数据保护条例》的"法律效力"或"类似重大效力"相比，其内涵和外延具有更大的不确定性，需要进行个案衡量。"具有法律效力或类似重大效力"是指该决定改变、塑造或以其他方式部分或全部地决定一个人的法律权利或义务，或其带来的后果对一个人的福利产生严重不利影响。欧盟第29条工作组也认为，决策在可能对相关个人的情况、行为或选择产生"重大影响"时，符合"法律效力"或"类似重大效力"的要求。而"重大影响"指的是"对数据主体产生长期或永久影响，或在最极端的情况下导致对个人的排斥或歧视"[①]。欧盟对"重大影响"与"法律效力"或"类似重大效力"关系的解释未免有循环论证的嫌疑，但对我国有借鉴意义的是，重大影响的判定，应当结合场景进行分析，并考虑个人信息保护影响评估，如考虑信息主体身份、信息处理者的"权威"和"能力"，信息性质和类别等，更为全面、综合地考虑影响之程度，而不能仅简单地从量化损失的角度予以认定。[②]

其次，认定是否构成重大影响，除了考虑客观上的多数人的观点，也应兼顾信息主体自身对重要影响的态度和情绪，也即主客观相结合进行考量。比如"信用申请"完全根据自动化决策的方式拒绝了申请人，但并未引发申请人任何情绪上的不满，在这种情形下，构成"重大影响"显然依据不足。同时，还需要考虑信息主体的身份特质，比如信息主体是否是未成年人，其脆弱性可能会导致更容易受到特别影响。强调这一点并非明确针对未成年人的自动化决策的禁止，而是要求在信息处理过程中，有更为严格的要求和更强的国家保护，尤其是当这些决定可能会造成重大影响的时候。

最后，我国《个人信息保护法》第24条第1款明确禁止了"大数据杀熟"[③]，大数据杀熟是指"通过掌握消费者的经济状况、消费习惯、对价格的敏感程度等信息，对消费者在交易价格等方面实行歧视性的差别待遇，误导、欺诈消费者"[④]。"大数据杀熟"的影响一般而言是金钱上的，但"不合理的""歧视性的"等限制性定语明确了对"大数据杀熟"并非一般禁止，而是必须达到了不合理的和歧视性的程度的时候才予以禁止。具言之，"不合理"指的是差别待遇过大，大到超出合理人的认知；"歧视性"是指已经超越了金钱上的差别对待，而是上升到了对人格、尊严等待遇上的差别。因此，《个人信息保护法》第24条第1款中的"大数据杀熟"情形，当然属于该条第3款中的"对个人

---

① Article 29 Data Protection Working Party, Guidelines on Automated individual decision-making and Profiling for the purposes of Regulation, adopted on 3 October 2017, as last revised and adopted on 6 February 2018, WP 251 rev. 01, pp. 21 - 22.

② 张新宝. 中华人民共和国个人信息保护法释义. 北京：人民出版社，2021：198.

③ 《个人信息保护法》第24条第1款规定："个人信息处理者利用个人信息进行自动化决策，应当保证决策的透明度和结果公平、公正，不得对个人在交易价格等交易条件上实行不合理的差别待遇。"

④ 8章74条，个人信息保护法来了！全国人大常委会法工委经济法室副主任杨合庆权威解读十大亮点. [2021-11-11]. https://mp. weixin. qq. com/s/Y-031EBzOsbbN2JAEcOGBQ.

权益有重大影响”。

评 论

针对完全自动化决策拒绝权是一项事后救济权利还是事前、事中、事后的全过程权利的争议，有不少学者指出，《个人信息保护法》第24条第3款的拒绝完全自动化决策权实际上是针对个人信息处理者自动化决策的行为而作出的一种反射机制，是一种事后救济，仅限于行为发生以后①，而非贯穿始终的个人参与。本书以为，这一观点有待商榷。首先，仅将拒绝完全自动化决策权理解为一种事后救济，无法达到欧盟“不受完全自动化决策约束权”保持“人在环路”的法律效果。待决定作出以后，信息主体才进行拒绝，也限制了个人参与的范围，无法保障真正的自主。其次，实际上事后救济的观点是对“有权拒绝……作出决定”与“有权拒绝……作出的决定”的混淆，后者是对结果的拒绝，全国人大常委会法工委立法释义书认为，“拒绝自动化决策权的实质，是赋予个人要求对自动化决策进行人工干预的权利，即要求个人信息处理者对自动化决定进行人工干预，复核自动化决策结果是否基于准确、完整的个人信息公平、公正作出，并可以要求更正错误或不当的决策结果”②。从全国人大常委会法工委的表述可以看出，立法并未将拒绝完全自动化决策权限于事后救济，因此，对“有权拒绝……作出决定”可以分为事前拒绝、事中拒绝及事后拒绝三个阶段③，会导致三种不同的法律效果：

其一，在完全自动化决策开始前已对采用完全自动化决策的方式处理个人信息知情，拒绝意味着处理行为不得发生。此种情形下，拒绝完全自动化决策的行为的发生和《个人信息保护法》第44条的拒绝对个人信息进行处理实际上发生法规竞合，《个人信息保护法》第24条第3款及第44条均可以成为请求权基础。

其二，在完全自动化决策过程中知道了采用的处理方式是完全自动化决策的方式（比如因疏忽大意的过失之前未了解），在此情形下，拒绝首先意味着处理必须暂时停止，如果在处理者进行解释说明后，信息主体作出了明确的可继续处理的意思表示，那么该处理行为仍可继续；但如果信息主体依然拒绝完全自动化决策的处理方式，那么继续进行处理的前提是信息处理者必须进行实质意义上的人为的干预。

其三，在决定已作出后，方了解到该决定是基于完全自动化决策的方式所作出，在这种情形下的拒绝直接可以令该决定不发生法律效力。以个人申请银行贷款场景为例，如个人在完全自动化决策的情形下收到了拒绝贷款的告知，其有权拒绝个人信息处理者仅通过自动化决策的方式作出决定，直接导致的法律后果是该决定不对申请人发生法律效力。此外，既然信息主体对该决定有异议，一方面该主体可以根据《个人信息保护法》第24条第3款的说明权要求处理者进行解释说明，另一方面，既然基于完全自动化决策的决定不发生法律效力，信息主体有权利要求重新进行决策，但新的决策应当为混合决策。

因此，信息主体在整个自动化决策中的参与，并非是“全有”或“全无”的选择，而是在一个循环过程中不断分阶段、分场景、分情况进行的主动参与，显然这种参与的前提

① 林洹民．个人对抗商业自动决策算法的私权设计．清华法学，2020（4）：132．
② 杨合庆．中华人民共和国个人信息保护法释义．北京：法律出版社，2022：76．
③ 有学者对此持相同观点。万方．算法治理应聚焦解决的关键性问题．理论探索，2022（2）：125．

是知情。[①] 分阶段分析拒绝权在不同情形下的作用和法效果，对于理解拒绝完全自动化决策权的权利性质有重要的意义。从解释论上，《个人信息保护法》第 24 条第 3 款的拒绝完全自动化决策权应当被解释为请求权。[②] 从全国人大常委会法工委释义书的表述看，该权利系请求权，实质是赋予个人要求对自动化决策进行人工干预的权利。显然，信息主体一旦对完全自动化决策知情，即可自主决定是否拒绝，该拒绝一旦作出，对信息处理者即产生两个层面的法律后果：一是“不为”的层面，如果该处理并未开始，则不应开始；二是“为”的层面，如果处理已经开始，作为相对方的信息处理者应立即停止该行为，并经信息主体的要求进行人工干预。

第五节　公开的个人信息的处理

一、公开的个人信息的规范模式

例 15： T 大学法学院的李教授在学院官网上公开出生日期、民族、宗教信仰、电子邮箱、联系电话、通信地址等信息。

例 16： A 市法院在中国裁判文书网上公开的一则机动车交通事故民事判决书中包含了原告与被告的姓名、出生年月日、性别、民族和住址等信息。

公开的个人信息，是指作为信息主体的自然人自行公开的个人信息或者其他以合法方式予以公开的个人信息，如**例 15** 中李教授主动公开的一些个人信息、**例 16** 中 A 市法院依法公开的判决书中包含的个人信息。从比较法来看，对于公开的个人信息的处理有两种规范模式。一种模式是将公开的个人信息排除在个人信息之外，美国采取的就是这种模式。美国法对个人信息主要就是通过隐私权加以保护的，通过信息隐私法（information privacy law）为个人信息隐私提供保护。[③] 例如，美国著名侵权法学家普罗瑟（Prosser）教授提出的四类最典型的侵害隐私权行为之一就是“公开披露原告的令人难堪的私密信息”，此类侵权的核心要件为“公开披露的事实必须是秘密的事实，而不是公开的事实。显然，没有人可以抱怨自己对公众已经公开的信息，如他所居住的房子的外观或者他的职业”[④]。故此，只有私密的、未公开的个人信息才能受到隐私权的保护，如果个人信息已经是合法公开的，则不属于隐私，不能受到信息隐私权的保护。美国法上的这种“公共/私人”二分法的隐私保护模式在联邦和州层面的立法上均有体现，前者如 1974 年《家庭教

---

① 丁晓东. 基于信任的自动化决策：算法解释权的原理反思与制度重构. 中国法学，2022（1）：104.

② 比如有学者认为欧盟法上的“脱离自动化决策权”本质上是一项请求权。有的学者虽然没有明确说明该项拒绝权为请求权，但也表明“被决策者拒绝算法解决结果的，行为人应允许拒绝并保障其享有全面的退出机制。”潘芳芳. 算法歧视的民事责任形态. 华东政法大学学报，2021（5）：67.

③ 美国的信息隐私法是一个范围广泛的法律体系，包括普通法、宪法、成文法和国际法。Daniel J. Solove，Paul M. Schwartz. Information Privacy Law. 6th ed. Wolters Kluwer，2018：48.［美］阿丽塔·L. 艾伦，理查德·C. 托克音顿. 美国隐私法：学说、判例与立法. 冯建妹，石宏，等译. 北京：中国民主法制出版社，2004：40 及以下.

④ William L. Prosser. Privacy. California Law Review 48，no. 3（Aug. 1960）：383－423.

育权利和隐私法》、1978 年《金融隐私权法》、1988 年《视频隐私保护法》、1996 年《健康保险可携带性和责任法案》等法律，后者如 2018 年《加利福尼亚消费者隐私法（CCPA）》与 2020 年《加利福尼亚隐私权法（CPRA）》，这两部法律均明确将“公开获取的信息（Publicly Available Information）”排除在个人信息之外。

另一种规范公开的个人信息处理的模式认为，个人信息虽然已经公开了，仍然是个人信息，适用个人信息保护法的规定。但是，为了更好地实现对公开个人信息的合理利用，在个人信息处理规则上要区分公开的个人信息和未公开的个人信息。欧盟、日本以及我国采取的是这种模式。例如，欧盟《一般数据保护条例》把个人数据区分为一般个人数据与特殊个人数据。所谓特殊个人数据就是指数据主体的民族、种族、生物识别信息等个人数据，依据该条例第 9 条第 1 款，原则上禁止对数据主体的特殊个人数据进行处理，但是同条第 2 款规定了若干可以处理特殊个人数据的例外情形，其中的第 e 项规定，如果数据主体明显地公开了（manifestly made public）特殊个人数据的，则数据控制者也可对之进行处理。当然，如果这些特殊个人数据是被非法公开的，则数据控制者不得进行处理。[①]

在我国，《民法典》和《个人信息保护法》没有将公开的个人信息排除在个人信息之外，而是对公开的个人信息的处理有特别的规范，即《民法典》第 1036 条第 2 项以及《个人信息保护法》第 13 条第 1 款第 6 项、第 2 款与第 27 条。

二、公开的个人信息的要件与类型

例 17： 陈某的妻子周某在与陈某离婚前，通过网络将陈某与邓某开房、搞婚外情的照片等个人信息在网络上加以披露，A 网站转载刊登了这些个人信息。

例 18： 某报纸为了揭露黑恶势力的违法行为而公开报道张三、李四等人从事的欺行霸市、敲诈勒索等违法行为，其中包括了张三等人的姓名、性别等个人信息。

例 19： 甲、乙、丙三人有一个小的聊天群，甲把一些个人信息发布在该群里，结果乙将该信息提供给其他的人。

（一）公开的个人信息的要件

在我国法上，公开的个人信息必须满足以下两个要件。

1. 个人信息已经被公开

一般来说，个人信息已经被公开就是指个人信息在客观上已经处于可由不特定的人所获取的状态，尤其是当个人信息出现在大众媒体如网站、报纸杂志等之上。可由不特定的人获取使得个人信息的公开不同于个人信息的提供，后者只是在特定的个人信息处理者之间提供个人信息。处于公开状态的个人信息具有被不特定人获取的可能，至于事实上是否被获取，无关紧要。网络信息社会之前，公开的个人信息经过一段时间后沉没下去，为人们所遗忘，可能再次成为不公开的个人信息。但是，随着网络信息科技的发展，“今天，

---

① Paul Voigt & Axel von dem Bussche. The EU General Data Protection Regulation (GDPR): A Practical Guide. Springer, 2017: 113.

在广泛流行的技术的帮助下，遗忘已经变成了例外，而记忆却成了常态”①。因此，一旦个人信息被公开了，基本上不可能重新回到不公开的状态。

2. 个人信息必须是合法公开的个人信息

所谓合法公开，意味着不是通过侵害个人信息权益或隐私权等非法方式公开的，而是得到权利人的同意或者符合法律规定的条件而公开的。从《民法典》第1036条第2项与《个人信息保护法》第13条第1款第6项的规定可知，合法公开的个人信息是“自然人自行公开或者其他已经合法公开的信息”。自然人自行公开是自然人作为个人信息权益主体行使权益的结果，其他已经合法公开的信息是指通过其他合法方式公开的个人信息，如依据《个人信息保护法》第13条第1款第3项，公开个人信息是履行法定职责所必需的时候，可以公开自然人的个人信息。倘若个人信息是被他人非法公开的，如个人信息本身就是通过非法买卖、窃取等方法违法取得的，或者虽然收集个人信息是合法的却在没有合法根据的情况下公开了个人信息，就不能适用《民法典》第1036条第2项以及《个人信息保护法》第13条第1款第6项、第27条的规定。在**例17**中，陈某与邓某的个人信息是被周某非法加以披露的，故此不属于合法公开的个人信息，A网站不得以处理合法公开的个人信息作为免责事由或者作为不需要取得个人同意的法定情形。

（二）公开的个人信息的类型

对公开的个人信息可以进行不同的分类，最重要的分类方法是将之分为主动公开的个人信息与被动公开的个人信息。

1. 主动公开的个人信息

主动公开的个人信息，也称自行公开的个人信息，是指基于作为信息主体的个人的意愿而公开的个人信息，包括个人自己采取公开方式予以公开的个人信息与个人同意个人信息处理者予以公开的个人信息。强调自行公开，就是要凸显是基于自然人自己的真实意愿而公开其个人信息的。换言之，作为信息主体的自然人充分认识到其是在实施公开个人信息的行为及该行为所产生的后果，并通过积极的、确定的行为将个人信息向外界披露或同意他人公开。在**例15**中，李教授是在学院的官网上主动公开自己的个人信息的，这就使这些个人信息进入了公共领域，任何不特定的人均可以获得。倘若某人只是在小范围内（如**例19**）发布了一些个人信息，这并不意味其自行公开个人信息，因为其只是将个人信息提供给特定的几个人，即只是希望这些人获取相应的个人信息而已。②

需要特别指出的是，自然人在街道、机场、车站、银行、体育场馆等公共场所活动时，其人脸信息等往往被在公共场所安装的图像采集设备所收集，但这并不意味着自然人已经自行公开了其个人信息。故此，在自然人不知情的情形下被采集的个人信息不能作为自然人自行公开的个人信息，否则不利于保护。依据我国《个人信息保护法》第26条，

---

① ［英］维克托·迈尔-舍恩伯格. 删除：大数据取舍之道. 袁杰，译. 杭州：浙江人民出版社，2013：6.

② 在判断隐私是否公开时也存在所谓相对标准和绝对标准，其中，相对标准就是从信息主体的角度出发，认为只要即便是向第三方披露信息，但是只要存在特定的可信赖关系，那么被披露的信息仍然属于隐私。房绍坤，曹相见. 论个人人格利益的隐私本质. 法制与社会发展，2019（4）：112－118. 在个人信息公开的认定中也应当如此，即考虑信息主体对接受个人信息一方的信赖，此时不应当认定个人信息已经被权利人自行公开。

公共场所安装图像采集等设备所收集的个人图像、身份识别信息只能用于维护公共安全的目的，不得用于其他目的，除非取得个人单独同意。鉴于公开个人信息对于信息主体的权益影响巨大，《个人信息保护法》第 25 条还要求，个人信息处理者公开其处理的个人信息的，必须取得个人的单独同意。[①] 对于十四周岁以下的未成年人，由于其不具有同意能力，故此其不能同意他人公开其个人信息，并且十四周岁以下未成年人的个人信息在我国法上属于敏感的个人信息，依据《个人信息保护法》第 29、31 条的规定，公开这些个人信息必须取得未成年人的父母或者其他监护人的单独同意。

2. 被动公开的个人信息

这是指无须取得个人同意，由个人信息处理者依据法律、行政法规的规定而予以公开的个人信息。《民法典》第 999 条规定，为公共利益实施新闻报道、舆论监督等行为的，可以合理使用自然人的个人信息，使用不合理侵害民事主体人格权的，应当依法承担民事责任。其中的“合理使用”就包括在新闻报道时公开某些个人信息，如**例 18**。依据《个人信息保护法》第 13 条第 1 款第 2—7 项的规定，个人信息处理者可以不取得个人同意而实施公开个人信息这一处理活动。由于公开个人信息对于自然人的个人信息权益、隐私权等人身财产权益将会产生巨大的影响，故此，只有在法律、行政法规有明确的规定且公开个人信息是必需为的处理行为时，才可以进行公开。例如，为了防控疫情，需要查访与感染者密切接触的人员，但只能公布感染者的职业、行踪轨迹等与疫情相关的必要个人信息。国家机关公开个人信息时，尤其应当如此，因为个人提供其信息给国家往往都是被强制的，国家应当努力保护那些仅仅因为他们被迫这样做而向国家披露自己信息的个人。[②] 故此，国家机关只有在为履行法定职责而必须公开个人信息时，才能依照法律、行政法规规定的权限和程序进行，并且不得超出履行法定职责所必需的范围和限度（《个人信息保护法》第 34 条）。例如，《民事诉讼法》第 159 条规定，公众可以查阅发生法律效力的判决书、裁定书，但涉及国家秘密、商业秘密和个人隐私的内容除外。依据《最高人民法院关于人民法院在互联网公布裁判文书的规定》，人民法院作出的裁判文书除涉及国家秘密、未成年人犯罪等不应公开的情形外，都应当在互联网上公开。但人民法院在互联网公布裁判文书时，应当删除“自然人的家庭住址、通讯方式、身份证号码、银行账号、健康状况、车牌号码、动产或不动产权属证书编号等个人信息”“家事、人格权益等纠纷中涉及个人隐私的信息”等信息，而仅保留当事人的姓名、出生日期、性别、住所地所属县/区、法定代理人、委托代理人的姓名、执业证号和律师事务所、基层法律服务机构名称等信息。故此，**例 16** 中的民事判决书可以包含原告与被告的姓名、出生日期、性别、住所地所属县/区等信息。

---

① 张新宝.《中华人民共和国个人信息保护法》释义. 北京：人民出版社，2021：206；程啸. 个人信息保护法理解与适用. 北京：中国法制出版社，2021：236；江必新，郭峰.《中华人民共和国个人信息保护法》条文理解与适用. 北京：人民法院出版社，2021：239.

② Barber, Grayson. Personal Information in Government Records: Protecting the Public Interest in Privacy. Saint Louis University Public Law Review, 2006, 25 (1): 63.

三、处理公开的个人信息无须取得个人同意

依据《个人信息保护法》第 13 条第 1 款第 6 项，对公开个人信息的合理处理行为无须取得个人同意。这是为了更好地协调与平衡个人信息权益的保护与合理行为自由的维护之间的关系。[①] 公开的个人信息不具有秘密性，不属于私密信息，不受到隐私权的保护。因此，从价值权衡上来说，对其进行处理的利用需求的价值就更具有满足上的优先性。然而，公开的个人信息也是个人信息，个人对其仍然享有个人信息权益。为了防止公开个人信息上的个人信息权益遭受侵害，《民法典》《个人信息保护法》等法律又采取了一系列事先预防和事后救济措施，包括要求对公开个人信息的处理必须是在合理范围内的处理、自然人享有明确拒绝的权利、处理者在处理前评估对个人权益的影响，以及一旦侵害个人重大利益，处理者应承担民事责任等。由此可见，即便在不取得个人同意的情形下处理公开的个人信息，通常也不会损害个人信息权益。法律上认可这种处理行为的合法性。

当然，只有在合理范围内处理公开的个人信息，才无须取得个人的同意，否则属于非法处理个人信息。是否在合理的范围内，应当在权衡个人信息权益保护与个人信息的合理利用这一对不同利益冲突的基础上，依循必要原则与目的限制原则，运用动态系统论，结合具体的处理场景加以判断。

四、个人的拒绝权

依据《民法典》第 1036 条第 2 项和《个人信息保护法》第 27 条第一句，处理者虽然可以不取得个人同意而处理公开的个人信息，但是，如果个人明确拒绝，那么处理者也不得处理。这就是说，个人对公开的个人信息的处理仍然享有决定权，有权限制或者拒绝他人对公开的个人信息进行处理。所谓个人明确拒绝，是指个人明确作出的禁止他人处理公开的个人信息的表示，即个人必须是以清晰、明白而非含糊、模棱两可的方式表示拒绝。明确拒绝的意思表示可以是通过纸质、电子形式等书面方式，也可以是通过口头方式作出的。理论上说，个人明确拒绝可以是在个人自行公开其个人信息的同时就作出的，即表示该公开的个人信息不允许他人进行处理，也可以是个人被处理者告知公开的个人信息将被处理时作出的，或在公开的个人信息已经被他人处理后向处理者提出。

本书认为，在《民法典》第 1036 条第 2 项已经规定了处理公开的个人信息会侵害自然人的重大利益时处理者不能免责，且《个人信息保护法》第 27 条要求处理公开的个人信息对个人权益有重大影响的必须依法取得个人同意的情形下，赋予个人享有拒绝对其公开的个人信息进行处理的权利，表明立法者强化了自然人对公开的个人信息的支配控制权。但是，这种做法等于变相承认了被遗忘权（right to be forgotten），可能不利于对个人信息的合理利用，容易损害言论自由与公共利益。[②]

---

① 程啸．论我国民法典中的个人信息合理使用制度．中外法学，2020（4）：1001．

② 我国《民法典》与《个人信息保护法》没有规定被遗忘权，主要就是考虑到，承认该权利容易损害言论自由与公共信息的自由流动与利用。

五、处理公开的个人信息应取得个人同意的情形

例 20：A 公司通过从法院依法公开的裁判文书中收集个人信息，并对之进行加工分析，从而给予信用评价和性格分析，并提供给有需要者进行查询。张某的合法公开的个人信息被 A 公司以上述方式进行了处理。张某正在求职的单位 T 公司在查询 A 公司提供的信息后认为，张某的性格可能使其无法安心本职工作，故此拒绝了张某的求职。

例 21：B 银行正准备给江某贷款，结果看到 A 公司提供的江某的信用评价显示江某信用最近恶化，故此，B 银行拒绝了江某的贷款申请。

（一）《民法典》与《个人信息保护法》的不同规定

《民法典》第 1036 条第 2 项规定了对公开的个人信息的合理处理也不能作为免责事由的两种例外情形，除前述的自然人明确拒绝外，还有一种情形就是处理该信息侵害该自然人的重大利益。但是，《个人信息保护法》第 27 条没有使用《民法典》中“侵害其重大利益”的表述，而是采取“对个人权益有重大影响”的表述，并规定此时处理者应当依照本法取得个人同意。从表述来看，《民法典》和《个人信息保护法》的上述规定似有不同，然而，二者并不矛盾。

首先，《民法典》第 1036 条第 2 项是从处理个人信息民事责任免责事由的角度所作出的规定，适用于平等主体的自然人、法人和非法人组织因处理个人信息而产生的民事责任纠纷。该项使用“侵害其重大利益”的表述表明，只有在行为人处理公开个人信息的行为已经对自然人的生命、身体、人格尊严、人格自由、重大财产权益或者其他的重大利益产生了侵害甚至已经造成了损害，才能基于比例原则的考虑，优先保护重大利益，认定处理者不得以此免责。处理者应当向个人承担停止侵害、排除妨碍以及赔偿损害等侵权责任。《个人信息保护法》第 27 条则是从个人信息处理规则的角度对公开个人信息的处理作出规定的。依据该条，个人信息处理者处理已公开的个人信息，“对个人权益有重大影响的”，应当依照《个人信息保护法》规定取得个人同意。由此可见，《个人信息保护法》第 27 条规范的是个人信息处理者，属于预防性或事先的规范，即处理者必须在处理合法公开的个人信息之前就必须对该处理活动是否对个人权益有重大影响作出预判，从而决定是否需要取得个人的同意。事实上，由于处理合法公开的个人信息可以纳入《个人信息保护法》第 55 条“个人信息处理者应当事前进行个人信息保护影响评估，并对处理情况进行记录”规定中第 5 项的兜底性规定（“其他对个人权益有重大影响的个人信息处理活动”）中，故依据该条，处理者也应当通过个人信息保护影响评估来进行此种预判。

其次，《民法典》与《个人信息保护法》的上述条款在适用范围上也不尽相同：依据《个人信息保护法》第 72 条第 1 款，该法第 27 条不能适用于自然人之间因个人或者家庭事务处理个人信息的情形；但是，《民法典》第 1036 条第 2 项中的“侵害重大利益”则可以适用之。例如，张某针对李某通过人肉搜索的方式将其公开的个人信息逐一再次公开的行为，可以依据《民法典》第 1036 条第 2 项追究李某的民事责任。

（二）对个人权益有重大影响的含义

（1）个人权益的范围非常广泛，是指与个人有关的任何权益，既包括个人的民事权益，如生命权、身体权、名誉权、隐私权、个人信息权益等人身权益，物权、债权等财产权益，也包括宪法上的人格尊严、人格自由、通信秘密等基本权利；既包括《民法典》等民事基本法规定的民事权益，也包括《消费者权益保护法》《妇女权益保护法》等法律中规定的个人享有的各种权益。例如，《消费者权益保护法》中规定的消费者的知情权（第8条）、选择权（第9条）、公平交易权（第10条），以及享有个人信息依法得到保护的权利（第14条）等，都属于“个人权益”的范畴。

（2）重大影响中的“重大”，是指对自然人的个人权益造成的具有法律效力的影响或者其他类似的具有严重不利后果的影响。[①] 换句话说，个人信息处理者对合法公开的个人信息的处理将会导致信息主体的个人权益难以或无法行使，或者个人权益被侵害、妨碍等重大的不利后果。如**例20**与**例21**，都属于对个人权益有重大影响的情形。重大影响所影响的不仅是个人的法律地位、经济地位，还包括对个人的求职、升职、读书出国、申请社会福利、参加社团活动等社会地位、文化地位、政治地位等方面的影响。例如，丧失儿童福利或住房福利、保险公司拒绝支付保险赔偿金，拒绝入境或公民身份被否定等。[②] 由于《个人信息保护法》第27条是对个人信息处理者的要求，故此，应当由处理者通过个人信息保护影响评估来确认是否对个人权益有重大影响，不涉及由个人来举证的问题。[③]

【进一步阅读文献】

1. 程啸. 论个人信息共同处理者的民事责任. 法学家，2021（6）.

2. 夏庆锋.《个人信息保护法》第20条“共同处理者”的规则释评与检视. 经贸法律评论，2022（6）.

3. 阮神裕. 个人信息委托处理中受托人的地位、义务与责任. 当代法学，2022（5）.

4. 程啸，杨嘉祺. 类型化思维下委托处理个人信息的侵权责任认定. 南京社会科学，2022（11）.

5. 王利明. 数据共享与个人信息保护. 现代法学，2019（1）.

6. 张凌寒. 商业自动化决策的算法解释权研究. 法律科学（西北政法大学学报），2018（3）.

7. 张凌寒. 权力之治：人工智能时代的算法规制. 上海：上海人民出版社，2021.

---

① 欧盟《一般数据保护条例》第22条第1款规定：“数据主体有权不受仅基于自动化处理（包括识别分析）行为作出的决定的制约，以避免对个人产生法律上的影响或与之类似的显著影响。”

② Guidelines on Automated individual decision-making and Profiling for the purposes of Regulation 2016/679 (wp 251 rev. 01).

③《个人信息保护法》第27条与第24条存在竞合的关系。依据第24第3款，通过自动化决策方式作出对个人权益有重大影响的决定的，个人有权要求个人信息处理者予以说明，并有权拒绝个人信息处理者仅通过自动化决策的方式作出决定。自动化决策中所利用的个人信息就包括了已经合法公开的与未公开的个人信息。因此，当个人信息处理者处理合法公开的个人信息时，如果其通过自动化决策方式作出对个人权益有重大影响的决定的，那么，个人信息处理者不仅要依法取得个人同意，个人还可以依据第24条第3款的规定，要求个人信息处理者说明并拒绝其仅通过自动化决策作出决定的权利。

8. 丁晓东. 基于信任的自动化决策：算法解释权的原理反思与制度重构. 中国法学，2022 (1).

9. 王苑. 完全自动化决策拒绝权之正当性及其实现路径：以《个人信息保护法》第24条第3款为中心. 法学家，2022 (5).

10. 张新宝，魏艳伟. 司法信息公开的隐私权和个人信息保护研究. 比较法研究，2022 (2).

11. 程啸. 论公开的个人信息处理的法律规制. 中国法学，2022 (3).

12. 刘晓春. 已公开个人信息保护和利用的规则建构. 环球法律评论，2022 (2).

13. 宁园. "个人信息已公开"作为合法处理事由的法理基础和规则适用. 环球法律评论，2022 (2).

14. 梁某冰与北京汇法正信科技有限公司网络侵权责任纠纷案，北京市第四中级人民法院 (2021) 京04民终71号民事判决书.

15. 苏州贝尔塔数据技术有限公司与伊某人格权纠纷案，江苏省苏州市中级人民法院 (2019) 苏05民终4745号民事判决书.

第六章 敏感个人信息的处理

第一节 敏感个人信息的处理规则

一、敏感个人信息的概念界定

例 1： 张某某、徐某某系两名在校大学生，为达到“追星”目的，两人多次从被告人秦某某、李某某处购买他人航班行踪轨迹信息数百条。经查，被告人秦某某系某航空公司客户服务中心客服代表，李某某系某呼叫科技有限公司前员工，两人因业务往来而结识，在 2020 年至 2021 年间，秦某某、李某某二人直接或间接借工作之便，非法获取并出售他人航班行踪轨迹信息上千条，非法获利数万元。

例 2： 某物业公司强制要求进出小区的用户录入其人脸信息，声称其系统与公安机关关联，用于小区安防。

我国《个人信息保护法》根据敏感性的不同，将个人信息分为敏感个人信息与一般个人信息，针对不同的个人信息设置了不同的处理规则，对于敏感个人信息的处理必须遵循更为严格的处理规则。敏感个人信息是一旦泄露或者非法使用，容易导致自然人的人格尊严受到侵害或者人身、财产安全受到危害的个人信息。我国《个人信息保护法》第 28 条列举了生物识别、宗教信仰、特定身份、医疗健康、金融账户、行踪轨迹以及不满十四周岁未成年人的个人信息共七类敏感个人信息，并用“等”字为其他的个人信息被归入敏感个人信息留有可能。

（一）敏感个人信息的定义

“敏感”一词在个体和社会层面上的理解不同，个体层面的敏感具有很大的差异性。社会层面的敏感是社会多数人的共同心理，在很大程度上也与一国的政治、经济、文化等社会状况息息相关。[①] 在立法时，对敏感个人信息进行特殊规定，“主要是考虑到此类信息一旦泄露或者被非法使用，极易导致自然人的人格尊严受到侵害或者人身、财产安全受到危害，因此，对处理敏感个人信息的活动应当作出更加严格的限制”[②]。

但是，敏感个人信息在概念上存在不确定性。不确定性主要有三方面的体现：一是法律

---

① 杨合庆. 中华人民共和国个人信息保护法释义. 北京：法律出版社，2022：85.

② 8 章 74 条，个人信息保护法来了！全国人大常委会法工委经济法室副主任杨合庆权威解读十大亮点. [2021-09-11]. https://mp.weixin.qq.com/s/Y-031EBzOsbbN2JAEcOGBQ.

评价标准的模糊性。“敏感”的解释需要价值填补，“容易导致”需要大量的实证资料予以支撑，敏感个人信息与“人格尊严受到侵害”及“人身、财产安全受到危害”之间到底是什么联系，需要明确。二是技术驱动的新型敏感个人信息无法被容纳。随着技术的发展，新的数据收集技术会产生新的信息类型，这类信息会模糊敏感与一般个人信息的边界；数据分析技术的发展也可能令任何类型的个人信息都带有敏感性，比如公开数据库中的一般个人信息也可能会因为技术分析而给个人的人身、财产安全带来危害。三是判断标准的多维可能引发归入和择出的难题。敏感个人信息的内涵和外延并非完全确定，会随着社会观念和技术发展而改变。同时，敏感个人信息会给信息主体带来重大风险的判断标准实际上也不清晰，高风险性可能因场景的变化有所不同，敏感个人信息与一般个人信息在不同的情形下也会互相转化。

（二）法律具体列举的六类典型敏感个人信息

法律列举了生物识别、宗教信仰、特定身份、医疗健康、金融账户、行踪轨迹以及不满十四周岁未成年人的个人信息等七类敏感个人信息，但由于未成年人的个人信息是以主体的身份和年龄为标准判断的，和前六类敏感个人信息具有显著不同，故本书单独设一节加以讨论。以下六类个人信息是法律明确认可的一旦泄露或者非法使用，容易导致自然人的人格尊严受到侵害或者人身、财产安全受到危害的个人信息。

1. 生物识别信息

生物识别信息，也称“个人生物特征”“个人生物识别信息”，是指关于自然人的身体、生理或行为特征的信息，包括人脸、指纹、声纹、掌纹、基因、虹膜、耳廓等信息。生物识别信息具有唯一性，难以或无法改变，通过这些信息能识别特定自然人，比如指纹信息，不仅人和人之间的指纹信息完全不同，即便是同一个人的不同手指，指纹也迥然有异。根据《人脸识别解释》第 1 条第 3 款，人脸信息属于《民法典》第 1034 条规定的生物识别信息，生物识别信息属于敏感个人信息，因此**例 2** 中物业公司收集业主人脸信息，即是处理敏感个人信息的行为。无论是指纹还是人脸等生物识别信息，都具有不可替代性，都能识别具体的自然人，一旦被伪造用于违法犯罪活动，势必给信息主体的人身、财产安全造成损害。

2. 宗教信仰信息

所谓宗教信仰信息，是指个人是否信仰宗教以及信仰何种宗教、信仰的程度等个人信息。《宪法》第 36 条保障公民宗教信仰自由，规定：任何国家机关、社会团体和个人不得强制公民信仰宗教或者不信仰宗教，不得歧视信仰宗教的公民和不信仰宗教的公民。国家保护正常的宗教活动。任何人不得利用宗教进行破坏社会秩序、损害公民身体健康、妨碍国家教育制度的活动。宗教团体和宗教事务不受外国势力的支配。宗教信仰信息属于敏感个人信息，对此类信息的泄露和非法使用容易引起宗教上的仇视、对个人的偏见和不公平的对待，尤其是在那些有着宗教不宽容历史的国家或地区。[①]

3. 特定身份信息

特定身份信息是指对个人人格尊严和社会评价有重大影响的身份信息，特别是那些可

---

① 程啸. 个人信息保护法理解与适用. 北京：中国法制出版社，2021：262.

能导致社会歧视的特定身份信息。[①] 特定身份信息的含义非常广泛，既包括身份证、军官证、护照、驾驶证等，还包括职业身份，同时也可能包括种族身份、民族身份。因此，后续司法解释对特定身份信息内涵和外延的界定非常重要。

4. 医疗健康信息

医疗健康信息在各国的个人信息保护法中都被认为是敏感或特殊类型的个人信息，范围非常广泛，既包括个人的就诊记录、用药记录、病史、身体症状等医疗活动中产生的信息，还包括体重、心率、身高、肺活量等衡量个人健康状况的信息。个人的身体健康状况关系到个人的人格尊严、人身财产安全，比如患有艾滋病或乙型肝炎的患者，很可能在就业等社会活动中面临被歧视的风险；患有某些罕见癌症的医疗信息，一旦被不法分子非法利用或滥用，极有可能遭到财产诈骗。

5. 金融账户信息

金融账户信息既包括银行账户、证券账户、支付宝账户，还包括账户密码、支付口令、交易记录等。此类信息与个人的财产安全息息相关，一旦被不法分子收集和利用，极易导致财产损失，因此《个人信息保护法》将该类信息作为敏感个人信息。

6. 行踪轨迹信息

行踪轨迹信息，包括个人所处地理位置、活动地点和活动轨迹等信息。[②] **例 1** 中明星的航班信息就属于行踪轨迹信息。[③] 不过，理论上对于行踪轨迹信息的内涵和外延还有较大争议，比如地理位置要精确到何种程度，是省、市还是明确的经纬度？是否包含出行时间、出行方式等？行踪轨迹信息是否包含了手机位置信息？[④] 就这些问题并尚无定论，还需进一步研究。

二、敏感个人信息的判断要素

除上述六种明确被列举为敏感个人信息的信息之外，敏感个人信息和非敏感个人信息之间还存在互相转化的可能。一方面，处理个人信息的目的与信息的敏感性密切相关，如果获取车辆信息的目的是确定其行踪轨迹，相较于获取该信息是为了推销保险，二者目的不同，信息主体对是否敏感的感受也存在明显不同。因此，单就车辆信息本身，很难评判到底其是属于敏感个人信息还是一般个人信息。另一方面，信息处理的场景也会影响敏感性的判断。同一信息在不同的场景下，也可能落入不同的分类之中。另外，有些个人信息单独看是不敏感的，可一旦结合其他信息就产生了敏感性。姓名、性别、工作单位等信息都是人们社会交往活动中最重要的媒介信息，单独看并不敏感，但这些信息与详细的地址信息结合起来就有可能是敏感的。因此，如何判断某类信息是否属于敏感个人信息，应当有一定的归入和择出标准。

---

① 杨合庆. 中华人民共和国个人信息保护法释义. 北京：法律出版社，2022：86.

② 杨合庆. 中华人民共和国个人信息保护法释义. 北京：法律出版社，2022：86.

③ 非法获取、买卖明星航班信息 四人因侵犯公民个人信息被判刑. ［2023-01-30］. https://m.thepaper.cn/baijiahao_19430694.

④ 周光权. 侵犯公民个人信息罪的行为对象. 清华法学，2021（3）：35.

敏感性的判断必须结合场景要素进行综合判定，已经形成共识。[①] 场景中需要考虑的变量可被归纳为五个要素：信息主体、信息处理者、第三方主体、信息性质、处理目的。

（1）信息主体：信息主体的年龄、身份甚至性别会影响个人信息的敏感性，比如是否是未成年人、是否有犯罪记录、是否是女性，等等。其中，未成年人个人信息以及特定身份信息已经为《个人信息保护法》第 28 条第 1 款所列举。

（2）信息处理者：一是信息处理者的规模会导致信息由非敏感变为敏感，二是信息处理者的技术掌握程度可能会使信息由非敏感变成敏感。

（3）第三方主体：第三方主体往往是敏感个人信息的接收方，其与信息处理者或信息主体的关系可能影响信息的敏感度，比如作为信息处理者的委托处理方相较作为信息主体指定接收信息方一般而言更具敏感性。但在有些场景中可能并不存在第三方主体，比如收集信息。

（4）信息性质：尽管必须承认有些信息可能与信息主体的人格尊严和人身、财产安全关系更为密切，但需特殊考虑的信息类型应尽量限缩，且信息性质不应当成为单独的考量因素。

（5）处理目的：首先，目的特定原则作为个人信息保护的“帝王原则”[②]，也是处理敏感个人信息的必要前提（《个人信息保护法》第 28 条第 2 款）；其次，处理目的是否合法、正当、必要，是个人信息保护影响评估的重要内容。换言之，若处理目的不合法、不正当、不必要，信息主体的风险会显著升高，个人信息在该情形下也可能具有高度的敏感性。

三、处理敏感个人信息的条件

由于敏感个人信息对个人的人格尊严和人身、财产安全有重大影响，因此，对其处理应当更加严格。个人信息处理者处理敏感个人信息，必须符合两个条件：一是要具有特定目的和充分必要性，二是应当采取严格保护措施。

（一）特定目的和充分必要性

《个人信息保护法》第 6 条规定了目的特定原则和最小必要原则：“处理个人信息应当具有明确、合理的目的，并应当与处理目的直接相关，采取对个人权益影响最小的方式。收集个人信息，应当限于实现处理目的的最小范围，不得过度收集个人信息。”所谓的特定目的和充分必要性，实际上是对目的特定原则和最小必要原则在敏感个人信息处理中的具体化。处理敏感个人信息所遵循的原则除目的特定原则和最小必要原则外，还有非必要不处理原则，第 28 条第 2 款中用了“只有”二字对此进行强调。

（二）严格保护措施

《个人信息保护法》第 9 条规定了安全原则，要求个人信息处理者“采取必要措施保障所处理的个人信息的安全”。对于敏感个人信息的处理，必须遵循严格保护措施，也就

---

① 王利明. 敏感个人信息保护的基本问题：以《民法典》和《个人信息保护法》的解释为背景. 当代法学，2022（1）：6－8；宁园. 敏感个人信息的法律基准与范畴界定：以个人信息保护法第 28 条第 1 款为中心. 比较法研究，2021（5）：41；张勇. 敏感个人信息的公私法一体化保护. 东方法学，2022（1）：69；孙清白. 敏感个人信息保护的特殊制度逻辑及其规制策略. 行政法学研究，2022（1）：120.

② 程啸. 论我国个人信息保护法的基本原则. 国家检察官学院学报，2021（5）：9.

是说，应当比一般的个人信息的处理更严格、更安全。首先，应当在制度、技术、管理和应急等方面采取更严格的措施（《个人信息保护法》第 51 条）；其次，应当按照《个人信息保护法》第 55 条和第 56 条的要求，对敏感个人信息的处理进行个人信息影响评估，并对处理情况进行记录，判断和评估处理目的、处理方式等是否合法、正当、必要的原则，所采取的保护措施是否合法、有效并与风险程度相适应。

四、处理敏感个人信息的特殊要求

例 3：王某发现其个人征信报告中有若干笔由 A 银行放款的记录，其中 2021 年 1 月 13 日放款 45 万元。王某对该放款不知情也未与该银行签订过借款合同。A 银行单方面制作虚假电子借款合同、征信查询授权书等，未经原告同意单方面查询原告征信信息，上传原告不良征信，且未经王某同意收集其人脸、声音等信息。

（一）单独同意与书面同意

处理敏感个人信息比处理一般个人信息更具有高风险性，因此对于敏感个人信息的处理，会比一般个人信息的处理有更高的要求。根据《个人信息保护法》第 13 条第 1 项的要求，个人信息处理者在“取得个人的同意”的情形下可以处理个人信息，但是对于敏感个人信息，则必须取得单独同意，在特殊情况下须取得书面同意。

所谓的单独同意，结合《个人信息保护法》第 14 条的规定，是指应当在个人充分知情的前提下自愿、明确作出，同时针对该条信息的收集、存储、使用、加工、传输、提供、公开、删除等处理行为，都必须单独获得同意，避免与一般个人信息的处理所获取的同意混淆。换言之，一揽子同意针对敏感个人信息是无效的。**例 3** 中的 A 银行，收集王某的人脸、声音这类敏感个人信息，不仅未获得王某的单独同意，甚至未获得同意，显属违法。

所谓的书面同意，是指在法律、行政法规有特殊规定的情形下，获得信息主体的敏感个人信息必须经过书面同意，比如《征信业管理条例》第 18 条规定向征信机构查询个人信息的，应当取得信息主体本人的书面同意并约定用途。**例 3** 中 A 银行并未经王某同意单方面查询原告征信信息，显属违法，即便银行需要查询王某的征信情况，也需要获得王某的书面同意。这是因为征信机构所收集的个人信息包含个人的金融信用信息，这些信息对个人的权益影响巨大，必须设置极其严格的条件。

（二）告知的特殊性

“告知—同意”规则是个人信息处理的基本规则之一，处理敏感个人信息的告知与处理一般个人信息告知的不同之处在于：除《个人信息保护法》第 17 条第 1 项规定的需要告知的事项外，还需要另外向信息主体告知处理敏感个人信息的必要性以及对个人权益的影响。

处理必要性在处理行为开始之前就是已经明确的，因为如果没有处理的必要性，就不符合《个人信息保护法》第 28 条第 2 款处理的前提条件；对个人权益的影响，则涉及事前的个人信息保护影响评估，即该处理者处理敏感个人信息是否具备条件，是否会对个人信息产生不合理的严重影响，影响评估的结果如何，等等。告知上述事项，也是为了确保个人充分知情处理敏感个人信息的风险性，并在此基础上作出审慎的同意。

第二节　未成年人个人信息的保护

一、需特殊保护的未成年人的年龄的确定

除《个人信息保护法》第31条对处理未成年人信息的原则性规定外，《未成年人保护法》《儿童个人信息网络保护规定》也有相应的规定。根据我国《未成年人保护法》的规定，未满十八周岁的公民是未成年人，但上述法律文件均将十四周岁作为强制需要监护人同意的分界线，《个人信息保护法》第31条第1款规定个人信息处理者处理不满十四周岁未成年人个人信息的，应当取得未成年人的父母或者其他监护人的同意。《未成年人保护法》第72条第1款第二句规定："处理不满十四周岁未成年人个人信息的，应当征得未成年人的父母或者其他监护人同意，但法律、行政法规另有规定的除外。"《儿童个人信息网络保护规定》第2条规定："本规定所称儿童，是指不满十四周岁的未成年人。"对于未成年人个人信息保护的年龄的设定，各个国家和地区的立法中有所不同，《联合国儿童权利公约》规定的儿童是指未满十八周岁的未成年人，美国《儿童网络隐私保护法》要求的是十三周岁以下的儿童的个人信息的处理必须获得家长或其监护人的同意，而欧盟《一般数据保护条例》中将儿童界定为不满十六周岁的未成年人，并赋予成员国自己划定监护人同意的年龄标准的权力。因此，欧盟各国对年龄标准划分不一，比如德国、西班牙划定为十四周岁，而荷兰划定十六周岁。

我国法律确认十四周岁作为儿童的年龄上限，主要是考虑未成年人触网年龄趋低，新生代"互联网原住民"等特点，为了确保监管措施的针对性、有效性，在保护未成年人个人信息方面，对被保护群体作进一步细分。对于一定年龄以上的未成年人来说，互联网认知水平和操作水平已经不亚于成年人，适用一般的个人信息保护规则就能够满足实际需要。因此，以十四周岁为界限，主要保护不满十四周岁的未成年人。①

二、未成年人父母或者其他监护人的同意

例4：W科技公司运营的H短视频App存在侵害众多不特定儿童个人信息的侵权行为，具体包括：(1)在未以显著、清晰的方式告知并征得儿童监护人有效明示同意的情况下，允许注册儿童账户，并收集、存储儿童网络账号、位置、联系方式，以及儿童面部识别特征、声音识别特征等个人敏感信息；(2)在未再次征得儿童监护人有效明示同意的情况下，运用后台算法，向具有浏览儿童内容视频喜好的用户直接推送含有儿童个人信息的短视频；(3)H短视频App未对儿童用户采取区分管理措施，默认用户点击"关注"后即可与儿童账户私信联系，并能获取其地理位置、面部特征等个人信息。

① 方禹．国家网信办出台《儿童个人信息网络保护规定》，背后有何深意?．[2023-01-31]．https://www.sohu.com/a/336116492_181884.

我国《个人信息保护法》确立了处理不满十四周岁的未成年个人信息应取得监护人同意的规则。这一规定也是国际社会通行的处理未成年人个人信息的规则。亲权及监护权是源于对未成年人的特殊照顾和保护的需要，由于儿童的脆弱性，其无法理性且成熟地作出自己的决定，所以儿童的权利应当受到一定的限制，其不能与成人拥有完全相同的权利，需要限制其自主性来保护他们。因此，监护人作为未成年人的代理人行使其对个人信息的控制权。这也是目前立法中未成年人个人信息收集、处理前需要获得监护人同意的理论根源。

但是如何取得监护人可验证的同意，《个人信息保护法》并未进一步明确。我国《儿童个人信息网络保护规定》第 9 条要求网络运营者收集、使用、转移、披露儿童个人信息的，应当以显著、清晰的方式告知儿童监护人，并应当征得儿童监护人的同意。同时，既然我国《个人信息保护法》将不满十四周岁的未成年人个人信息作为敏感个人信息予以保护，那么关于敏感个人信息所要求的处理规则自然应当适用于处理不满十四周岁的未成年人的个人信息，也就是说，监护人的同意必须是单独同意或在法律行政法规的要求下的书面同意。

三、未成年人个人信息的处理规则

不满十四周岁的未成年人个人信息的处理规则，应当与其他的个人信息处理规则有所不同，在我国《个人信息保护法》出台前，国家互联网信息办公室就已经制定了《儿童个人信息网络保护规定》，该规定专门针对未成年人的个人信息处理，共计 29 条，包括网络运营者处理未成年人个人信息时应当告知的具体事项，收集、存储、使用、披露儿童个人信息过程中的具体义务，以及儿童或者其监护人所享有的相应的权利等。

需要注意的是，未成年人个人信息保护除监护人同意这一方式外，个人信息处理者应该为父母提供一整套便捷易用的工具，如密码保护、阻止/允许列表、年龄验证及信息过滤等，帮助父母为儿童（特别是年幼的儿童）创造安全的网络环境。

评　论

值得讨论的是，未成年人个人信息是否属于敏感个人信息？在欧盟《一般数据保护条例》中，儿童个人信息不属于特殊类型个人数据。根据我国《个人信息保护法》的规定，不满十四周岁的未成年人的所有个人信息都属于敏感个人信息，其范围远远超过十四周岁以上的未成年人及其他成年人的敏感信息的范畴。也就是说，不仅不满十四周岁的未成年人的人脸、声音、行踪轨迹等属于敏感信息，就连不满十四周岁的未成年人的姓名、性别、年龄、身高等都属于敏感个人信息，处理这些需要取得其监护人的单独同意。这一规定被认为对个人信息处理者施加了过于严苛的要求。

有学者认为将不满十四周岁未成年人的所有个人信息都视为敏感个人信息，主要是基于未成年人信息控制能力弱、信息暴露程度高两方面的考量。[①] 这样的说法有一定的道理，

---

① 宁园. 敏感个人信息的法律基准与范畴界定：以个人信息保护法第 28 条第 1 款为中心. 比较法研究，2021（5）：47.

但是需要注意的是，信息主体身份要素在敏感个人信息的界定中仅仅是要素之一，还需要结合其他的四个要素进行场景化的考量。比如遭受家庭暴力并有抑郁倾向的未成年人在网络上寻求帮助也需要家长或监护人的单独同意，很可能反而对其健康成长不利；再比如学校为教学管理和一些应用程序开发商合作，是否需要就每项未成年人的个人信息都获得家长的单独同意？

【进一步阅读文献】

1. 王利明. 敏感个人信息保护的基本问题：以《民法典》和《个人信息保护法》的解释为背景. 当代法学，2022 (1).

2. 宁园. 敏感个人信息的法律基准与范畴界定：以个人信息保护法第 28 条第 1 款为中心. 比较法研究，2021 (5).

3. 张勇. 敏感个人信息的公私法一体化保护. 东方法学，2022 (1).

4. 孙清白. 敏感个人信息保护的特殊制度逻辑及其规制策略. 行政法学研究，2022 (1).

5. 杨显滨. 我国敏感个人信息处理规则的规范解释与体系构造. 学术月刊，2022 (10).

6. 王苑. 敏感个人信息的概念界定与要素判断：以《个人信息保护法》第 28 条为中心. 环球法律评论，2022 (2).

7. 张西峰，荣焕霖. 我国儿童个人信息保护制度的发展与完善：以欧盟《通用数据保护条例》为借鉴. 少年儿童研究，2022 (9).

8. 安琳. 儿童个人信息网络保护的困境与制度应对：基于“监护人”同意模式的反思. 图书馆研究，2022 (1).

9. 冯恺. 个人信息处理中“儿童同意”的年龄标准. 暨南学报（哲学社会科学版），2021 (8).

10. 蔡一博，吴涛. 未成年人个人信息保护的困境与制度应对：以“替代决定”的监护人同意机制完善为视角. 中国青年社会科学，2021 (2).

11. 周婉情. 宽严相济：儿童数据隐私保护的检视与反思：兼评《儿童个人信息网络保护规定》的相关条款. 青少年学刊，2020 (5).

12. 王苑. 中国未成年人网络个人信息保护的立法进路：对“监护人或家长同意”机制的反思. 西安交通大学学报（社会科学版），2019 (6).

第七章　国家机关处理个人信息的规则

第一节　概　述

一、立法模式

比较法上个人信息保护的立法模式主要有两种：一是公私交融的立法模式（或综合式立法），二是公私分立的立法模式。前者将国家机关及私主体统一规定在同一部个人信息保护法中，以欧盟、韩国、日本等为代表；后者则针对国家机关及私主体分别立法，以美国为代表。我国立法参考欧盟《一般数据保护条例》，采用的是公私交融的立法模式。

公私交融的立法模式下，国家机关和私主体同时适用个人信息保护法，必须遵守一些共同的原则与规则，例如合法、正当、必要原则，公开透明原则，目的特定、最小必要原则等，因此，公私交融的立法模式可以避免立法的冗余和累赘，优势突出。但鉴于国家机关处理个人信息往往是基于履职需要，其和私主体处理个人信息的合法性基础不同，对其应当有一些特殊的规定，故而我国《个人信息保护法》对于国家机关处理个人信息专门设置了一节进行特别规定。

随着欧盟《一般数据保护条例》在全球范围的影响扩大，许多原本采取公私分立的立法模式的国家，比如韩国、日本，也逐渐转向采用公私交融的立法模式。

二、国家机关作为个人信息处理者

例 1： A 市政府办公厅将大学毕业生张某某等 12 人录取为公务员，张某某等人按要求提交了姓名、籍贯、出生地、学历、家庭关系、政治面貌、宗教信仰、体检数据等大量的个人信息。

例 2： B 市民政局通过与 C 公司签订劳务派遣协议的方式，接受了李某某等 10 人到该局担任保安、保洁人员，民政局要求 C 公司提供了这些人的个人信息。

国家机关处理个人信息的行为，可以按照是否为履职行为分为两类：一类是公法关系中的个人信息处理行为，比如国家依据法定权限、履行法定职责所需而进行的个人信息处理，如**例 1** 中公务员的录取是国家机关依照法定的权限、条件、标准和程序进行的，包括处理这些被录取的公务员的个人信息，也属于履行法定职责；另一类是私法关系中的个人信息处理行为，比如国家机关订立买卖、劳务合同等合同行为。[①] 因为后一类和私主体处理个人信息的活动并没有区别，如**例 2** 的情形，因此本章仅讨论国家机关为履行法定职责处理个人信息。

无论是在前信息时代，还是在信息时代，国家机关都是最重要的个人信息处理者[②]，在履职过程中国家机关会处理大量的个人信息。同时，国家机关等公权力机关相较私主体而言，拥有更大的权力，国家机关作为信息处理者与信息主体之间的个人信息处理能力上的不对等性，远远大于私主体作为信息处理者与信息主体之间的不对等性。比如无处不在的由政府机关设置的道路交通安全探头，除了发挥惩治交通违法以及追查其他违法犯罪行为等功用，还可以作为智能城市和智能交通采集个人信息的重要工具。再如，民政部门在履行婚姻登记职能时，会收集男女双方的姓名、年龄、婚姻状况、身份证等个人信息；不动产登记部门在履行登记职责时，也会处理个人的房屋信息、个人的户籍信息等；车辆交通管理部门则需要处理车主的车辆登记信息、保险信息等来进行车辆管理。国家机关在履行上述职责处理个人信息时，也应当遵守个人信息保护法所规定的信息处理者的各项义务，包括告知义务、安全义务、影响评估义务等。如果个人信息保护法对国家机关的义务有特殊规定的，从特殊规定。

第二节　告知义务

一、国家机关处理个人信息的告知义务

例 3：依据《全国人口普查条例》第 23 条的规定，人口普查中，普查指导员、普查员入户登记时，必须向人口普查对象说明人口普查的目的、法律依据以及人口普查对象的权利和义务。

《个人信息保护法》第 13 条规定“为履行法定职责或者法定义务所必需”是处理个人信息的合法性基础，也就是说，国家机关为履行法定职责处理个人信息不需要信息主体的同意，但这不意味着为履行法定职责或法定义务处理个人信息不需要告知信息主体。[③] 告知义务对于确保自然人对其个人信息处理的知情权，贯彻落实公开透明原则具有重要的作用，因此即便是国家机关履职处理个人信息，适用的也是原则上需要告知，例外可以免除的规则，同时，免除告知义务的情形也是有限的。对于国家机关履职处理个人信息的告知，应当符合《个人信息保护法》第 17 条的规定，以显著方式、清晰易懂的语言真实、准确、完整地向个人告知相关事项。对于国家机关来说，告知程序是处理个人信息活动的

---

① 王锡锌. 行政机关处理个人信息活动的合法性分析框架. 比较法研究，2022 (3)：92.

② 王锡锌. 行政机关处理个人信息活动的合法性分析框架. 比较法研究，2022 (3)：92.

③ 无论个人信息处理行为是否基于个人的同意，处理者原则上都负有告知的义务。程啸. 论个人信息处理者的告知义务. 上海政法学院学报 (法治论丛)，2021 (5)：67.

启动环节。[①] 如**例 3** 的情形。

二、告知义务的免除

国家机关履职处理个人信息时免于履行告知义务的情形有二：一是，根据《个人信息保护法》第 18 条第 1 款规定，“个人信息处理者处理个人信息，有法律、行政法规规定应当保密或者不需要告知的情形的，可以不向个人告知前条第一款规定的事项”。这是指明确有法律依据的免除，具体又可以分为两种：(1) 法律法规规定必须保密的情形。在这种情形下，不仅不应当向信息主体履行告知义务，还不应当向其他的主体告知，否则有可能需要承担法律责任。(2) 不需要告知的情形。告知和不告知取决于信息处理者自身，比如依据《个人信息保护法》第 27 条，对已经公开的个人信息在合理范围内的处理，就属于不需要告知的情形，因为已经公开的个人信息，并且并未超出合理范围内的处理，如果还需要告知的话，可能对处理者设置了过高的义务。

二是，一旦告知将妨碍国家机关履行法定职责。这种情形在行政执法中较为常见，比如国家税务机关临时查扣纳税人的账簿等凭证，对于这种临时性、突击性的执法行动，如果要求必须告知信息主体，很可能导致个人采取各种手段逃避执法，最终妨碍国家机关的正常履职。

第三节　境内存储义务与向境外提供个人信息时的安全评估义务

一、境内存储义务

境内存储（又称本地存储）是我国《网络安全法》所确立的关键信息基础设施的运营者的重要义务，我国《个人信息保护法》第 44 条第一句延续了《网络安全法》的规定，确立了关键信息基础设施运营者和处理个人信息达到国家网信部门规定数量的个人信息处理者，应当将在中华人民共和国境内收集和产生的个人信息存储在境内。

国家机关是指军事机关以外的党政机关及法律、法规、规章授权的公共管理或服务组织。[②] 国家机关是否应当作为该法第 44 条的规范主体——关键信息基础设施运营者和处理个人信息达到国家网信部门规定数量的个人信息处理者，《个人信息保护法》中并未下定论。学界有等同说与参照说两种观点[③]，本书赞同参照说。首先，虽然于 2017 年 7 月公布的《关键信息基础设施安全保护条例（征求意见稿）》曾明确把政府机关列为关键信息基础设施运营者，但正式公布的条例并未将政府机关列入，可见对此问题并未达成明显共识。其次，《关键信息基础设施安全保护条例》第 2 条所称的关键信息基础设施，是指公共通信和信息服务、能源、交通、水利、金融、公共服务、电子政务、国防科技工业等重

---

① 王锡锌. 行政机关处理个人信息活动的合法性分析框架. 比较法研究，2022 (3)：103.

② 彭錞. 论国家机关处理的个人信息跨境流动制度：以《个人信息保护法》第 36 条为切入点. 华东政法大学学报，2022 (1)：32.

③ 彭錞. 论国家机关处理的个人信息跨境流动制度：以《个人信息保护法》第 36 条为切入点. 华东政法大学学报，2022 (1)：36；王爽. 二元责任主体架构下国家机关处理个人信息的规则建构. 内蒙古社会科学，2021 (4)：110.

要行业和领域的，以及其他一旦遭到破坏、丧失功能或者数据泄露，可能严重危害国家安全、国计民生、公共利益的重要网络设施、信息系统等。“公共通信和信息服务、能源、交通、水利、金融、公共服务、电子政务、国防科技工业”这些列举均以行业或领域为分类标准，此类关键行业可能是属于准国家机关运营，也可能是私主体所从事的，如果将国家机关或政府机关归入其中，分类标准并不统一。最后，国家机关不论其是否构成关键信息基础设施运营者，也不论数据的量级，均应当于境内存储个人信息的要求，实际上比《个人信息保护法》第 40 条规定的关键信息基础设施运营者和处理个人信息达到国家网信部门规定数量的个人信息处理者的要求更为严格。这是因为国家机关处理的个人信息基本上都关系到国家安全、公共利益，因此需要有更严格的限制。① 综上，国家机关处理个人信息不能完全等同于关键基础设施运营者和处理个人信息达到国家网信部门规定数量的个人信息处理者，不等同也不会规避《网络安全法》和《数据安全法》中对关键信息基础设施运营者规定的强化安保义务，因为一旦某些国家机关构成了关键信息基础设施运营者，适用强化安保义务是理所当然的。

二、向境外提供时的安全评估义务

与境内存储相同的是，国家机关向境外提供时的安全评估义务，也是强制性的。《个人信息保护法》第 36 条规定“确需向境外提供的，应当进行安全评估。安全评估可以要求有关部门提供支持与协助”。同样，国家机关向境外提供个人信息时的安全评估义务，应当参照《个人信息保护法》第 40 条规定的关键信息基础设施运营者和处理个人信息达到国家网信部门规定数量的个人信息处理者的安全评估义务。对于安全评估义务的范围和内容等的论述，参见下一章第二节。

【进一步阅读文献】

1. 王锡锌. 行政机关处理个人信息活动的合法性分析框架. 比较法研究，2022（3）.

2. 程啸. 论我国个人信息保护法中的个人信息处理规则. 清华法学，2021（3）.

3. 彭錞. 论国家机关处理的个人信息跨境流动制度：以《个人信息保护法》第 36 条为切入点. 华东政法大学学报，2022（1）.

4. 彭錞. 论国家机关处理个人信息的合法性基础. 比较法研究，2022（1）.

5. 王怡坤. 国家机关个人信息处理行为正当性标准研究. 中国法律评论，2021（6）.

6. 刘权. 数据安全认证：个人信息保护的第三方规制. 法学评论，2022（1）.

① 杨合庆. 中华人民共和国个人信息保护法释义. 北京：法律出版社，2022：94.

第八章　个人信息跨境提供的规则

第一节　概　述

一、个人信息跨境的背景

例 1： 某国外企业 A 公司在中国境内聘请了第三方客服中心 B 公司，由 B 公司直接向中国境内的客户提供服务，并将收集的客户订单等涉及的个人信息定期传输给 A 公司。

例 2： C 跨国公司在中国设有亚太总部，亚太总部负责整个亚太地区的人力资源，收集了所有雇员的个人信息，需要定期向该公司总部更新该项信息。

例 3： 某国外社交 App 在中国受到年轻人的欢迎，很多中国公民注册并不断提供其个人信息，该国外社交 App 实时处理很多中国公民的个人信息，其在中国国内并无分支机构。

个人信息跨境提供，也称"个人数据跨境流动（transborder flows of personal data）"，是指一国境内的个人信息或个人数据流出境内，为他国的公权力机关或民事主体所读取、收集、存储、加工、使用等。**例 1、2** 是典型的个人信息跨境提供情形，值得注意的是，**例 3** 中的情形不属于个人信息跨境提供，而是跨境直接收集数据，不适用个人信息跨境提供的规则。个人信息跨境提供的提供方是个人信息处理者，接收方是在境外的实体，因此，在某国外社交 App 收集 C 国公民个人信息的案例中，自然人作为信息提供者，但其并非个人信息处理者，而是信息主体，与个人信息跨境提供的法律关系主体不符。另外，**例 3** 中的某国外社交 App 既然向中国公民提供产品和服务，那么根据我国《个人信息保护法》第 3 条第 2 款，即在中华人民共和国境外处理中华人民共和国境内自然人个人信息的活动，以向境内自然人提供产品或者服务为目的的，应当适用我国《个人信息保护法》的规定。

经济全球化、数字化促进了跨国企业、跨国贸易的蓬勃发展，这使包括个人信息在内的数据流动日益频繁，也因此带来了一系列风险和挑战。首先，就个人层面，无序的数据流动可能侵害个人权利，个人信息出境后，个人在境外很难主张隐私权和个人信息保护。其次，在国家和社会层面，一国的个人信息往往关系国家安全、国民经济命脉、重大民生问题、公共利益等，任意为他国处理，有可能给国家主权和国家安全、社会经济发展等带来威胁。因此，如何平衡个人信息跨境流动和个人信息安全之间的冲突，成了各国构建个人信息跨境流动制度的难题和重心。

二、个人信息跨境提供法律制度

有关个人信息跨境流动，最初的代表性文件是1980年经济合作与发展组织（OECD）的《关于隐私保护与个人数据跨境流动指南》和1981年欧洲理事会《关于个人数据自动化处理中的个人保护的公约》。随着数字贸易的发展，个人信息跨境在国际贸易中占据愈发重要的位置，国际贸易的多边谈判中也将其作为了核心问题，例如我国参与的《区域全面经济伙伴关系协定》《跨太平洋伙伴关系协定》《数字经济伙伴关系协定》等等。

按照对数据跨境流动管制的强弱，可分为三种模式：第一，基于数据无国界理念的任意跨界流动模式。鉴于数据在大国博弈中越来越重要的地位，这一模式已经基本为各国所摒弃。第二，基于数据主权和安全理念的绝对本地化模式。典型代表是俄罗斯，其于2014年修订的《个人信息保护法》要求数据控制者在处理俄罗斯公民的个人信息时必须使用境内的数据库。第三，基于数据贸易理念和数据人权保护理念的有条件的跨境流动规则。以欧盟为代表，2018年欧盟《一般数据保护条例》生效，将个人数据置于基本权利的高度予以保护，其中就个人数据跨境采取了充分性认定标准，也就是说其境内的个人数据只能流向保护水平与其等同的国家或地区，而不能流向保护水平不如欧盟的地域。我国并未允许数据完全自由地跨境流动，也并未采取绝对化的数据本地化禁止数据出境规则，而是提出了符合我国国情的数据跨境“安全流动”理念，构建了双轨多层次规制制度，包括重要数据出境管理制度、个人信息跨境提供制度、司法执法跨境调取数据制度等。[①]

2022年9月1日国家互联网信息办公室公布的《数据出境安全评估办法》正式生效。此前，《网络安全法》《数据安全法》《个人信息保护法》也在法律层面对数据跨境作出若干原则性规定，《网络安全审查办法》《个人信息出境标准合同规定》从不同的角度对数据跨境进行了细化。随着相关法律法规的出台实施，我国的数据跨境法律法规已经大致成型。[②]

第二节　跨境提供个人信息的条件

根据我国《个人信息保护法》第38条的规定，个人信息跨境提供应当具备的条件主要有四个。第一个是依据该法第40条的规定通过国家网信部门组织的安全评估。第40条规定的安全评估实际上是针对关键信息基础设施运营者和处理个人信息达到国家网信部门规定数量的个人信息处理者的法定要求，并非可选项。第二个是按照国家网信部门的规定，经专业机构进行个人信息保护认证。第三个是按照国家网信部门制定的标准合同与境外接收方订立合同，约定双方的权利和义务。第二个和第三个条件之间是自选关系，换言之，个人信息处理者可以在个人信息保护认证和订立标准合同之间择一进行个人信息跨境提供。第四个是法律、行政法规或国家网信部门规定的其他条件。以上四个，只要有一个

① 刘金瑞. 迈向数据跨境流动的全球规制：基本关切与中国方案. 行政法学研究，2022（4）：73.

② 丁晓东. 数据跨境流动的法理反思与制度重构：兼评《数据出境安全评估办法》. 行政法学研究，2023（1）：62.

条件满足就具备了个人信息跨境流动的条件。此外，如果我国缔结或参加的国际条约、协定中对个人信息跨境有特殊规定的，可以按照其规定执行。对于国际司法协助或行政执法协助中的个人信息的提供，需要主管机关根据法律和参加的国际条约、协定，或按照平等互惠原则来处理，本地存储的个人信息未经批准不得对外国司法或执法机构提供。

一、跨境提供安全评估

《个人信息保护法》规定的向境外提供个人信息需要进行安全评估的情形有两种：一是根据该法第 36 条的规定，国家机关向境外提供个人信息时需要进行安全评估的，其可要求有关部门提供支持与协助；二是根据该法第 40 条的规定，作为关键信息基础设施的运营者和处理个人信息达到国家网信部门规定数量的个人信息处理者跨境提供个人信息的。虽然法律给出了要求安全评估的对象，分别是国家机关、关键信息基础设施的运营者、处理个人信息达到国家网信部门规定数量的个人信息处理者，但法律没有明确规定评估的办法。就此，国家互联网信息办公室依据法律要求制定了《数据出境安全评估办法》，该办法已于 2022 年 9 月 1 日施行。该办法要求数据出境安全评估坚持事前评估和持续监督相结合、风险自评估与安全评估相结合等原则。值得关注的是，《数据出境安全评估办法》第 4 条规定，四种情形下需要通过所在地的省级网信部门向国家网信部门申报数据出境安全评估，分别是：（1）数据处理者向境外提供重要数据；（2）关键信息基础设施运营者和处理 100 万人以上个人信息的数据处理者向境外提供个人信息；（3）自上年 1 月 1 日起累计向境外提供 10 万人个人信息或者 1 万人敏感个人信息的数据处理者向境外提供个人信息；（4）国家网信部门规定的其他需要申报数据出境安全评估的情形。也就是说，这四种情形之外的情形可以通过其他的方式进行数据出境。

二、个人信息保护认证

对于有个人信息跨境业务需要的个人信息处理者来说，倘若将所有数据出境活动一并纳入行政监管和审查范围内，暂且不说国内企业数据出境的“双向合规”难度，仅就监管机构而言，其便难以应付海量的数据出境审查申请，无法实现数据出境立法目标所追求的兼顾数据安全和数据利用的目标。[①] 因此，欧盟《一般数据保护条例》对个人数据传输到未获充分性认定的国家和地区，还提供了另外的方式，即数据控制者或处理者能提供“适当的保护措施”，包括允许公司内部转移的具有约束力的公司规则、欧盟委员会批准的公司间转移标准合同条款以及欧盟批准的认证机制等。[②] 在借鉴欧盟这一做法的基础上，我国《个人信息保护法》对于须进行网信部门组织的安全评估的对象之外的个人信息处理者，提供了两条可选择的个人信息跨境提供的路径：个人信息保护认证和根据个人信息出境标准合同订立合同。

个人信息保护认证，是指经专门从事个人信息保护认证工作的认证机构认证并开展有

---

① 赵精武. 论数据出境评估、合同与认证规则的体系化. 行政法学研究，2023（1）：79.

② 刘金瑞. 迈向数据跨境流动的全球规制：基本关切与中国方案. 行政法学研究，2022（4）：75.

关认证的活动。[①] 国家市场监督管理总局国家互联网信息办公室已于2022年11月18日出台了《个人信息保护认证实施规则》，对个人信息保护认证的基本原则和要求作出了规定，为个人信息保护认证实践提供了指引。

三、个人信息出境标准合同

个人信息出境标准合同是国家为了便利中小企业个人信息出境而制定的个人信息出境机制，在我国是个人信息出境的法定形式。2023年2月24日，国家互联网信息办公室以《个人信息保护法》第38条第3款为依据，公布了《个人信息出境标准合同办法》及其附件《个人信息出境标准合同》，这两个文件构成了标准合同作为个人信息出境法定形式的重要依据。具体而言，国家网信部门在制定标准合同具体条款时，综合个人信息出境的风险、个人信息处理者和境外接收方的个人信息安全保障能力、个人信息主体维权困难等，实现拟定的个人信息处理者和境外接收方对出境个人信息的权利和义务的分配机制。一旦个人信息出境者和境外接收方在个人信息出境时自愿选择签订标准合同，则国家网信部门事先拟定的标准合同具体条款自动转化为双方的自愿约定，进而成为约束双方的有效法律机制。[②]

标准合同机制在数据跨境传输中有一定的历史，在1980年代末就已经广泛被应用于法国的数据传输，至1990年代初，渐成欧洲跨境传输的主流形式。[③] 2018年起施行的欧盟《一般数据保护条例》第46条第2款规定，为弥补数据保护水平不足可以采用标准合同条款传输数据。相较于安全评估和个人信息认证这两种均需要经过审批的方式而言，标准合同机制原则上无须审批，但前提是进出口方订立合同必须使用国家网信部门制定的标准合同。

《个人信息出境标准合同办法》中明确了可以通过签订标准合同的方式向境外提供个人信息的情形，但必须同时符合：（1）非关键信息基础设施运营者；（2）处理个人信息不满100万人的；（3）自上年1月1日起累计向境外提供个人信息不满10万人的；（4）自上年1月1日起累计向境外提供敏感个人信息不满1万人的，这四种情形。换言之，存在以上任何一条不符合的情况下，标准合同就不再适用。同时，《个人信息出境标准合同办法》还规定，事前的个人信息保护影响评估作为前置程序，在向所在地的省级网信部门备案的时候，需要提供的材料除了包括标准合同本身，还包括了事前评估的个人信息保护影响评估报告。

四、法律、行政法规的规定或国家网信部门规定的其他条件

这是兜底条款规定。也就是说，一方面，法律、行政法规对个人信息跨境提供规定其他需要满足的条件时，应当满足该条件；另一方面，国家网信部门也可以根据实际情况规定需要满足的条件。这主要是考虑到，个人信息跨境提供的规定具有很强的公共政策的考

---

① 关于实施个人信息保护认证的公告.（2022-11-04）[2023-01-26]. http://www.cac.gov.cn/2022-11/18/c_1670399936658129.htm.

② 张金平. 论个人信息出境认证与安全评估、标准合同的关系. 中国信息安全，2022（12）：42.

③ 金晶. 作为个人信息跨境传输监管工具的标准合同条款. 法学研究，2022（5）：19.

量，需要根据实践具体情况加以调整，故此有必要授权国家网信部门针对不同的情形下个人信息跨境提供规定相应的条件。

五、国际条约、协定的规定

在数据跨境流动领域，美国与欧盟长期展开合作，但围绕着数据跨境流动标准的确定，双方为争取主导权而进行了多轮激烈博弈，从“安全港”到“隐私盾”，再到2020年欧盟法院在“Schrems Ⅱ案”[①] 中认为美国法在隐私领域不符合欧盟保护标准，确认“隐私盾”协议无效。下一轮谈判是否能达成双方的谅解，还未可知。我国目前也正在积极寻求加入国际条约和协定，比如2016年，我国签署了《跨太平洋伙伴关系协定》（TPP），这是第一个包含数据跨境流动约束性规则的贸易协定。2020年11月，我国与日本、韩国等共15个国家正式签署了《区域全面经济伙伴关系协定》，此外，我国还在积极考虑加入《全面与进步跨太平洋关系协定》（CPTPP）。这些贸易协定中，均对个人信息的境外提供有一些规定，比如《全面与进步跨太平洋关系协定》第十四章第14.11条“通过电子方式跨境传输信息”规定：“1. 缔约方认识到每一缔约方对通过电子方式传输信息可设有各自的监管要求。2. 每一缔约方应允许通过电子方式跨境传输信息，包括个人信息，如这一活动用于涵盖的人开展业务。3. 本条中任何内容不得阻止一缔约方为实现合法公共政策目标而采取或维持与第2款不一致的措施，只要该措施：（a）不以构成任意或不合理歧视或对贸易构成变相限制的方式适用；及（b）不对信息传输施加超出实现目标所需限度的限制。”

我国《个人信息保护法》第38条第2款规定：“中华人民共和国缔结或者参加的国际条约、协定对向中华人民共和国境外提供个人信息的条件等有规定的，可以按照其规定执行。”这为我国加入国际条约和协定后的个人信息跨境流动留有空间。换言之，如果我国加入的国际条约、协定另有规定，其可以替代第38条第1款规定的四种条件作为个人信息跨境提供的条件，但根据国际条约、协定的规定跨境的，该规定是否应当作为特殊条款优先适用呢？对此，我国法采用了“可以按照其规定执行”的表述，也就是说，也可以不按照该规定执行，从而为我国在个人信息跨境问题上是否遵守国际条约和协定的条款留下了主导权。

评 论

个人信息跨境提供的出境认证与安全评估、标准合同之间的关系和相互衔接问题，是个人信息跨境提供中的一大争点。[②] 有学者认为，出境认证与安全评估、标准合同在目的、理论基础、事后监督方面具有相同之处，这三者的最终目的都是判断个人信息处理者是否采取了必要措施，且保证境外接收方处理个人信息的活动达到了我国《个人信息保护法》规定的个人信息保护标准（同等保护水平）。其共同的理论基础是为了实现个人信息保护中的责任原则。对于这几类个人信息跨境的情形，除事前的评估外，也都要求了持续的事

---

① Facebook Ireland and Schrems, Data Protection Commissioner v Facebook Ireland Limited and Maximillian Schrems, C-311/18, 2020-07-16.

② 赵精武. 论数据出境评估、合同与认证规则的体系化. 行政法学研究，2023 (1)：88.

后监督。[1] 但是问题在于，关于安全评估、标准合同、出境认证和其他制度之间的逻辑关系，是择一还是安全评估优先。本书认为，我国的安全评估是法定的安全评估，与其他个人信息跨境方式所面对和核心安全风险并不相同，安全评估有其特定的适用范围和适用主体，因此和其他三类个人信息跨境的方式之间不是择一的关系，而是在法定情形下安全评估优先适用。而在标准合同和出境认证机制之间，是行政监管机关介入的方式和程度有差异。相较而言，标准合同更符合法定下的意思自治，更为自由。出境认证机制则需要国家网信部门认证的专业机构进行认证，行政的介入成分更多。因此，各个个人信息跨境方式之间有诸多不同点，多元互补的跨境规则显然更为科学和合理。

第三节　跨境中的“黑名单”制度和对等原则

数据跨境流动会引发个人信息权益、国家利益、公共利益的外溢风险，为防止境外的组织、个人从事侵害我国公民的个人信息权益，危害我国的国家安全、公共利益的个人信息处理活动，我国《个人信息保护法》规定了“黑名单”制度和对等原则。

一、“黑名单”制度

“黑名单”制度又称负面清单制度，针对的是侵害我国公民个人信息权益、危害我国国家安全或公共利益的个人信息处理者，包括境外的组织、个人，该组织可能是公务机关，也可能是非公务机关，包括法人和非法人组织。境外的组织或个人一旦被国家网信部门列入了“黑名单”，直接的法律后果即这些组织或个人将被限制或禁止提供个人信息，同时将被该名单予以公告。

规定“黑名单”制度的主要考虑是，对于从事上述违法行为的境外组织和个人，常常难以有效追究其法律责任，或者在追究其法律责任后难以防止其再次从事上述活动。因此，国家网信部门应当根据其所从事的违法活动的性质、情节和后果等要素，来判断其是否应当进入“黑名单”以及进入的期限长短等等。

二、对等原则

对等原则在学理上也被称为相互原则或互惠原则，是国际法上的一项重要原则。对等原则针对的是国家或地区，其基本内涵在于一国如依据一项特定国际法规则对另一国提出权利主张，则该国也必须接受该规则的约束。对等原则可以分为积极的和消极的对等原则两种，积极的对等原则是指互相给予权利或权益，消极的对等则是指两国相互采取限制或歧视措施。[2] 可见，如果有任何国家或地区在个人信息保护方面对我国采取歧视性的禁止、限制或者其他类似的措施，我国也可以根据实际情况对其采取对等措施。

---

① 张金平. 论个人信息出境认证与安全评估、标准合同的关系. 中国信息安全，2022（12）：40-41.
② 王欣濛，徐树. 对等原则在国家豁免领域的适用. 武汉大学学报（哲学社会科学版），2015（6）：127.

【进一步阅读文献】

1. 丁晓东. 数据跨境流动的法理反思与制度重构：兼评《数据出境安全评估办法》. 行政法学研究，2023 (1).

2. 赵精武. 数据跨境传输中标准化合同的构建基础与监管转型. 法律科学（西北政法大学学报），2022 (1).

3. 张凌寒. 论数据出境安全评估的法律性质与救济路径. 行政法学研究，2023 (1).

4. 吴玄. 数据主权视野下个人信息跨境规则的建构. 清华法学，2021 (3).

5. 刘金瑞. 迈向数据跨境流动的全球规制：基本关切与中国方案. 行政法学研究，2022 (4).

6. 何波. 中国参与数据跨境流动国际规则的挑战与因应. 行政法学研究，2022 (4).

7. 洪延青. 数据跨境流动的规则碎片化及中国应对. 行政法学研究，2022 (4).

8. 杨帆. 后“Schrems Ⅱ案”时期欧盟数据跨境流动法律监管的演进及我国的因应. 环球法律评论，2022 (1).

9. 赵精武. 论数据出境评估、合同与认证规则的体系化. 行政法学研究，2023 (1).

10. 金晶. 欧盟的规则，全球的标准？数据跨境流动监管的“逐项竞争”. 中外法学，2023 (1).

11. 金晶. 作为个人信息跨境传输监管工具的标准合同条款. 法学研究，2022 (5).

【进一步阅读文献】

[illegible]

第三编

个人信息权益

第九章　个人信息权益概述

第一节　个人信息权益的含义与保护范围

一、个人信息权益的含义

个人信息权益，是指个人就其个人信息享有的受法律保护的民事权益。个人信息权益是我国《个人信息保护法》提出的一个新的概念。此前的法律，无论是在《全国人民代表大会常务委员会关于加强网络信息保护的决定》《网络安全法》，还是《消费者权益保护法》《电子商务法》以及《民法典》中，都没有出现这个概念。[①] 我国在编纂《民法典》时，虽然一些学者主张在人格权编中规定“个人信息权”[②]，但是立法机关考虑到“个人信息受保护的权利与其他人格权在考量因素上有所不同，个人信息的保护要适当平衡信息主体的利益与数据共享利用之间的关系”，为了“既强调了对信息主体利益的保护，又可以避免不必要的误解，避免妨碍数据的共享、利用以及大数据产业在我国的发展”[③]，《民法典》最终没有采用“个人信息权”的概念，只是使用了“个人信息保护”的表述。

《个人信息保护法》首次明确地提出了“个人信息权益”的概念，它不仅在第 1 条将“保护个人信息权益”作为立法目的之一，而且明确规定“自然人的个人信息受法律保护，任何组织、个人不得侵害自然人的个人信息权益”（第 2 条）。此外，《个人信息保护法》第四章“个人在个人信息处理活动中的权利”还对个人信息权益的权能作出了详细规定，明确了个人对其个人信息处理享有知情权、决定权（第 44 条）；个人享有查阅、复制其个人信息的权利（第 45 条第 1、2 款）、个人在符合相应条件时享有个人信息的可携带权（第 45 条第 3 款）；个人享有更正、补充其个人信息的权利（第 46 条）；个人享有删除权（第 47 条）；个人有权要求处理者对其个人信息处理规则进行解释说明（第 48 条）等。

二、个人信息权益的性质

（一）个人信息权益属于民事权益

我国法学界对于个人信息权益的性质，存在民事权益说与权益集合说等两种不同的观点。民事权益说认为，《民法典》虽然没有提出“个人信息权益”的概念，但作为民事基

---

① 只有《消费者权益保护法》第 14 条规定了消费者“享有个人信息依法得到保护的权利”。

② 王利明. 论个人信息权的法律保护：以个人信息权与隐私权的界分为中心. 现代法学，2013（4）；王利明. 论个人信息权在人格权法中的地位. 苏州大学学报（哲学社会科学版），2016（6）.

③ 黄薇. 中华人民共和国民法典人格权编解读. 北京：中国法制出版社，2020：213.

本法律的《民法典》对个人信息保护作出了规定，并且在第四编“人格权”第六章“隐私权和个人信息保护”中对于个人信息保护作出了具体的规定，这就非常清楚地表明了自然人对于个人信息享有的权益属于民事权益。[①]《个人信息保护法》在《民法典》的基础上明确地提出了“个人信息权益”的概念，该权益当然属于民事权益，是民事权益中的人格权益。[②] 权益集合说则认为，个人信息权益是一个包含范围非常广泛的概念，《个人信息保护法》之所以采用这个概念，就是考虑到在信息化时代，个人信息上承载着广泛的个人权利和利益，包括名誉权、肖像权、隐私权等人格权利，以及个人信息处理中不被歧视的权利，此外，个人信息还与个人的人身安全和财产安全密切相关，而不是一项单一的权利。[③] 总之，个人信息权益是个人信息上承载的各种权益的集合体，包括了宪法、民法、行政法等不同维度的权利。[④]

本书认为，个人信息权益属于民事权益，而非权益的集合或集合性权利。首先，现代社会是信息社会，个人信息上承载了各种各样的权益，倘若认为个人信息上承载的权益都是个人信息权益，势必使得个人信息权益的范围漫无边际，无所不包。个人信息权益与个人权益无法区分。其次，如果将个人信息权益理解为权益的集合，将对整个侵权法的归责体系造成毁灭性破坏。我国《个人信息保护法》第 69 条第 1 款规定了侵害个人信息权益的侵权赔偿责任适用过错推定责任，因此，将个人信息权益理解为权益的集合，不仅会使侵权法保护的范围包括了宪法上的权利，还会使侵害个人信息上承载的所有民事权益的侵权赔偿责任都适用过错推定责任，违反《民法典》第 1165 条第 2 款。[⑤] 最后，有的学者以个人难以保护个人信息而需要国家提供保护为由，否定个人信息权益是民事权益的观点也是不成立的。[⑥] 公法与私法方法共同调整个人信息保护关系的根本目的还是保护个人信息权益，即保护自然人就其个人信息处理享有的人身财产安全以及人格尊严、人身自由不受侵害的利益，这种利益本质上就是私的利益。如果因为自然人凭借一己之力难以保护自己的个人信息，需要国家保护和支援，国家要履行宪法上的保护义务，就得出结论认为个人对其个人信息不享有任何私人利益，个人信息权益也不属于民事权益，这显然从逻辑和常理上说都是不妥当的。

（二）个人信息权益是民事权益中的人格权益

个人信息权益就是民事权益中的人格权益，其不同于隐私权、名誉权、肖像权等其他具体人格权，它所保护的核心利益是自然人免于因个人信息被非法处理而遭受人身权益、财产权益上的损害或人格尊严、人身自由被侵害的风险。个人信息是与已经识别或者可以识别的自然人相关的信息，换言之，个人信息能够识别特定自然人，这种可识别性就体现了人格特征。[⑦] 个人信息“既是自然人参与社会交往的载体，也是个人人格表现和人格发

---

① 程啸. 论我国民法典中个人信息权益的性质. 政治与法律，2020 (8).

② 王苑. 私法视域下的个人信息权益论. 法治研究，2022 (5).

③ 杨合庆. 中华人民共和国个人信息保护法释义. 北京：法律出版社，2022：112 - 113.

④ 张新宝. 个人信息权益的构造. 中外法学，2021 (5)；王锡锌. 个人信息权益的三层构造及保护机制. 现代法学，2021 (5).

⑤ 程啸. 论个人信息权益. 华东政法大学学报，2023 (1).

⑥ 王锡锌. 国家保护视野中的个人信息权利束. 中国社会科学，2021 (11).

⑦ 王利明. 论个人信息权在人格权法中的地位. 苏州大学学报，2012 (6).

展的工具”，因此，“信息主体对个人信息流转范围和流转方式的掌握，和个人人格的发展密切联系，这也是在现实社会中保护个人信息相关权益的价值基础”[①]。法律对自然人个人信息予以保护，本质上是保护其人格利益，包括人的尊严和自由。在我国《民法典》明确规定了作为一般人格权的人格尊严和人身自由，《民法典》第 110 条和第 990 条第 1 款列举的人格权中虽然没有规定个人信息权，但是，《民法典》第 990 第 2 款明确规定：“除前款规定的人格权外，自然人享有基于人身自由、人格尊严产生的其他人格权益。”因此，可以将自然人的个人信息权益归入自然人基于人身自由、人格尊严产生的其他人格权益当中。确切地说，自然人对其个人信息享有的民事权益属于人格权益中的精神性人格权益。

评　论

在将个人信息权益确定为人格权益这一点上，我国与德国等欧洲的大陆法系国家既有相同之处，也有明显的区别。相同之处在于：其都认为保护自然人个人信息的根本目的在于维护人的尊严和自由。区别在于：欧盟国家倾向于从人权或基本权利的角度来看个人信息权利，而我国则是为了贯彻《宪法》关于保护公民的人格尊严的精神而从民法的角度赋予了自然人对其个人信息享有的具体人格权益。哈佛大学法学院教授艾伦·德肖维茨曾言：“权利来自人类经验，特别是不正义的经验。我们从历史的错误中学到，为了避免重蹈过去的不正义，以权利为基础的体系以及某些基本权利（例如表达自由、宗教自由、法律平等保护、正当法律程序与参与民主）至关重要。”[②] 欧洲经历了两次世界大战，尤其是第二次世界大战中法西斯大规模屠杀犹太人的惨痛教训，使欧洲国家始终高度重视对人格尊严与人格自由等基本人权的保护。[③] 在这些国家看来，法律上保护自然人的个人信息，就是为了保护基本人权和自由，关涉人性的尊严与人格的自由发展。倘若自然人不能自主地决定个人数据能否被他人收集、储存并利用，无权禁止他人在违背自己意志的情形下获得并利用个人数据，则个人之人格自由发展与人格尊严就无从谈起。因此，自然人的个人数据权利属于基本人权，个人信息保护被视为具有宪法意义，相对于经济利益要被优先保护。[④] 自 2018 年 5 月 25 日起施行的欧盟《一般数据保护条例》在鉴于部分第 1 条再次指出：“自然人在个人数据处理方面获得保护是一项基本权利。”

三、个人信息权益的保护范围

（一）个人信息权益保护个人对于个人信息处理的自主利益

权利就是法律规范授予人的，旨在满足其个人利益的意思力（Willensmacht），即享受特定利益的法律之力。[⑤] 权利旨在满足人的利益，民事权利的内容不同，所保护的利益也各不同，从而使各项权利之间加以区隔。例如，所有权通过赋予权利人对有体物的占

---

① 王利明. 中华人民共和国民法总则详解：上册. 北京：中国法制出版社，2017：456.

② ［美］艾伦·德肖维茨. 你的权利从哪里来?. 黄煜文，译. 北京：北京大学出版社，2014：8.

③ James Q. Whitman. The Two Western Cultures of Privacy: Dignity Versus Liberty. The Yale Law Journal, Vol. 113: 1165.

④ 郭瑜. 个人数据保护法研究. 北京：北京大学出版社，2012：49.

⑤ Brox/Walker, Allgemeiner Teil des BGB, 43. Aufl., Vahlen, 2019, S. 280.

有、使用、收益和处分等排他的支配和控制之力，从而保护权利人对有体物的经济利益即物的使用价值与交换价值。[①] 生命权、身体权、健康权等人格权则分别保护的是自然人的生命安全、生命尊严、身体完整与行动自由、身心健康等人格利益。[②] 个人信息权益作为一种独立的民事权益，有其独特的保护对象。个人信息权益的核心权能是知情权与决定权，至于查阅权、复制权、可携带权、删除权等都是为了实现这两项权利而产生的。法律赋予自然人个人信息权益的目的就是要保护个人在其个人信息处理中享有的意思决定的自由（尽管法律和行政法规对之作出了诸多限制）。[③] 正是由于现代网络信息社会的个人信息处理中个人与个人信息处理者处于权力分配上的不平等关系，在没有个人信息保护法的介入下，个人是无法真正作出自我的决定的。为了矫正这种权力上的不对等，融合公法与私法方法的个人信息保护法应运而生。从公法的角度上，通过确定强制性的个人信息处理规则并施加各种法定义务给个人信息处理者来实现个人对个人信息处理的自我决定；在私法上，就是通过赋予个人对其个人信息处理的知情权与决定权即以告知同意规则作为个人信息处理的合法性基础，并辅之以查阅权、复制权、可携带权、删除权等权利，以保护个人的意思决定的自由。一方面，只有当个人对其个人信息的处理是知情的，她或他才可能对于个人信息处理作出自主的决定；另一方面，也只有个人可以按照自己的意思决定是同意还是拒绝、限制或不限制时，他（她）才能谈得上对自己的个人信息的处理活动是自主的、具有决定的自由。

由于个人信息与自然人的人身财产权益以及人格尊严都息息相关，非法处理个人信息会对自然人的生命、健康、身体、名誉、隐私、自由、财产等各种民事权益乃至宪法上的人格尊严、人身自由造成危害或损害。因此，保护自然人对其个人信息处理的自主利益实质上就是要消除或预防因为个人信息处理活动给自然人的人身财产安全以及人格尊严、人格自由所带来的风险。换言之，个人信息权益为信息社会的每个自然人筑起一道坚实的法律保护屏障，使之免于遭受个人信息处理活动的危险以及损害，保护的就是自然人享有的防止因个人信息被非法处理而导致人身财产权益遭受侵害或人格尊严、个人自由受到损害的利益。[④]

（二）个人信息权益保护个人对个人信息享有的经济利益

我国法对于人格权保护的利益采取的是一元主义模式，同时保护自然人对其人格要素享有的精神利益与经济利益。[⑤] 个人信息权益属于人格权益，其不仅保护自然人就个人信息享有的精神利益（对于其个人信息处理的自主利益），也保护自然人对于个人信息享有的经济利益。从《民法典》与《个人信息保护法》对个人信息的界定来看，肖像、姓名、声音等就属于个人信息，它们都是可以被商业化利用的。个人信息中的私密信息属于隐私，私密信息在不违反法律和公序良俗的原则时，也是可以被商业化利用，剩下的非私密信息就更没有问题。即便是在特别重视个人信息自决权的德国，其理论界也认为：只要遵

---

① 王利明. 物权法研究：上卷. 4版. 北京：中国人民大学出版社，2016：384.

② 王利明. 人格权法研究. 2版. 北京：中国人民大学出版社，2012：267、300、326.

③ 有的学者称之为“自主利益”，参见王苑. 私法视域下的个人信息权益论. 法治研究，2022 (5)：37。

④ 程啸. 民法典编纂视野下的个人信息保护. 中国法学，2019 (4).

⑤ 程啸. 人格权研究. 北京：中国人民大学出版社，2022：109-114.

守宪法上的限制，个人信息自决权当然可以被商业化利用，能够被商业化利用的个人信息包括自然人的外貌、生活图片、人物形象、个人的秘密、口头和书面的语言、姓名等。① 在大数据时代，真正蕴含巨大价值的是政府及企业处理的海量个人信息，单个自然人的个人信息通常来说确实价值不大。然而，对于知名人物或公众人物，则未必尽然：他们的一条个人信息可能价格非常昂贵。人们也不能否定未来随着社会的发展，尤其是对个人信息权益保护强度的加大，个人通过同意处理者处理其个人信息而取得相应经济利益。此外，从《民法典》第 993 条来看，只要是法律没有禁止并且依据其性质不得许可的个人信息，个人也不是不可以许可他人使用其个人信息。该条中的“等”字就为未来的发展预留了空间。人们也无须担心个人信息被商业化利用会导致人格不平等的后果，因为网络信息技术的发展导致的交易成本的降低，恰恰会使普通人有更多的机会或可能性来许可他人使用其姓名、肖像乃至其他个人信息等。既然法律上对个人信息处理确立的知情同意规则不会限制个人信息流动、影响数字经济发展，人们就更无须担心个人信息的商业化利用了。②

第二节 个人信息权益与其他人格权的关系

一、个人信息权益与隐私权

例 1：张某在 A 保险公司为其购买的汽车投保了保险，并留下了邮箱、手机号码等个人信息。在保险即将到期的 3 个月前，A 保险公司就不停地给张某的邮箱、手机发送保险推销广告的邮件、短信等，让张某不胜其扰。

（一）个人信息权益与隐私权的相同点

隐私权属于具体的人格权，它是指自然人享有的隐私不受他人侵害的权利。任何组织或者个人不得以刺探、侵扰、泄露、公开等方式侵害他人的隐私权。作为隐私权保护对象的隐私，是自然人的私人生活安宁和不愿为他人知晓的私密空间、私密活动、私密信息（《民法典》第 1032 条第 2 款）。隐私权与个人信息权益具有非常密切的联系，故此，《民法典》人格权编第六章将二者规定在一起。隐私权与个人信息权益的相同之处在于：

（1）二者都属于人格权益。隐私权和个人信息权益都是以维护人格尊严和人格自由为目的，故此，它们都是民事权益中的人格权益，并且只有自然人才享有隐私权和个人信息权益。

（2）二者保护的客体存在重叠。隐私权保护的客体是隐私，其中包括了私密信息。私密信息本身也属于个人信息，故此，秘密信息也是个人信息权益保护的对象。正因如此，《民法典》第 1034 条第 3 款规定：“个人信息中的私密信息，适用有关隐私权的规定；没有规定的，适用有关个人信息保护的规定。”

---

① Franziska Leinemann, Personenbezogene Daten als Entgelt: Eine Untersuchung anhandschuldvertrags, datenschutz-und kartellrechtlicher Fragestellungen, Peter Lang, 2020, S. 65.

② 程啸. 论人格权的商业化利用. 中国法律评论，2023 (1).

（二）个人信息权益与隐私权的区别

隐私权和个人信息权益虽然都是《民法典》《个人信息保护法》等法律确认并加以保护的人格权益，二者存在密切的联系，但是它们也有以下明显的差异（参见表 9-1）。

1. 适用的范围不同

隐私权是《民法典》所确认的具体人格权，作为一项人格权，隐私权的法律规则普遍适用于平等主体的自然人、法人、非法人组织之间因为隐私权的享有和保护而产生的民事关系。至于法律地位不平等的主体之间发生的侵害隐私权的行为，不适用《民法典》关于隐私权的规定。例如，国家行政机关在履行法定职责过程中违法披露自然人的隐私，构成侵害隐私权的，属于行政违法行为（我国《国家赔偿法》未作规定）。如果是涉外民事关系，则隐私权的内容应当适用权利人经常居所地法律（《涉外民事关系法律适用法》第 15 条）；如果是通过网络或者采用其他方式侵害隐私权的，则适用被侵权人经常居所地法律（《涉外民事关系法律适用法》第 46 条）。

个人信息权益也属于人格权益，但是个人信息权益的法律规则适用于个人与个人信息处理者之间因个人信息处理活动而产生的法律关系，而无论此种关系是否属于平等的民事关系。也就是说，个人信息权益的规则既适用于平等主体之间的个人信息处理活动，也适用于不平等主体之间的个人信息处理活动。但是，在平等主体的自然人、法人、非法人组织之间的个人信息处理活动中，需要排除自然人之间因个人或者家庭事务处理个人信息的活动《个人信息保护法》（第 72 条第 1 款）。[①] 此外，依据《个人信息保护法》第 3 条第 2 款的规定，在我国境外处理中华人民共和国境内自然人个人信息的活动，有下列情形之一的，也适用《个人信息保护法》即也适用个人信息权益的保护规则：（1）以向境内自然人提供产品或者服务为目的；（2）分析、评估境内自然人的行为；（3）法律、行政法规规定的其他情形。

2. 保护的客体不同

隐私权所保护的隐私既包括私密信息，也包括自然人的私人生活安宁和不愿为他人知晓的私密空间、私密活动等。故此，侵害隐私权的行为，可能是非法处理私密信息，也能是其他侵害行为。在《民法典》第 1033 条列举的禁止实施的侵害隐私权的 6 类行为中，只有第 5 类行为“处理他人的私密信息”既构成侵害隐私权，也构成侵害个人信息权益，至于其他的几类行为，往往只是构成侵害隐私权。在**例 1** 中，A 保险公司不停给张某发送广告短信和邮件的做法，属于《民法典》第 1033 条第 1 项规定的“以电话、短信、即时通讯工具、电子邮件、传单等方式侵扰他人的私人生活安宁”，属于侵害隐私权的行为。反之，只要个人信息处理者非法处理的个人信息不属于私密信息，那么，该处理者就只是侵害个人信息权益，而没有侵害隐私权。

3. 法律上的限制不同

对隐私权的法律限制较少，从《民法典》第 1033 条的规定来看，除非法律另有规

---

① 这是因为，此种个人信息处理活动不具有利用个人信息获取经济利益的目的且当事人地位和能力都相对是平等的，从尊重私人生活角度的考虑没有必要由有关部门过多介入。杨合庆. 中华人民共和国个人信息保护法释义. 北京：法律出版社，2022：173.

定或者权利人明确同意外，否则任何组织或者个人实施的侵扰他人的私人生活安宁，进入、拍摄、窥视他人的住宅、宾馆房间等私密空间，拍摄、窥视、窃听、公开他人的私密活动，拍摄、窥视他人身体的私密部位以及处理他人的私密信息等行为，都构成侵害隐私权的行为。此外，依据《民法典》第998条，认定行为人承担侵害除生命权、身体权和健康权外的人格权的民事责任，应当考虑行为人和受害人的职业、影响范围、过错程度，以及行为的目的、方式、后果等因素。故此，在认定侵害隐私权的民事责任时，也应当考虑行为人是否为公共利益实施新闻报道、舆论监督，受害人是否属于公众人物等因素，并对隐私权加以合理的限制。但总的来说，对于隐私权的法律限制没有对个人信息权益的限制那样多。因个人信息权益的保护还涉及对个人信息的合理利用，需要平衡二者的关系，故此，在我国《民法典》《个人信息保护法》等法律中规定了很多对个人信息权益的限制，如《民法典》第1036条，《个人信息保护法》第13条第1款第2—7项、第26条、第27条等。此外，不仅法律可以对个人信息权益作出限制，行政法规也可以加以限制。

4. 侵权责任的归责原则不同

我国《民法典》对侵害隐私权的侵权行为适用的归责原则没有作出特别规定，故此，应当适用的是《民法典》第1165条第1款确立的过错责任原则。《个人信息保护法》第69条第1款规定，侵害个人信息权益造成损害的侵权赔偿责任适用的是过错推定责任。

表9-1　个人信息权益与隐私权的区别

区别方面	类型	
	个人信息权益	隐私权
权利性质	人格权益	具体人格权
适用范围	个人与个人信息处理者的个人信息处理活动（不适用于自然人之间因个人或家庭事务处理个人信息）	平等主体的自然人、法人、非法人组织之间的民事活动
保护的客体	个人信息，包括公开的和未公开的个人信息	隐私，包括私密信息、私密活动、私密空间等
法律限制	法律、行政法规均可以限制	法律可以限制
归责原则	过错推定责任	过错责任

二、个人信息权益与肖像权

例2： 闻某为完成公司运营工作，通过微信等方式购买2 000个公民的居民身份证的正、反面照片，并提供给合作方Z公司的工作人员，用于批量注册激活该公司“爱球钱包”App应用的“中银通·魔方元”联名预付费卡。

肖像权是指自然人就其肖像享有的一项具体人格权。自然人享有肖像权，这意味着：一方面，肖像权人有权依法制作、使用、公开或者许可他人使用自己的肖像。除非法律另有规定，否则未经肖像权人同意，任何组织或者个人不得制作、使用、公开肖像权人的肖像；另一方面，任何组织或者个人不得以丑化、污损，或者利用信息技术手段伪造等方式侵害肖像权人的肖像权。作为肖像权客体的肖像（Bildnis），是指通过影像、雕塑、绘画等方式在一定载体上所反映的特定自然人可以被识别的外部形象（《民法典》第 1018 条第 2 款）。

自然人的外部形象尤其是脸部特征，可以识别特定自然人。此等脸部特征经过信息技术处理后，成为人脸识别信息，具有技术上的唯一性和不可篡改性。在**例 2** 中，闻某非法购买的 2 000 个公民的居民身份证的正反面照片中虽然有这些公民的照片，但是这些照片并未经过信息技术处理成为人脸识别信息，因此尚不属于人脸识别信息。[①] 此外，《民法典》将声音纳入肖像权的保护范围当中，于第 1023 条第 2 款规定："对自然人声音的保护，参照适用肖像权保护的有关规定。"声音中的声纹信息与人脸识别信息一样，也属于与特定的自然人唯一对应的，并且难以或无法改变的个人生物识别信息。这些数据化的个人生物特征可以被永久性的使用。随着人脸识别等生物识别技术的发展，个人生物特征这一信息可以很容易地获取并被用于验证、识别和分析特定的自然人，从而形成对个人的全面监控（边沁所谓的"圆形监狱"），侵害人格尊严，损害人格自由、隐私权，对个人的人身权益、财产权益造成损害。故此，个人生物识别信息被《个人信息保护法》第 28 条规定为敏感的个人信息，适用更加严格的个人信息处理规则。

肖像权与个人信息权益既有联系又有区别。二者的联系在于：首先，肖像权和个人信息权益都属于人格权益，都是只有自然人才享有的民事权益。其次，肖像权与个人信息权益的客体可能存在重叠，即自然人的人脸识别信息既属于肖像权保护的肖像，也属于个人信息权益保护的个人信息。最后，对个人信息的许可使用参照适用肖像许可使用的有关规定。二者的区别在于（参见表 9-2）：首先，适用范围不同。肖像权为具体人格权，无论是任何个人还是组织侵害肖像权的，都需要依据《民法典》等法律承担侵权责任，除非存在法律规定的免责事由。但是，人脸信息作为敏感信息被处理时，处理者应当遵循《个人信息保护法》所确立的处理规则，从而保护信息主体的个人信息权益。然而，《个人信息保护法》第 72 条第 1 款规定，自然人之间因个人或者家庭事务处理个人信息的，则不适用《个人信息保护法》的规定。因此，自然人之间因个人或者家庭事务处理人脸信息的，不适用《个人信息保护法》。其次，权利内容不同。肖像权的内容为依法制作、使用、公开或者许可他人使用自己的肖像。个人信息权益的权利内容包括了知情权、自主决定权、查阅复制权、可携带权、删除权等。再次，法律上的限制不同。对肖像权的限制，即肖像合理使用的主要规定就是《民法典》第 999 条以及第 1020 条。但是，对人脸信息在内的个人信息的合理使用的规定，除《民法典》第 999 条之外，主要是《个人信息保护法》的规定，尤其是该法第 13 条第 1 款第 2—7 项的规定。最后，归责原则不同。侵害肖像权的，适用的是过错责任原则（《民法典》第 1165 条第 1 款）；侵害个人信息权益的，适用的是过错推定责任（《个人信息保护法》第 69 条第 1 款）。

---

① 深入分析参见熊定中. 如何认定个人信息犯罪的行为特征和法律性质. https://mp.weixin.qq.com/s/hnf6SUJrik_eqdS5irY99g。

表 9-2　个人信息权益与肖像权的区别

区别方面	项目	
	个人信息权益	肖像权
权利性质	人格权益	具体人格权
权利内容	知情权、自主决定权、查阅复制权、可携带权、删除权、更正补充权等	依法制作、使用、公开或者许可他人使用自己的肖像。
适用范围	个人与个人信息处理者的个人信息处理活动（不适用于自然人之间因个人或家庭事务处理个人信息）	平等主体的自然人、法人、非法人组织之间的民事活动
法律限制	《民法典》第999条、第1020条	《个人信息保护法》第13条第1款第2—7项
归责原则	过错推定责任（《个人信息保护法》第69条第1款）	过错责任（《民法典》第1165条第1款）

三、个人信息权益与姓名权

姓名权是一种人格权，是自然人享有的人格权。所谓姓名权，是指自然人有权依法决定、使用、变更或者许可他人使用自己的姓名的权利（《民法典》第1012条）。由于构成姓名的文字并非任何人可以排他、唯一的予以支配的客体，故此，姓名权保护的不是自然人对于作为姓名的文字本身的排他支配的权利，而只是基于自然人与其姓名这一符号标识之间的联系而产生的区分性利益以及精神和经济利益的归属。故此，侵害姓名权并不是对姓名本身的侵害，而是对姓名背后的特定自然人所享有的同一性利益和精神、经济利益的归属的侵害。①

自然人的姓名不仅受到姓名权的保护，因其属于自然人的个人信息，也受到个人信息权益的保护。我国《网络安全法》第76条第5项在界定个人信息时，明确规定个人信息包括但不限于自然人的姓名。《民法典》第1034条第2款更是明确规定："个人信息是以电子或者其他方式记录的能够单独或者与其他信息结合识别特定自然人的各种信息，包括自然人的姓名、出生日期、身份证件号码、生物识别信息、住址、电话号码、电子邮箱地址、行踪信息等。"这样一来，就产生了如何区分姓名权与个人信息权益的关系的问题。目前司法实践中之所以存在不加区分的将非法使用个人信息的行为都纳入姓名权规制范围的问题②，原因就在于没有正确的区分姓名权与个人信息权益。

虽然姓名会同时受到姓名权和个人信息权益的保护，而姓名权与个人信息权益也都属于只有自然人才享有的人格权益，但是，它们存在以下区别（参见表9-3）：首先，保护的利益不同。姓名权是自然人依法决定、使用、变更或者许可他人使用自己的姓名的权利，由于姓名的基本功能就是识别功能即个体区分的功能，故此，姓名权所保护的是自然

---

① 德国民法学说也认为，姓名权保护的核心利益就是同一性利益以及个性化利益。陈龙江．德国民法对姓名上利益的保护及其借鉴．法商研究，2008（3）．

② 张素华．论姓名权纠纷的裁判乱象与类型梳理．四川大学学报（哲学社会科学版），2018（3）；石冠彬．姓名权侵权纠纷的裁判规则研究．当代法学，2018（3）．

人就其姓名享有的同一性利益，即区分利益，防止他人发生混淆，“误将李鬼当作李逵”。任何导致同一性利益或破坏区分功能的行为，都属于侵害姓名权的行为。① 个人信息权益保护的是自然人对姓名等个人信息的自主决定和控制的权利，其实质在于防止因为姓名等个人信息被非法处理而给自然人的人身、财产权益造成损害，或者危害自然人的人格尊严和人格自由。② 其次，侵害的主体不同。侵害姓名权的主体可以是自然人，也可以法人、非法人组织。但是，就侵害个人信息权益而言，侵害的主体是个人信息处理者，即在个人信息处理活动中自主决定处理目的、处理方式的组织、个人。此外，根据《个人信息保护法》第 72 条第 1 款规定，“自然人因个人或者家庭事务处理个人信息的，不适用本法”之规定，自然人之间因个人或家庭事务而处理姓名等个人信息的，不适用《个人信息保护法》。最后，侵害行为不同。正是由于所保护的利益不同，故此法律上需要防范的侵害的行为也有所不同。《民法典》第 1014 条所列举的典型的侵害姓名权的行为包括干涉、盗用、假冒等。我国《个人信息保护法》需要防范的侵害个人信息的行为就是非法处理行为，即处理者对个人信息实施的非法收集、存储、使用、加工、传输、提供、公开、删除等活动。处理者对于姓名这一个人信息的非法处理行为，完全可以在没有盗用、假冒或者干涉自然人姓名权的情形下而实施。例如，通过身份证件、行踪轨迹或者网页浏览记录等就可以识别特定的自然人，而非法收集和处理这些信息，就属于侵害个人信息权益，却并未侵害自然人的姓名权的行为。反之，侵害姓名权的行为可能完全与个人信息无关，如在某作品上署上他人的姓名，离婚的父母一方未经他方同意将孩子改名，以他人的姓名注册商标或者网址等。

表 9-3 个人信息权益与姓名权的区别

区别方面	项目	
	个人信息权益	姓名权
权利性质	人格权益	具体人格权
权利内容	知情权、自主决定权、查阅复制权、可携带权、删除权、更正补充权等	依法决定、使用、变更或者许可他人使用自己的姓名的权利。
适用范围	个人与个人信息处理者的个人信息处理活动（不适用于自然人之间因个人或家庭事务处理个人信息）	平等主体的自然人、法人、非法人组织之间的民事活动
侵害行为	非法处理个人信息	以干涉、盗用、假冒等方式侵害姓名权
归责原则	过错推定责任（《个人信息保护法》第 69 条第 1 款）	过错责任（《民法典》第 1165 条第 1 款）

① 有学者认为，姓名权和个人信息利益的区分在于：识别和表征的正确实现是姓名权保护而非阻断的对象，识别性的阻断却是个人信息保护的主要目的。张素华，宁园. 论姓名权与个人信息利益保护的区分. 河北法学，2019 (7). 本书认为，这种观点有一定道理，但并不全面，因为在取得自然人同意后处理其姓名等个人信息时也需要避免侵害个人信息权益，在已经识别了特定自然人的情形下，个人信息权益显然不是为了阻断识别性而存在的。

② 程啸. 民法典编纂视野下的个人信息保护. 中国法学，2019 (4).

【进一步阅读文献】

1. 王利明. 论个人信息权的法律保护：以个人信息权与隐私权的界分为中心. 现代法学，2013（4）.

2. 王利明. 论个人信息权在人格权法中的地位. 苏州大学学报（哲学社会科学版），2016（6）.

3. 叶名怡. 个人信息权的基本范畴. 清华法学，2018（5）.

4. 程啸. 民法典编纂视野下的个人信息保护. 中国法学，2019（4）.

5. 吕炳斌. 个人信息权作为民事权利之证成：以知识产权为参照. 中国法学，2019（4）.

6. 程啸. 论我国民法典中个人信息权益的性质. 政治与法律，2020（8）.

7. 张新宝. 个人信息权益的构造. 中外法学，2021（5）.

8. 王锡锌. 个人信息权益的三层构造及保护机制. 现代法学，2021（5）.

9. 王锡锌. 国家保护视野中的个人信息权利束. 中国社会科学，2021（11）.

10. 姚佳. 个人信息主体的权利体系：基于数字时代个体权利的多维观察. 华东政法大学学报，2022（2）.

11. 王苑. 私法视域下的个人信息权益论. 法治研究，2022（5）.

12. 程啸. 论个人信息权益. 华东政法大学学报，2023（1）.

13. 程啸. 论个人信息权益与隐私权的关系. 当代法学，2022（4）.

14. 彭錞. 再论中国法上的隐私权及其与个人信息权益之关系. 中国法律评论，2023（1）.

第十章 个人信息权益的内容

第一节 概述

一、个人在个人信息处理活动中的权利的意义

在《个人信息保护法》颁布前，《网络安全法》《民法典》等法律已经规定了个人在个人信息处理活动中的一些权利。例如，《网络安全法》第43条规定了个人针对网络运营者享有的删除权和更正权。再如，《民法典》第1037条规定了自然人针对个人信息处理者的查阅权、复制权、异议权、更正权以及删除权。《个人信息保护法》第四章对于"个人在个人信息处理活动中的权利"作出了更加详细的规定，明确了个人在个人信息处理活动中享有知情权、决定权、查阅权、复制权、个人信息可携带权、补充权、更正权以及删除权。

之所以《个人信息保护法》专章详细地就个人在个人信息处理活动中的权利作出规定，根本原因就在于个人信息与个人信息处理活动的独特性。就传统民事权利的客体即有体物而言，由于存在物理上的形体，因此，所有权人可以不需要他人的协助即对动产、不动产这些有体物进行直接的支配，如占有、使用等。有体物的有体性本身就足以产生客观上的排他性。所有权人之外的其他人只要负担消极的不作为义务，不妨碍、不干扰所有权人即可。个人信息则完全不同。一方面，个人信息具有无形性，难以被自然人独占地、排他地支配和控制。个人无法单独控制个人信息，而且这种控制也没有意义。因为信息就是人与人交流的产物，也仅在交流中才有意义和价值。人是社会性动物，必须与人交往和沟通，信息即由此产生。没有信息，人们相互之间就无法交流与交往。另一方面，个人信息具有全时性与非竞争性，也就是说，不同的人可以在不同的时空同时使用相同的个人信息而不发生冲突，也不会因此而损耗个人信息的价值。个人虽然是其个人信息的主体，但个人信息可以被很多组织或个人收集、存储、加工、使用以及相互提供，而个人对此往往毫不知情。这就是个人信息与个人信息处理活动的特殊之处。有鉴于此，法律对于个人信息的保护要始终在"个人—个人信息处理者"这样的关系模型的基础上，通过构建个人在个人信息处理活动中针对个人信息处理者的各种权利来具体形成、完善个人信息权益。

从比较法来看，许多国家的个人数据或个人信息保护法都专列一章集中规定信息主体（数据主体）即个人的权利。例如，欧盟《一般数据保护条例》第三章"数据主体的权利（Rights of the Data Subject）"规定了数据主体享有获取信息的权利、访问权、更正权、删除权（被遗忘权）、限制处理权、数据可携带权、反对权等；德国《联邦数据保护法》

第三部分第三章“数据主体的权利”规定了数据主体获取信息的权利、访问权、删除权、反对权等；韩国《个人信息保护法》第五章“信息主体的权利保障”规定了信息主体享有个人信息的查阅权、个人信息的更正权与删除权等权利。

二、个人信息权益的权能结构

个人在个人信息处理活动中的权利与个人信息权益的关系如何，对此理论上有不同的看法，比较有代表性观点有权能说、保护性权利说以及公法上的工具性权利说。[①] 本书认为，虽然《个人信息保护法》第四章采取的名称是“个人在个人信息处理活动中的权利”，然而，这个“权利”并非指“主观权利”（Subjektive Rechte），而是指“权能”（Befugnisse）。权利与权能是不同的。权能是权利的非独立的组成部分，它是权利所赋予权利人的意思决定的空间。原则上，权能是权利的不可分离的组成部分，因此，权能是不能被单独转让的。[②] 而有些权利如所有权不仅自身可以转让，而且所有权中的某些权能也可以通过合同以不同的方式在一定时间内分离出来，如设立用益物权或担保物权；有些权利如人格权，不仅权利本身不能转让、继承或放弃，并且其权能也常常不能加以分离（姓名、肖像等某些人格要素的许可使用并非权能的分离）。个人在个人信息处理活动中的权利是个人信息权益的不可分离的组成部分，属于个人信息权益的权能，这些权利既不能被单独地加以转让，也不能被放弃或继承。[③]

虽然个人在个人信息处理活动中的权利属于个人信息权益的权能，但是它们的地位和逻辑关系是不同的。具体而言，对个人信息权益保护的核心利益可以从两个方面看待，从积极的角度看，就是自主利益即个人对其个人信息处理享有的基于自由意思而予以决定的空间；从消极的角度看，就是防护利益即人身财产权益乃至人格尊严等免于受到非法个人信息处理活动的侵害或威胁。故此，作为个人信息权益的个人在个人信息处理活动中的权利的地位是不同的。其中，处于核心地位的是个人对其个人信息处理享有的知情权与决定权，它们并非请求权，而是对个人信息权益内核的描述，属于个人信息权益的核心性或基础性内容。至于查阅权、复制权、可携带权、补充权、更正权、删除权、解释说明权等权利，属于工具性权能，即为了实现知情权与决定权而配置由法律规定的个人信息权益的权能。

之所以如此，原因在于：科技的发展和运用的根本目的应当为造福于人，使人更加自由、更有尊严，生活更幸福，而非进一步地剥夺人的自由与尊严，加深对人的奴役。在现代网络信息社会，要真正做到尊重和保障人权，维护人格尊严和人格自由，就必须确保个人在个人信息处理中真正地具有知情的与自主决定的权利。一方面，个人信息处理应当遵循公开透明的原则，除非法律、行政法规另有规定，否则，其个人信息被处理的个人有权知道什么人、基于什么目的、以何种方式处理其哪些个人信息。无论个人信息处理者是国家机关、企事业单位抑或其他主体，只要进行个人信息的处理，处理者原则上都负有告知

---

① 程啸．论个人信息权益．华东政法大学学报，2023（1）．

② Larenz/Wolf，Allgemeiner Teil des Buergerlichen Rechts，9 Aufl. Beck，2004，§13，Rn. 24-25.

③ 死者的近亲属可以依据《个人信息保护法》第49条的规定，对死者的相关个人信息行使查阅、复制、更正、删除等权利。

个人相关个人信息处理事项的义务，决不能秘密地处理任何个人的个人信息。另一方面，必须确立个人在个人信息处理中的主体地位，尊重其自主价值，使个人对其个人信息处理享有自主决定的权利。个人应当有决定自己的个人信息是否被他人处理的自由，被他人以何种目的、以何种方式处理的自由，哪些个人信息可以被他人处理的自由。如果个人对其个人信息处理没有知情权和决定权，那么就是对人格尊严的践踏，损害了人格自由，侵害了公民的基本权利，会给个人的人身财产安全带来巨大的损害与风险。我国《宪法》明确规定，国家尊重和保障人权，公民的人格尊严、人身自由不受侵犯。个人对个人信息处理享有的这种知情权与决定权来源于《宪法》，需要通过《个人信息保护法》给予规范性保障，从而转换为作为民事权益的个人信息权益的核心或基础权能（参见图 10－1）。故此，《个人信息保护法》第 44 条确立了个人对其个人信息处理享有知情权与决定权，此种权利所指向的对象是准备或者正在对个人的个人信息进行处理的任何组织或个人。通过确立个人对其个人信息的处理享有知情权与决定权，个人有权限制或者拒绝他人对其个人信息进行处理，知情权与决定权充分说明了个人信息处理者原则上必须履行告知并取得个人同意的义务的正当性，也说明个人在个人信息处理活动中撤回同意、查阅与复制个人信息、将个人信息转移至另外的个人信息处理者、对个人信息进行补充与更正、要求删除个人信息等权利的正当性。同时，其也为将来新型权利的发展奠定了基础，换言之，随着未来社会和科技的发展，如果需要确立新型的个人在个人信息处理活动中的权利，完全可以从知情权与决定权中发展出来。

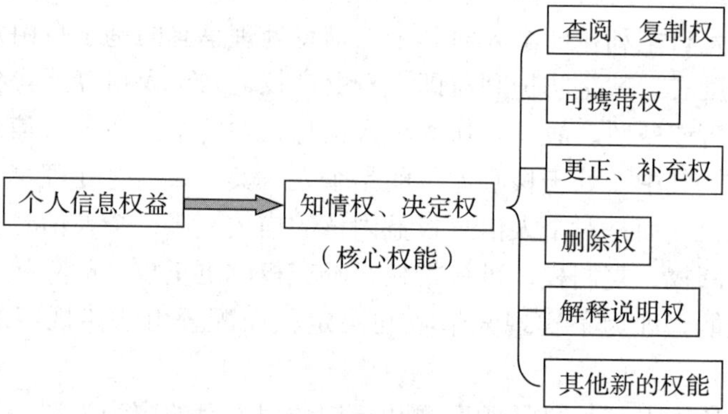

图 10－1　个人信息权益的权能结构

第二节　知情权

一、知情权的意义

知情权是指个人对其个人信息的处理享有知情的权利，《个人信息保护法》第 44 条对该权利作出了明确的规定。知情权是个人信息权益的核心权能之一，非常重要。除非法律、行政法规另有规定，否则，个人信息处理应当遵循公开透明原则，个人信息被处理的个人有权知道究竟是什么人、基于什么目的、以何种方式处理其哪些个人信息。无论国家机关、企事业单位抑或其他主体，只要是个人信息处理者，原则上都负有告知个人相关个人信息处理事项的义务。在没有法律、行政法规特别规定的前提下，绝不能秘密处理任何自然人的个人信息，否则，就是对人格尊严的践踏，损害了人格自由，侵害了宪法上规定的基本人权，为法治国家和民主社会所不允许。“个人的自我决定——在现代化的资讯处理科技的环境下亦然——是以给予个人关于作为或不作为的决定自由（包含可能性在内），并且个人实际上得以按照决定作为为前提的。如果个人不能充分肯定地掌握对于其在社会环境的特定领域内与其有关的资讯公开，并且不能在某种程度内预估可能的资讯往来对象时，个人基于自我决定而拥有的计划和决定之自由，将可能受到重大的妨害……若如此，不仅将使得个人的独特发展机会受到妨碍，也将使得公共利益受到妨碍，因为自我决定乃是一个基于国民之行为能力和参与能力的自由民主整体的基本功能条件。”①

为了充分的尊重和保障人权，维护个人信息权益，我国《个人信息保护法》将公开透明原则作为个人信息处理活动应当遵循的一项基本原则，该法第7条规定：“处理个人信息应当遵循公开透明原则，公开个人信息处理规则，明示处理的目的、方式和范围。”为了贯彻落实该原则，《个人信息保护法》赋予了个人就其个人信息处理的知情权，给个人信息处理者施加了告知义务，要求个人信息处理者在处理个人信息前以显著方式、清晰易懂的语言真实、准确、完整地向个人告知相关事项，除非有法律、行政法规规定应当保密或者不需要告知的情形（《个人信息保护法》第17、18条）。

二、知情权的性质

个人对其个人信息处理享有知情权，意味着个人在其个人信息处理活动中享有知悉相关情况的权利，具体而言，包括知道其个人信息被何人所处理即处理者是谁，该处理者基于何种目的处理其个人信息，以何种处理方式处理个人信息，处理的是哪些个人信息等相关信息。从比较法来说，虽然各国或各地区的数据保护法或个人信息保护法也都非常强调个人对其个人信息的知情，但是，一般不单独规定个人对其个人信息处理享有知情权，而只是从处理者的角度规定其负有向个人进行告知的义务。我国《个人信息保护法》为了更好地保护个人权益，凸显个人在个人信息处理中的主体地位，除详细地规定了个人信息处理者负有的告知义务外，还专门规定了个人对其个人信息处理享有知情权，从而使个人信息处理活动中的权利与义务互相对应，更加合理。此外，我国《消费者权益保护法》第8条规定：“消费者享有知悉其购买、使用的商品或者接受的服务的真实情况的权利。消费者有权根据商品或者服务的不同情况，要求经营者提供商品的价格、产地、生产者、用途、性能、规格、等级、主要成分、生产日期、有效期限、检验合格证明、使用方法说明书、售后服务，或者服务的内容、规格、费用等有关情况。”《电子商务法》第17条第一句也规定：“电子商务经营者应当全面、真实、准确、及时地披露商品或者服务信息，保障消费者的知情权和选择权。”这就是关于消费者购买使用商品或接受服务的知情权的规定，属于消费者的一项基本权利，旨在解决因信息不对称而给消费者造成损害的问题。在

---

① 德国联邦宪法法院对1983年的“人口普查案（Volkszaehlungsurteil）”的判决。陈戈，柳建龙，等译. 德国联邦宪法法院典型判例研究. 北京：法律出版社，2015：77.

实践中，大量的个人信息处理是发生在经营者向消费者推销商品或服务、消费者购买使用商品或服务的场景，故此，消费者的知情权当然也包含了消费者对其个人信息处理的知情权。

三、知情权的内容

从我国《个人信息保护法》的规定来看，个人对其个人信息处理享有的知情权体现在以下几个方面。

（1）除非存在法律、行政法规规定应当保密或者不需要告知的情形或者告知将妨碍国家机关履行法定职责，否则，任何个人信息处理者在处理个人信息前，都必须向其个人信息被处理的个人履行告知的义务。即便是在紧急情况下为保护自然人的生命健康和财产安全而无法及时向个人告知的，在紧急情况消除后，个人信息处理者也应当及时告知。

（2）个人信息处理者在处理个人信息前，应当以显著方式、清晰易懂的语言真实、准确、完整地向个人告知法律、行政法规规定的应当告知的事项。这些事项原则上包括：个人信息处理者的名称或姓名和联系方式；个人信息的处理目的、处理方式，处理的个人信息种类、保存期限；个人行使《个人信息保护法》规定权利的方式和程序以及法律、行政法规规定应当告知的其他事项。如果已经告知的前述事项发生变更的，应当将变更的部分告知个人。

（3）就一些特殊的个人信息处理活动，处理者还应当增加必须告知的事项，包括：1）个人信息处理者因合并等原因转移个人信息的，应当向个人告知接收方的名称或者姓名和联系方式；2）个人信息处理者向其他处理者提供其处理的个人信息的，应当向个人告知接收方的名称或者姓名、联系方式、处理目的、处理方式和个人信息的种类；3）为维护公共安全所必需而在公共场所安装图像采集、个人身份识别设备的，应当设置显著的提示标识；4）个人信息处理者处理已公开的个人信息，对个人权益有重大影响的，应当向个人告知并取得同意；5）处理敏感个人信息的，个人信息处理者还应当向个人告知处理敏感个人信息的必要性以及对个人权益的影响；6）个人信息处理者向中华人民共和国境外提供个人信息的，应当向个人告知境外接收方的名称或者姓名、联系方式、处理目的、处理方式、个人信息的种类以及个人向境外接收方行使法定权利的方式等事项。

（4）个人有权向个人信息处理者查阅、复制其个人信息，因为个人的查阅、复制权也是知情权的具体体现之一。

（5）在发生或者可能发生个人信息泄露、篡改、丢失的情形下，个人信息处理者应当通知个人以下事项：发生或可能发生个人信息泄露、篡改、丢失的信息的种类、原因和可能造成的危害、已采取的补救措施和个人可以采取的减轻危害的措施以及个人信息处理者的联系方式。

四、知情权的主体

知情权的主体是个人信息被处理的个人。法人、非法人组织等其他民事主体不享有个人信息处理活动中的知情权。个人只是对其个人信息的处理享有知情权，不能对其他自然人的个人信息的处理享有知情权，除非法律特别规定，如《个人信息保护法》第49条规定死者的近亲属在一定条件下享有查阅复制权。

知情权所指向的义务主体，当然是从事个人信息处理活动的组织或个人，即个人信息处理者。如前所述，知情权与决定权属于个人信息权益的核心性或基础性内容，是基础性权能。故此，知情权与决定权不需要个人具体行使，而是通过个人信息处理规则、其他个人在个人信息处理活动中的权利以及个人信息处理者的义务来保障其实现的。

五、知情权的限制

《个人信息保护法》第 44 条第二分句规定了排除个人对其个人信息的处理享有的知情权、决定权的情形，即"法律、行政法规另有规定的除外"。例如，《个人信息保护法》第 18 条第 1 款以及第 35 条规定的法律、行政法规规定应当保密或者不需要告知的情形，以及告知将妨碍国家机关履行法定职责的情形。

第三节　决定权

一、决定权的意义

决定权，也称自主决定权，是指在法律、行政法规没有作出特别规定的情形下，个人对其个人信息的处理享有自主决定的权利，个人有权同意他人对其个人信息进行处理，在同意之后也可以随时撤回同意，个人也有权拒绝或者限制他人对其个人信息进行处理。我国《个人信息保护法》第 44 条将决定权作为个人信息权益的核心权能具有重要的意义。这是因为：任何科技的发展和运用都是为了造福于人，而非成为奴役人的工具。为了尊重人格尊严、保护人格自由，就必须确立个人在个人信息处理中的主体地位，尊重其自主价值，使个人对于其个人信息处理享有自主决定的权利。在现代网络信息社会，要真正做到尊重和保障人权，维护人格尊严和人格自由，就必须确保个人在个人信息处理中具有自由的自我决定的权利，申言之，个人有决定自己的个人信息是否被他人处理的自由，被他人以何种目的、以何种方式处理的自由，哪些个人信息可以被他人处理的自由。

我国《宪法》明确规定：国家尊重和保障人权，公民的人格尊严、人身自由不受侵犯。《个人信息保护法》规定的个人对个人信息处理享有的决定权来源于《宪法》的规定。此外，决定权还为将来新型权利的发展奠定了基础，换言之，随着未来社会和科技的发展，如果需要确立新型的个人在个人信息处理活动中的权利，完全可以以决定权作为依据加以发展。

二、决定权的内容

个人对其个人信息处理享有决定权，意味着个人在其个人信息处理活动中始终处于权利主体的地位，个人有权自由地决定其个人信息是否被他人所处理，被何人处理，以何种目的、何种方式，在何种范围内被处理，除非法律、行政法规对此作出了特别的规定。具体而言，决定权体现在以下几方面。

（1）个人信息处理者在处理个人信息前，必须告知个人并取得其同意，除非法律、行政法规另有规定。如果没有告知并取得个人同意，任何个人信息处理者，无论是国家机关还是非国家机关，均不得处理个人信息，否则就是侵害个人信息权益的侵权行为。个人究竟同意还是拒绝处理者对其个人信息进行处理，完全是个人的自由，个人不需要说明理由。处理者不得以个人不同意处理其个人信息为由，拒绝提供产品或者服务，除非处理个人信息是提供产品或者服务所必需的。这是因为处理者的这种做法实际上就是对个人决定权的限制，强制或胁迫个人同意个人信息处理。

（2）在基于个人同意的个人信息处理活动中，个人的同意对个人信息的处理起到了限制的作用：一方面，处理者不得超越个人同意的处理目的、处理方式、处理的个人信息种类等从事处理活动。如果个人信息处理者要变更原先的处理目的、处理方式的，必须要重新告知并取得个人的同意。另一方面，个人信息处理者将个人信息提供给其他处理者，向境外提供个人信息的或者公开其处理的个人信息的，都必须取得个人的单独同意，否则不得从事此等处理活动。即便是并非基于个人同意的个人信息处理活动，个人也享有决定权。例如，为了维护公共安全而依据国家规定在公共场所安装图像采集设备的，个人虽然不能拒绝，但是，处理者不能将收集的个人图像信息用于维护公共安全之外的目的，如果要用于其他目的，也必须取得个人的单独同意。

（3）个人在同意个人信息处理者处理个人信息之后，可以随时撤回同意，并且无须说明任何理由。个人可以撤回对全部个人信息处理活动的同意，也可以撤回部分的同意，即只是不允许处理者实施某些处理方式或者处理某些种类的个人信息。一旦个人撤回同意后，个人信息处理者没有其他的法律根据的，就不得再处理该自然人的个人信息。个人信息处理者不得以个人撤回同意为由而拒绝提供产品或者服务，除非处理个人信息属于提供产品或者服务所必须。

（4）删除权也是决定权的具体体现。当出现《个人信息保护法》第 47 条规定的情形时，如处理目的已实现、无法实现或者为实现处理目的不再必要；个人信息处理者停止提供产品或者服务，或者保存期限已届满；个人撤回同意等，个人信息处理者应当主动删除个人信息；个人信息处理者未删除的，个人有权请求删除。如果法律、行政法规规定的保存期限未届满，或者删除个人信息从技术上难以实现，个人信息处理者应当停止除存储和采取必要的安全保护措施之外的处理。

（5）个人还可以请求将个人信息转移至其指定的个人信息处理者，在符合国家网信部门规定条件时，个人信息处理者应当提供转移的途径。这种个人信息可携带权也是决定权的具体体现。

三、决定权的主体

决定权的主体是个人信息被处理的个人。法人、非法人组织等其他民事主体不享有决定权。决定权属于个人信息权益的基础性权能，不需要个人具体去行使这种权能，它是借由告知同意规则，撤回权、删除权、可携带权以及个人信息处理者的义务来保障其具体实现的。

四、对决定权的限制

《个人信息保护法》第 44 条第二句规定了排除个人对其个人信息的处理享有决定权的

情形，即“法律、行政法规另有规定的除外”。这些情形包括以下几个方面。

（1）依据法律、行政法规的规定，不需要取得个人同意即可处理个人信息的情形，如《个人信息保护法》第 13 条第 1 款第 2—7 项规定的情形。再如，《个人信息保护法》第 27 条以及《民法典》第 1036 条第 2 项规定的在合理范围内处理已公开的个人信息的情形等。

（2）依据法律、行政法规的规定，个人不得限制或者拒绝他人对其个人信息进行处理的情形，例如，依据《个人信息保护法》第 16 条的规定，如果处理个人信息属于提供产品或者服务所必需的，那么在个人不同意处理其个人信息或者撤回同意的情形下，个人信息处理者可以拒绝提供产品或者服务。这实际上就在客观上对个人对其个人信息处理的决定权构成了限制。再如，依据《刑事诉讼法》第 132 条第 1 款，为了确定被害人、犯罪嫌疑人的某些特征、伤害情况或者生理状态，侦查机关可以对人身进行检查，可以提取指纹信息，采集血液、尿液等生物样本。这一规定意味着，个人不得对侦查机关处理其个人生物识别信息的活动加以拒绝或者限制，此种个人信息处理活动是强制性的，不存在个人的决定权。

第四节 查阅、复制权

一、查阅、复制权的意义

例 1： 周某因担心 J 电子商务公司运营的平台获取并记载的其本人信息有误或被泄露，遂致电该平台客服，希望平台披露收集到的其本人信息。该平台客服表示：“用户填写的信息，可以在 App 个人中心予以查看，且这些信息采取了加密的保护措施，不会被泄露；对于用户没有填写的信息，平台无法展示。”同日，周某向该平台用户个人信息保护部门的邮箱发送电子邮件，请求披露其个人信息，但未接到回复。于是，周某遂诉至法院，请求 J 电子商务公司向其披露收集的个人信息。

查阅、复制权是查阅权与复制权的统称，是指除非法律、行政法规另有规定，作为信息主体的个人在个人信息处理活动中享有向个人信息处理者查阅、复制其个人信息的权利。从比较法来看，许多国家或地区的立法对个人信息处理中的自然人的查阅、复制权都有明确的规定。例如，欧盟《一般数据保护条例》第 15 条、巴西《通用数据保护法》第 19 条、韩国《个人信息保护法》第 35 条，日本《个人信息保护法》第 27 条，都对自然人查阅、复制其个人信息的权利作出了规定。我国《个人信息保护法》第 45 条第 1、2 款对查阅、复制权作出了规定。

赋予个人查阅、复制权的意义在于：首先，查阅、复制权是个人对其个人信息处理活动所享有的知情权的具体体现，是对公开透明原则的贯彻落实。就个人信息被处理的信息主体即个人而言，公开透明原则意味着个人对其个人信息的处理享有知情权，要保证个人的知情权，就必须既要强制性规定个人信息处理者必须履行告知义务，同时也要赋予个人向个人信息处理者查阅、复制其个人信息的权利并通过司法予以保护。[①] 在**例 1** 中，周某向J电子商务公司行使个人信息查阅、复制权被拒绝，其可以向法院起诉以获得司法救济，法院应当判决该公司提供其收集的周某的相关个人信息及其处理相关情况，供周某查阅、复制。[②]

其次，查阅、复制权也是个人对其个人信息的处理享有决定权的保障。如果个人没有权利向个人信息处理者查阅、复制其个人信息，也就意味着其根本不了解其个人信息被处理的活动，那么个人就不可能真正对其个人信息的处理享有决定权。

最后，查阅、复制权对于保障其他的个人在个人信息处理活动的权利如更正补充权、删除权等的实现，也具有重要的意义。只有个人针对个人信息处理者享有查阅、复制其个人信息的权利，个人也才有机会知悉其被处理的个人信息是否准确、完整，进而行使更正、补充的权利。同样，在个人享有查阅、复制权的前提下，个人才更有可能随时了解个人信息处理活动的目的以及该处理目的是否已实现、无法实现或者为实现处理目的不再必要，继而请求个人信息处理者删除其个人信息。此外，即便在自然人死亡的情形下，就其近亲属维护自身的合法、正当利益而言，查阅、复制权也是非常重要的。

二、查阅、复制权与其他权利的关系

（一）《个人信息保护法》与《民法典》中的查阅、复制权

我国《民法典》也规定了一些具体情形中个人查阅、复制相关信息的权利。例如，《民法典》第1029条第一句规定了“民事主体可以依法查询自己的信用评价”。自然人的信用信息也属于个人信息[③]，关于自然人与征信机构等信用信息处理者之间的关系也适用《民法典》关于个人信息保护的规定（《民法典》第1030条）。由于《民法典》将信用纳入名誉的范畴（第1024条第2款），通过名誉权加以保护，故此，《民法典》第1029条第一句中的查询权是基于名誉权而产生的。《民法典》第218条规定了不动产权利人、利害关系人可以申请查询、复制不动产登记资料。《民法典》规定的前述权利在权利目的、权利主体和权利行使程序上，与《个人信息保护法》中的查阅复制权，都不相同。例如，《民法典》第218条规定查阅、复制权是为了贯彻落实物权公示原则，且权利主体是不动产权利人、利害关系人，其中既包括自然人，也包括法人、非法人组织。

（二）查阅、复制权与政府信息公开

由于个人信息处理者既包括国家机关，也包括非国家机关，而国家机关为履行法定职责而处理个人信息时，其所收集的个人信息将构成政府信息的组成部分。所谓政府信息，是指行政机关在履行行政管理职能过程中制作或者获取的，以一定形式记录、保存的信息（《政府信息公开条例》第2条）。依据《政府信息公开条例》的规定，行政机关公开政府信息，应当坚持以公开为常态、不公开为例外，遵循公正、公平、合法、便民的原则。除

---

① 程啸，王苑．论我国个人信息保护法中的查阅复制权．法律适用，2021（12）．

② 具体案例参见：周某某诉某电子商务公司个人信息保护纠纷案：依法保护个人信息查阅复制权．https://www.gdcourts.gov.cn/index.php?v=show&cid=170&id=56782。

③ 《征信业务管理办法》第3条第2款规定：“本办法所称信用信息，是指依法采集，为金融等活动提供服务，用于识别判断企业和个人信用状况的基本信息、借贷信息、其他相关信息，以及基于前述信息形成的分析评价信息。”

了属于国家秘密以及禁止公开的政府信息，涉及商业秘密、个人隐私的政府信息以及行政机关的内部事务信息等三类政府信息，对其他的政府信息应当公开。

当行政机关作为处理者处理个人信息时，只要不存在《个人信息保护法》第 18 条第 1 款规定的情形，则其个人信息被处理的个人可以针对作为个人信息处理者的行政机关行使查阅、复制权。但是，如果要求查阅、复制的不是其个人信息，而是行政机关在履行行政管理职能过程中制作或者获取的，以一定形式记录、保存的其他信息，就应当依据《政府信息公开条例》的规定向行政机关申请公开。至于其个人信息未被行政机关处理的个人要求查阅、复制的政府信息，如果该政府信息中涉及第三人的个人信息、个人隐私等公开会使第三人的合法权益遭受损害的情形，行政机关也不得公开，除非该第三人同意公开或者行政机关认为不公开会对公共利益造成损害。

由此可见，《个人信息保护法》的查阅、复制权不同于《政府信息公开条例》规定的个人申请政府信息公开的权利。前者属于民事权利，旨在保护的是个人对其个人信息处理的知情权；后者属于公法上的权利，旨在保护的是人民依法获取政府信息的知情权，从而提高政府工作的透明度，加强人民对政府的监督。

三、查阅、复制权的主体

查阅、复制权的权利主体是个人，即其个人信息被处理的自然人。该权利并非具有人身专属性的权利，故此，个人有权自己行使查阅复制权，也有权委托他人代为行使该权利。如果自然人已经死亡，其近亲属为了自身的合法、正当利益，可以对死者的个人信息行使查阅、复制权，除非死者生前另有安排（《个人信息保护法》第 49 条）。在个人向个人信息处理者要求查阅、复制其个人信息时，个人信息处理者应当采取相应的技术措施和其他必要措施来验证申请者是否属于适格的主体或者属于得到授权的人。

个人只能针对处理了其个人信息的处理者行使查阅、复制其个人信息的权利，而不能针对没有处理其个人信息的处理者行使该权利。因此，查阅、复制权的义务主体是个人信息处理者，即自主决定个人信息的处理目的和处理方式的组织、个人（《个人信息保护法》第 73 条第 1 项）。如果是共同处理者，即两个以上的个人信息处理者共同决定个人信息处理目的与处理方式的，个人可以向任何一个个人信息处理者要求行使查阅、复制其个人信息的权利，共同处理者内部的约定对于个人行使查阅、复制权，不发生影响（《个人信息保护法》第 20 条第 1 款）。如果个人信息处理者因为合并、分立、被宣告破产等原因导致个人信息转移的，则其应当向个人告知接收方的名称或姓名、联系方式，以便个人向接收方行使查阅、复制权（《个人信息保护法》第 22 条）；如果处理者向其他处理者提供其处理的个人信息或者向境外提供个人信息的，也应当告知个人接收方的名称或姓名、联系方式等，尤其是在向境外提供个人信息的情形中，必须将个人向境外接收方行使《个人信息保护法》规定的权利的方式加以告知。

四、查阅、复制权的客体

查阅、复制权的客体，就是指个人行使查阅、复制权时所能够查阅、复制的事项的范围。显然，个人只能查阅、复制自己的个人信息，而无权要求查阅、复制他人的个人信息。

《个人信息保护法》第45条第1款明确了个人针对个人信息处理者请求查阅、复制的是“其个人信息”，即个人信息处理的相关情况。这具体包括：个人信息是否正在被处理；个人信息处理者的身份和联系方式；个人信息的处理目的、处理方式、处理的个人信息的种类；被处理的全部个人信息（无论是否属于已公开的）；处理已公开的个人信息的则包括个人信息的来源；个人信息的保存期限；个人行使《个人信息保护法》规定权利的方式和程序等。如果个人要求查阅、复制的个人信息中既有自己的个人信息，也有其他自然人的个人信息，此时，个人信息处理者不得以查阅、复制的个人信息涉及其他自然人为由加以拒绝，但个人对于这些个人信息应当保密，不得泄露、公开或向他人提供，除非取得信息主体的同意。

五、查阅、复制权的行使

例2：张三在周五下午的04:50向个人信息处理者A公司提出查阅、复制个人信息的申请，A公司在下周二向张三发送了其请求查阅、复制的个人信息。

所谓查阅，就是指（把书刊、文件等）找出来阅读有关的部分。[①] 个人向个人信息处理者请求查阅其个人信息，就是指个人请求个人信息处理者将其个人信息找出来并加以阅读。既然要能够让个人阅读，显然个人信息处理者提供给个人的个人信息也必须是以自然人能够阅读的形式加以呈现，而不能以个人无法阅读的二进制代码的方式提供。《个人信息保护法》第17条要求个人信息处理者在处理个人信息前，应当以显著方式、清晰易懂的语言真实、准确、完整地向个人告知相关处理事项。同样，在个人向个人信息处理者要求查阅其个人信息时，个人信息处理者也应当以清晰易懂的语言真实、准确、完整地向个人提供相关个人信息，而不能隐瞒或者遗漏。所谓复制，就是要求个人信息处理者为个人提供所要求的复制的其个人信息的副本，此种副本的形式应当是书面形式的，包括纸质介质的或者电子介质的。至于传送方式，可以由个人信息处理者发送到个人的电子邮箱或者由个人信息处理者为个人提供相应的下载方式。

《个人信息保护法》第45条并未就个人向个人信息处理者查阅或者复制其个人信息的具体程序问题作出规定。这主要是考虑到个人信息处理者的类型不同，既有国家机关，也有非国家机关，而个人要求查阅、复制的个人信息也不相同。对此，法律无法作出统一细致的规定，不如交给个人信息处理者自行决定或与个人进行约定更妥。

从《个人信息保护法》第17条第1款第3项的规定来看，个人信息处理者可以就个人行使查阅、复制权等权利的方式和程序作出规定，也可以与个人进行约定。当然，无论是个人信息处理者自行制定的权利行使方式和程序，还是与个人的约定，都不得违反法律、行政法规的强制性规定，也不得存在排除个人在个人信息处理活动中的权利的格式条款，否则此等约定或条款都是无效的。

关于个人向个人信息处理者申请查阅、复制其个人信息的请求的提出方式，个人信息处理者当然可以在个人信息处理规则中作出规定，如要求个人向个人信息处理者指定的电

---

① 中国社会科学院语言研究所词典编辑室．现代汉语词典．7版．北京：商务印书馆，2019：437.

子邮箱发送邮件提出申请，或者通过拨打某一专门处理个人信息查阅、复制事宜的人员的电话口头提出申请等。

依据《个人信息保护法》第45条第2款的规定，个人请求查阅、复制其个人信息的，个人信息处理者应当及时提供。所谓“及时提供”，当然不等于立刻，但也不能拖延，应当考虑查阅、复制的申请的提出时间，需要查阅或复制的个人信息的数量，个人信息处理者完成该请求的难易程度等因素综合加以判断。**例2**中，张三是在周五下午即将下班的时间向个人信息处理者A公司提出查阅、复制个人信息的申请，由于第二天就是周末，故此，不能因为A公司没有马上提供或者没有在周末提供，就认为是不及时的。

评 论

个人要求查阅、复制其个人信息时是否需要支付费用？对于这个问题，在《个人信息保护法》的起草过程中存在争论。有观点认为，个人信息处理者为了满足个人查阅、复制其个人信息的要求必将支付相应的人力物力成本，因为“考虑到如今计算机网络的分布性特征，个人数据有可能被存储在不同地方的各种数据库中，因此，很难找出满足数据主体要求所需的全部数据。甚至，为了使特定主体知道与其有关的哪些数据已被保存，或者使他能够行使删除、封锁等权利，就需要找出所有与其相关的数据，为此数据控制者可能要对各种数据库中的大量数据进行搜索”[①]，基于成本补偿原则，要求个人支付一定的费用。况且，为了避免恶意的查阅、复制申请而给企业造成不合理的负担，也应当要求查阅、复制个人信息的个人支付合理的费用。从比较法来看，一些域外立法也有规定。例如，日本《个人信息保护法》第33条规定：“在被本人要求对其进行第二十七条第二款规定的有关利用目的的通知或者接到第二十八条第一款规定的公开的请求后，个人信息处理业者可以就相关措施的实施而收取手续费。个人信息处理业者若依照前一款的规定收取手续费的，则应当在考虑实际费用并被认为是合理的范围内，确定该手续费的金额。”再如，我国澳门特别行政区《个人资料保护法》第11条第1款规定，在不得拖延的合理期限内及无须支付过高费用的情况下，数据当事人享有自由地、不受限制地从负责处理个人资料的实体获知相应事项的权利。

应当说，个人信息处理者为满足个人查阅、复制的权利的权利确实是需要花费一定的成本，此种情形下由个人支付合理的费用以补偿处理者为此产生的成本也是合理的。但是，《个人信息保护法》对此没有作出规定，理由在于：首先，个人信息处理者的类型很多，既包括国家机关、事业单位等，也包括公司企业，且查阅、复制的成本各不相同，不宜由《个人信息保护法》作出规定，可以由相应的法律、行政法规作出规定或者当事人加以约定。例如，《征信业管理条例》第17条规定：“信息主体可以向征信机构查询自身信息。个人信息主体有权每年两次免费获取本人的信用报告。”其次，对于符合条件的个人在行使查阅、复制权等个人在个人信息处理活动中的权利时收取费用，容易对个人行使权利造成妨碍，不符合便民利民的原则，更不利于保护个人信息权益。当然，对于不

---

① ［德］Christopher Kuner. 欧洲数据保护法：公司遵守与管制：第2版. 旷野，等译. 北京：法律出版社，2008：67-68.

符合条件，或者多次甚至是恶意地行使查阅、复制权的个人，可以考虑收取相应的费用，这可以由个人信息处理者在其建立的个人行使权利的申请受理和处理机制中加以规定，不应由法律直接规定。最后，随着科技的发展，未来查阅、复制个人信息也会越来越方便，成本会越来越低，甚至忽略不计。故此，《个人信息保护法》就收费问题作出规定并不妥当。

六、查阅、复制权的排除

依据《个人信息保护法》等法律的规定，在以下两种情形中，个人不得行使查阅、复制权。

（1）法律、行政法规规定应当保密或者不需要告知的情形（《个人信息保护法》第18条第1款）。例如，国家安全机关在反间谍工作中采取技术侦查措施而获取的有关个人信息，依据《保守国家秘密法》是应当保密的。如果法律、行政法规规定应当保密的，那么既不能告知个人，个人也不得行使查阅复制权。至于不需要告知的情形，即个人已经知道了个人信息处理的相关事项，允许个人查阅复制也是毫无必要的，徒增处理者的负担。

（2）国家机关为履行法定职责处理个人信息，如果告知将妨碍国家机关履行法定职责的，则不得告知（《个人信息保护法》第35条）。既然此种情形下不得告知，那么个人也不能行使查阅复制权，否则，会妨碍国家机关履行法定职责。

第五节　个人信息可携带权

一、个人信息可携带权的意义

例3：张三在A医院治疗疾病，A医院收集、存储并使用了张三的医疗健康信息等个人信息。此后当张三到B医院治疗疾病时，张三有权要求A医院将其个人信息转移给新的处理者B医院。

个人信息可携带权，也称“数据可携带权”（Right to Data Portability），是指个人享有的请求个人信息处理者提供相应的途径，将其个人信息转移至所指定的个人信息处理者的权利。如**例3**中，张三请求A医院将其个人信息转移给B医院。该权利是由欧盟《一般数据保护条例》首创的一种新型的数据主体权利。依据该条例第20条，自然人对其同意数据控制者所处理的数据化形式承载的个人信息即个人数据，有权要求该控制者提供结构化的、通用的、机器可读的、能共同操作的、以格式形式加以提供的权利，自然人可以将此等个人数据转移给其他的控制者。欧盟《一般数据保护条例》规定数据可携带权，是为了强化数据主体对以自动化处理的数据的控制，使数据主体可以便捷地将其个人数据从一个控制者传输给另一个控制者。[①] 该权利赋予了数据主体更大的经济上的灵活性，并因

① 欧盟《一般数据保护条例》“鉴于”部分的第68条。

此赋权消费者（Consumer Empowerment），使之有能力轻松地从一个 IT 环境复制或传输个人数据到另一个 IT 环境。[①] 此外，数据可携带权也可以形成服务者之间为争取客户而展开的竞争，推动隐私友好型技术和互操作式数据格式（interoperable data formats）的发展。[②]

规定个人信息可携带权，一方面有助于充分实现个人对其个人信息享有的决定权，方便了个人获取并利用其个人信息，从而可以更好地维护个人权益；另一方面，也能在一定程度上促进个人信息的合理流动与利用，维护消费者利益和社会公共利益。故此，在借鉴欧盟《一般数据保护条例》的基础上，我国《个人信息保护法》第 45 条第 3 款规定了个人信息可携带权。同时，为减少一些弊端，立法机关对个人信息可携带权的适用条件作出了限制，即只有在"符合国家网信部门规定条件"的时候，个人才能行使个人信息可携带权。

评　论

在我国《个人信息保护法》起草过程中，关于是否规定个人信息可携带权，存在赞同与反对两种观点。反对的观点认为：我国法律上不应当赋予自然人以个人信息可携带权。首先，规定个人信息携带权不仅会极大地增加企业的经营成本，在技术实现上存在很大的难度，也会导致企业的竞争优势丧失。毕竟个人信息是网络企业取得竞争优势的很重的资产。此外，规定该权利还将带来各个企业之间以此为工具抢夺数据，存在不正当竞争的风险。[③] 其次，个人信息携带权的确立，很可能导致个人信息企业拥有的个人数据被其他企业免费获得，这明显会抑制企业继续投入资金、技术于收集、储存个人信息的意愿，不利于我国大数据产业的发展。再次，个人信息可携带权使更多数据控制者拥有获取信息主体个人数据的机会，这给许多黑客盗取个人信息大开方便之门。因此，个人信息携带权不是增强了个人对个人数据的控制，而是弱化了其对个人信息的控制，增加其个人信息和个人隐私暴露的风险。[④] 最后，个人信息并不是单个个人的，而会涉及多人，如电子邮件等，承认个人信息可携带权可能会侵害他人的隐私、通信秘密和企业的商业秘密等。

赞同的观点认为：应当承认个人信息的可携带权。其理由在于：首先，赋予个人自由获取和转移个人信息的权利，增强个人对其个人信息的控制权，体现了自然人对其个人信息或个人数据的支配性，是个人信息权益的重要组成部分。[⑤] 其次，规定个人信息可携带权，可以打破个人信息领域的垄断，防止大型网络企业扼杀新型的网络企业的发展，为激励行业竞争和技术创新提供了良好的环境。[⑥] 目前，我国司法实践中已经出现了涉及该问

---

① Paul Voigt & Axel von dem Bussche. The EU General Data Protection Regulation (GDPR): A Practical Guide. Springer, 2017: 168.

② Paal, in: Paal/Pauly, DSGVO, Art. 20 (2017), rec. 5.

③ 京东法律研究院. 欧盟数据宪章：《一般数据保护条例》(GDPR) 述评及实务指引. 北京：法律出版社，2018：64.

④ 卓力雄. 数据携带权：基本概念、问题与中国应对. 行政法学研究，2019 (6).

⑤ 丁晓东. 论数据携带权的属性、影响与中国应用. 法商研究，2020 (1).

⑥ 刘云. 欧盟个人信息保护法的发展历程及其改革创新. 暨南学报（哲学社会科学版），2017 (2).

题的案件，例如，在腾讯和抖音就用户头像和昵称的归属所发生的争议中，就涉及作为用户的个人是否享有个人信息可携带权的问题。[①] 因此，有必要在法律上规定个人信息可携带权。最后，从比较法上来看，欧盟《一般数据保护条例》创设可携带权就是为了赋予个人自由获取和转移个人信息的权利，增强个人对其个人信息的控制权，并降低大型互联网企业利用市场优势地位对用户的"锁定效应"，改善竞争环境，促使企业提升产品和服务质量。欧盟在《一般数据保护条例》实施两周年的评估报告中提出，可携带权对于提升消费者福利、改善竞争环境和促进创新等方面起到了明显作用。

在我国《个人信息保护法》的起草过程中，有的全国人大常委会委员和社会公众、部门、专家提出：为方便个人获取并转移其个人信息，建议借鉴有关国家和地区的立法，增加个人信息可携带权的规定。全国人民代表大会宪法和法律委员会经研究，建议增加规定：个人请求将其个人信息转移至其指定的个人信息处理者，符合国家网信部门规定条件的，个人信息处理者应当提供转移的途径。[②] 最终，《个人信息保护法》对个人信息可携带权作出了规定，即该法第 45 条第 3 款："个人请求将个人信息转移至其指定的个人信息处理者，符合国家网信部门规定条件的，个人信息处理者应当提供转移的途径。"

二、个人信息可携带权与查阅、复制权

查阅复制权与个人信息可携带权都属于个人信息权益的内容，是个人在个人信息处理活动中的权利，二者均被规定在《个人信息保护法》第 45 条。它们的区别如下。

（1）权利的目的不同。查阅、复制权旨在贯彻落实公开透明原则，保护的是个人对其个人信息处理活动的知情权。个人信息可携带权侧重于实现个人对其个人信息处理活动的决定权，同时还具有促进个人信息的流通与再利用，推动数字市场公平竞争等功能。[③]

（2）法律关系的主体不同。查阅、复制权的权利主体是其个人信息被处理的个人，义务主体是个人信息处理者，涉及的是两方当事人的关系。个人信息可携带权中涉及三方当事人：一是可携带权的权利主体即个人；二是可携带权指向的义务人，即被请求转移个人信息的个人信息处理者；三是个人指定的个人信息处理者，即接收个人信息的个人信息处理者。

（3）权利行使要件不同。查阅、复制权的行使要件很简单，原则上个人都有权向个人信息处理者查阅、复制其个人信息，除非有《个人信息保护法》第 18 条第 1 款和第 35 条规定的情形。但是，个人信息可携带权则并不是任何个人针对个人信息处理者皆可行使，必须符合一定的条件，即《个人信息保护法》第 45 条第 3 款授权国家网信部门规定的条件。

（4）权利行使的方式不同。查阅、复制权要求个人信息处理者在自然人行使该权利时，及时提供，包括提供查阅的方法或途径，提供相应的个人信息的复本等。个人信息可

---

① 包晓丽，熊丙万．通讯录数据中的社会关系资本：数据要素产权配置的研究范式．中国法律评论，2020（2）．

② 全国人民代表大会宪法和法律委员会关于《中华人民共和国个人信息保护法（草案）》审议结果的报告。

③ 王锡锌．个人信息可携带权与数据治理的分配正义．环球法律评论，2021（6）．

携带权指向的是个人被某个个人信息处理者所处理的个人信息的集合，由于个人要将该信息集合转移至其指定的其他的个人信息处理者。故此，个人信息可携带权就赋予了个人以一种经过整理的、普遍使用且机器可读的数据格式来获取个人信息的集合的机会，从而能够方便地将其转移给其他个人信息处理者。所以，我国《个人信息保护法》第 45 条要求个人信息处理者应当提供转移的途径。

三、个人信息可携带权的行使要件

《个人信息保护法》第 45 条第 3 款没有明确可携带权行使的要件，而授权给国家网信部门来作出具体规定。本书认为，我国法上的个人信息可携带权的行使要件至少包括以下两项：其一，自动化处理的个人信息，即可以行使可携带权的个人信息应当是采取网络信息技术进行自动化处理的个人信息，对于非自动化处理的个人信息，尤其是电子方式以外的其他方式记录的个人信息，无须适用可携带权。其二，只有基于同意处理的个人信息以及为订立和履行个人作为一方当事人的合同所必需的个人信息才适用可携带权。在为履行法定职责或者法定义务、应对突发公共卫生事件等其他依据法律、行政法规的规定而处理个人信息的场合，不适用可携带权。例如，在国家机关为履行法定职责而处理个人信息的情形中，个人不能向国家机关行使可携带权，要求国家机关为个人将个人信息转移至其指定的个人信息处理者提供转移的途径。

四、个人信息可携带权的实现方式

例 4： 陈某一直使用 A 公司的电子邮箱，最近其又在 B 公司注册了一个新的电子邮箱。陈某想要将其在 A 公司电子邮箱中的联系人列表导入该新的电子邮箱中，于是向 A 公司行使个人信息可携带权。

个人请求将个人信息转移至其指定的个人信息处理者，如果满足国家网信部门规定的条件的，则个人信息处理者应当提供转移的途径（《个人信息保护法》第 45 条第 3 款）。所谓提供转移的途径，可以是指个人信息处理者为个人提供经过整理的、普遍使用的且机器可读的方式来获取或下载其个人数据，如**例 4** 中，A 公司应当为陈某提供相应的下载链接，从而使陈某可以将联系人列表导入新的电子邮箱中。也可以是个人信息处理者通过提供数据转移通道来便捷地将个人信息转移给个人所指定的个人信息处理者。例如，2018 年，谷歌公司发起“数据转移计划（DTP）”项目。这是一个开源项目，该项目所开发的工具能够让用户将个人信息（照片、视频、邮件记录等）直接从一个服务器转移到另一个服务器，既不需要使用第三方工具，也不会存在数据泄露的安全风险。微软、推特、脸书以及苹果公司也都参加了该技术。目前，仅谷歌一家公司就有 70 多种产品和服务可支持用户通过数据传输工具获取和转移照片、邮件记录等个人信息，月均文件传输量可达 200 万条，在 2019 年文件传输量达到了 2 000 亿条。

第六节　更正、补充权

一、更正、补充权的意义

例 5：李某下载了 A 航空公司的 App，填写了姓名、身份证号码、电子邮箱、手机号码、银行信用卡号等信息。在购买了该航空公司的一张机票后，李某发现填写的电子邮箱有误，为了确保能够收到航空公司发送的电子发票，便对电子邮箱进行了更正。

例 6：王某在 B 网络购物平台上填写的收货人地址有误，将“8 号楼三单元 202”写成“8 号楼二单元 202”，于是申请更正该信息。

更正补充权是更正权和补充权的统称，是指在个人发现其个人信息不准确或不完整时，请求个人信息处理者进行相应的更正或者补充的权利（《个人信息保护法》第 46 条）。欧盟《一般数据保护条例》称之为“更正权（Right to Rectification）”。在个人信息处理活动中，如果处理者处理的个人信息是不准确或不完整的，将对个人的权益造成不利影响甚至损害。例如，在征信活动中，如果征信机构所处理的作为信用评价对象的个人的信息是不完整或不准确的，那么就会导致个人被错误的进行信用评级，对其获得贷款、就业等生产生活造成不利影响。在**例 5** 中，不更正电子邮箱，则李某收不到电子发票，而**例 6** 中，不更正收货人地址，商家寄送给王某的物品就无法或迟延收到。如果说前述个人信息的不准确或不完整只是导致个人的财产权益受到不利影响，那么处理的个人的医疗健康信息如果出现错误的话，很可能导致患者的生命健康权受到损害。

由于更正权有助于纠正和预防对信息主体权利和自由的不利影响，极为重要，故此，该权利也是个人信息或数据保护立法中被最早规定的一类权利。如欧盟《一般数据保护条例》第 16 条规定：“数据主体有权要求控制者及时更正与其相关的不准确的个人数据。考虑到处理的目的，数据主体应当有权将不完整的个人数据补充完整，包括通过提供补充声明的方式。”此外，日本《个人信息保护法》第 29 条、韩国《个人信息保护法》第 36 条。

在我国《个人信息保护法》颁布前，《网络安全法》《民法典》等法律以及一些行政法规也规定了更正权。《网络安全法》第 43 条第二分句规定：“发现网络运营者收集、存储的其个人信息有错误的，有权要求网络运营者予以更正。网络运营者应当采取措施予以删除或者更正。”《民法典》第 1037 条第 1 款第二句规定，自然人发现信息有错误的，有权提出异议并请求及时采取更正等必要措施。《征信业管理条例》第 25 条规定：“信息主体认为征信机构采集、保存、提供的信息存在错误、遗漏的，有权向征信机构或者信息提供者提出异议，要求更正。征信机构或者信息提供者收到异议，应当按照国务院征信业监督管理部门的规定对相关信息作出存在异议的标注，自收到异议之日起 20 日内进行核查和处理，并将结果书面答复异议人。经核查，确认相关信息确有错误、遗漏的，信息提供者、征信机构应当予以更正；确认不存在错误、遗漏的，应当取消异议标注；经核查仍不能确认的，对核查情况和异议内容应当予以记载。”

《个人信息保护法》第 8 条将质量原则明确规定为个人信息保护法的一项基本原则，故此，个人信息处理者负有采取合理的措施保证其处理的个人信息的准确性与完整性的义务，从而防止对个人权益造成不利的影响。另外，《个人信息保护法》又在第 46 条赋予了个人在发现其个人信息不准确或不完整时，请求个人信息处理者进行更正或补充的权利。如此一来，就可以有效地保证个人信息的准确和完整，从而更好地维护个人信息权益。

二、更正、补充权的主体

例 7：B 公司经营的 BD 网站中有所谓的“BD 百科”栏目，该栏目允许用户自行编辑词条，其中不知道何人编辑的关于张某的一个词条存在大量的错误和遗漏。张某请求 B 公司更正错误并补充相关信息。

个人信息的更正补充权的主体是个人，即个人信息被处理的个人。个人发现其个人信息不准确或者不完整时，就有权请求个人信息处理者进行更正、补充。个人信息的更正、补充权可以由信息主体本人亲自行使，也可以委托其他人代为行使。当信息主体是未成年人时，应当由其父母或者其他监护人行使更正、补充权。《未成年人保护法》第 72 条第 2 款规定：“未成年人、父母或者其他监护人要求信息处理者更正、删除未成年人个人信息的，信息处理者应当及时采取措施予以更正、删除，但法律、行政法规另有规定的除外。”至于死者的个人信息更正、补充权，依据《个人信息保护法》第 49 条，应当由其近亲属行使。

个人信息的更正、补充权所指向的义务主体是个人信息处理者，即自主决定处理目的、处理方式的组织、个人。在**例 7** 中，虽然关于张某的词条是网站的不知名用户编辑的，但是张某的个人信息是被 B 公司所处理的，因此 B 公司是个人信息处理者，负有更正、补充的义务。个人只能针对处理了其个人信息的处理者行使更正、补充权，而不能针对没有处理其个人信息的处理者行使该权利。如果处理者是共同处理者，即两个以上的个人信息处理者共同决定个人信息处理目的与处理方式的，个人可以向任何一个个人信息处理者要求行使更正补充权。共同处理者内部的约定（如约定仅由某一个人信息处理者来接受个人更正、补充的请求的），对于个人行使更正、补充权，不发生影响（《个人信息保护法》第 20 条）；如果是个人信息处理者合并、分立等原因导致了个人信息发生转移，则应当向个人告知接收方的名称或者姓名和联系方式，以便个人向接收方行使更正补充权（《个人信息保护法》第 22 条）；如果处理者向其他处理者提供其处理的个人信息或者向境外提供个人信息的，则应当告知个人接收方的名称或者姓名和联系方式等，尤其是在向境外提供个人信息的情形中，必须将个人向境外接收方行使《个人信息保护法》规定的权利的方式加以告知（《个人信息保护法》第 23 条、第 39 条），以便个人便捷地行使更正、补充权。

三、更正、补充权的行使要件

例 8： 张某在 A 公司下单订购某商品，张某认为双方的交易信息中关于购买的商品的数量有误，于是便要求行使更正、补充权，要求 A 公司更正商品的数量。

例 9： 孙某盗窃了王某的手机，通过短信验证等方式，向个人信息处理者 A 公司主张行使更正、补充权，将王某的收货地址改为孙某自己的收货地址，窃取了王某购买的商品。

（一）个人信息是不准确的或者不完整的

所谓个人信息不准确（inaccurate personal information），就是指处理者所处理的个人信息与真实的个人信息不一致，不能反映真实的情况。例如，个人的家庭住址、身份证号码、电话号码、生物识别信息、医疗健康信息等出现错误。存在疑问的是，个人信息处理者对个人作出的价值判断（value judgements），如对用户的个人偏好、行为或态度等作出的分析或预测中包含或涉及了不准确的个人信息的，是否属于不准确的个人信息？理论上认为，这种情况下需要进行各方利益的平衡，从而认定更正是否必要与合理。如果处理者的价值判断导致了一个人被呈现出虚假的形象且该虚假的形象是能够被证实的，那么该信息就应当更正。①

个人信息不完整（incomplete personal information），是指个人信息存在缺失或者遗漏。个人信息完整与否，是相对于个人信息处理目的而言。个人信息处理应当遵循目的限制和最小必要原则，即处理个人信息应当限于实现处理目的所必要的最小范围。这样一来，个人在同意处理者处理的个人信息当然可以是部分的或不完全的。但是，随着处理活动的进行，如果个人认为处理者所处理的个人信息相对于实现处理目的而言是不全面的或不完整的，那么其就有权要求个人信息处理者补充相应的个人信息。问题是，个人要求个人信息处理者补充个人信息，实际上增加了被处理的个人信息的数量，提高了个人信息处理者的成本与负担。此时，个人信息处理者在决定是否补充时应当考虑以下因素：补充的个人信息是否是实现特定的个人信息处理目的所必需的；补充个人信息是否有助于个人信息处理活动；如果不补充个人信息是否会使个人因信息的不完整而面临风险等。②

个人信息无论是不准确还是不完整，原因很多，有可能是个人提供时的错误，也可能是客观情况发生了变化，还可能是个人信息处理者的自身原因。无论是什么原因，都不影响个人向个人信息处理者行使更正、补充权。

（二）个人只能对其个人信息请求更正或补充

个人只能针对其个人信息请求更正或补充意味着：一方面，个人信息处理者的处理活动必须是合法的，如果是非法处理个人信息，则个人可以行使《个人信息保护法》第 47

---

① Paul Voigt & Axel von dem Bussche. The EU General Data Protection Regulation (GDPR): A Practical Guide. Springer, 2017: 155.

② Paul Voigt & Axel von dem Bussche. The EU General Data Protection Regulation (GDPR): A Practical Guide. Springer, 2017: 156.

条规定的删除权。另一方面，依据《个人信息保护法》第 46 条的规定，个人只能在发现“其个人信息”不准确或不完整时，才能请求个人信息处理者更正、补充。这就是说，当某个信息并非个人信息或者不是该自然人的个人信息时，该自然人不能行使更正、补充权。在**例 8** 中，张三与 A 公司的交易信息本身就不是张三的个人信息，况且还涉及 A 公司。故此，除非 A 公司与张三一致认为这个交易信息是不准确或不完整的，应当予以更正或补充，否则张三不能以行使更正、补充权为由要求修改购买的商品的数量。

既然个人只能对其个人信息请求更正或补充，那么，当某个个人行使更正补充权时，个人信息处理者就负有采取合理措施，核验申请更正或补充的个人是否属于信息主体的义务，避免因冒名顶替行使更正补充权而损害真实信息主体的合法权益。**例 9** 中，如果因为个人信息处理者 A 公司没有尽到合理的核验义务，给个人造成损害的，应当承担赔偿责任。

（三）个人信息处理者的核实与更正、补充义务

《个人信息保护法》第 46 条第 2 款要求，个人信息处理者在收到个人的更正补充请求后，应当对其个人信息予以核实，并及时更正或补充。核实，意味着个人信息处理者不能只要收到个人更正、补充的请求时，就直接予以更正或补充，而必须核实个人信息是否存在不准确或不完整的情形。个人对其个人信息的不准确或者不完整应当负有举证证明的责任。所谓及时，就是个人信息处理者应当毫不迟延。欧盟《一般数据保护条例》第 12 条第 3 款规定：“控制者应当自收到请求起不得超过一个月内提供根据本条例第 15 至第 22 条采取行动的信息。考虑到请求的复杂性和数量，在必要时，这一期限可以再延长两个月。对于延期提供信息的任何情况，控制者都应当自收到请求起一个月内通知数据主体相关情形和延迟原因。”我国《个人信息保护法》没有规定具体多长时间，实践中，应当根据更正、补充的难易程度等因素确定处理者进行更正或补充所需要的时间。例如，《App 违法违规收集使用个人信息行为认定方法》第 6 条规定，虽提供了更正、删除个人信息及注销用户账号功能，但未及时响应用户相应操作，需人工处理的，未在承诺时限内（承诺时限不得超过 15 个工作日，无承诺时限的，以 15 个工作日为限）完成核查和处理的行为，可以被定为“未按法律规定提供删除或更正个人信息功能”。

第七节　删除权

一、删除权的含义与意义

所谓删除权（right to erasure），是指在符合规定的条件时，作为信息主体的个人所享有的请求个人信息处理者删除所处理的其个人信息的权利。从比较法来看，不少国家或地区的个人信息保护法或个人数据保护法都明确规定了个人享有删除权。例如，欧盟《一般数据保护条例》第 17 条第 1 款、韩国《个人信息保护法》第 36 条、美国加利福尼亚州《消费者隐私保护法》第 1798.105 节（a）与（c）等。在《个人信息保护法》颁布之前，我国《网络安全法》《民法典》《未成年人保护法》等法律也都规定了删除权。例如，《网络安全法》第 43 条第一句规定：“个人发现网络运营者违反法律、行政法规的规定或者双

方的约定收集、使用其个人信息的，有权要求网络运营者删除其个人信息。”再如，《民法典》第1037条第2款规定：“自然人发现信息处理者违反法律、行政法规的规定或者双方的约定处理其个人信息的，有权请求信息处理者及时删除。”《未成年人保护法》第72条第2款规定：“未成年人、父母或者其他监护人要求信息处理者更正、删除未成年人个人信息的，信息处理者应当及时采取措施予以更正、删除，但法律、行政法规另有规定的除外。”此外，一些法规和规章如《征信业管理条例》第16条第1款、《儿童个人信息网络保护规定》第20条，还规定了处理者主动删除个人信息的义务。

在总结上述法律法规的规定的基础上，为充分满足我国个人信息权益保护的需要，《个人信息保护法》第47条对个人信息处理者的删除个人信息的义务以及个人请求删除个人信息的权利作出了详细的规定，包括删除权适用的具体情形（第1款），依据法律、行政法规的规定不能删除或难以删除时个人信息处理者应当采取的措施（第2款）等。

《个人信息保护法》规定删除权具有重要意义。一方面，规定删除权，要求个人信息处理者主动删除个人信息并赋予个人请求个人信息处理者删除个人信息的权利，更加充分地体现了个人就其个人信息处理享有的决定权。另一方面，删除权更好地保障了合法原则与目的限制原则在个人信息处理活动中的贯彻落实。①

二、删除权与相关权利的关系

例10：任某曾与T公司有过长期合作，相关的照片等各种公开信息在网上很多，由于T公司的名声逐渐变差，任某要求B搜索引擎公司删除或者断开链接，让人们无法搜索到这些信息，被B公司拒绝，于是任某向法院起诉B公司。

（一）删除权与被遗忘权

被遗忘权（right to be forgotten）的概念最早是由2014年欧盟法院针对西班牙的“冈萨雷斯诉谷歌案（Google-González）”所作出的判决提出的。② 在该判决中，欧盟法院认为，作为数据控制者的谷歌公司对其处理的第三方发布的带有个人数据的网页信息负有责任，有义务将其删除。如果数据超出收集或处理数据的目的，或者数据不完全、不正确、不相关，或者超出储存时间或者存在强制性合法理由时，数据主体就享有“被遗忘权”，这种权利的享有不要求数据对数据主体造成伤害。由此该判决确立了欧盟法上的“被遗忘权”的概念。2018年的欧盟《一般数据保护条例》第17条明确规定了被遗忘权。依据该条第2款之规定，如果控制者将符合该条第1款条件的个人数据进行了公开传播，则其应采取所有合理的方式予以删除（包括采取可用的技术手段和投入合理成本），控制者有责任通知处理此数据的其他数据控制者删除关于数据主体所主张的个人数据链接、复制件。

---

① 程啸. 论《个人信息保护法》中的删除权. 社会科学辑刊，2022（1）.

② 关于该案案情和判决的详细介绍，中文资料可参见周辉. 欧盟“被遗忘权”第一案概要. 网络法律评论，2015（2）；漆彤，施小燕. 大数据时代的个人信息“被遗忘权”：评冈萨雷斯诉谷歌案. 财经法学，2015（3）；于向花. 被遗忘权研究. 北京：中国社会科学出版社，2020：23-30；张建文，等. 被遗忘权的法教义学钩沉. 北京：商务印书馆，2020：35-40.

这就是说，控制者并不仅仅要删除自己所控制的数据，就其公开传播的数据还负有通知其他的第三方停止利用、删除的义务。

2015年，在我国也发生第一起被遗忘权纠纷案件，即北京市第一中级人民法院终审的“任某玉与北京百度网讯科技有限公司名誉权纠纷案”，该案引发了我国理论界与实务界对被遗忘权的关注和讨论。在该案中，原告曾经与无锡陶氏生物科技有限公司（以下简称陶氏公司）有过合作，网上存在不少关于该合作关系的信息。原告认为，其与陶氏公司的合作已经结束，且因该公司在业界口碑不好，经常有学生退钱，故如果有学生及合作伙伴搜索其名字，从百度页面看到搜索结果会误以为其与该公司还有合作，该不良搜索结果会影响其就业、工作交流及日常生活，这样的搜索信息应当被“遗忘”，所以原告要求百度公司删除这些信息。终审判决认为，我国现行法中并无法定称谓为“被遗忘权”的权利类型，同时，由于“涉诉工作经历信息是任某玉最近发生的情况，其目前仍在企业管理教育行业工作，该信息正是其行业经历的组成部分，与其目前的个人行业资信具有直接的相关性及时效性；任某玉希望通过自己良好的业界声誉在今后吸引客户或招收学生，但是包括任某玉工作经历在内的个人资历信息正是客户或学生借以判断的重要信息依据，也是作为教师诚实信用的体现，这些信息的保留对于包括任某玉所谓潜在客户或学生在内的公众知悉任某玉的相关情况具有客观的必要性。任某玉在与陶氏相关企业从事教育业务合作时并非未成年人或限制行为能力人、无行为能力人，其并不存在法律上对特殊人群予以特殊保护的法理基础”①。故此，任某玉在本案中主张的应“被遗忘”（删除）信息的利益也不具有正当性和受法律保护的必要性，不应成为侵权保护的正当法益，其主张该利益受到一般人格权中所谓“被遗忘权”保护的诉讼主张，法院不予支持。②

我国法律没有明确承认被遗忘权。删除权与被遗忘权都体现了个人对其个人信息处理的决定权，但是，二者在保护的利益、适用的条件等方面都存在差异。首先，被遗忘权使社会忘记个人的陈年往事，即无法通过网络重新将过去的事情翻出来，以便个人重塑自己的数字人格。因此，被遗忘权所保护的个人利益与社会公共利益存在较大的冲突。删除权主要是贯彻落实个人信息处理的必要原则与目的限制原则，保证个人对个人信息处理的决定权，防止非法的个人信息处理活动给个人权益造成损害。因此，删除权中并不存在个人利益与社会公共利益冲突的问题。其次，被遗忘权所指向的个人信息都是合法公开的个人信息，是个人信息处理者有权不取得个人同意即可处理的个人信息；而删除权所指向的个人信息不仅仅包括合法公开的个人信息，无论处理者是基于个人同意还是基于法律、行政法规的规定而处理的个人信息，都可以适用删除权。

评　论

在我国《个人信息保护法》的起草过程中，就是否需要规定被遗忘权存在不同的看法。赞同者认为，被遗忘权是现代信息社会中个人要求清除其负面历史信息并消除因此对

---

① 北京市第一中级人民法院（2015）一中民终字第09558号民事判决书.

② 丁宇翔. 被遗忘权的中国情境及司法展开：从国内首例“被遗忘权案”切入. 法治研究，2018（4）.

自身声誉的不利影响的必然需求，有利于保障人格尊严。① 在数字化与信息化时代，合理的遗忘机制已经被打破，“记忆已经成了常态，而遗忘反而成了例外”②，“完整的数字化记忆代表了一种更为严酷的数字圆形监狱。由于我们所说与所做的许多事情都被储存在数字化记忆中，并且可以通过存储器进行访问，因此，我们的言行可能不仅会被我们同时代的人们所评判，而且还会受到所有未来人的评判”③。“上帝宽恕和忘记我们的错误，但互联网从来不会，这就是为什么被遗忘权对于我们如此重要。随着越来越多的私人数据在网络上浮动，尤其是在社交网络上，人们应当拥有将他们的数据完全加以删除的权利。”④ 所以，应当通过确立被遗忘权而确立数字时代的新的遗忘机制，使个人免于受困于历史记忆，从而对抗信息与数字技术给个人打上的“永恒烙印”⑤。个人信息保护法在保护信息隐私和信息主体的可识别性之外，越来越有必要关注个人信息作为评断信息主体的功能，被遗忘权有助于信息主体更新自己的数字人格。遗忘过去就是谅解个体的陈年劣迹的重要因素，有助于社会和解和个人自省，也可以保护逝者亲属的内心安宁。⑥

反对者认为，被遗忘权希望实现的目标是删除个人遗留在信息网络当中的各种有关个人的数字痕迹，从而使其被他人所“忘记”，但这些数字痕迹往往是个人之前产生的不光彩或不愿意让别人“知晓”的信息。⑦ 如果承认被遗忘权，就意味着个人可以不断重写历史，改头换面，将虚假的个人历史信息呈现于世人面前。这种做法构成了对公众的欺骗，损害了公众的知情权与公共利益，不利于舆论监督。⑧ 网络上涉及个人的信息并不一定都是个人信息，还会涉及其他人，因此承认被遗忘权会严重损害言论自由与信息的自由流动，同时也无端增加了企业的负担。至于网络与信息时代的数字化记忆可能会对个人产生的负面影响，应当通过社会规范与社会声誉机制来调整，而非简单地赋予个体以被遗忘权。⑨ 据统计，自 2014 年 6 月以来，“冈萨雷斯诉谷歌案（Google-González）”已经促使谷歌处理了至少 703 910 件请求，这些请求要求谷歌从搜索引擎中删除 1 948 737 个链接（URL），谷歌也在以姓名为关键词的搜索结果中删除了这些链接中的至少 43.2%。在过去数年中，被遗忘权曾被一名乡村牧师所主张，他曾在村民指控他裸身站在住宅窗边咒骂孩童后辞职；被一名医生所主张，他曾因试图在他怀孕情妇的饮料中下药致使胎儿流产而被定罪；被一名屠夫所主张，他曾因威胁要将与他不和的妻子参与集体性爱行为的录像寄

---

① 杨立新，韩煦. 被遗忘权的中国本土化及法律适用. 法律适用，2015（2）.

② ［英］维克托·迈尔-舍恩伯格. 删除：大数据取舍之道. 袁杰，译. 杭州：浙江人民出版社，2013：72.

③ ［英］维克托·迈尔-舍恩伯格. 删除：大数据取舍之道. 袁杰，译. 杭州：浙江人民出版社，2013：18.

④ Viviane Reding, Vice-President of the European Commission, responsible for justice, fundamental rights and citizenship privacy matters-Why the EU needs new personal data protection rules, The European Data Protection and Privacy Conference Brussels, 30 November 2010, available at https://ec.europa.eu/commission/presscorner/detail/en/SPEECH_10_700, 2021-11-20.

⑤ Daniel Solove. The Future of Reputation: Gossip, Rumor, and Privacy on the Internet. New Haven and London: Yale University Press, 2007: 11.

⑥ 张建文，等. 被遗忘权的法教义学钩沉. 北京：商务印书馆，2020：44-45.

⑦ 陈昶屹. “被遗忘权”背后的法律博弈. 北京日报，2014-05-21（14）.

⑧ 丁宇翔. 被遗忘权法定化不利于舆论监督. 光明日报，2020-01-11（6）.

⑨ 丁晓东. 被遗忘权的基本原理与场景化界定. 清华法学，2018（6）：100.

给他富有的岳父母进行敲诈勒索而被定罪。甚至有人主张被遗忘权来对抗被遗忘权。[①] 此外，被国内学者热议的欧盟《一般数据保护条例》所规定的“被遗忘权”，其核心仍然是传统的删除权，无非是在该权利的基础上进行了扩展，即要求数据控制者在进行了传播的情形下，应当告知第三方予以删除。不少学者混淆了“删除权”与“被遗忘权”的内涵，将我国尚未建立的“删除权”也打上“被遗忘权”的标签。对我国个人信息保护立法而言，更为迫切的需求是建立包括删除权在内的最基本制度。[②]

本书认为，被遗忘权不同于删除权。我国《民法典》《个人信息保护法》虽然没有明确规定被遗忘权，但是《民法典》《个人信息保护法》对公开个人信息处理的规范中似乎蕴含了被遗忘权。依据《民法典》和《个人信息保护法》的规定，个人信息处理者可以在合理的范围内处理个人自行公开或者其他已经合法公开的个人信息，但是，个人明确拒绝的除外。这就意味着，个人可以通过明确拒绝使他人无法处理其合法公开的个人信息，从而达到被遗忘的目的。[③] 在**例 10** 中，任某可以要求 B 公司不得通过搜索引擎将其合法公开的与 T 公司合作的信息公开，从而达到被遗忘的目的。

（二）删除权与撤回同意权

依据《个人信息保护法》第 15 条，当处理者是基于个人同意而处理个人信息时，个人有权撤回同意。一旦个人撤回了同意，那么个人信息处理者就丧失了处理个人信息的合法性根据，除非依据法律、行政法规的规定可以继续处理个人信息，否则应当停止处理个人信息。此时就涉及撤回同意权与删除权的关系问题。一方面，从二者的适用关系来看，撤回同意可能会导致处理者必须删除个人信息，但并非必定如此。因为在个人撤回同意后，如果处理符合法律、行政法规规定的处理个人信息的情形，如《个人信息保护法》第 13 条第 1 款第 2—7 项规定的不需要取得个人同意即可处理个人信息的情形，即便个人撤回同意，也并不会导致个人信息处理者要删除所处理的个人信息。此外，个人只有针对那些基于个人同意而处理个人信息的情形才能撤回同意，如果本身就不是基于个人同意而处理个人信息的，个人无法行使撤回权。如果存在处理目的已经实现、无法实现等法律规定的应当删除的情形，则个人只要行使删除权即可，也没有必要撤回个人同意。而且，处理者完全就是非法处理个人信息，如通过窃取、非法买卖等方式取得个人信息时，个人显然是不需要通过撤回同意来阻止处理者处理个人信息的，而只需要通过行使删除权要求个人信息处理者予以删除即可。另一方面，从二者的法律效果来看，在个人信息处理者非法处理个人信息而侵害个人信息权益并造成损害时，自然人不仅有权要求处理者删除其违法处理的个人信息，还有权要求处理者承担赔偿损失等侵权责任。但是，在撤回同意的情形下，个人撤回同意这一行为本身并不影响撤回前基于个人同意已进行的个人信息处理活动的效力，故此，个人不可能在撤回同意后，要求处理者就此前的处理行为承担民事责任。

---

① ［美］罗伯特·C. 波斯特. 数据隐私与尊严隐私：谷歌西班牙案、被遗忘权与公共领域的构建. 王旭，译. 京师法学，2019 (12).

② 王融. “被遗忘权”很美?：评国内首例“被遗忘权”案. 中国信息安全，2016 (8)：89.

③ 程啸. 论公开的个人信息处理的法律规制. 中国法学，2022 (3).

（三）删除权与网络侵权责任中的删除

例 11：张某在B公司的视频网站上播放包含李某的私密信息的视频，李某向B公司发出通知，要求其删除该视频。

我国《民法典》侵权责任编对网络侵权责任作出了详细的规定，其中一项重要的规则就是“通知删除规则”。依据《民法典》第1195条与第1196条的规定，当权利人发现网络用户利用网络服务提供者提供的网络服务对其实施侵权行为时，有权通知网络服务提供者采取删除等措施，网络服务提供者在接到权利人的有效通知后应当及时采取该等措施，否则要就扩大的损害与实施侵权行为的网络用户一起向权利人承担连带责任。在**例 11** 中，张某公开播放包含李某私密信息的视频，该行为是侵害李某隐私权的侵权行为。故此，李某有权通知B公司删除该视频。由此可见，在网络侵权纠纷中，网络服务提供者在特定条件也负有删除的义务。虽然都用了“删除”一词，但是这两类删除是不同的，它们存在以下区别。

（1）适用的范围不同。《个人信息保护法》规定的删除权适用于个人信息处理活动中，是个人针对个人信息处理者所主张的权利，无论处理者是国家机关还是非国家机关，也无论处理个人信息是通过网络还是不通过网络，均可以适用。但是，《个人信息保护法》中的删除权不适用自然人因个人或者家庭事务处理个人信息的情形。《民法典》关于网络侵权责任中规定的删除属于法律施加给网络服务提供者预防和制止网络侵权行为的一项义务，其仅适用于网络服务提供者，而不适用于其他主体，至于该网络服务提供者是否属于个人信息处理者，在所不问。也就是说，无论网络侵权行为侵害的是否属于个人信息权益，都可以适用《民法典》中针对网络侵权责任规定的删除。

（2）适用条件不同。《个人信息保护法》所规定的删除，既包括个人信息处理者主动删除，也包括个人请求处理者加以删除。但是，《民法典》网络侵权责任中网络服务提供者采取删除这一措施的情形有二：一是网络服务提供者不知道并且不应当知道网络用户利用其网络服务侵害他人民事权益，此时需要权利人发出符合法律要求的通知，网络服务提供者收到该通知后有义务删除；二是网络服务提供者知道或者应当知道有人利用其网络服务实施侵权行为的，那么无论网络用户是否通知，网络服务提供者都必须采取删除等措施。

（3）法律后果不同。个人信息处理者侵害个人的删除权的，个人有权提起诉讼，请求法院判决处理者履行删除义务。在网络侵权责任中，如果网络服务提供者在接到权利人的通知后没有及时采取删除等必要措施，或者该提供者知道或者应当知道网络用户利用其网络服务侵害他人民事权益而未采取删除等必要措施，那么网络服务提供者与侵权人承担连带责任。

三、删除权行使的情形

例 12：A公司有三个空缺岗位对外进行招聘，收到了100名应聘者投递的简历，经过筛选，最终有10名应聘者进入面试环节。

例 13： B 网络购物公司因负债累累无法经营，进行破产清算。该公司宣布，从 2023 年 3 月 1 日起停止提供网络购物服务。

（一）应当删除个人信息的情形

依据《个人信息保护法》第 47 条第 1 款，以下五种情形中，个人信息处理者应当删除其处理的个人信息，如果没有删除的，个人有权请求删除。

1. 处理目的已实现、无法实现或者为实现处理目的不再必要

这一删除的情形是与目的限制原则密切相关的。目的限制原则要求处理者处理个人信息应当具有明确、合理的目的，并且应当与处理目的直接相关，采取对个人权益影响最小的方式（《个人信息保护法》第 6 条）。目的限制原则构成了适用删除权最核心的场景，这也就意味着只有处理目的是明确、具体的，才可能判断出处理者目的已实现、无法实现或为实现处理目的而不再必要。[①] 在**例 12** 中，由于最终只有 10 名应聘者进入面试环节，故此没有进入面试环节的 90 名应聘者的个人信息对处理者 A 公司实现其处理目的（招聘新员工）而言，就不再必要了，应当删除。一旦 10 名面试者中最终录取了 3 人，完成了此次招聘，则剩余的 7 人的个人信息也应当被删除，因为 A 公司的处理目的已经实现了。如果处理者有多个个人信息的处理目的，仅仅其中部分处理目的实现了，个人信息对于实现剩下的处理目的而言仍然是必要的，处理者可以不删除个人信息。

2. 个人信息处理者停止提供产品或者服务

在很多情形中，处理者之所以处理个人信息，是为了履行其与个人之间成立的合同，向个人提供产品或者服务，甚至某些个人信息的处理对于提供产品或者服务是必须的。故此，处理者可以基于个人的同意或者在为了履行个人作为一方当事人的合同所必需的情况下无须取得个人的同意而处理个人信息。然而，一旦个人信息处理者停止提供产品或者服务，个人信息的处理目的就不存在，处理的正当性也消失了，处理者应当主动删除个人信息。所谓个人信息处理者停止提供产品或者服务的情形包括：个人信息处理者已经履行完毕与个人之间订立的合同或者双方的合同已因解除等其他原因而终止；个人信息处理者因为解散、破产等原因而终止，已经无法提供产品或者服务。**例 13** 中，B 网络购物公司因破产清算而从 2023 年 3 月 1 日起停止提供网络购物服务，故此 B 公司应当依法删除其收集的个人信息。

3. 个人信息的保存期限已届满

个人信息的保存期限首先是指法律、行政法规规定的保存期限。因为，当法律、行政法规规定了保存期限时，处理者与个人约定的保存期限不得短于法律、行政法规规定的保存期限。只有在法律、行政法规没有规定保存期限时，处理者与个人才能进行约定，当然，该保存期限的约定也应当遵循目的限制原则，即保存期限应当为实现处理目的所必要的最短时间（《个人信息保护法》第 19 条）。无论是法定的保存期限还是约定的保存期限届满的，个人信息处理者均应主动删除个人信息。

---

① Jef Ausloos. The Right to Erasure in EU Data Protection Law. Oxford：Oxford University Press，2020：199.

4. 个人撤回同意

在基于个人同意而进行的个人信息处理中，个人同意是个人信息处理活动的合法性基础，而个人有权随时撤回同意，虽然撤回同意不影响撤回前基于个人同意已经进行的个人信息处理活动的效力（《个人信息保护法》第 15 条第 2 款），但是，在个人撤回同意后，除非还具有其他合法根据，否则处理者再进行处理活动就是非法的。在这种情形下，个人信息处理者也没有必要继续储存个人信息了，应当主动删除。个人在撤回同意的同时可以要求处理者删除其个人信息。当然，个人也可以仅仅撤回同意，但不要求处理者删除其个人信息。此时，个人信息处理者只能存储个人信息和采取必要的安全保护措施，必须停止其他的个人信息处理活动。

5. 个人信息处理者违反法律、行政法规或者违反约定处理个人信息

前述应当删除个人信息的情形都是指个人信息处理者合法处理个人信息，而一旦处理者违反法律、行政法规或者违反约定处理个人信息，那么这种处理活动是非法的，个人信息处理者应当立即停止非法处理活动，即删除个人信息，个人也有权请求其删除。个人信息处理者删除个人信息并不能免除其因非法处理活动而需要承担的法律责任。由于个人信息处理者违反法律、行政法规或者违反约定处理个人信息的情形各不相同，因此删除义务的主体或删除权所指向的对象也不同。如果处理者未取得个人同意而收集个人信息的，该处理者应当删除非法收集的个人信息；如果处理者未取得个人的单独同意而公开其处理的个人信息的，应当删除该个人信息，同时还应当通知其他处理该信息的处理者加以删除；如果处理者未取得个人的单独同意将个人信息提供给其他处理者的，接受者应当主动删除，而提供者也负有通知接受者删除该个人信息的义务。

6. 法律、行政法规规定的其他情形

这是兜底性规定，例如，《征信业管理条例》第 16 条第 1 款规定："征信机构对个人不良信息的保存期限，自不良行为或者事件终止之日起为 5 年；超过 5 年的，应当予以删除。"

（二）不得或无法删除个人信息的情形

1. 法律、行政法规规定的保存期限未届满

这是指，虽然已经符合《个人信息保护法》第 47 条第 1 款第 1—3 项的情形，个人信息处理者应当主动删除个人信息的，但由于法律、行政法规规定了保存期限，而该期限并未届满，如果个人信息处理者主动删除个人信息或者个人有权请求删除个人信息，就势必出现违反法律、行政法规的规定。例如，《证券法》第 137 条要求证券公司妥善保存客户开户资料、委托记录、交易记录和与内部管理、业务经营有关的各项信息的期限不得少于 20 年。再如，《精神卫生法》第 47 条要求医疗机构保存精神障碍患者的病历资料不得少于 30 年。在前述法律规定的保存期限内，无论是处理目的已经实现或者为实现处理目的不再必要，抑或个人信息处理者停止提供产品或者服务，个人撤回同意的，都不能删除个人信息。此时，个人信息处理者必须停止除存储之外的处理活动。此外，由于处理者依然存储个人信息，故此，依据《个人信息保护法》第 51 条、《民法典》第 1038 条第 2 款以及《网络安全法》第 42 条第 2 款的规定，必须采取必要的安全保护措施。由于采取必要的安全保护措施也涉及对个人信息的一些处理，如加密、去标识化等，所以《个人信息保护

法》第 47 条第 2 款统称为“个人信息处理者应当停止除存储和采取必要的安全保护措施之外的处理。”

2. 删除个人信息从技术上难以实现

在现代网络信息社会，收集个人信息越来越容易，成本也越来越低，但是删除个人信息的成本比较高。“现实中，大多数数据库都随着时间的推移拼在一起，并未考虑今后要如何删除数据；如果一个数据库非常复杂，那么一个程序员要耗费几十个小时（或更多）从新数据中整理出旧数据并准确地删除不再需要的部分。雇佣一个可以娴熟地处理如此复杂的数据库的程序员，一不小心就要花费 100 多美元（每小时），而且价格只会越来越高。”[①] 个人信息越是被安全地删除，所需要的成本就越高。然而，不能简单地将删除个人信息的成本高就看作是技术上难以实现。《个人信息保护法》第 47 条第 2 款所称的“删除个人信息从技术上难以实现”，应当被理解为：现有的技术根本无法删除个人信息或者在现有的技术条件下需要付出不合理成本才能删除。例如，当个人信息是采取云存储的方式时，“相同的数据库或数据库表会存储不同用户的数据，所以这并不是单纯的物理存储，而是能在不同用户间共享的逻辑存储，仍需要软件进行分离”，“用户通过软件实现安全，以确保其他用户无法故意或意外地获取其数据”[②]。在云存储的情形下，除非全部清空用户的数据，否则无法删除个人信息，这种情形就属于删除个人信息从技术上难以实现。此时，可以采取停止除存储和采取必要的安全保护措施之外的处理行为，以实现删除个人信息旨在达到的目标。

四、删除权的主体

依据《个人信息保护法》第 47 条，当存在需要删除个人信息的情形时，首先应当由个人信息处理者主动删除个人信息。当负有主动删除个人信息义务的处理者没有删除的，个人作为删除权的主体有权请求其删除。个人信息的删除权可以由信息主体本人亲自行使，也可以委托其他人代为行使。当信息主体是未成年人时，应当由其父母或者其他监护人行使更正补充权。《未成年人保护法》第 72 条第 2 款规定：“未成年人、父母或者其他监护人要求信息处理者更正、删除未成年人个人信息的，信息处理者应当及时采取措施予以更正、删除，但法律、行政法规另有规定的除外。”此外，死者的近亲属也可以针对死者的相关个人信息行使删除权（《个人信息保护法》第 49 条）。

个人信息处理者在收到个人提出的删除个人信息的请求后，负有验证提出请求的个人是否属于适合主体的义务，否则就可能错误删除其他人的个人信息。

五、删除权的实现

（一）删除的含义

无论是个人信息处理者主动删除，还是个人行使删除权，最终目的是要做到删除个人信息。问题是何为“删除”，换言之，做到何种程度才被认为是《个人信息保护法》要求

---

① ［美］迈克尔·费蒂克，戴维·C. 汤普森. 信誉经济. 王臻，译. 北京：中信出版集团，2016：35.

② ［英］克里斯托弗·米勒德. 云计算法律. 陈媛媛，译. 北京：法律出版社，2019：12.

的“删除”。《个人信息保护法》并未对“删除”进行界定。《信息安全技术 个人信息安全规范》(GB/T 35273—2020)第3.10条将删除界定为“在实现日常业务功能所涉及的系统中去除个人信息的行为，使其保持不可被检索、访问的状态”。欧盟第29条工作组认为，个人数据的删除意味着：无论个人数据是存储在硬盘还是其他存储介质上，其都应当被删除，由于个人数据可以在不同位置的不同服务器上都有备份，故此必须确保所有数据被不可恢复地删除（之前版本、临时文档，甚至文档碎片也都要删除）。[①]

本书认为，由于删除个人信息的根本目的就是要使个人信息不可用，即处理者或者其他人不可能取得、读取与使用个人信息，故此只要通过某种措施使个人信息无法或者除非花费巨额的成本否则不能再被处理者或其他人取得、读取与使用即可。具体的方式可以是物理上毁掉存储个人信息的硬盘，也可以是其他的技术手段。如果仅仅是无法在线访问或者删掉回收站，显然不构成删除，因为处理者可以很轻易地再次取得和使用该个人信息。

（二）个人信息处理者主动删除个人信息

当存在《个人信息保护法》第47条第1款规定的情形之一，处理者主动删除个人信息的，其应当将其删除个人信息这一情况告知个人。《儿童个人信息网络保护规定》第23条规定：“网络运营者停止运营产品或者服务的，应当立即停止收集儿童个人信息的活动，删除其持有的儿童个人信息，并将停止运营的通知及时告知儿童监护人。”从这一规定来看，似乎停止运营的通知就相当于删除个人信息的告知义务。

个人信息处理者应当主动删除个人信息的时间，就是指个人信息处理者发现存在法律规定应当主动删除的个人信息时起，毫不迟延的删除个人信息所需要的时间。如果个人请求处理者删除的，则应当自处理者接到删除的请求时起毫不迟延的删除个人信息。《个人信息保护法》没有规定具体的时间，有一些规章和文件作了一些规定。例如，《汽车数据安全管理若干规定（试行）》第9条第1款第2项规定，汽车数据处理者处理敏感个人信息，个人要求删除的，汽车数据处理者应当在10个工作日内删除。再如，《App违法违规收集使用个人信息行为认定方法》第6条规定：15个工作日是删除的最高时限，App运营者主动承诺的时限可以低于15个工作日，但不能超过。如果没有承诺时限的，不得长于15个工作日。

（三）个人请求个人信息处理者删除

如果存在应当删除个人信息的情形，但是个人信息处理者未依法主动删除的，依据《个人信息保护法》第47条，个人有权请求删除。所谓请求删除，是指个人向个人信息处理者提出请求，要求个人信息处理者予以删除。如果个人信息处理者拒绝个人行使删除权的请求的，依据《个人信息保护法》第50条第2款，个人可以依法向人民法院提起诉讼。

---

① Article 29 Data Protection Working Party, Opinion 05/2012 on Cloud Computing, WP 196, adopted at July 1st 2012, p. 12.

第八节　解释说明权

一、解释说明权的意义

解释说明权，是指个人要求个人信息处理者对其个人信息处理规则进行解释说明的权利（《个人信息保护法》第 48 条）。个人信息的处理必须遵循公开透明的原则，个人信息处理者应当公开个人信息处理规则，明示处理的目的、方式和范围，以尊重个人对其个人信息的处理享有的知情权。个人信息处理规则是个人信息处理者制定的，向个人告知处理个人信息的目的、方式和范围等事项的规则。该规则的语言应当清晰易懂，而不能含混、复杂甚至令人费解。无论是因为文字表述过于专业抑或规则之间可能存在的冲突矛盾等原因，只要个人对个人信息处理规则存在理解上的问题，个人都应当有权要求个人信息处理者加以解释说明，故此，《个人信息保护法》第 48 条对解释说明权作出了专门的规定。这是维护公开透明原则以及保障个人对个人信息处理的知情权所必需的。

二、解释说明权的主体

解释说明权的权利人是其个人信息被处理的个人，该权利指向的对象是个人信息处理者。故此，当个人信息处理者委托他人处理个人信息的，受托方不是自主决定个人信息处理目的和处理方式的组织或个人，不属于个人信息处理者，并且个人信息处理规则也不是其制定的，因此，个人只能请求委托方解释说明个人信息处理规则。

三、解释说明权的客体

解释说明权指向的客体是所谓的个人信息处理规则，简单地说，就是个人信息处理者单方面制定的关于处理个人信息的相关事项的规则，该规则并非《个人信息保护法》第二章的“个人信息处理规则”。前者是个人信息处理者单方面拟定的，后者则是法律规定；前者不得违反后者的规定。例如，个人信息处理者在其处理者规则规定个人不得撤回同意的，那么这一内容因违反而无效。实践中，个人信息处理规则往往被包含在处理者的所谓“隐私政策”或“合同条款”当中。从《个人信息保护法》第 17 条第 3 款的规定来看，个人信息处理规则的内容可以包括个人信息处理者依法应当向个人告知的事项，即个人信息处理者的名称或者姓名和联系方式；个人信息的处理目的、处理方式，处理的个人信息种类、保存期限；个人行使《个人信息保护法》规定权利的方式和程序；法律、行政法规规定应当告知的其他事项等。

如果个人信息处理者所制定的个人信息处理规则经过个人的同意而构成处理者与个人之间的合同条款，则个人信息处理规则中包含了格式条款。所谓格式条款，是当事人为了重复使用而预先拟定，并在订立合同时未与对方协商的条款。此等格式条款的效力受到《民法典》第 496 条至第 498 条的规范。但是，个人信息处理规则与格式条款并非等同的关系。这是因为：一方面，很多时候个人信息处理者并未与个人之间形成民法上的合同关系，例如国家机关为履行法定职责或法定义务而处理个人信息的，二者之间并无合同关系。另一方面，即便在有合同关系的情形下，也会出现个人信息处理规则与格式条款相分离的情形。

第九节 死者个人信息的保护

一、现代社会的数字遗产

例 14： 15 岁少女张某卧轨自杀之后，张某的父母希望能够了解女儿为什么轻生，要求 G 社交网站将张某的账户名和密码告诉自己，被该网站以保护隐私为由加以拒绝。张某父母向法院提起诉讼。

自然人死亡（仅指生理死亡）后，就丧失了民事权利能力，不再是民事主体，不享有民事权利，也不承担民事义务。在数字时代之前，自然人死后，除按照风俗埋葬或火化其遗体外，需要处理的主要是死者遗留的财产，如汽车、房产、现金、债权、股权、知识产权中的财产性权利等。依据我国《民法典》继承编的相关规定，这些财产由死者的继承人进行继承。死者生前所负担的债务，也仅以遗产为限由继承人承担。但人类社会早已进入信息时代，在网络科技高度发达的今天，自然人一生中基本每天都会接发电子邮件，在社交平台发布视频、照片或留言评论，上网购物或接受服务、浏览搜索相关信息，利用即时通信工具与他人进行交流，被各种 App 收集行踪轨迹等信息。因此，除非是几近灭绝的数字隐士，“你一定会留下数字足迹。除非你付出相当大的努力去消除它，否则总有一天，无论好坏，这些足迹都会成为你的数字遗产”[①]。自然人的数字资产（digital assets）的范围非常广泛，它包含了所有与在线或数字世界相关的一系列的无形信息产品[②]，如社交网络上的个人信息，电子邮箱账号及其中的电子邮件、微博或推文、数据库，各种虚拟财产（如比特币、以太坊、网络游戏中的虚拟资产、网购的音乐、电子图书等），视频、音频、图片等数字化的文本、图像、音乐或声音，各种购物、服务或社交网站上的网络账户及其密码，网络域名，与人格相关的二维或三维图像或图标以及其他类型的数字资产。这些数字资产具有极大的经济价值。2013 年普华永道的一项类似的调查发现，用户数字资产的估价为 250 亿英镑。[③] 信息安全公司迈克菲的调查显示，全球消费者平均每人拥有 37 438 美元数字资产，包括互联网、电脑和云存储中的各种数据。[④]

自然人死亡后，其留存的数据资产能否作为“个人合法财产”为继承人所继承，成为

① ［英］伊莱恩·卡斯凯特. 网上遗产：被数字时代重新定义的死亡、记忆与爱. 张淼，译. 福州：海峡文艺出版社，2020：53.

② Lilian Edwards，Charlotte Waelde ed.. Law and the Internet. 3rd ed. Hart Publishing，2009：687 - 690.

③ PWC. Digital lives：we value our digital assets at 25 billion（PWC，2013）. https://www.pwc.co.uk/issues/cyber-security-data-privacy/insights/digital-lives-we-value-our-digital-assets-at-25-billion.html.

④ 张旸.“数字遗产”成难题. 人民日报，2014 - 06 - 03.

国内外非常关注的法律问题。2018 年德国联邦最高法院在对“Facebook 案”作出判决后[①]，更是进一步引发理论界对该问题的广泛讨论。在我国编纂民法典时，数字遗产问题备受关注。立法机关考虑到“数据和网络虚拟财产的权利性质存在争议，需要对数据和网络虚拟财产的权利属性作进一步深入研究，进一步总结理论和司法实践的经验，为以后立法提供坚实基础”[②]。故此，《民法典》未就数据和网络虚拟财产的权利归属和继承等问题作出具体规定。但是，《民法典》第 127 条也明确认可了数据、网络虚拟财产受到法律保护。

自然人数字资产涉及的民事权益的范围极为复杂，既有资金账户债权、数字作品著作权、商业秘密、虚拟财产等财产性权益，也有自然人针对其个人信息享有的姓名权、肖像权、隐私权、个人信息权益等人格权益。就财产性权益而言，只要是个人的合法财产，自然人死后就可以被继承，不存在争议。有疑问的是：死者的个人信息能否被继承，是否受到法律保护以及应当如何保护？从法律上说，对死者个人信息的保护有三种路径：一是继承法的路径，即死者的个人信息可以被继承并据此得到保护；二是侵权法的路径，即只有当他人侵害死者的个人信息时，方可由死者的近亲属提起侵权诉讼；三是个人信息保护法的路径，即规定自然人死后，其近亲属依然可以针对死者的个人信息行使某些权利。

在我国，个人信息权益属于人格权益而非财产权益，人格权不得放弃、转让或者继承（《民法典》第 992 条），故此，自然人死后，其个人信息不能作为财产而由继承人加以继承，自然人也不能通过遗嘱对其死后的个人信息进行处分。[③] 从我国《民法典》《个人信息保护法》等法律的规定来看，我国主要是通过侵权法和个人信息保护法对死者的个人信息加以保护。因此在**例 14** 中，张某的父母无法以张某的继承人的身份来主张继承该账户，而只能寻求侵权法或个人信息保护法的救济。

评 论

目前，多数国家或地区的个人信息保护法或数据保护法仅适用于活着的自然人，而不适用于死者。欧盟《一般数据保护条例》鉴于部分第 27 条规定：“本条例不适用于已故人士的个人数据。成员国可以对已故人士个人数据的处理进行规定。”这就是说，《一般数据保护条例》关于个人数据处理和个人数据权利等规定，不适用于死者，欧盟各成员国可以自行作出相应的规定。欧盟成员国中，奥地利、比利时、荷兰、瑞典等国家的数据保护法没有对死者个人数据的保护问题作出任何规定，而捷克、芬兰、德国、爱尔兰、波兰、英国等国家的数据保护法明确规定其不适用于死者的个人数据。例如，2018 年的英国《数据保护法》第 1 章第 3 条第 2 款明确将“个人数据”界定为“与已识别或可识别的活着的个人有关的任何信息”。在欧盟的 27 个成员国中，只有丹麦、法国、意大利、西班牙、匈牙利和斯洛文尼亚等 6 个国家的数据保护法对死者个人数据的保护问题作出了规定。例如，2018 年的丹麦《数据保护法》第 2 条第 5 款规定，该法与欧盟《一般数据保护条例》

① Resta. Personal Data and Digital Assets after Death. EuCML，Issue 5/2018：201.

② 黄薇. 中华人民共和国民法典总则编解读. 北京：中国法制出版社，2020：408.

③ 程啸. 论死者个人信息的保护. 法学评论，2021（5）.

适用于死者死后10年内的个人数据的保护。法国于2016年10月通过了关于“数字死亡”的法律，该法律是法国《数字共和国》立法包的组成部分，其旨在通过新增第40—1条以填补1978年1月6日第78—17法案即法国《数据保护法》的一个空白。修改后法国《数据保护法》第40—1条规定，原则上数据主体死亡后，其数据权利随之消失，但在符合以下条件时，权利可以暂时保留：其一，数据主体对其死后的个人数据的保存、清除和传递作出了一般性或特殊性的指示；其二，如果当事人没有作出指示或者不违反已有的指示，其继承人可以在数据主体去世后行使相应的数据权利，包括因为死者遗产继承的安排而了解有关死者遗产继承的安排或规定的个人数据；要求关闭死者的账号并拒绝处理这些账号的个人数据等。实践中，法国的法院往往倾向于驳回继承人和近亲针对死者个人数据提出的任何诉讼。[①] 2019年匈牙利修改了《信息法》，增加了对处理死者的个人数据的规定。该法规定，数据主体在其生前可以选任一人或一位近亲属在自己死后行使其个人数据权利。西班牙《数据保护法》不适用于已故者的个人数据，但该法第3条规定，继承人有权从数据控制者和处理者处访问死者的个人数据，并有权请求删除和更正相关数据，除非死者生前予以禁止或者法律禁止删除或更正。遗嘱执行人也可以如同继承人那样采取相同的措施。如果继承人是未成年人或残障人士的话，那么检察官可以代表他们。最值得注意的是意大利，该国依据欧盟《一般数据保护条例》于2018年通过第101号法令修订了《数据保护法》。修改后的意大利《数据保护法》规定，《一般数据保护条例》第15条至第22条中规定的数据主体的权利，可以在自然人死后由对该数据之保护享有利益的数据主体、死者的代理人或者基于值得保护的理由的家庭成员作为代表来行使。但是，在法律有规定的情况下，或者在数据主体以书面形式明确予以禁止或者向数据控制者发出了明确禁止表示的除外，此时，不允许前述主体代表死者行使权利。[②]

在美国联邦层面的立法上，《健康保险携带与责任法》《经济与临床健康信息技术法》对死者健康信息的管理作了规定，即自然人死后的50年内，死者的代理人或遗嘱执行人有权查询、授权使用或披露姓名、地址、生物信息、医疗记录、保险信息等在内的死者健康信息。如死者生前没有指定代理人或遗嘱执行人，则根据各州法律规定的遗产继承顺序，由相关继承人行使查询权。此外，医疗机构还可以向死者生前已经知悉相关信息的死者亲属、朋友和照看人员提供死者的健康信息。在自然人死亡超过50年后，医疗机构有权决定死者健康信息的处理方式。2014年，美国统一州法委员会拟定了《统一受托人访问数字资产法》(Uniform Fiduciary Access to Digital Assets Act)，该法规定，只要死者没有明确禁止，那么死者的继承人等受托人就有权访问死者的数字资产。由于忽视了对死者隐私的保护以及互联网服务提供商的利益，故此，该法案遭到了互联网服务提供商和隐私倡导者联盟的阻挠，并未被各州接受。[③] 只有特拉华州按照该法，于2014年通过了《受托人访问数字资产法》(Fiduciary Access to Digital Assets Act)，该法规定，死者的遗嘱

① Resta. Personal Data and Digital Assets after Death. EuCML，Issue 5/2018：202.

② Francesco Paolo Patti & Francesca Bartolini. Digital Inheritance and Post Mortem Data Protection：The Italian Reform. European Review of Private Law，5-2019：1182.

③ Patricia Sheridan. Inheriting Digital Assets：Does the Revised Uniform Fiduciary Access to Digital Assets Act Fall Short?，16 Ohio St. Tech. L. J. 368 (2020).

执行人或受托人“在适用的州或联邦法律或法规或任何最终用户许可协议允许的范围内，对账户持有人的数字资产和数字账户的任何和所有的权利进行控制”。2015 年，美国统一州法委员会修订了前述法律，通过了《修订统一受托人访问数字资产法（The Revised Uniform Fiduciary Access to Digital Assets Act）》，依据该法案，除非死者明确同意披露，否则遗嘱执行人不再拥有对电子通信内容（私人电子邮件、推文、聊天）的权限；遗嘱执行人可以访问死者的其他类型的数字资产，但必须向法院提出申请并解释理由；如果受托人没有通过遗嘱、信托或授权书获得明确许可，保管人可以查看服务协议条款，以确定是否遵守访问死者账户的请求；数字资产的保管人不得提供删除资产或联合账户的访问权限等。后该法案逐渐被美国各州采纳，到目前为止，美国几乎所有的州都颁布了《受托人访问数字资产法》，赋予一个人的家人（或遗嘱执行人）在其死后访问和管理死者的数字资产的权利。[①]

二、死者个人信息的侵权法保护

（一）侵权法保护死者个人信息的正当性

如果死者的个人信息无法被继承，那么对于死者的个人信息还应当给予保护吗？或者说，这种保护的正当性何在？英美学者认为，保护死者个人信息的正当性在于以下三方面理由[②]：首先，保护死者财产利益的需要。自然人虽然已经死亡，但是其死后留存的数据上有相应的财产利益（Posthumous Property Interests）仍应受到法律保护。其次，人死之后的尊严利益（Posthumous Dignitary Interests）应当受到法律保护。衡量文明社会的一个标准是他们如何对待死者。正如一个人死前无须具体说明其死后应如何被埋葬，他（她）也应当得到体面的安葬那样，一个人也不需要在生前表示希望死后免受羞辱，就可以在死后享受不受羞辱的尊严利益。最后，死后的隐私权仍然应当得到尊重和保护。死后的隐私权（Posthumous Privacy Rights），是指一个人在死后维护和控制自己的名誉、尊严、完整性、秘密或记忆的权利。自然人死亡后遗留下来的数字资产通常具有个人和私密的性质（personal and intimate nature），并且这些数据资产是大量的、可共享的，而依据当前的法律规范很难加以删除和分类。[③]

在我国，理论界与实务界认为，自然人已经死亡的，不再享有姓名权、肖像权、隐私权等人格权，自然人的人格权也不能被继承。但是，死者的姓名、肖像、名誉权、隐私等依然受到法律保护，不能任意加以侵害。理论界就此提出了死者权利保护说、死者法益保护说、近亲属权利保护说、人格利益继承说、延伸保护说等不同的学说加以解释。[④] 主流观点认为，法律上之所以保护死者的名誉、荣誉、隐私、肖像等，不是因为死者死后其人格权继续存在，而是因为对死者的名誉、荣誉、隐私等的侵害会给死者近亲属的权益或者

---

① https://www.everplans.com/articles/state-by-state-digital-estate-planning-laws.

② Kate C. Ashley. Data of the Dead: A Proposal for Protecting Posthumous Data Privacy. WM. & MARY L. REV., 2020 (62): 654 - 661.

③ Lilian Edwards & Edina Harbina. Protecting Post-Mortem Privacy: Reconsidering the Privacy Interests of the Deceased in a Digital World. Cardozo Arts & Ent. L. J., 2013 (83): 87 - 89.

④ 葛云松. 死者生前人格利益的民法保护. 比较法研究，2002 (4).

社会公共利益造成损害，也违反了公序良俗原则。倘若任由他人随意侵害死者的名誉、荣誉等，不仅会直接影响到人们对死者的评价，更会对死者近亲属的人格尊严造成损害。[①]对死者的人格利益的保护“体现了法律对民事主体权益保护的完整性”，有利于“引导人们重视个人生前和身后的声誉，尊重主流社会的价值观”[②]。

本书认为，保护死者个人信息的正当性在于：一方面，保护死者个人信息的主要目的是为了维护死者近亲属的人格尊严和人身财产权益。自然人虽然已经死亡，侵害死者的个人信息，会构成对死者近亲属的人格尊严以及其他人身财产权益的侵害，故此法律上应当禁止对死者个人信息的不法侵害行为。另一方面，如果自然人死后，其个人信息就可以随意被处理，被他人任意侵害，这显然违反了诚信原则与公序良俗原则，不符合文明社会和我国传统伦理道德的要求。

（二）我国侵权法对死者个人信息的保护

《民法典》第 994 条规定：“死者的姓名、肖像、名誉、荣誉、隐私、遗体等受到侵害的，其配偶、子女、父母有权依法请求行为人承担民事责任；死者没有配偶、子女且父母已经死亡的，其他近亲属有权依法请求行为人承担民事责任。”此外，第 185 条还就英雄烈士的姓名、肖像等的保护作出了特别规定。

依据《民法典》的上述规定，死者的个人信息保护中属于姓名、肖像和隐私的部分，当然可以受到侵权法的保护。《民法典》第 1032 条第 2 款将作为隐私权保护客体的隐私分为两大类：一是自然人的私人生活安宁；二是自然人的私生活秘密，即不愿为他人知晓的私密空间、私密活动、私密信息。《民法典》第 1033 条还列举了六大类侵害他人隐私的行为。就死者而言，显然不存在侵扰私人生活安宁，侵害私密空间、私密活动或私密部位的问题。因此，保护死者的隐私主要就是保护死者个人信息中的私密信息。《民法典》第 1034 条第 3 款规定：“个人信息中的私密信息，适用有关隐私权的规定；没有规定的，适用有关个人信息保护的规定。”据此，对于死者的私密信息，当然可以适用《民法典》第 994 条的规定，死者的配偶、子女和父母等近亲属可以依据《民法典》第 994 条请求行为人承担民事责任。

需要注意的是，即便死者个人信息中那些并非死者的姓名、肖像或隐私的个人信息，也可以适用《民法典》第 994 条的规定，因为《民法典》第 990 条第 2 款规定：“除前款规定的人格权外，自然人享有基于人身自由、人格尊严产生的其他人格权益。”当死者的个人信息被侵害，进而损害死者近亲属的人身财产权益时，死者的近亲属可以依据《民法典》第 990 条第 2 款规定的一般人格权而请求保护。同时，由于《民法典》第 994 条在列举死者的人格要素时并未穷尽，而使用了“等”字兜底，故此，可将死者的个人信息中并非姓名、肖像、隐私的个人信息包括进去，即在这些个人信息遭受侵害时，死者的配偶、子女、父母等近亲属，也可以依据该条请求行为人承担民事责任。《人脸识别解释》也采

---

① 魏振瀛．侵害名誉权的认定．中外法学，1990（1）；张新宝．名誉权的法律保护．北京：中国政法大学出版社，1997：36－37；葛云松．死者生前利益的民法保护．比较法研究，2002（4）；王利明．人格权法研究．3 版．北京：中国人民大学出版社，2018：176－177.

② 唐德华．最高人民法院《关于确定民事侵权精神损害赔偿责任若干问题的解释》的理解与适用．北京：人民法院出版社，2001：43.

取了该观点，其第15条规定："自然人死亡后，信息处理者违反法律、行政法规的规定或者双方的约定处理人脸信息，死者的近亲属依据民法典第九百九十四条请求信息处理者承担民事责任的，适用本规定。"

三、个人信息保护法对死者个人信息的规定

（一）死者近亲属可以针对死者的个人信息行使某些权利

《个人信息保护法》第49条规定："自然人死亡的，其近亲属为了自身的合法、正当利益，可以对死者的相关个人信息行使本章规定的查阅、复制、更正、删除等权利；死者生前另有安排的除外。"从这一规定可以看出：首先，《个人信息保护法》并不保护死者的个人信息，也就是说，我国个人信息保护法上的个人信息仅仅是活着的自然人的个人信息，不包括死者的个人信息。其次，之所以赋予死者的近亲属可以针对死者的相关个人信息行使《个人信息保护法》第四章规定的查阅、复制、更正、删除等权利，是为了保护死者的近亲属自身的合法、正当利益，而不是保护其他人的利益。最后，如果死者生前另有安排的，则近亲属也不得针对死者的个人信息行使相应的权利。

（二）近亲属对死者个人信息行使权利的要件

1. 必须是死者的近亲属

死者已经去世，不属于民事主体，失去民事权利能力，其既不能享有民事权利，也无须履行民事义务，因此，不存在死者自身来行使针对个人信息的权利的问题。但是，死者虽然已经去世了，其近亲属仍在，所谓近亲属就是指与死者存在非常密切的自然或法律意义上的关系的人，如父母、子女、配偶、兄弟姐妹、祖父母、外祖父母、孙子女和外孙子女。

2. 为了自身的合法、正当利益

死者的近亲属必须是为了自身的合法、正当利益，才能行使针对死者个人信息的查阅、复制等权利。所谓近亲属自身的合法、正当利益，意味着：一方面，该利益是属于死者近亲属的，而非死者的或者其他人的。另一方面，死者近亲属要维护的是符合法律规定的且不违反公序良俗、诚信原则的利益，即合法、正当的利益。之所以有这一要求，主要还是为了协调死者近亲属的利益与其他利益的关系，毕竟死者可能生前并不愿意死后其的个人信息为他人包括近亲属所知，而且死者的个人信息中也可能涉及其他的个人信息和隐私。故此，立法者设置了这一要件。死者近亲属自身的合法、正当的利益范围，比死者近亲属的合法权益要广泛，包括但不限于死者近亲属的合法权益。例如，近亲属为了解死者生前是否对死后的财产分配作出相应的安排，或者为了知道死者生前的所思所想，了解死因等，需要登录死者的电子邮箱来查阅、复制死者的个人信息；再如，当死者的个人信息存在不准确或者不完整的地方，而这导致了死者的名誉存在受损的危险，进而损害死者的近亲属对死者的崇敬之情、敬慕追思之情这一合法、正当的利益时，死者近亲属当然有权要求个人信息处理者对死者的个人信息进行更正。

3. 只能针对死者的相关个人信息

首先，近亲属只有在针对死者的个人信息要求行使查询复制权、删除权等权利时，才需要适用《个人信息保护法》第49条的规定。如果近亲属是针对自己的个人信息，自然

不存在适用该条之必要。因此，必须区分死者的个人信息与死者的近亲属的个人信息。其次，近亲属针对的是死者的相关个人信息而非全部的个人信息，这主要是考虑到死者生前在与他人交往中形成的个人信息即可以说是死者的个人信息，也可以说他人的个人信息，其中还会涉及死者及与之交往的人的隐私以及宪法上的通信秘密。故此，立法机关通过“相关”一词加以限制。所谓相关个人信息是指与维护死者近亲属自身的合法、正当的利益具有直接的、密切关系的个人信息，如果不是具有密切关系的，则不能行使。

4. 死者生前未另有安排

所谓死者生前未另有安排，是指死者生前没有对如何行使对其个人信息的权利作出相应的安排。这种安排包括：其一，死者生前通过遗嘱等方式明确表示自己死后，任何人包括近亲属在内都不得查阅、复制其个人信息，而是要求个人信息处理者在自己死后将个人信息全部予以删除。在此种情形下，因为个人信息处理者已经删除了死者的全部的个人信息，那么显然死者的近亲属就不可能再去要求行使查阅、复制的权利。其二，死者生前通过遗嘱等方式指定了特定的人来行使对其个人信息的权利，例如，死者生前明确指定其配偶或者子女来行使查阅、复制、更正、删除等权利。在这种情形下，其他的近亲属即便为了自身正当、合法的利益，也不得行使对死者的个人信息的权利。

（三）近亲属能够对死者个人信息行使的权利的类型

近亲属在符合相应的条件下，能够对死者的个人信息行使的权利，仅限于《个人信息保护法》第四章规定的“个人在个人信息处理活动中的权利”，即个人信息权益的内容。《个人信息保护法》第49条明确列举的可以行使的权利是查阅权、复制权、更正权、删除权，此外还使用了“等权利”兜底，以适应未来的发展。

【进一步阅读文献】

1. 王利明. 论个人信息删除权. 东方法学，2022（1）.

2. 程啸. 论《个人信息保护法》中的删除权. 社会科学辑刊，2022（1）.

3. 程啸，王苑. 论我国个人信息保护法中的查阅复制权. 法律适用，2021（12）.

4. 丁宇翔. 被遗忘权的中国情境及司法展开：从国内首例“被遗忘权案”切入. 法治研究，2018（4）.

5. 丁晓东. 论数据携带权的属性、影响与中国应用. 法商研究，2020（1）.

6. 王锡锌. 个人信息可携带权与数据治理的分配正义. 环球法律评论，2021（6）.

7. 于向花. 被遗忘权研究. 北京：中国社会科学出版社，2020.

8. 张建文，等. 被遗忘权的法教义学钩沉. 北京：商务印书馆，2020.

9. ［英］维克托·迈尔-舍恩伯格. 删除：大数据取舍之道. 袁杰，译. 杭州：浙江人民出版社，2013.

10. ［美］罗伯特·C. 波斯特. 数据隐私与尊严隐私：谷歌西班牙案、被遗忘权与公共领域的构建. 王旭，译. 京师法学，2019（12）.

11. 程啸. 论死者个人信息的保护. 法学评论，2021（5）.

第十一章　个人信息权益的实现

第一节　个人信息权益的行使与救济程序

一、个人信息权益的行使程序

（一）知情权与决定权的实现

《个人信息保护法》第 44 条规定的个人对其个人信息处理的知情权与决定权，不仅在整个第四章“个人在个人信息处理活动中的权利”群中处于核心地位，而且在整个个人信息保护法中也处于基础性地位。这两项权利属于个人信息权益的核心性或基础性内容，是基础性权能。知情权与决定权不需要个人具体行使，而是通过个人信息处理规则、其他个人在个人信息处理活动中的权利以及个人信息处理者的义务来保障其实现的，具体而言，包括：（1）告知同意规则属于个人信息处理活动的合法性基础。《个人信息保护法》第 13 条第 1 款第 1 项以及第 2 款规定，只有取得个人同意后，个人信息处理者才可处理个人信息，除非法律、行政法规规定不需要取得个人同意。（2）个人的同意必须是真实的、自愿的。《个人信息保护法》对个人信息处理者必须履行告知义务作出了详细的规定（第 17、18 条），明确禁止任何人通过误导、欺诈、胁迫等方式处理个人信息（第 5 条）。除非处理个人信息属于提供产品或者服务所必须，否则，个人信息处理者不得以个人不同意处理其个人信息或者撤回同意为由而拒绝提供产品或者服务（第 16 条）；（3）针对不同的个人信息处理活动，《个人信息保护法》规定了不同的告知事项以及对个人的同意的不同的要求。例如，就敏感个人信息的处理，除一般的告知事项外，还要求向个人告知处理敏感个人信息的必要性以及对个人权益的影响，并取得个人的单独同意。（4）个人可以随时撤回同意。也就是说，在基于个人同意处理个人信息的情形中，个人有权随时、无须任何理由而撤回其同意，个人信息处理者应当提供便捷的撤回同意的方式。同时，在个人撤回同意后，个人信息处理者应当停止处理个人信息并主动删除个人信息，否则个人有权行使删除权。（5）个人有权向个人信息处理者查阅、复制其个人信息，即行使查阅权与复制权（第 45 条第 1、2 款），个人信息处理者应当及时提供。（6）个人也有权在符合相应规定的情形下行使个人信息可携带权，请求将个人信息转移至其指定的个人信息处理者，个人信息处理者应当提供转移的途径（第 45 条第 3 款）；（7）发现个人信息不准确、不完整时，个人有权请求个人信息处理者及时进行更正或补充（第 46 条）；（8）在符合规定的条件时，个人可以行使个人信息删除权（第 47 条）；（9）个人信息处理者应当公开其制定的个人信息处理规则，该规则应当便于查阅和保存（第 17 条），个人有权请求个人信息处理者对其制定的个人信息处理规则予以解释说明（第 48 条）。

（二）个人信息处理者建立相应的申请受理和处理机制

除了知情权与决定权，其他个人在个人信息处理活动中的权利，即查阅权、复制权、可携带权、更正权、补充权、删除权以及解释说明权，需要由个人针对个人信息处理者以提出请求的方式来加以行使。没有个人信息处理者的配合，个人的这些权利是无法实现的。此外，由于现代社会中的个人信息处理活动极为普遍，且处理者所处理的个人信息也是涉及数量极为众多的个人，还必须建立一套科学有效的机制来加以保障，这对于个人和个人信息处理者而言，都是非常有必要的，它既能确保个人信息权益的实现，也能使个人信息处理者在履行相应的义务时降低成本，提高效率。故此，欧盟《一般数据保护条例》第 12 条专门就确保数据主体行使权利而需要的透明的信息、沟通与方式问题作出了规定，如要求数据的控制者应当根据《一般数据保护条例》第 15—22 条的规定帮助数据主体行使其权利，对数据主体根据这些规定而提出的请求，数据控制者不得无故拖延并且必须在收到请求之日起 1 个月内提供其对这些请求所采取的应对措施的信息，必要时可以延长 2 个月。此外，要求个人信息处理者在根据条例的第 13 条和第 14 条提供信息、通信以及根据第 15—22 条和第 34 条采取行动都应当是免费的，不得向数据主体收取费用。

在《个人信息保护法》颁布前，《网络安全法》第 49 条第 1 款也明确要求网络运营者建立网络信息安全投诉、举报制度，公布投诉、举报方式等信息，及时受理并处理有关网络信息安全的投诉和举报。国家标准《信息安全技术 个人信息安全规范》（GB/T 35273—2020）第 8.7、8.8 条也就个人信息处理者如何响应个人信息主体的请求作出了指引，如规定个人信息处理者在验证个人信息主体身份后，应当及时响应个人信息主体提出的查询、更正、删除、撤回同意、注销账户等请求，应当在 30 天内或法律法规规定的期限内作出答复及合理解释，并告知个人信息主体外部纠纷解决途径等。《个人信息保护法》第 50 条第 1 款则明确规定个人信息处理者应当建立便捷的个人行使权利的申请受理和处理机制。首先，个人信息处理者应当建立申请受理机制，具体包括：（1）明确个人在向个人信息处理者行使权利时，如要求查阅复制或者要求删除时，应当通过何种方式（如发送电子邮件或打电话等）向个人信息处理者中的何人提出申请；（2）明确个人提出申请时应当提供何种证明材料以证明其属于个人信息被处理的个人并享有其主张的权利；（3）明确个人信息处理者在符合何种条件下于多长时间内受理个人的申请并向个人进行反馈等。在现代网络信息社会，个人信息基本上是以电子形式被处理的。故此，个人信息处理者应当跟随科技的发展采取符合信息时代要求的便捷的申请受理机制，如网上申请并受理。这不仅能够使个人便捷、高效地行使权利，保护个人的隐私，及时维护个人信息权益，也能够使个人信息处理者的处理活动更好地符合法律的规定。

其次，所谓处理机制，就是指个人信息处理者应当如何回应个人符合条件的行使权利的请求。例如：在个人行使查阅复制权时，处理者应如何及时地提供给个人请求查阅、复制的个人信息；当个人行使删除权时，个人信息处理者怎样对需要删除的个人信息进行删除并将结果反馈给个人等。便捷的处理机制显然不是仅仅立足于个人信息处理者的立场，而是要在严格遵守个人信息保护法的要求的前提下，以保障个人信息权益为中心，兼顾个人、个人信息处理者以及第三人等各方的利益前提下而建立起来的。[①]

（三）个人信息处理者的正当拒绝权

例 1： 张某的妻子李某怀疑其丈夫与王某有婚外情，到 A 宾馆要求查询张某或者王某的入住信息，并要求调取监控录像。

《个人信息保护法》第 50 条第 1 款第二句要求，当个人信息处理者拒绝个人行使权利的请求的，应当说明理由。这就是说，个人信息处理处理者可以拒绝个人向其提出的行使查阅、复制、更正、删除等权利的请求。但是，无论个人信息处理者是国家机关还是非国家机关，当其拒绝个人行使权利的请求时，都应当说明理由，例如，个人以个人信息的保存期限已经届满为由而要求处理者删除其个人信息，处理者经核实后发现保存期限尚未届满，故此拒绝个人的删除请求的，应同时告知其拒绝的理由在于保存期限尚未届满。通过要求个人信息处理者在拒绝个人行使权利的请求时说明理由：一方面，可以保证个人信息处理活动的公开透明，保障个人对其个人信息处理的知情权；另一方面，也可以防止个人信息处理者任意拒绝个人行使权利的请求。当然，个人信息处理者拒绝个人行使权利的理由是否正当，最终的判断权在于法院。

《个人信息保护法》并未具体规定个人信息处理者享有哪些拒绝个人行使权利的正当理由，《信息安全技术 个人信息安全规范》（GB/T 35273—2020）第 8.7 条 e 列举了八种个人信息处理者可以不响应个人信息主体提出的请求的情形，如与国家安全、国防安全直接相关的，与公共安全、公共卫生、重大公共利益直接相关的，与刑事侦查、起诉、审判和执行判决等直接相关的个人信息控制者有充分证据证明个人信息主体存在主观恶意或者滥用权利的等。本书认为，这一规定并不妥当。个人向个人信息处理者提出行使查阅、复制、删除等权利的请求时，个人信息处理者能够拒绝个人行使权利的理由不能过于宽泛，否则个人信息权益就形同虚设。个人信息处理者能够拒绝个人行使权利的理由大致就只有以下几类：（1）权利主体不适格，即提出请求的个人并非个人信息的权利主体，**例 1** 中，李某显然是无权查阅张某和王某的住宿信息以及调取监控录像的，A 宾馆当然可以拒绝。（2）权利行使要件不符合，即缺乏行使相应的权利的实体要件或形式要件的。例如，李某要求 B 公司更正其个人信息，但又没有证据证明处理者所处理的个人信息是错误的。（3）违反法律和行政法规的规定。例如，依据《个人信息保护法》第 18 条的规定，个人信息处理者依据法律的规定处理个人信息并且应当加以保密的，此时个人向个人信息处理者行使查阅、复制权的，处理者有权拒绝。

二、个人向法院提起诉讼的权利

例 2： 杜某系 A 电商平台用户，并在该平台多次购买商品。某日，杜某在购物过程中，被平台发布的“好友圈好友等你开拼手气红包”字样吸引，遂点击该字样。随

① 程啸. 个人信息保护法理解与适用. 北京：中国法制出版社，2021：387.

后页面跳出"进圈并邀请好友"的跳转链接，杜某受吸引点击进入"好友圈"。随后，杜某发现其在该平台的购物记录被自动公开并被分享到"好友圈"为其自动设定的第三人视线之下。杜某认为，A电商平台侵害了自己的个人信息权益，便向法院提起诉讼，要求A电商平台承担侵权赔偿责任。A电商平台提交了关于行使个人信息权利的申请受理和处理机制路径的相关材料；并指出，杜某在用户注册时，已通过协议约定明确告知用户收集及使用用户个人信息的方式、范围及目的，并获得了用户同意，A电商平台并未收到杜某对其个人信息处理活动的查询申请或投诉信息，故此，不存在侵犯个人信息权益的行为。法院认为，杜某在起诉前并未向A电商平台提出请求，而是直接起诉，故此驳回其起诉。

（一）起诉没有前置程序

从立法资料来看，直到《个人信息保护法（草案三次审议稿）》中，都没有对处理者拒绝个人行使在个人信息处理活动中的权利时可以起诉作出规定。在全国人大常委会对《个人信息保护法（草案）》进行第三次审议时，有的委员提出，应当要求个人信息处理者提供便捷的途径，并明确个人向人民法院起诉寻求救济的权利，以更好保障个人行使个人信息查询、复制等权利。该意见被全国人大宪法和法律委员会所接受。[①] 于是，《个人信息保护法》第 50 条第 2 款规定："个人信息处理者拒绝个人行使权利的请求的，个人可以依法向人民法院提起诉讼。"然而，目前理论界与实务界对于该款存在很大的争议，主要的问题就是个人向法院提起诉讼是否有前置程序以及有何种前置程序。

否定说认为：个人向个人信息处理者提出诉求且个人信息处理者拒绝行使权利的请求并不是向法院提起诉讼的前置条件。[②] 因为，《民事诉讼法》第 124 条对于起诉的条件有明确的规定，而诉权是民事主体的基本权利，必须要有法律的明确规定才能被限制。[③] 既然《个人信息保护法》并没有作出前置程序的规定，故此，个人当然可以直接向法院提起诉讼。

肯定说认为：《个人信息保护法》第 50 条第 2 款设置了个人向法院起诉的前置条件，即个人只有在行使个人信息保护请求权被个人信息处理者拒绝的情况下，才可以向法院提起诉讼。如果自然人未经向个人信息处理者行使请求权提出请求或者提出请求未被个人信息处理者拒绝的，则不能向法院提起诉讼。[④] **例 2** 是真实发生的案件，审理该案的杭州互联网法院就认为，考虑到个人信息流动大、使用频率高、范围广，如果直接向法院起诉，不但会造成不必要的诉累，增加个人信息处理的成本，而且可能导致诉讼频发、浪费司法资源，甚至成为恶意诉讼人滥用诉权的工具。故此，《个人信息保护法》第 50 条第 2 款规定的向法院起诉的权利是以"个人信息处理者拒绝个人行使权利的请求"为前提，即设置

① 全国人民代表大会宪法和法律委员会关于《中华人民共和国个人信息保护法（草案三次审议稿）》修改意见的报告.

② 龙卫球. 中华人民共和国个人信息保护法释义. 北京：中国法制出版社，2021：226.

③ 江必新，郭峰.《中华人民共和国个人信息保护法》条文理解与适用. 北京：人民法院出版社，2021：462.

④ 江必新，李占国. 中华人民共和国个人信息保护法条文解读与法律适用. 北京：中国法制出版社，2021：167.

了个人向法院提起请求权救济的前置条件。也就是说，个人信息主体应先向个人信息处理者请求行使具体权利，只有在个人信息处理者无正当理由拒绝履行义务或一定期限内不予以处理，或者个人信息处理者提供的申请受理机制失效的情况下，个人方可向法院提起诉讼以获得救济。本案中原告杜某在起诉前并未向被告A电商平台（个人信息处理者）提出请求，而是直接起诉，故此应当驳回其起诉。[①]

本书认为，个人向法院起诉没有也不应当有任何前置程序。如前所述，《个人信息保护法》第50条第2款是承接第1款而作出的规定：因为第1款要求处理者建立个人行使权利的程序机制，并且要求个人在拒绝个人行使权利的请求时说明理由，所以第2款才接续规定如果个人信息处理者拒绝个人行使权利的请求的，个人可以起诉。由于个人的查阅、复制、更正、补充、删除等权利本身就是请求权，需要个人信息处理者的配合才能实现该权利。故此，个人不大可能会在尚未针对个人信息处理者提出请求时，就直接到法院起诉。如果真的这样做了，后果就是原告因为无法证明其个人信息权益中的查阅、复制、更正、补充、删除等权利受到了侵害而被判决败诉。从这个角度来说，个人只有向个人信息处理者提出请求而被拒绝的，才有必要寻求司法保护，向人民法院提起诉讼。这对于提高效率，节约资源、减轻法院的负担也是有益的。但是，不能认为个人只有向个人信息处理者提出请求后才能起诉，否则就应当驳回起诉，把个人向个人信息处理者提出请求设置为起诉的前置程序。因为这种理解已经构成了对诉权的限制。诉权是民事主体的最基本权利，诉讼制度也是最基本的法律制度。我国《立法法》第11条明确规定，对诉讼和仲裁制度只能制定法律。换言之，只有法律中明确规定了某种程序是提起诉讼的前置程序的，才是合法的。《个人信息保护法》等法律中并无此种限制。

此外，将个人向个人信息处理者提出请求作为起诉的前置程序，还会违反《民法典》的规定，对个人信息权益造成不合理的限制。个人信息权益属于民事权益，个人信息处理者在没有告知并取得个人同意以及缺乏法律、行政法规规定的理由的时候对个人信息进行处理，就是在侵害个人信息权益。此时，依据《民法典》第1167条应当承担停止侵害、排除妨碍、消除危险等侵权责任。如果认为个人在个人信息处理者非法收集、存储、使用或公开个人信息的时候，还要先向个人信息处理者提出请求且被拒绝后才能起诉，实际上就否定独立人格权请求权对个人信息权益的适用。况且，以个人信息处理者的拒绝为起诉的前提，还意味着个人要证明自己已经向个人信息处理者提出了请求并且被拒绝，如果个人信息处理者既不同意也不拒绝，那么个人岂不是无法向法院提起诉讼？

（二）个人向人民法院提起的诉讼的类型

《个人信息保护法》第50条第2款规定的“依法向人民法院提起诉讼”的类型，应当依据不同的情形确定。现代社会中个人信息处理无时不在、无处不在，因此，个人信息处理者的类型众多。根据处理者的身份的不同，个人可以分别提起行政诉讼或民事诉讼。申言之，如果实施个人信息处理活动的是国家机关或者法律、行政法规授权的具有管理公共

---

① 杭州互联网法院（2022）浙0192民初4330号民事判决书.

事务职能的组织，它们拒绝个人行使个人信息权益的，个人应当提行政诉讼；如果个人信息处理者是企业、事业单位等民事主体，则提起的是民事诉讼。

第二节 个人信息权益的人格权请求权与禁令程序

一、个人信息权益的人格权请求权

个人信息权益属于人格权益，因此被侵害后，无论是否造成损害以及加害人有无过错，受害人都可以获得人格权请求权的保护。《民法典》第 995 条规定："人格权受到侵害的，受害人有权依照本法和其他法律的规定请求行为人承担民事责任。受害人的停止侵害、排除妨碍、消除危险、消除影响、恢复名誉、赔礼道歉请求权，不适用诉讼时效的规定。"该条规定的并不都是人格权请求权。在我国法上，所谓人格权请求权就是指停止侵害、排除妨碍和消除危险这三类请求权，不包括消除影响、恢复名誉、赔礼道歉请求权，因为它们并不能发挥预防的功能，只能起到事后填补损害的作用。[①]

自然人的个人信息权益遭受侵害或者妨碍的情形包括两类：其一，自然人向个人信息处理者行使查阅权、复制权、可携带权、删除权等，被个人信息处理者无正当理由加以拒绝；其二，个人信息处理者非法处理个人信息而侵害个人信息权益，即处理者既未告知并取得个人的同意，也没有法律、行政法规规定无须取得个人同意甚至不告知的情形，就实施个人信息处理活动。如果是前一种情形，个人信息处理者的行为对个人信息权益的行使构成了妨碍[②]，也就是说，个人信息处理者不履行相应的义务，导致了个人在个人信息处理活动中的查阅权、复制权、删除权等权利难以实现而已。此时，依据《个人信息保护法》第 50 条第 2 款的规定，个人可以向法院起诉，通过法院判决来强制实现权利。如果是后一种情形，那么处理活动本质上是在侵害自然人对其个人信息处理的知情权与决定权，故此，自然人可以向非法处理其个人信息的处理者行使停止侵害、排除妨碍、消除危险这三类人格权请求权，如要求未经同意而收集、加工其个人信息的处理者停止收集、加工行为；要求非法删除其个人信息的处理者恢复个人信息等。此外，如果侵害个人信息权益造成损害的，不论是非法处理个人信息，还是处理者无正当理由拒绝个人行使个人信息处理活动中的权利，依据《个人信息保护法》第 69 条第 1 款，个人都有权要求个人信息处理者承担赔偿责任。

不过，上述两种情形中存在一个交集，即《个人信息保护法》第 47 条规定的可以行使删除权的五种情形中的第四种情形——"个人信息处理者违反法律、行政法规或者违反约定处理个人信息"。个人信息处理者违法或违约处理个人信息，本身就是侵害个人信息权益的行为。此时，个人当然可以向个人信息处理者请求删除，即行使删除权；但是由于该行为是侵害个人信息权益的行为，依据《民法典》第 995 条、第 1167 条，个人也有权要求个人信息处理者停止侵害、排除妨碍以及消除危险。

---

① 程啸. 人格权研究. 北京：中国人民大学出版社，2022：654-655.

② 人格权请求权中的停止侵害与排除妨碍的区分存在很大的困难，参见阮神裕. 论人格权的排除妨碍请求权. 清华法学，2022（5）：118-1200.

二、个人信息权益对人格权禁令程序的适用

《民法典》第997条规定："民事主体有证据证明行为人正在实施或者即将实施侵害其人格权的违法行为，不及时制止将使其合法权益受到难以弥补的损害的，有权依法向人民法院申请采取责令行为人停止有关行为的措施。"该条规定的就是所谓的"人格权禁令程序"，其目的在于为人格权提供更全面的保护，即通过建立一种高效、快捷的人格权请求权的程序实现机制，以及时制止侵害人格权的行为，为权利人提供高效的救济，避免侵害行为给人格权主体造成难以弥补的损害。

个人信息权益在性质上属于人格权益，但是由于我国《民法典》《个人信息保护法》都没有明确使用"个人信息权"的概念，故此，关于个人信息权益是否能够适用人格权禁令程序的问题，存在争论。司法实践采取的是肯定说，《人脸识别解释》第9条规定："自然人有证据证明信息处理者使用人脸识别技术正在实施或者即将实施侵害其隐私权或者其他人格权益的行为，不及时制止将使其合法权益受到难以弥补的损害，向人民法院申请采取责令信息处理者停止有关行为的措施的，人民法院可以根据案件具体情况依法作出人格权侵害禁令。"此外，《妇女权益保障法》还对妇女的隐私权和个人信息适用人身安全保护令作出了规定，该法第29条规定："禁止以恋爱、交友为由或者在终止恋爱关系、离婚之后，纠缠、骚扰妇女，泄露、传播妇女隐私和个人信息。妇女遭受上述侵害或者面临上述侵害现实危险的，可以向人民法院申请人身安全保护令。"

评　论

对个人信息权益能否适用人格权禁令，存在肯定说与否定说。

肯定说认为，由于《民法典》第990条第1款列举了人格权的具体类型，而第2款规定了人格权益的一般条款，故此《民法典》"人格权编第一章关于人格权的一般规定中所出现的'人格权'这个语词，一般就包括了法律所明确列举的人格权，也包括了自然人所享有的除明确列举的人格权之外的，基于人身自由、人格尊严产生的其他人格权益"[①]。个人信息权益作为人格权益，当然也可以适用人格权禁令程序，无非在判断标准上从严把握即可。[②]

否定说认为，个人信息权益无法适用人格权禁令，理由在于：一方面，由于《民法典》第997条明确使用的是"人格权"的表述，个人信息权益只是属于人格权益，毕竟"人格权"不等于"人格权益"。另一方面，个人信息权益是否被侵害殊难认定，为协调个人信息权益保护与个人信息的合理利用，需要根据具体的场景加以确定，故此，不宜贸然将人格权禁令的范围扩张至个人信息权益。[③]

---

① 黄薇．中华人民共和国民法典人格权编解读．北京：中国法制出版社，2020：18.

② 王利明．论侵害人格权的诉前禁令制度．财经法学，2019（4）；张素华．论人格权禁令的性质及司法适用．比较法研究，2021（6）；朱虎．人格权侵害禁令的程序实现．现代法学，2022（1）.

③ 程啸．论我国民法典中的人格权禁令制度．比较法研究，2021（3）.

【进一步阅读文献】

1. 王利明. 论侵害人格权的诉前禁令制度. 财经法学，2019（4）.
2. 程啸. 论我国民法典中的人格权禁令制度. 比较法研究，2021（3）.
3. 张素华. 论人格权禁令的性质及司法适用. 比较法研究，2021（6）.
4. 朱虎. 人格权侵害禁令的程序实现. 现代法学，2022（1）.
5. 程啸. 论个人信息权益的行使与救济机制. 中国应用法学，2022（6）.

第十二章　侵害个人信息权益的侵权责任

第一节　概　述

一、侵害个人信息权益的民事责任

> **例 1：** 著名演员陈某与 A 科技公司签订合同，约定 A 公司可以收集陈某的声纹信息，用作该公司开发的导航软件中的个性语音包，供用户下载使用。

只要个人信息处理者没有法律根据，如取得个人的同意或者存在法律、行政法规规定的情形就处理个人信息，那么该处理行为就是侵害个人信息权益的行为，行为人应当依法承担相应的民事责任。侵害个人信息权益的民事责任可以分为违约责任与侵权责任。违约责任只有在个人与个人信息处理者存在有效的合同关系时，才能产生。在**例 1** 中，陈某与个人信息处理者 A 公司订立了合同，就陈某的声纹信息的处理作出了明确的约定，如果 A 公司违反约定处理个人信息，构成违约行为，应当承担违约责任。

至于侵害个人信息权益的侵权责任，无须侵权人与被侵权人之间存在合同关系。只要个人信息处理侵害了个人信息权益，就会产生侵权责任。侵害个人信息权益的侵权责任的承担方式可以分为两大类：一是人格权请求权，即停止侵害、排除妨碍以及消除危险这三类侵权责任承担方式。二是侵权赔偿请求权，包括恢复原状、赔偿损失、消除影响、恢复名誉、赔礼道歉。这两类侵权责任承担方式的差别在于构成要件不同，对人格权请求权而言，只要侵害了个人信息权益或者存在侵害个人信息权益的危险即可，不需要造成损害，更不需要行为人具有过错。但是，对侵权赔偿请求权，除侵害个人信息权益外，还必须造成损害，且侵权人应具有过错。由于《民法典》人格权编已经对于人格权请求权作出了规定，故此，《个人信息保护法》第 69 条只是对侵害个人信息权益的侵权赔偿请求权即侵害个人信息权益的侵权赔偿责任作出规定。

二、侵害个人信息权益的归责原则

归责原则就是损害赔偿责任的归责原则。所谓侵害个人信息权益的归责原则，就是指侵害个人信息权益的侵权损害赔偿责任的归责原则。《个人信息保护法》第 69 条第 1 款规定："处理个人信息侵害个人信息权益造成损害，个人信息处理者不能证明自己没有过错的，应当承担损害赔偿等侵权责任。"从这一规定可以看出，我国法上侵害个人信息权益的侵权赔偿责任适用的是过错推定责任。过错推定责任，是指在损害事实发生后，就推定行为人具有过错，以减轻或者免除受害人对行为人的过错的证明责任，如果行为人不能推翻该过错之推定即证明自己没有过错的，就应当承担侵权责任。

《民法典》第1165条第1款明确将过错责任作为我国侵权法的基本归责原则，同时，为了避免对人们的行为自由造成不合理的限制，对于过错推定责任、无过错责任以及公平责任都必须要由法律（狭义的法律）明确规定（《民法典》第1165条第2款、第1166条、第1186条）。《个人信息保护法》第69条第1款之所以对侵害个人信息权益的侵权赔偿责任采取过错推定责任，主要是考虑到：现代信息社会的个人信息处理活动常常具有很强的技术性，非常专业和复杂，个人与个人信息处理者在信息、技术、资金等方面都处于严重不对等的地位，无法了解个人信息处理者在处理活动中具有什么过错，更无法提出证据加以证明。故此，采取过错推定责任更有利于保护个人信息权益。①

第二节　构成要件与免责事由

一、构成要件

例2： A市不动产登记机构的工作人员张某得知影视明星杨某在本市有房产后，擅自利用登记系统查询了杨某名下的全部房产信息，并将其发布在网站上。

例3： 庞某在A网站上购买了B航空公司的机票，不知何人泄露了庞某的行程信息，诈骗分子利用该信息诈骗了庞某1万元。

例4： T大学教师张某刚刚通过A房产中介公司出售一套房产，售价1 700万元。然而，张某的个人信息马上就被A公司的员工李某出售给诈骗分子，结果张某遭受电信网络诈骗，损失1 700万元。

依据《个人信息保护法》第69条第1款，侵害个人信息权益的侵权赔偿责任的构成要件包括：(1）处理个人信息侵害个人信息权益；(2）造成损害；(3）因果关系；(4）过错。由于适用的是过错推定责任，故此，前三项要件应当由个人证明，个人信息处理者应当证明自己没有过错。

（一）处理个人信息侵害个人信息权益

1. 存在个人信息处理活动

侵害个人信息权益的加害行为必须是个人信息处理活动，包括个人信息的收集、存储、使用、加工、传输、提供、公开、删除等各种围绕个人信息展开的各种行为。这些行为包括作为与不作为。作为，如未取得个人同意而收集个人信息的行为。不作为，如处理者没有依法采取必要措施保护个人信息的安全，导致个人信息被他人窃取、篡改或丢失；再如，个人信息泄露后，个人处理者没有立即采取补救措施等。《个人信息保护法》第72

① 程啸．侵害个人信息权益的侵权责任．中国法律评论，2021（5）：63.

条第1款已经明确排除了“自然人因个人或者家庭事务处理个人信息的”适用。故此，自然人因个人或者家庭事务处理个人信息的行为侵害个人信息权益的，不适用《个人信息保护法》第68条的规定，而是适用《民法典》第1165条第1款的过错责任原则。

2. 个人信息处理活动侵害了个人信息权益

作为侵权责任事实构成的基本表现形式的行为，即受侵权法评价的行为应当是侵害他人民事权益的（Rechtsgutsverletzung）的行为，也称“加害行为”。如果某一行为，并未侵害他人的任何民事权益，不应当被评价为加害行为，更无从产生侵权责任。因此，只有当个人信息处理行为侵害了个人信息权益，才构成加害行为，才可能由此产生相应的侵权责任。在**例2**中，张某擅自查询并公开杨某的房地产信息的行为，就是侵害个人信息权益的行为。《个人信息保护法》第2条明确规定：“自然人的个人信息受法律保护，任何组织、个人不得侵害自然人的个人信息权益。”侵害个人信息权益的个人信息处理行为的类型很多，既包括个人信息处理者违反个人信息处理规则处理个人信息的行为，如没有告知并取得个人同意就收集个人信息，也包括个人信息处理者不履行义务以致个人无法行使个人信息权益的情形，如拒绝个人行使查阅复制权、删除权等，还包括个人信息处理者没有依法采取必要措施保护个人信息安全以致个人信息泄露、篡改、丢失等。

侵害个人信息权益的个人信息处理行为违反了《个人信息保护法》《民法典》《电子商务法》《网络安全法》等法律关于个人信息保护的法律规定，属于违法行为。但并非所有的非法处理个人信息的行为都侵害个人信息权益，例如，违反《个人信息保护法》第54条的规定，没有对应当事前进行风险评估的个人信息处理活动进行风险评估；再如，在不符合《个人信息保护法》第38条规定的条件时，就向境外提供个人信息。这些个人信息处理活动都是违法的，但是，它们可能并没有直接侵害任何个人的个人信息权益。然而，一旦某个处理行为侵害了个人信息权益，该处理行为都是非法行为。

（二）造成损害

损害是所有损害赔偿责任的必备要件，没有损害就没有赔偿。如果只是侵害个人信息权益，没有造成损害，个人有权要求侵权人承担停止侵害、排除妨碍、消除危险等侵权责任，但无法要求侵权人承担侵权赔偿责任。法律上的损害是指那些具有可赔偿性（ersatzfähiger）的损害。依据损害能否通过金钱加以计算，可以将之分为财产性与非财产性损害。财产性损害（Vermögensschaden/pecuniary loss），也称“有形损害”（materieller Schaden）、“物质性损害”或者“经济损失”，是指具有财产价值，能够以金钱加以计算的损害。例如，A将B的一只贵重的花瓶摔坏；甲将乙的房屋烧毁。财产性损害不仅包括对有体物（动产与不动产）的损害，也包括对无形财产（如著作权、商标权、网络虚拟财产、数据）的损害，以及收入的丧失（误工损失）、利润的减少以及支出的费用（医疗费）等。非财产性损害（Nichtvermögensschaden），也称“无形损害”（immaterieller Schaden）、“非物质性损害”或者“精神损害”，是指没有财产价值，无法以金钱加以计算，也无法基于真实的市场交易将其物化为具体财产类型的损害，例如：甲因其近亲属乙被丙开车撞死而遭受失去亲人的痛苦；A因被B打伤致残而遭受身体伤残的痛苦。

在侵害个人信息权益的侵权赔偿纠纷中，原告要求被告承担侵权赔偿责任，就必须证明自己因此遭受的损害。侵害个人信息权益可能给受害人造成财产损害，如**例3**中，庞某因为行程信息被泄露后，为诈骗分子利用，遭受了财产损失。侵害个人信息权益也会给受害人造成精神损害，如**例 2** 中杨某的房产信息中就包括其住址信息，这些信息被泄露会导致杨某的私生活安宁遭受侵害，从而遭受精神损害。

（三）因果关系

我国《民法典》第 1165 条明确区分侵权责任中的双层因果关系，即侵权责任成立的因果关系与侵权责任范围的因果关系。据此，《个人信息保护法》第 69 条第 1 款也区分了个人信息侵权责任中的双层因果关系。该款中“处理个人信息侵害个人信息权益”要求处理个人信息活动与个人信息权益被侵害存在因果关系，这是责任成立的因果关系，而个人信息权益被侵害导致了损害，属于责任范围的因果关系。个人在针对个人信息处理者提起个人信息侵权赔偿之诉时，首先，应当证明个人信息处理者所实施的处理行为与其个人信息权益被侵害之间存在因果关系，即具有责任成立要件的因果关系；其次，需要证明个人信息权益被侵害与损害之间的因果关系，即责任范围的因果关系，如此才能确定个人信息处理者应当承担的损害赔偿责任的范围。

1. 处理个人信息与个人信息权益被侵害的因果关系判断

对于处理个人信息侵害个人信息权益的认定，就是对个人信息处理活动与个人信息权益被侵害之间的因果关系的判断。个人对此负有证明责任，应证明以下事实：首先，其个人信息已经被作为被告的个人信息处理者所处理；其次，该处理行为没有遵循告知同意规则。如果被告对此抗辩的话，则被告要么证明已经履行告知义务并取得了个人的同意，要证明存在法律、行政法规规定的可以不遵守告知同意规则的情形。

认定个人信息侵权责任成立的因果关系应当采取条件说。在个人信息侵权责任中，处理者侵害个人信息权益的行为既包括作为（如处理者超出了个人同意的处理目的或处理方法而实施的处理行为），也包括不作为（如没有按照法律的规定采取措施保护个人信息的安全以致个人信息被泄露）。就个人信息处理者的作为与个人信息权益被侵害是否存在因果关系，条件说提出的问题是：如果没有个人信息处理者的这一行为，个人信息权益是否仍会被侵害？倘若回答是否定的，则个人信息处理者的作为就与个人信息权益被侵害存在条件关系，属于个人信息权益被侵害的必要条件；反之，个人信息处理者的行为就不是必要条件。**例 4** 中，如果 A 房产中介公司的员工李某没有非法出售张某的个人信息，则张某不会遭受电信网络诈骗，故此，李某的行为就是张某的个人信息权益被侵害的必要条件。就判断处理者的不作为与个人信息权益被侵害的因果关系而言，条件说提出的问题是：如果个人信息处理者积极履行了作为义务，个人信息权益是否仍然会被侵害？如果回答是肯定的，则不作为并非侵害的必要条件；反之，就属于必要条件。例如，个人信息处理者倘若制定了内部管理制度和操作规程并加以落实，那么它的工作人员就不可能未经授权而访问个人信息，进而导致个人信息被非法窃取。反之，由于对网络实施攻击的黑客的技术手段非常高超，超越了个人信息处理者能够尽到的安全防护能力，也就是说，即便个人信息处理者采取了相应的技术措施和其他必要措施，也无法防止个人信息泄露，那么个人信息处理者的不作为与个人信息权益被侵害之间就不存在因果关系。

由于个人信息的处理活动具有很强的技术性，尤其是利用信息网络技术处理个人信息时，个人信息处理者是否实施了侵害个人信息权益的行为，实施了哪些侵害行为，个人往往难以知悉，更无法加以证明。因此，《个人信息保护法》《网络安全法》等法律赋予国家网信部门和国务院有关部门以及县级以上地方人民政府的有关部门依法在各自职责范围内履行个人信息保护职责，它们被统称为“履行个人信息保护职责的部门”。这些部门的主要职责包括：接受、处理与个人信息保护有关的投诉、举报；组织对应用程序等中的个人信息保护情况进行测评，并公布测评结果；调查、处理违法个人信息处理活动等。同时，《个人信息保护法》第 63 条还规定了履行个人信息保护职责的部门在履行个人信息保护职责时可以采取的各种措施。因此，履行个人信息保护职责的部门对于个人信息处理者侵害个人信息权益的处理活动开展的调查、取得的证据以及处理的结果等，也可以用于个人针对个人信息处理者提起的个人信息侵权责任诉讼之中。

评　论

个人信息具有很强的流动性，现代社会中每一个自然人的个人信息往往被很多的处理者所处理。数据的共享更是产生了事实不确定性的风险，即信息主体对于“于其哪些个人信息将被收集、收集之后如何处理，以及这些数据将在哪些机构与平台间共享等情形往往难以知悉，更无法参与到信息的收集与处理当中”[①]。故此，一旦发生个人信息泄露等侵害个人信息权益的行为时，受害人往往很难证明究竟是哪一个或哪一些处理者实施了侵害个人信息权益的加害行为。在我国司法实践中最常见的因个人信息泄露而遭受电信网络诈骗的情形，原告基本上难以查明实施电信网络诈骗的直接加害人是谁，而只能以个人信息处理中涉及的某个或某几个信息处理者为被告提起诉讼。可是，这些被告则以个人信息并非自己泄露为由进行抗辩。此时，原告要提出证据证明就是这些被告实施了泄露其个人信息的行为（作为或不作为），往往十分困难。

实践中有些法院就以原告未能证明被告实施了加害行为为由驳回其诉讼请求。[②] 而有些法院为了减轻原告在此类案件中的举证负担，采取了一些消除原告举证困难的做法。例如，在“庞某鹏与北京趣拿公司等隐私权纠纷案”中，法院就提出了证明加害人的高度可能性的判断标准，即首先排除原告和帮原告代购机票的同事泄露原告个人信息的可能，然后着手认定两个被告即趣拿公司和东航公司是否存在泄露原告个人信息的可能。由于原告提供的证据已经证明原告是通过趣拿公司的网站订购的东航公司的机票，且两个被告都有原告的手机号码，故而只有两个被告有能力将原告的姓名、手机号和行程信息相匹配。此外，在本案所涉时间发生的前后时间段内，存在多家媒体质疑两个被告存在泄露乘客信息的问题。所以，法院认为原告的证据已经证明足以表明两个被告都存在泄露原告个人隐私信息的高度可能，而被告又不能反证推翻这种高度可能，因此，足以认定两个被告实施了泄露个人信息的加害行为。[③] 该标准一经提出，即在司法实践中产生了很大的影响，一些

① 阮神裕．民法典视角下个人信息的侵权法保护：以事实不确定性及其解决为中心．法学家，2020（4）：30.

② 孙某东与平安银行股份有限公司、深圳市鑫富源投资咨询有限公司隐私权纠纷案，广东省深圳市中级人民法院（2017）粤 03 民终 7378 号民事判决书；季某红与被告江苏苏宁易购电子商务有限公司隐私权纠纷案，江苏省南京市玄武区人民法院（2016）苏 0102 民初 1120 号民事判决书.

③ 北京市第一中级人民法院（2017）京 01 民终 509 号民事判决书．该案二审审判长对此案的详细分析，参见丁宇翔．个人信息保护纠纷理论释解与裁判实务．北京：中国法制出版社，2022：106.

法院在处理个人信息侵权案件时采取了该标准。[①]

事实上，当多个个人信息处理者无论是共同处理个人信息还是进行个人信息的共享，由于该活动本身就产生了一旦发生个人信息泄露，个人将面临无法证明具体的泄露者是谁的风险（证据损害现象），故此，法律上就可以将这些个人信息处理者作为一个整体看待，只要能够证明该个人信息处理的整体具有泄露信息的高度可能，就等于确定了责任成立的因果关系。[②] 而从责任承担的角度来说，应当适用《民法典》第1170条规定的共同危险行为制度，令数个个人信息处理者承担连带责任。前述审理庞某鹏案的法官已经意识到了这个问题，因为趣拿公司和东航公司都参与了对原告的个人信息的共享或共同处理活动，故而将两个被告作为一个整体看待。由于该整体泄露原告的个人信息的可能性非常高，因此加害行为与个人信息权益被侵害的因果关系链条就完全建立起来了。也正是考虑到这种情形，《个人信息保护法》第20条第2款才规定："个人信息处理者共同处理个人信息，侵害个人信息权益造成损害的，应当依法承担连带责任。"所谓"依法"就是指依据《民法典》等法律关于连带责任的规定，具体而言就是《民法典》第1168条到第1171条关于多数人侵权责任中连带责任的规定。故此，在共同处理个人信息，倘若无法确定具体侵权人的，完全就可以依据《个人信息保护法》第20条第2款指向的《民法典》第1170条规定的共同危险行为制度加以处理。

2. 侵害个人信息权益与损害之间的因果关系

个人信息权益被侵害与损害之间的因果关系属于个人信息侵权责任范围的因果关系。确立这一层次的因果关系的主要目的是起到限制赔偿范围的作用，防止出现由于因果关系的无限延伸而令行为人就过于遥远的损害承担赔偿责任的后果。在我国法中，责任范围的因果关系有时是由法律明确作出规定的，例如，就生命权、身体权和健康权等被侵害而造成的人身损害，《民法典》明确规定了损害包括财产损害与精神损害两大部分，其中财产损害的范围包括：医疗费、护理费、交通费、营养费、住院伙食补助费等为治疗和康复支出的合理费用，以及因误工减少的收入。造成残疾的，还应当赔偿辅助器具费和残疾赔偿金；造成死亡的，还应当赔偿丧葬费和死亡赔偿金（《民法典》第1179条）。精神损害赔偿则限定为侵害自然人人身权益造成严重精神损害的场合（《民法典》第1183条）。然而，对侵害个人信息权益造成的损害的范围，无论是《民法典》《个人信息保护法》还是《网络安全法》等其他法律，都没有明确规定。《个人信息保护法》第69条第2款仅仅是就损害赔偿的计算方法作出了规定，即侵害个人信息权益的损害赔偿责任按照个人因此受到的损失或者个人信息处理者因此获得的利益确定；个人因此受到的损失和个人信息处理者因此获得的利益难以确定的，根据实际情况确定赔偿数额。

就权益被侵害与损害之间的因果关系判断，我国理论界与实务界都主张借鉴德国法上的相当因果关系说。该说认为，作为原告损害条件的被告的行为（或应由其负责之事件），

① 申某与上海携程商务有限公司，支付宝（中国）网络技术有限公司侵权责任纠纷案，北京市朝阳区人民法院（2018）京0105民初36658号民事判决书.

② 阮神裕. 民法典视角下个人信息的侵权法保护：以事实不确定性及其解决为中心. 法学家，2020（4）：35-37.

如果极大地增加了此种损害发生的客观可能性（objektive Möglichkeit），那么该行为就属于损害的充分原因（an adequate cause）。测算被告的行为是否极大地增加了此种客观之可能性，应当在被诉侵权人实施侵权行为之时已知或应知的所有情形的基础上，并结合以经验为基础的一般实践性知识（general practical knowledge）加以认定。具体到个人信息权益被侵害与损害的因果关系判断中，需要考察的是自然人的个人信息权益被侵害是否属于自然人所遭受的损害的条件以及是否满足相当性。判断所谓相当性，应当采取客观说，即"如果某种事件以一种并非无足轻重的方式通常提高了发生后果的客观可能性，则该事件为该后果的相当条件。具体裁量时应考虑如下内容：其一，事件发生时最优的观察者能观察到的全部情形；其二，引发条件的人除此之外所能知晓的情况。在检讨时，应当使用所有裁判时可供支配的经验知识。相当性测试涉及的实际上并非因果关系问题，而是要获知事件结果上能够公平地被归责于行为人的界限"[①]。相当性理论是民法中对客观归责性进行规范性限制的理论，是基于价值考量而对损害后果的归责进行的限制。

在个人信息侵权责任中，应当由受害人即原告来证明个人信息权益被侵害是损害的条件。至于个人信息权益被侵害与损害是否具有相当性，性质上属于法律评价，而非事实的证明，故此，应当由法官加以判断。当然，被告可以提出相关的证据来证明存在某些事实上的损害与个人信息权益被侵害不具有相当性，如因第三人行为的介入而中断了因果关系等。

（四）过错

侵害个人信息权益的侵权赔偿责任适用过错推定责任，即个人信息处理者应当举证证明自己没有过错，而非个人来证明个人信息处理者具有过错。法律上之所以进行这种推定是因为，如果个人信息处理者严格依据《个人信息保护法》《民法典》等法律关于个人信息处理规则的规定来处理个人信息，履行法律规定的保护个人信息安全等义务，就不会侵害个人信息权益，自然也就谈不上过错。故此，个人信息处理者违反了个人信息保护法律中的保护性规范（个人信息处理规则、个人在个人信息处理中的权利的法律规范、保护个人信息安全的义务规范以及个人信息保护影响评估义务的规范）后，其个人信息处理行为的违法性本身就足以认定其过错。例如，在个人信息被黑客攻击而泄露，以致侵害个人信息权益的纠纷中，如果个人信息处理者能够证明自己已经按照法律的规定采取了相应的措施防止个人信息被泄露或被篡改、丢失，同时在发生或可能发生个人信息泄露、篡改等情况时立即采取了补救措施并且通知了履行个人信息保护职责的部门和个人，在这种情况下，个人信息处理者就不存在过错，无须承担侵权赔偿责任。

二、免责事由

所谓免责事由，是指因其存在而使侵权责任不成立的法律事实。免责事由之所以能免责，是因为这些事实的存在使侵权责任的某些成立要件不具备，从而无法成立侵权责任。例如，正当防卫、紧急避险、自助行为使客观上给他人造成损害的行为不能被评价为违法行为或过错行为，因此行为人不需要承担侵权责任。再如，地震导致房屋倒塌而压死路

---

① BGHZ 3，261. Deutsch/Ahrens，Deliktsrecht，5. Aufl. 2009，S. 24.

人，在地震被认定为不可抗力的时候，房屋的倒塌与房屋所有权人的行为没有法律上的因果关系，故此所有权人不需要承担侵权责任。

就个人信息侵权责任而言，其免责事由包括两大类：一类是侵权责任通用的免责事由，如不可抗力、正当防卫、紧急避险、自助行为、受害人故意、第三人行为等。对此，我国《民法典》分别在总则编第八章"民事责任"以及侵权责任编第一章"一般规定"中作出了规定。另一类就是个人信息侵权责任中独特的免责事由。《民法典》第 1178 条规定："本法和其他法律对不承担责任或者减轻责任的情形另有规定的，依照其规定。"就个人信息侵权责任而言，《民法典》第 1036 条就属于"本法对不承担责任另有规定"的情形。依据该条，在以下三种情形下，即便个人信息处理行为客观上影响了个人信息权益，行为人也不承担民事责任：(1) 在该自然人或者其监护人同意的范围内合理实施的行为；(2) 合理处理该自然人自行公开的或者其他已经合法公开的信息，但是该自然人明确拒绝或者处理该信息侵害其重大利益的除外；(3) 为维护公共利益或者该自然人合法权益，合理实施的其他行为。

第三节　损害赔偿的范围与计算

一、概述

虽然有损害未必有赔偿，但是没有损害肯定没有赔偿。损害 (Schaden) 是侵害个人信息权益的侵权赔偿责任的必备构成要件。任何物质的或精神的利益的非自愿的丧失都属于客观意义上的损害，但只有那些具有可赔偿性 (ersatzfaehiger) 的损害，才属于损害赔偿法上的损害。因为，法律必须考虑（自由、安全、公平等）各种价值的关系并作出权衡后，才能决定哪些损害是可以补救的。《欧洲侵权法原则》第 2：101 条将"可赔偿的损害"(recoverable damage) 界定为："损害必须是对法律保护的利益造成的物质损失或非物质损失。"如前所述，侵害个人信息权益造成的损害既包括财产损害，也包括精神损害。

侵害个人信息权益造成的财产损害，是指侵害个人信息权益而给被侵权人造成的具有财产价值，能够以金钱加以计算的损害。例如，犯罪分子非法窃取个人信息后利用该个人信息转走受害人银行账户的资金。此时，犯罪分子非法窃取个人信息的情形当然构成侵害个人信息权益，而其又利用个人信息侵害了受害人的财产权。这种财产损失在实践中很常见，尤其是在电信网络诈骗中。我国《反电信网络诈骗法》第 46 条第 1 款就明确规定："组织、策划、实施、参与电信网络诈骗活动或者为电信网络诈骗活动提供相关帮助的违法犯罪人员，除依法承担刑事责任、行政责任以外，造成他人损害的，依照《中华人民共和国民法典》等法律的规定承担民事责任。"

侵害个人信息权益造成的精神损害，是指自然人因个人信息权益被侵害而遭受的精神上的损害。这种损害属于非财产损害，是无法以金钱加以计算，也无法基于真实的市场交易将其物化为具体财产类型的损害。精神损害赔偿主要发挥的是抚慰受害人或其近亲属的精神痛苦的功能。不过，在个人信息权益被侵害的情形下，如果没有造成受害人的生命权、身体权、健康权、名誉权、隐私权等具体人格权被侵害，很难认定信息主体的精神痛苦是严重的。正因如此，《个人信息保护法》第 69 条第 2 款才扩张了《民法典》第 1182 条的适用范围，只要侵害个人信息权益造成损害的，无论是财产损失还是精神损害，都可以按照个人因此受到的损失或者个人信息处理者因此获得的利益确定，如果个人因此受到的损失和个人信息处理者因此获得的利益难以确定的，根据实际情况确定赔偿数额。[①]

二、财产损害

例 5：受害人周某在被告宾馆的 App 上购买商品后要求退货，结果其购物详情（包括快递单号、收货人手机、收货地址、订单创建时间、订单付款时间、订单发货时间、订单完成时间、订单支付方式、订单支付号、用户账号、商品名称、金额）被泄露给诈骗分子，诈骗分子假冒客服人员与受害人周某联系，导致受害人的银行账户被转走 49 990.96 元。[②]

侵害个人信息权益导致的财产损害就是指，个人因其个人信息权益被侵害而遭受的能够通过金钱加以计算的损害。具体分为以下两类。

1. 因个人信息被泄露而导致个人的人身财产权被侵害，继而遭受财产损害

实践来看，最常见的此类财产损害情形就是个人信息因个人信息处理者没有履行安全保护义务而被泄露，使自然人遭受了犯罪分子的电信网络诈骗。**例 5** 就是一个典型的例子。再如，在“申某与支付宝（中国）网络技术有限公司等侵权责任纠纷案”中，原告申某通过被告携程公司手机 App 平台订购机票，因订购机票行为而产生的出行人姓名、航班日期、起落地点、航班号、航空公司信息、订票预留手机号信息被整体泄露，诈骗分子根据泄露的信息内容发送诈骗短信，引导申某使用支付宝“亲密付”功能消费及工商银行网上银行转账，最终导致申某个人财产受损（被诈骗 11 万余元）。[③]

实践中还发生过警察擅自利用公安信息系统帮人查住址并非法泄露受害人的住址，导致受害人被前男友找上门并将其杀死在暂住地内。[④] 在这样的案件中，受害人不仅在个人信息权益方面遭受了侵害（个人信息被泄露），其他的民事权益如财产权益、生命权、健康权等也遭受了侵害。由此产生的财产损失与个人信息权益被侵害之间的因果联系相对而言较为遥远，故此，有学者将此种损害称之为“个人信息侵权下游损害”[⑤]。对于这种损害的赔偿，理论界和司法解释基本上都予以认可，存在争议的只是个人信息处理者与第三人之间究竟如何承担责任。

2. 非法处理行为直接给信息主体造成的财产损害

这些损害在实践中往往表现受害人为了维护其个人信息权益而支出的合理维权成本，如为保全证据支出的公证费，向法院起诉的诉讼费、支付的律师费、交通费等。对于财产

---

① 程啸. 侵害个人信息权益的侵权责任. 中国法律评论，2021（5）.

② 周某婵诉广东快客电子商务有限公司、东莞市易得网络科技有限公司网络侵权责任纠纷案，广东省深圳市中级人民法院（2019）粤 03 民终 3954 号民事判决书.

③ 北京市朝阳区人民法院（2018）京 0105 民初 36658 号民事判决书.

④ 卢某某、刘某某侵犯公民个人信息案，山东省青岛市中级人民法院（2019）鲁 02 刑终 478 号刑事判决书.

⑤ 谢鸿飞. 个人信息处理者对信息侵权下游损害的侵权责任. 法律适用，2022（1）.

损失，个人信息处理者应当承担赔偿责任。《利用信息网络侵害人身权益纠纷规定》第12条第1款明确规定："被侵权人为制止侵权行为所支付的合理开支，可以认定为民法典第一千一百八十二条规定的财产损失。合理开支包括被侵权人或者委托代理人对侵权行为进行调查、取证的合理费用。人民法院根据当事人的请求和具体案情，可以将符合国家有关部门规定的律师费用计算在赔偿范围内。"

评 论

因个人信息权益被侵害而导致信息主体丧失了对个人信息进行商业化利用的损失，是否属于侵害个人信息权益的财产损失，应否赔偿？这涉及个人信息权益的商业化利用问题。从我国《民法典》第993条的规定来看，人格权主体可以许可他人使用的人格要素包括"姓名、名称、肖像"，其中并无个人信息。有的学者认为：《民法典》这一条并非穷尽列举，而用了"等"字兜底，个人信息也属于能够被商业化利用的对象，自然人可以许可他人处理其个人信息。因为"从本质上讲，个人信息本身就兼具人身属性和财产属性，绝大多数个人信息都可以进行经济利用，如将个人信息汇聚成大数据由他人共享，或者用于商业分析和用于商业规划等"[①]。个人信息的效用性、稀缺性、可控性和流通性决定了个人信息也具有很大的财产价值或财产属性。[②] 反对者认为：个人信息不能被商业化利用，因为个人信息权益所保护的利益不包括个人对其个人信息的财产利益。首先，个人信息的经济价值存在"稀薄效应"，单个自然人的个人信息并没有什么经济价值，只有大数据整体才具有经济价值，而将大数据整体的经济价值分散至个体层面，那么每个个人的个人信息的经济价值可以忽略不计。其次，给个人配置财产利益将带来一系列问题，如导致个人之间人格的不平等，甚至会引发蝇头小利的全社会争夺，阻碍信息产业的发展。[③]

本书认为，个人信息可以被商业化利用。从《民法典》与《个人信息保护法》对个人信息的界定来看，肖像、姓名、声音等就属于个人信息，它们都是可以被商业化利用的。个人信息中的私密信息属于隐私，私密信息在不违反法律和公序良俗的原则时，也是可以被商业化利用的，剩下的非私密信息就更没有问题。即便是在特别重视个人信息自决权的德国，其理论界也认为，只要遵守宪法上的限制，个人信息自决权当然可以被商业化利用，能够被商业化利用的个人信息包括自然人的外貌、生活图片、人物形象、个人的秘密、口头和书面的语言、姓名等。[④] 在大数据时代，真正蕴含巨大价值的是政府及企业处理的海量个人信息，单个的普通自然人的个人信息确实价值不大。但是，对那些知名人物或公众人物也未必尽然，他们的一条个人信息可能价格非常昂贵。此外，人们也不能否定未来随着社会的发展，尤其是个人信息权益保护的强度的增加，个人通过同意处理者处理其个人信息而取得相应经济利益。因此，侵害个人信息权益也会给直接给信息主体造成财产损害，只不过个人信息存在定价的困难，而通过同意他人处理个人信息而取得相应报酬

① 王利明，程啸. 中国民法典释评·人格权编. 北京：中国人民大学出版社，2020：59.

② 彭诚信. 论个人信息的双重法律属性. 清华法学，2021 (6).

③ 张新宝. 论个人信息权益的构造. 中外法学，2021 (5).

④ Franziska Leinemann. Personenbezogene Daten als Entgelt：Eine Untersuchung anhandschuldvertrags-，datenschutz-und kartellrechtlicher Fragestellungen. Peter Lang，2020，S. 65.

或费用的实践尚不充分。故此，侵害个人信息权益给信息主体直接造成的财产损失难以确定。正因如此，《个人信息保护法》第 69 条第 2 款才提供了三种方法确定损害，也就是说，信息主体的个人信息权益被侵害而遭受的财产损失，可以按照个人因此受到的损失或者个人信息处理者因此获得的利益确定，都难以确定的，则根据实际情况确定赔偿数额。从司法实践来看，个人往往无法证明自己因个人信息权益被侵害而直接遭受的财产损失，而要证明个人信息处理者因此而获得的利益，对于作为自然人的个人信息权益主体就更难了。实践中，只有通过公安机关的侦查才能查明那些侵害个人信息权益的犯罪分子的非法获利。故此，在我国实践中，以个人信息处理者的获利来确定损害赔偿的情形基本上都发生在检察机关提起的民事公益诉讼中。[①] 因此，实践中对侵害个人信息权益造成的财产损失往往是由法院根据实际情况加以确定。《利用信息网络侵害人身权益纠纷规定》第 12 条第 2 款明确规定："被侵权人因人身权益受侵害造成的财产损失以及侵权人因此获得的利益难以确定的，人民法院可以根据具体案情在 50 万元以下的范围内确定赔偿数额。"例如，在"赵某与杨某东等隐私权纠纷案"中，被告链家公司没有采取措施保证客户个人信息的安全，导致其员工非法利用了原告的个人信息。针对原告主张的侵害个人信息权益的经济损失，法院认为："随着社会的进步和信息经济的发展，个人信息作为一种愈益重要的资源，其财产价值日益凸显，个人信息处理业已形成产业链。个人信息同时体现着人格利益和财产价值，对个人信息的侵害必然带来承担相应经济赔偿责任。对于判定的经济损失数额，本院针对案件情况和侵权情节，确定经济损失赔偿金额为 10 万元。"[②]

三、精神损害

例 6： M 互联网公司开发了某借贷平台 App，收集并存储了贷款人提交的个人信息。杨某于 2017 年通过该 App 借款 4 万余元。借款前，杨某按照 App 要求注册登记了个人信息，提供了身份证正、反面照片，授权获取通讯录联系人信息等。杨某逾期未还款，杨某本人及其亲属、同事、朋友频繁收到自称是该 App 或陌生人的催收信息。催收人能够提供杨某在该 App 的借款人信息、借款合同号、应还款金额及还款账户等信息，还制作了诋毁杨某的图文信息，并威胁杨某要群发该图文信息给杨某通讯录所有联系人。经查：因杨某未偿还贷款，M 互联网公司将杨某上述个人信息提供给 X 讨债公司，由其对杨某进行催收。[③]

（一）造成精神损害的具体情形

个人信息是与已识别或者可识别的自然人有关的各种信息，故此，个人信息权益与很

① 相关判决参见：陕西省米脂县人民法院（2022）陕 0827 民初 19 号民事判决书，河北省献县人民法院（2022）冀 0929 民初 1770 号民事判决书，黑龙江省鸡西市城子河区人民法院（2022）黑 0306 刑初 34 号刑事附带民事公益诉讼判决书，黑龙江省绥滨县人民法院（2022）黑 0422 刑初 28 号刑事附带民事公益诉讼判决书.

② 北京市朝阳区人民法院（2018）京 0105 民初 9840 号民事判决书.

③ 广东高院发布个人信息保护典型案例. https://www.gdzf.org.cn/yasf/content/post_123692.html.

多人格权益存在交叉重叠关系，例如，自然人的私密信息属于隐私，受到隐私权的保护，而私密信息属于个人信息，因此隐私权与个人信息权益存在非常密切的关系，以至于《民法典》第 1034 条第 3 款专门就二者的关系作出规定。[①] 再如，自然人的姓名既属于个人信息，也属于姓名权的客体，故此，个人信息权益与姓名权会发生重合[②]；自然人的肖像、声音既受到肖像权保护，而肖像、声音本身也属于生物识别信息，是敏感的个人信息，因此个人信息权益与肖像权会发生重叠。[③] 上述个人信息权益与其他人格权重叠时，侵害个人信息权益也往往同时侵害了姓名权、肖像权、隐私权、名誉权等具体人格权。此时，可以说自然人遭受的精神损害往往容易被认为是因为侵害了这些具体人格权所致，较容易认定。在**例 6** 中，M 互联网公司未经个人同意就将杨某个人信息提供给 X 讨债公司，该公司不断发送短信骚扰杨某，还对其进行威胁，显然侵害了杨某的隐私权，给其造成了精神损害。

另外一类侵害个人信息权益所造成的精神损害赔偿，是指单纯的侵害个人信息权益但并未同时侵害其他具体人格权而给自然人造成的精神损害。例如：个人信息处理者没有告知个人并取得其同意而收集个人信息；个人信息处理者的不当行为导致了个人信息毁损或丢失，如医疗机构保管病历不当导致信息丢失，单位的人事部门或人力资源部门保管人事档案不当导致的信息缺损，电子设备维修不当错误删除记录等。此种情形下，侵害个人信息权益的同时并未给信息主体的名誉权、隐私权等具体人格权造成侵害，因此，如何认定个人是否遭受精神痛苦存在很大的困难。因为精神损害并不如财产损害那样，可以通过差额说加以确定，受害人是否遭受精神或心理上的痛苦及其程度，往往难以确认。我国《民法典》为了限制精神损害赔偿责任的适用，在第 1183 条第 1 款明确规定，侵害自然人人身权益只有造成严重精神损害的，被侵权人才有权请求精神损害赔偿。司法实践中，认定是否构成严重精神损害时，法院往往综合考虑多种因素，如加害行为的性质、程度和方式（如披露他人的隐私、诽谤他人、在发行量巨大或读者众多的媒体上实施侵害行为等），侵权人的主观过错程度（故意还是重大过失抑或轻微过失），损害后果的类型以及被侵权人因侵权而引起的连锁反应（如出现失眠、学习成绩下降、企图自杀）等。

（二）精神损害赔偿数额的确定方法

如前所述，如果按照《民法典》第 1183 条第 1 款的要求，在单纯的侵害个人信息权益案件（不构成同时侵害隐私权、名誉权等其他具体人格权）中，受害人只有证明自己遭受了严重的精神损害后，才能要求个人信息处理者承担精神损害赔偿责任，这往往非常困难。例如，A 公司在没有告知并取得张三的同意的情况下，非法收集了张三的个人信息；再如，李某等自然人的金融账户信息被 B 银行因重大过失而泄露。这些行为当然都是侵害个人信息权益的行为，但是，很难说张三或李某就遭受了严重精神损害，也许他们会心存忧虑或感到不安，但远远谈不上有严重的精神损害，除非因此而导致受害人患有精神疾

① 程啸. 论个人信息权益与隐私权的关系. 当代法学，2022（4）.

② 张素华，宁园. 论姓名权与个人信息利益保护的区分. 河北法学，2019（7）.

③ 杨芳. 肖像权保护和个人信息保护规则之冲突与消融. 清华法学，2021（6）.

病，产生自杀或者自残等严重的后果。

正是考虑到对侵害个人信息权益适用《民法典》第1183条第1款，以严重精神损害作为要件所存在的弊端，《个人信息保护法》第69条第2款才作出了改变，即扩张了《民法典》第1182条的适用范围，将该条确立的规则适用于侵害个人信息权益造成的财产损害和精神损害。也就是说，无论侵害个人信息权益造成的是财产损失还是精神损害，都可以按照个人因此受到的损失或者个人信息处理者因此获得的利益确定，如果个人因此受到的损失和个人信息处理者因此获得的利益难以确定的，根据实际情况确定赔偿数额。① 这样的规定解决了侵害个人信息权益造成精神损害往往很难被认定为严重精神损害的问题，从而使法官有权根据实际情况来确定精神损害赔偿的数额。至于认定数额中的参考因素，《精神损害赔偿解释》第5条列举了六大类，即（1）侵权人的过错程度，但是法律另有规定的除外；（2）侵权行为的目的、方式、场合等具体情节；（3）侵权行为所造成的后果；（4）侵权人的获利情况；（5）侵权人承担责任的经济能力；（6）受理诉讼法院所在地的平均生活水平。

【进一步阅读文献】

1. 杨立新. 个人信息处理者侵害个人信息权益的民事责任. 国家检察官学院学报，2021（5）.

2. 程啸. 侵害个人信息权益的侵权责任. 中国法律评论，2021（5）.

3. 程啸，阮神裕. 论侵害个人信息权益的民事责任. 人民司法，2020（4）.

4. 姚佳. 论个人信息处理者的民事责任. 清华法学，2021（3）.

5. 谢鸿飞. 个人信息泄露侵权责任构成中的“损害”：兼论风险社会中损害的观念化. 国家检察官学院学报，2021（5）.

6. 解正山. 数据泄露损害问题研究. 清华法学，2020（4）.

7. 田野. 风险作为损害：大数据时代侵权“损害”概念的革新. 政治与法律，2021（10）.

8. 杨立新. 侵害个人信息权益损害赔偿的规则与适用. 上海政法学院学报（法治论丛），2021（6）.

9. 谢鸿飞. 个人信息处理者对信息侵权下游损害的侵权责任. 法律适用，2022（1）.

10. 彭诚信，许素敏. 侵害个人信息权益精神损害赔偿的制度建构. 南京社会科学，2022（3）.

11. 朱晓峰，夏爽. 论个人信息侵权中的损害. 财经法学，2022（4）.

12. 阮神裕. 民法典视角下个人信息的侵权法保护：以事实不确定性及其解决为中心. 法学家，2020（4）.

13. 程啸，李西泠. 论个人信息侵权责任中的因果关系. 郑州大学学报（哲学社会科学版），2023（1）.

14. 程啸，曾俊刚. 个人信息侵权的损害赔偿责任. 云南社会科学，2023（3）.

---

① 程啸. 侵害个人信息权益的侵权责任. 中国法律评论，2021（5）；彭诚信，许素敏. 侵害个人信息权益精神损害赔偿的制度建构. 南京社会科学，2022（3）.

第四编

个人信息处理者的义务与责任

第十三章　个人信息处理者的义务

第一节　个人信息处理者的指向性义务

个人信息保护的三个维度是“处理原则/规则—主体的权利/处理者的义务—责任”，但是，在《个人信息保护法》中，个人信息主体的权利并不完全对应个人信息处理者的义务。根据个人信息处理者义务的指向对象的不同，可以将个人信息处理者的义务分为个人信息处理者的指向性义务和非指向性义务。所谓的指向性义务，指的是有相应的权利所对应的义务，针对的是权利人，表现为《个人信息保护法》第四章“个人在个人信息处理活动中的权利”所规定的个人信息处理者义务。而非指向性义务，则是指并不针对具体权利人的义务共同善，表现为我国《个人信息保护法》第五章“个人信息处理者的义务”中所规定的个人信息处理者义务。规定非指向性的义务是为了贯彻落实个人信息保护法中两项基本原则——合法原则与责任原则。根据合法原则，处理个人信息必须采取合法的方式，不得违反法律、行政法规的规定，不得侵害自然人的个人信息权益，不得危害国家安全、公共利益。依据责任原则，个人信息处理者应当对其个人信息处理活动负责，确保个人信息处理活动的合法性，并且应当采取必要措施保障所处理的个人信息的安全。

一、告知义务

例 1： 某科技公司运营的某短视频 App 未以显著、清晰的方式告知并征得儿童监护人有效明示同意的情况下，允许注册儿童账户，并收集、存储儿童网络账号、位置、联系方式，以及儿童面部识别特征、声音识别特征等个人敏感信息。

例 2： 小李入职一家单位，入职前单位人事告知该单位有权利对员工公司账号的登录、打卡、公司邮箱的邮件收发、工作手机的信息发送情况等进行检查，小李必须同意该条款才得以办理入职。

所谓告知义务，就是指个人信息处理者在处理个人信息之前，应当按照法律要求的方式，向其个人信息将要被处理的个人告知相关事项的义务。《个人信息保护法》第 44 条赋予了个人对其个人信息的处理享有的知情权，个人信息处理者的告知义务对应的是信息主体的知情请求权，是保障信息主体的知情权的内在要求，对贯彻落实公开透明原则具有重要作用。因此，告知义务是一项指向性义务。**例 1** 和**例 2** 都存在个人信息处理者违反告知义务的情形。

二、提供查阅、复制的义务

> **例 3**：张三心血来潮想了解一下某社交 App 都处理了自己的哪些个人信息，遂想向该 App 发送查阅、复制请求。但其在该 App 上寻找后未发现便捷的发送请求的方式。于是诉至法院请求该 App 履行提供查阅、复制的义务。

查阅、复制权是一项请求权，是个人信息保护法赋予个人信息主体实现其对个人信息的决定权的手段性权利，是个人信息主体知情权的重要内容。[①] 而提供查阅、复制的义务就是查阅、复制权的指向性义务，是为了保障查阅、复制权的履行。在实践中，首先，个人信息处理者应当在个人信息处理规则（比如隐私政策或个人信息保护政策）中作出规定，如要求个人向个人信息处理者指定的电子邮箱发送邮件提出申请，或者拨打某一专门处理个人信息查阅、复制的专业接线员口头提出申请，或者在相应的网页链接上填写申请表格，等等。这些方式应当是清晰、易于查找且便捷的。如**例 3** 中张三在 App 上寻找却无法找到便捷的请求方式，也许该 App 确实提供了请求方式，但该方式隐蔽且难以查找，或即便可以找到但无法直接送达请求，这些都是违反了个人信息保护法的查阅、复制义务的设立初衷的。个人信息处理者如果刻意隐瞒请求入口或故意不提供请求途径的，属于违反《个人信息保护法》第 45 条的行为。

其次，依据《个人信息保护法》第 45 条第 2 款的规定，个人请求查阅、复制其个人信息的，个人信息处理者应当及时提供。所谓的及时提供，到底是多久算是及时？欧盟《一般数据保护条例》第 12 条第 3 款规定："控制者应当自收到请求起不得超过一个月内提供根据本条例第 15 至 22 条采取行动的信息。考虑到请求的复杂性和数量，在必要时，这一期限可以再延长两个月。对于延期提供信息的任何情况，控制者都应当自收到请求起一个月内通知数据主体相关情形和延迟原因。如果数据主体以电子形式发送请求，这些信息应以电子形式提供，除非数据主体对提供方是有其他特殊要求。"对于何谓"及时"，肯定不是立刻马上，而是应当在合理的时间内，提供个人查阅、复制的个人信息。而对"合理"则应当考虑信息的类型，信息的数量，查阅、复制的难度等等因素来综合判断。[②]

三、提供转移途径的义务

> **例 4**：张三在 A 银行开立账户，提供了个人信息给作为个人信息处理者的 A 银行，之后张三又在 B 银行开户，张三要求 A 银行将其个人信息转移给新的个人信息处理者 B 银行。
>
> **例 5**：某大学新生贾某长期使用某音乐类 App，并且制作了不少歌单，受到其他用户的欢迎。现在另一音乐类 App 为吸引用户，邀请贾某入驻，贾某要求某音乐类 App 将其制作的歌单列表转移给另一音乐类 App，遭到拒绝。

---

① 万方. 算法告知义务在知情权体系中的适用. 政法论坛，2021（6）：84.

② 程啸，王苑. 论我国个人信息保护法中的查阅复制权. 法律适用，2021（12）.

提供转移途径的义务相对应的权利是可携带权。《个人信息保护法》第 45 条第 3 款规定，“个人请求将个人信息转移至其指定的个人信息处理者，符合国家网信部门规定条件的，个人信息处理者应当提供转移的途径”。关于可携带权应否规定一直存在很大的争议，支持者认为可携带权的规定在提升消费者福利、改善竞争环境、反垄断和促进创新方面有明显作用，反对者则认为滥用可携带权可能造成不正当竞争。在综合考虑了上述利弊的情形下，我国《个人信息保护法》中确立了可携带权，但是目前的规定过于笼统，缺乏如何行使该权利的规定，如**例 4** 中，如果张三除要求转移自己的开户个人信息外，还要求转移自己的银行流水信息，而银行流水信息还关系到除张三外的第三人；再如**例 5** 中，首先，由贾某制作的歌单是否为其个人信息？其次，有特色的歌单作为某音乐类 App 取得竞争优势的重要资产，允许转移就可能导致同类企业之间就这些资产进行争夺，是否会引发不正当竞争？

欧盟《一般数据保护条例》对可携带权规定了两种行使方式：一是在基于同意或者合同的规定自动化处理数据时，数据主体可以结构化、通常适用、机器可读等方式获取其提供给数据控制者的相关个人数据，并且可以将此类数据无障碍地传输给另一个数据控制者；二是当技术可行时，数据主体可以将个人数据从一个控制者直接传输给另一个控制者。① 并且该条例对可携带权行使的限制条件，权利冲突时的权利位阶等均有所规定，而我国目前在可携带权的行使需要的技术条件，在何种情形下可能侵害涉及的其他自然人的权益，当涉及不正当竞争或侵害知识产权时的权利如何限缩，等等方面的规则尚不清晰。为了规避规定可携带权可能带来的风险，我国《个人信息保护法》虽然规定了可携带权，但在条文中加上了“符合国家网信部门规定条件的”限制，也就是说，国家网信部门会针对可携带权的行使设置一定的限制条件；而个人信息处理者的义务就是在符合网信部门规定的条件下，提供转移的途径。

四、核实、更正、补充义务

例 6：王某在申请住房商业贷款时，通过银行向中国人民银行征信中心申请查阅自己的个人征信报告，报告中显示王某存在多次信用卡账单未还的情况，严重影响了其征信评级。实际上，王某未有上述信用卡账单逾期未还情况，但王某申请要求更正该错误还款信息后，该信息长期未被更正。后房地产市场大热，王某因无法及时贷款而损失惨重。

《个人信息保护法》第 46 条第 2 款要求，个人信息处理者在收到个人的更正补充请求后，应当对其个人信息予以核实，并及时更正或补充。个人信息处理者的核实、更正和补充义务，是信息主体更正、补充权的指向性义务。个人信息的质量无论对信息主体个人还是信息处理者，都极为重要，不准确、不真实、不完整、不及时的单个个人信息不仅可能会对个人信息主体的权益造成危害，甚至可能对整个数据集的质量造成不良影响。如**例 6**

① 王洪亮，叶翔. 数据访问权的构造：数据流通实现路径的再思考. 社会科学研究，2023（1）：77.

中的王某，因为其错误的个人信息未被及时更正，导致在市场交易中遭受了严重的财产损失。此外，一些事关国计民生的统计工作中，可能也涉及个人信息，这些个人信息一旦发生错误，无法及时得到更正，甚者可能会对国家政策产生危害。

依据对核实、更正、补充义务的规定，对于个人更正、补充其个人信息的请求，个人信息处理者应当及时作出回应。首先，应当对该申请人的个人信息予以核实，以确定申请人是否信息主体以及是否存在不准备、不完整的情形，必要时可要求申请人提供相关材料。其次，在申请人的个人信息存在不准确、不完整的情形时，应当及时予以更正、补充；不存在不准确、不完整的情形时，应当向申请人说明拒绝的理由。①

五、删除义务

例 7：因疫情防控需要，某健康 App 收集自然人的姓名、身份证号、抵达地点等个人信息。

例 8：某外卖类 App 因送达外卖的需要，收集用户的姓名、手机号、地址等个人信息，现该 App 因业务调整不再提供外卖服务。

例 9：张三注册某社交网络账号，同意该社交网站收集其姓名、性别、爱好、浏览痕迹等个人信息，但因个人原因张三想要停止使用该社交网站，故撤回对个人信息处理的同意。

删除义务是指在法定情形下，主动删除或基于信息主体请求而删除个人信息的义务。因此，删除义务可以分为主动删除和被动删除两种。主动删除主要是指当法定的情形出现时，个人信息处理者就按照一定的程序将个人信息删除，如**例 7** 中，某健康 App 因疫情防控目的收集的个人信息，如果疫情宣告结束，已经没有继续收集处理此等信息的必要，即为《个人信息保护法》规定的“处理目的已实现、无法实现或者为实现处理目的不再必要”的情形，在这种情形下，该应用程序应当主动履行删除义务。再如**例 8**，某外卖类 App 停止提供其服务后，负有删除个人信息的法定义务，当然如果未主动删除，信息主体要求删除的，该外卖 App 也应当履行。而被动删除义务更明确表现为一种指向性义务。在**例 9** 中，社交网站的删除义务，往往是基于用户的请求和申请而履行的。一般而言，即便用户停止使用某网络服务产品，但用户的个人信息依然对社交网站有一定的价值，因此网络服务提供者并无动力主动删除其已经收集和处理的个人信息，而是要待用户提出申请删除后才履行其义务。

《个人信息保护法》规定的法定的删除义务共适用于五种情形，分别是：（1）处理目的已实现、无法实现或者为实现处理目的不再必要；（2）个人信息处理者停止提供产品或者服务，或者保存期限已届满；（3）个人撤回同意；（4）个人信息处理者违反法律、行政法规或者违反约定处理个人信息；（5）法律、行政法规规定的其他情形。在不同情形下，信息处理者的删除动力可能有所不同，因此可能有主动删除和被动删除的差异。但总体而

---

① 杨合庆. 中华人民共和国个人信息保护法释义. 北京：法律出版社，2022：120.

言，删除义务是一项指向性义务，无论是主动删除，还是被动删除，其义务履行是为了实现信息主体的删除权。

评　论

问题在于：为何只有删除义务分为主动删除义务和被动删除义务，而其他义务却不存在主动和被动的分类呢？原因在于，其他义务并无主动履行之必要，比如提供查阅、复制的义务，个人信息处理者显然没有必要在个人未提出该请求时主动要求个人进行查阅、复制；至于提供转移途径的义务，如果个人没有要求行使个人信息可携带权，个人信息处理者既无动力也无必要主动提供转移途径；对于更正和补充义务，虽然个人信息处理者有主动更正和补充的可能性，但实则是基于对个人信息质量的保障，与为了个人信息权益而主动删除还是有目的上的区别。

六、解释说明义务

例 10： 李某在某博社交网站浏览了一些时尚博主的微博，后在 H 平台收到了许多类似风格的产品的推送。李某感觉不适，要求 H 平台对其个人信息处理规则进行解释说明。

《个人信息保护法》第 48 条规定了个人的解释说明权："个人有权要求个人信息处理者对其个人信息处理规则进行解释说明。"解释说明义务是为了实现个人的解释说明权，指向的客体是所谓的个人信息处理规则，个人信息处理规则通常以隐私政策或者合同条款的形式出现，由个人信息处理者单方制定。从《个人信息保护法》第 17 条第 3 款的规定来看，个人信息处理规则的内容可以包括个人信息处理者依法应当向个人告知的事项，即个人信息处理者的名称或者姓名和联系方式；个人信息的处理目的、处理方式，处理的个人信息种类、保存期限；个人行使《个人信息保护法》规定权利的方式和程序；法律、行政法规规定应当告知的其他事项等。但解释说明义务相较于告知义务而言，是一种事后的具体解释，因此其内容并不限于告知义务所包含的内容。

评　论

关于解释说明的对象是否包含算法规则，有一定的争议。[①] **例 10** 中的李某，要求 H 平台对于如何处理自己的个人信息并进行推送的解释说明，实际上是要求对算法推荐决策的解释说明。本书认为，解释说明的对象应当包含算法规则，但《个人信息保护法》第 24 条第 3 款的要求说明权相对于第 48 条属于特别条款，只有在满足第 24 条第 3 款要求的两个前置条件，即"通过自动化决策作出""对个人权益有重大影响的决定"时，解释说明义务的内容才能包含算法规则，换言之，应当以技术专家的解释说明为主导，面向特定场景中的算法决策相对人。[②]

---

① 丁晓东. 基于信任的自动化决策：算法解释权的原理反思与制度重构. 中国法学，2022（1）.

② 何新新，徐澜波. 个人信息处理者的自动化决策解释义务研究. 学习与实践，2022（8）.

《个人信息保护法》第 48 条的解释说明权与第 24 条第 3 款的要求说明权之间可能产生竞合。第 24 条第 3 款的要求说明权是一种受限的“解释权”[①]，在实践中仅针对决定作出后的解释说明。[②] 将其解释为事后的说明权，理由有二：第一，从文义上，要求说明权针对的是对“个人权益有重大影响的决定”，该决定应当是已经明确作出的。《互联网信息服务算法推荐管理规定》第 17 条第 3 款也明确规定，“算法推荐服务提供者应用算法对用户权益造成重大影响的，应当依法予以说明并承担相应责任”。该条对算法推荐服务提供者施加了事后的说明义务，侧面体现了要求说明权的事后性。第二，适用范围上，要求说明权并不限于完全自动化决策，尤其是针对混合决策这种风险相对较小的自动化处理，如果要求说明权无论在决策前、决策中、决策后均可以行使，很可能导致权利的滥用。虽然对自动化决策的要求说明权仅限于事后，且有明确的限制条件，但是《个人信息保护法》第 48 条的解释说明义务实则是对该条的补强。

七、建立申诉和处理机制的义务

例 11：王某试图撤回同意某社交 App 处理其个人信息的请求，其遍寻了该 App 上可见的渠道，但并未获得有效途径申请撤回同意并要求 App 删除已经处理的个人信息。因此王某诉至法院，要求：(1) 该 App 履行其建立便捷的个人行使权利的申请受理和处理机制的义务；(2) 该 App 删除其处理的关于王某的个人信息。

《个人信息保护法》赋予了个人信息主体在信息处理活动中的多项权利，但是由于个人和个人信息处理者之间显著的获取信息能力不平等，因此个人在寻求申诉和救济的时候，需要信息处理者提供便捷的渠道。为此《个人信息保护法》要求个人信息处理者建立便捷的个人信息行使权利的申请受理和处理机制，对个人信息处理者响应个人行使其权利的请求提出了以下要求：一是要求个人信息处理者建立申请受理机制，包括提出申请的方式、接受申请的机构或者个人、提出申请时应当提交的材料、受理个人申请的反馈等；二是建立申请处理机制，包括受理申请后处理申请的机构或人员、处理流程、处理结果的反馈等；三是要求个人信息处理者的申请受理和处理机制应当便捷，不得设置不合理的障碍；四是要求个人信息处理者拒绝个人申请权利的请求时，应当说明理由。[③]

评　论

便捷的申请受理和处理机制应如何判定？如果个人寻找后未找到该受理和处理机制，是否可以视为个人信息处理者拒绝了个人行使权利的请求？本书认为，《个人信息保护法》第 50 条明确了便捷的行权受理机制标准，所谓便捷，要么是在较为显眼的位置，要么是

---

① 欧盟对可解释权并未规定在条例的正文中，而是规定在了立法说明中，可解释权是指数据主体有权“获得对评估后作出的决定的解释”。Gianclaudio Malgieri，Giovanni Comandé. Why a Right to Legibility of Automated Decision-Making Exists in the General Data Protection Regulation. International Data Privacy Law. Issue 4，November 2017 (7)：243 - 265. https://doi. org/10. 1093/idpl/ipx019.

② 吕炳斌. 论个人信息处理者的算法说明义务. 现代法学，2021 (4)：92.

③ 杨合庆. 中华人民共和国个人信息保护法释义. 北京：法律出版社，2022：129.

能通过清晰明确的指引了解到行使权利的方式，否则均不构成便捷。如果个人经过合理的努力，例如**例 11** 中的王某举证证明自己已经过了合理的努力寻找行权的途径和方式，仍然无法获得，则应当认为个人信息处理者拒绝了个人行使权利的请求，那么个人就可以依据《个人信息保护法》第 50 条第 2 款向人民法院提起诉讼。

第二节　个人信息处理者的非指向性义务

一、合规保障义务

例 12：某互联网公司在入职前对新入职员工组织培训，其培训内容包括：内部组织架构与管理规章制度，个人信息处理的内部程序与工作流程，以及个人信息发生大规模泄露后的补救和通知方式。

从广义角度看，合规义务内涵广泛，《个人信息保护法》第五章均可以属于合规义务的范畴。其既包括《个人信息保护法》第 51 条规定的合规保障义务，第 52、53 条规定的指定个人信息保护负责人和设立专门机构或者指定代表的义务，还包含了第 54 条规定的合规审计义务，同时还包括第 55 条规定的个人信息保护影响评估义务以及第 57 条所规定的补救和通知义务。

从狭义角度看，合规义务主要即为《个人信息保护法》第 51 条所规定的合规保障义务。考虑到各类个人信息处理者的不同情况，以及个人信息处理活动的复杂性和风险程度的不同，因此对于个人信息处理者的合规保障义务，从组织和技术措施两个方面，结合个人信息的处理目的、处理方式，个人信息的种类以及对个人权益的影响、可能存在的安全风险等因素，个人信息处理者应采取以下相应的合规保障措施。

（一）组织措施

组织措施，是指个人信息处理者为保障个人信息处理的合法及保护个人信息安全，而建立适当的内部组织架构与管理规章制度，对个人信息处理的内部程序与工作流程进行合理的设计。组织措施是对组织内部架构、规章、规程、人员管理、应急预案等多个方面的措施的统称，结合《个人信息保护法》第 51 条的规定，可以分为以下几个方面。

1. 制定内部管理制度和操作规程

内部管理制度是个人信息处理者制定的，有关个人信息保护的组织架构、人员配备、行为规范、管理责任等的规则；操作规程是个人信息处理者制定的，有关人员在个人信息处理及相关业务活动中应当遵守的程序和步骤。在《个人信息保护法》出台前，我国《网络安全法》《征信业管理条例》《电信和互联网用户个人信息保护规定》等法律法规中已经对制定内部管理制度和操作规程有所要求，同时，《信息安全技术 个人信息安全规范》等国家推荐性标准中，也对内部管理制度和操作规程进行了细化规定，比如：制定本单位的个人信息保护总体方针和安全策略等相关规章制度和文件，包括对个人信息保护工作的目标、范围、原则和安全框架等的相关说明；建立个人信息管理制度体系，包括安全策略、管理制度、操作规程和记录表单；等等。总体而言，个人信息处理者的角色差异极大，既可能有个人作为信息处理者，也可能是企业、国家机关等组织体，因此要考虑到个人信息处理者的不同情况，制定相应的内部管理制度和操作规程，不宜刻舟求剑。

2. 合理确定个人信息处理的操作权限，并定期对从业人员进行安全教育和培训

在组织体作为个人信息处理者的情形下，通常有不同的部门及人员参与其中，为确保个人信息处理的合规性，特别是防止个人信息被非法访问、滥用或泄露，应当遵循非必要不处理的原则，要求个人信息处理者合理确定个人信息处理的操作人员和操作权限，形成分工合理、监督有效的工作机制。

对从业人员进行安全教育和培训，如**例 12**，是增强从业人员个人信息保护意识和提高能力水平的必然要求。个人信息处理者应结合自身实际情况，制订相应的培训计划和培训目标，明确培训对象和培训方案等。①

3. 制订并组织实施个人信息安全事件应急预案

应急预案是指有关突发事件应急方针、政策，应急组织结构及其职责，应急行动、措施和保障等方面的要求和程序的文件。个人信息处理活动中，可能面临系统漏洞、计算机病毒、网络攻击和入侵以及内部人员误操作等多种安全风险，从而导致个人信息被篡改、损毁或者泄露等安全事件的发生。因此，《个人信息保护法》要求个人信息处理者制定并组织实施个人信息安全事件应急预案。

对于应急事件发生后的处置和报告，国家标准《信息安全技术 个人信息安全规范》(GB/T 35273－2020) 也提出了要求：应制定个人信息安全事件应急预案。应定期（至少每年一次）组织内部相关人员进行应急相应培训和应急演练，使其掌握岗位职责和应急处置策略和规程。发生个人信息安全事件后，个人信息控制者应根据应急相应预案进行处理，包括但不限于记录事件内容；评估事件可能造成的影响，并采取必要措施控制事态，消除隐患；按《国家网络安全事件应急预案》的有关规定及时上报等。另外应当根据相关法律法规变化情况，以及事件处置情况，及时更新应急预案。

（二）技术措施

所谓技术措施，是指个人信息处理者所采取的确保处理活动合法并保护个人信息安全的技术方法或技术手段。《数据安全法》第 27 条第 1 款规定："开展数据处理活动应当依照法律、法规的规定，建立健全全流程数据安全管理制度，组织开展数据安全教育培训，采取相应的技术措施和其他必要措施，保障数据安全。利用互联网等信息网络开展数据处理活动，应当在网络安全等级保护制度的基础上，履行上述数据安全保护义务。"

技术措施往往包含以下多个方面的内容。

1. 对个人信息实行分类管理

对个人信息实行分类管理，是《个人信息保护法》《网络安全法》《数据安全法》明确要求的安全保障义务。个人信息分类管理要求个人信息处理者根据个人信息的种类、来源、敏感程度、用途等，对个人信息进行分类，采取有针对性的管理或安全技术措施。

---

① 杨合庆．中华人民共和国个人信息保护法释义．北京：法律出版社，2022：132.

2. 采取相应的加密、去标识化等安全技术措施

加密，是指通过加密算法和密钥将明文信息转变为密文信息，从而实现信息的保密性。去标识化，是指个人信息经过处理，使其在不借助额外信息的情况下无法识别特定自然人（《个人信息保护法》第73条第3项）。匿名化是指个人信息经过处理无法识别特定自然人且不能复原的过程（《个人信息保护法》第73条第4项）。去标识化的信息与匿名化信息不同，其依然属于个人信息。除加密和去标识化等较为常用的安全措施外，随着技术的发展，未来还可能发展出更多具有针对性和操作性的安全技术措施，这些措施的使用，可以降低或者消除个人信息的可识别性，减少个人信息在处理过程中被识别和被滥用的风险。

二、设立合规官义务

例13： 2018年5月底，国内某航空公司正式任命其总法律顾问为公司数据保护官，全面负责企业的数据保护与合规运营工作，从而成为国内首家设立数据保护官的企业。

据同年7月8日新华社微博“新华视点”发布的山东省近日破获的一起特大侵犯公民个人信息案，11家涉案公司中有3家涉嫌单位犯罪，因数据不合规而承担刑事责任，此外，在单位犯罪的双罚制下，其法定代表人和相关数据主管人员也难逃刑事责任的承担。

《个人信息保护法》第52条和第53条对个人信息处理者提出的指定个人信息保护负责人和设立境内个人信息保护机构或代表的义务，本书将之统称为设立合规官义务。并非所有的个人信息处理者均负有设立合规官的义务，法律规定了两种情形：一是处理个人信息达到国家网信部门规定数量的个人信息处理者，二是《个人信息保护法》第3条第2款规定的我国境外的个人信息处理者。域外立法中，各国对个人信息合规官的称呼不同，比如“隐私官”（韩国），而欧盟《一般数据保护条例》第37条至第39条中则规定了“数据保护官”（DPO）。欧盟《一般数据保护条例》中对于需要设立数据保护官的情形规定得更为细致，包括：（1）数据处理由公权力部门或机构实施（司法机关除外）；（2）数据控制、处理者的核心业务活动包括对数据主体进行大规模系统化监控；（3）数据控制者和数据处理者的大规模数据处理涉及个人特殊类型数据（如民族、宗教、政治观点、性取向等敏感数据）和犯罪数据。[1]

各国对个人信息合规官的功能、职责、义务规定得大同小异，概言之，个人信息合规官的主要任务是确保所在企业的数据处理活动符合法律的要求，同时要充当企业和数据主体、监管机构之间的联络人。设立合规官有两方面的作用：一方面，贯彻落实《个人信息保护法》中的责任原则，即通过设立合规官，持续对个人信息处理者的个人信息处理活动进行监督和管理，如审查和实施个人信息保护的政策和规则，组织对员工的培训，提供预防个人信息泄露等个人信息保护方面的专业知识，使个人信息处理者可以更

---

① 欧盟《一般数据保护条例》第37条。

好地履行个人信息保护义务，同时确保个人信息处理活动遵守个人信息保护法律法规的要求，实现个人信息处理活动的合法合规；另一方面，设立合规官并公开其联系方式，对个人信息主体行使其权利提供了便利，更有利于预防违法处理活动。至于在境外机构设立合规官或专门机构，则是为了解决因为不同国家法律制度、保护水平差异及遥远的地理位置，给个人信息跨境及个人权利行使和救济带来的各种问题，有利于监管机构和个人找到个人信息保护相关责任人。

目前，我国法律对个人信息合规官的选任和履职缺乏具体的规定，《个人信息保护法》第 52 条第 1 款笼统的规定为：负责对个人信息处理活动以及采取的保护措施等进行监督。换言之，个人信息合规官并不负责个人信息处理活动，而是具有一定的独立性，负责对处理活动的合规合法进行监督。《网络安全法》《数据安全法》中规定了网络安全负责人、数据安全负责人，实际上无论是个人信息合规官（个人信息保护负责人），还是网络安全负责人、数据安全负责人，均是法律要求的在组织内部设立的具有一定独立性的，对个人信息保护、网络安全、数据安全起到一定监督义务的专业职位。上述负责人可以是同一个人，也可以是不同的人。

国家标准《信息安全技术 个人信息安全规范》(GB/T 35273－2020）对个人信息保护负责人和个人信息保护工作机构应履行的职责作出了较为具体的规定，包括：(1）全面统筹实施组织内部的个人信息安全工作，对个人信息安全负直接责任；(2）制定、签发、实施、定期更新隐私政策和相关规程；(3）建立、维护和更新组织所持有的个人信息清单(包括个人信息的类型、数量、来源、接收方等）和授权访问策略；(4）开展个人信息安全影响评估；(5）组织开展个人信息安全培训；(6）在产品或服务上线发布前进行监测，避免未知的个人信息收集、使用共享等处理行为；(7）进行安全审计等。

至于合规官是否应当和企业负责人共同承担因企业违法违规而造成的民事及刑事法律责任风险，目前我国法律未有明确规定。欧盟第 29 条工作组在《数据保护官指南》中明确指出了数据保护官对数据的不合规不负个人责任，应当只有数据控制者才负有确保数据合规的义务。如果数据保护官确实未履行尽职义务，未在自己的责任范围内独立监督数据处理活动的合法合规的，或者是明知数据处理存在不合法、不合规之处，未及时提出整改意见，则可能受到解雇或其他相应的处罚。我国《个人信息保护法》第 64 条规定履行个人信息保护职责的部门在履行职责中，发现个人信息处理活动存在较大风险或者发生个人信息安全事件的，可以对主要负责人约谈；此外该法第 66 条还规定了从业禁止的处罚。

三、合规审计义务

个人信息处理合规审计是指个人信息处理合规审计机构及人员，对个人信息处理者的个人信息处理活动或个人信息处理制度体系是否遵循法律法规、国际标准等规范，加以监督、鉴证、评价、建议的过程。[①]《个人信息保护法》首次对合规审计义务作出了规定，第 54 条从内部角度规定“个人信息处理者应当定期对其处理个人信息遵守法律、行政法规的情况进行合规审计”。第 64 条第 1 款则从外部监督的角度强化了合规审计义务，即“履

① 陈炎．个人信息处理合规审计制度的意义、目标与功能．审计观察，2022（12）．

行个人信息保护职责的部门在履行职责中，发现个人信息处理活动存在较大风险或者发生个人信息安全事件的，可以按照规定的权限和程序对该个人信息处理者的法定代表人或者主要负责人进行约谈，或者要求个人信息处理者委托专业机构对其个人信息处理活动进行合规审计。个人信息处理者应当按照要求采取措施，进行整改，消除隐患”。换言之，第54条中对合规审计义务的规定并没有明确是内部审计还是外部审计，个人信息处理者可以根据自己的实际情况自主决定；然而第64条第1款规定的合规审计要求，则是对履行个人信息保护职责的部门要求的外部审计，必须委托专业机构进行。

个人信息处理的合规审计义务，主要是基于审计报告的制作、披露和应用，来进行预测和辅助决策。个人信息处理合规审计报告应当包括但不限于以下要素：标题、接收者、审计意见、形成审计意见的基础、个人信息处理者的责任、个人信息处理合规审计机构及人员的责任、其他需要报告的事项、签名盖章及报告日期。当审计意见中有消极表述时，审计报告接收者依据形成审计意见的基础找寻产生消极审计意见的原因，从而判断、分析个人信息处理合规制度体系所存在的问题，以及制定解决个人信息处理合规问题的方案。[①]

四、个人信息保护影响评估

例14： 2022年12月，蔚来汽车大量数据泄露，并被公开对外出售，几百万条信息被明码标价，价格均以比特币为单位。被公开售卖的信息，不仅涉及蔚来员工数据、订单数据、用户及企业代表联系人数据，还包括车主身份证信息、用户地址，甚至车主亲密关系、车主贷款数据等极为隐私的信息。

《个人信息保护法》对个人信息保护影响评估作出了三点规定：首先，应由个人信息处理者自行展开，即所谓的自评估。其次，个人信息保护影响评估的内容包括了（1）个人信息的处理目的、方式等是否合法；（2）对个人权益的影响及安全风险；（3）所采取的保护措施是否合法、有效并与风险程度相适应。最后，评估报告和处理情况记录至少保存3年。

（一）性质

个人信息保护影响评估，又被称为数据保护影响评估或隐私保护影响评估，作为数据治理的重要工具，属于受强制的自我规制，是一种事前性的合规评估和风险评估程序[②]，主要针对具有较高风险的特定个人信息处理行为进行动态风险管理。个人信息保护影响评估的内容范围较广，既包括评估确定的实际影响，也涵盖了评估不确定的潜在风险。

我国的个人信息保护影响评估受到比较法上，尤其是欧盟数据保护影响评估制度的影响，体现了基于风险的个人信息保护模式。欧盟《一般数据保护条例》第35条规定，个人数据控制者应当统筹考虑处理过程的性质、范围、内容和目的，特别是使用新技术进行

① 陈炎．个人信息处理合规审计制度的意义、目标与功能．审计观察，2022（12）：14.

② 刘权．论个人信息保护影响评估：以《个人信息保护法》第55、56条为中心．上海交通大学学报（哲学社会科学版），2022（5）.

数据处理时，可能给自然人权利和自由带来的高风险，在数据处理之前对预期处理操作进行个人数据保护影响评估。同时，其明确了三种尤其需要进行评估的情形，包括：利用自动化决策对自然人进行评估；大规模特殊种类的数据处理或者与刑事犯罪、罪行相关的数据处理；公共领域大规模的系统性监控。

我国在《个人信息保护法》之前未规定个人信息保护影响评估，但《网络安全法》上规定了网络安全风险评估，网络安全风险评估侧重的是对是否可能危害到网络安全而进行的风险评估，而个人信息保护影响评估侧重的是对个人信息权益是否有可能因违法违规的个人信息处理而受到侵害的风险评估。我国参考了欧盟立法的做法，在第 55 条规定了进行个人信息保护影响评估的 5 种情形，包括：（1）处理敏感个人信息；（2）利用个人信息进行自动化决策；（3）委托处理个人信息、向其他个人信息处理者提供个人信息、公开个人信息；（4）向境外提供个人信息；（5）其他对个人权益有重大影响的个人信息处理活动。**例 14** 中，车主身份证信息、用户地址、车主亲密关系、车主贷款数据等均为敏感个人信息，且蔚来汽车处理的敏感个人信息的数量巨大（仅泄露的就有几百万条），因此，蔚来汽车应该在事前进行个人信息保护影响评估。如果蔚来汽车未进行个人信息保护影响评估的，应当认为其未尽到个人信息保护的义务，有关部门有权采取相关措施，比如询问有关当事人、调查相关情况、现场检查、约谈负责人并要求整改等。

通过兜底条款可以看出，我国对个人信息保护影响评估设定的实质标准是“对个人权益有重大影响”，但是与欧盟《一般数据保护条例》相较，我国法规定的上述 5 类情形依然较为笼统且存在一定的不合理之处。比如从文义上解释，处理敏感个人信息一概需要进行个人信息保护影响评估，但实际上，如果一旦涉及敏感个人信息就强制要求进行个人信息保护影响评估，有可能给很多中小企业增加不必要的成本和负担，对此可以参考欧盟的做法，处理敏感个人信息应达到一定的规模才应当进行个人信息保护影响评估。

（二）评估内容

个人信息保护影响评估不限于评估风险。从个人信息安全影响评估到风险评估，再到个人信息保护影响评估的名称变化，可以发现评估内容在不断发生变化。个人信息保护影响评估既应评估确定的影响，也应评估不确定的影响即风险；既应评估个人信息处理行为，也应当评估个人信息处理者采取的保护措施。[①] 我国《个人信息保护法》确定的个人信息保护影响评估的内容主要包括了三个方面：（1）个人信息的处理目的、处理方式等是否合法、正当、必要。合法、正当、必要是《个人信息保护法》第 5 条所确立的处理个人信息的基本原则之一，在各项基本原则中发挥统领作用，因此，在评估时也必须以这些原则作为指导。（2）对个人权益的影响及安全风险。个人信息承载了个人信息权益和其他权益等多项权益，在个人信息处理活动中，必然会对个人权益产生一定影响，平衡个人信息利用和个人权益保护之间的关系，是个人信息保护法的立法目标，因此，个人信息处理者在处理个人信息的过程中，应当将对个人权益的不利影响降到最低；同时，要注意防范处

---

① 刘权. 论个人信息保护影响评估：以《个人信息保护法》第 55、56 条为中心. 上海交通大学学报（哲学社会科学版），2022（5）：48.

理中的安全风险，避免因个人信息泄露、篡改、丢失等安全事件对个人权益造成负面影响，同时对信息的完整性、保密性和可用性造成威胁。（3）所采取的保护措施是否合法、有效并与风险程度相适应。这项内容是合比例性原则的具体化。保护措施包括加密、去标识化、匿名化等基本的技术措施，也包括了组织培训、安全预案等组织措施，这些措施与个人信息处理者处理个人信息的规模、个人信息处理者自身的规模等均有关，但更为重要的是，这些措施应当合法、有效，并与处理风险合比例，即便个人信息护理者规模较小，如果其处理的个人信息是大规模的敏感个人信息，具有高风险，一旦泄露或滥用可能对信息主体造成不可挽回的损失，那么保护措施就应更为严格。

个人信息保护影响评估如果没有程序上的保障，也很难落实。关于程序保障，《信息安全技术 个人信息安全影响评估指南》规定了个人信息安全影响评估实施流程的九个步骤：（1）评估必要性分析。根据组织的个人信息安全目标，选取需要启动评估的业务场景，可分为合规差距评估和尽责性风险评估。（2）评估准备工作。包括组建评估团队，制订评估计划，确定评估对象和范围，制定相关方咨询计划。（3）数据映射分析。对个人信息处理过程进行全面调研后，形成清晰的数据清单和数据映射图标。（4）风险源识别。分析个人信息处理活动面临哪些威胁，是否缺乏足够的安全措施。（5）个人权益影响分析。（6）安全风险综合分析。（7）评估报告。（8）风险处置和持续改进。（9）制定报告发布策略。个人信息保护影响评估可以部分参考此前制定的个人信息安全影响评估的程序，但可以在自评基础上，确立他评制度。完善评估流程，尤其注重准备工作、风险源识别、风险分析、风险管理、评估报告编制、风险处理和持续改进等环节。①

（三）记录保存义务

记录保存义务包含了记录义务及保存义务。记录义务和保存义务的意义有两个方面：一是个人信息处理活动记录有助于证明个人信息处理活动符合法律、行政法规的要求；二是一旦个人信息处理活动给个人的权益造成了侵害或损害，保存的记录有助于找到原因及相应的责任主体。《个人信息保护法》第55条规定了记录义务，“个人信息处理者应当事前进行个人信息保护影响评估，并对处理情况进行记录”；第56条规定了保存义务，“个人信息保护影响评估报告和处理情况记录应当至少保存三年”。

评　论

1. 个人信息保护影响评估和个人信息出境安全评估的关系

我国《个人信息保护法》规定了两类评估：一类是第55条、第56条规定的个人信息保护影响评估，另一类是第36条、第38条及第40条规定的个人信息出境安全评估。这两类评估有多个方面的不同：首先，目的和功能不同。进行个人信息保护影响评估的目的是为了确定相应的个人信息处理活动对个人信息保护会产生何种影响，从而确保个人信息的处理目的和处理方式是合法、正当且必要的，减少对个人权益的不利影响，防止发生个人信息泄露、篡改、丢失等安全风险。但是，安全评估的目的是要确定特定的个人信息处理活动是否会损害国家安全、公共利益和国家利益，如是否会导致大量个人信息被国外政

① 董新义，袁心悦．个人信息保护影响评估的程序法规制．江汉大学学报（社会科学版），2023（1）：24.

府影响、控制、恶意利用，进而威胁或损害我国的国家、主权、统一和领土完整、人民福祉、经济社会可持续发展和国家其他重大利益。其次，适用范围不同。安全评估仅适用于向境外提供个人信息的情形，具体包括：国家机关确需向境外提供个人信息的情形，以及关键信息基础设施运营者和处理个人信息达到国家网信部门规定数量的个人信息处理者确需向境外提供个人信息的情形。但是，个人信息保护影响评估适用不仅适用于向境外提供个人信息，也适用于处理敏感个人信息，利用个人信息进行自动化决策，委托处理个人信息，向其他个人信息处理者提供个人信息，公开个人信息以及其他对个人权益有重大影响的个人信息处理活动。最后，评估的主体不同。个人信息保护影响评估是由个人信息处理者自行组织的，其由可以自己来进行评估，也可以委托专业的机构进行评估。但是，个人信息出境时的安全评估是国家网信部门组织的。

2. 个人信息保护影响评估是否应当适用于国家机关

有学者提出，《个人信息保护法》中个人信息保护影响评估是针对私主体的，似乎并未明确国家机关也应当进行事前的个人信息保护影响评估。[①] 本书认为：首先，个人信息保护法上的个人信息处理者既包括了私主体，同样也包括了国家机关，因此个人信息处理者的义务应当是同时适用于公、私主体的。个人信息保护影响评估的使用，唯一的衡量标准即为是否对个人权益有重大影响。如果国家机关从事个人信息处理活动，涉及处理敏感个人信息，或者利用个人信息进行自动化决策等，虽然有可能因职责所需不需要经过个人信息主体的同意，但个人信息保护影响评估的义务不应当免除。

实际上，域外的数据保护影响评估、隐私影响评估等评估制度，并未区分公、私主体，欧盟《一般数据保护条例》在适用范围上，排除了有关机关为预防、调查、侦查、起诉刑事犯罪，或为执行刑法的目的（包括预防与抵御公共安全风险）所进行的个人数据处理。我国《个人信息保护法》未规定执法目的免除，因此，在严格意义上说，我国国家机关的任何处理个人信息的行为都应当被纳入《个人信息保护法》的调整范围，因此在涉及《个人信息保护法》第 55 条规定的情形时，也应统一进行个人信息保护影响评估。当然，本书倾向认为：对于涉及“为预防、调查、侦查、起诉刑事犯罪，或为执行刑法的目的（包括预防与抵御公共安全风险）所进行的个人数据处理”，立法机关可以在其他法律中（比如《刑法》）进行《个人信息保护法》适用的例外规定。

五、补救和通知义务

例 15： 2022 年 12 月，某品牌汽车大量数据泄露，并被公开对外出售。数据泄露后，某品牌汽车通知了监管机构，并发布了致歉声明，但是并未单独、及时通知个人信息主体。

个人信息安全事件通知义务是个人信息处理者履行信息安全保护义务的重要环节，能

---

① 刘权. 论个人信息保护影响评估：以《个人信息保护法》第 55、56 条为中心. 上海交通大学学报（哲学社会科学版），2022（5）：44.

够促使信息主体和监管机构在发生个人信息安全事件后及时采取行动，防范次生损害。①近年来，系统漏洞、网络共计、网络入侵、内部泄露等原因造成的网络安全事件频发，比如脸书于2021年4月发生的个人信息泄露事件，导致了5.33亿用户的个人信息被泄露。我国也发生了多次严重的个人信息泄露事件，比如“滴滴”因过度收集、泄露个人信息被国家行政处罚，2022年12月蔚来汽车因黑客入侵导致数据泄露事件。个人信息泄露或非法披露，会损害个人信息权益，并可能侵害个人的人身、财产安全。因此，一旦发生或可能发生个人信息泄露、篡改、丢失等安全事件的，个人信息处理者应及时启动安全事件应急预案，并负有补救及通知等职责。

世界上首部数据泄露通知法于2002年诞生于美国加利福尼亚州，但美国至今并未制定统一的联邦层面的数据泄露通知义务法案，而是在特定行业或领域出台了专项法规，主要包括：美国公共和预算管理办公室（Office of Management and Budget）制定的防范和应对联邦机构管理的个人信息泄露的指导意见，联邦政府及美国卫生和公众服务部（United States Department of Health and Human Services）制定的一系列健康信息泄露通知规范，美国财政部金融局（Office of the Comptroller of the Currency）、联邦储蓄委员会（Federal Reserve Board）等部门制定的保护金融领域个人信息泄露的通知法规，等等。② 欧盟《一般数据保护条例》第33、34条专门规定了“data breach”条款。我国《民法典》《网络安全法》《个人信息保护法》《数据安全法》均对信息泄露后的补救和通知义务有所规定。《民法典》第1038条第2款第二分句规定，“发生或者可能发生个人信息泄露、篡改、丢失的，应当及时采取补救措施，按照规定告知自然人并向有关主管部门报告”。《网络安全法》第42条第2款规定，“网络运营者应当采取技术措施和其他必要措施，确保其收集的个人信息安全，防止信息泄露、毁损、丢失。在发生或者可能发生个人信息泄露、毁损、丢失的情况时，应当立即采取补救措施，按照规定及时告知用户并向有关主管部门报告”。《数据安全法》第29条规定，发生数据安全事件的，应当及时告知用户并向有关主管部门报告。《个人信息保护法》中的补救和通知义务规定在第57条，基本与《民法典》和《网络安全法》的规定一致，该条涵盖了通知义务的适用情形和通知对象，通知的内容以及通知义务的例外，下文将对此进行详述。

（一）通知义务的适用情形及通知对象

《个人信息保护法》沿袭了《网络安全法》的规定，规定通知义务的适用情形为“发生或者可能发生个人信息泄露、篡改、丢失的”。个人信息泄露，是指个人信息处理违反安全措施而导致他人未经授权取得或知悉个人信息的各种情形，如个人信息被他人采取违法手段窃取，有权访问个人信息的工作人员非法出售个人信息等。篡改个人信息，是指没有经过个人信息主体的同意而改动个人信息，篡改可能是个人信息处理者工作人员改动，也可能是被黑客侵入导致的改动。丢失个人信息是指人为或非人为原因而导致的个人信息的遗失，比如纸质医疗记录因火灾原因而灭失等。一旦发生或可能发生上述泄露、篡改、丢失情形的，个人信息处理者应当立即采取补救措施。

---

① 王玎．论个人信息安全事件通知义务．行政法学研究，2023（2）．

② 于增尊．美国联邦个人信息泄露通知制度及其借鉴意义．公共治理研究，2022（5）．

通知义务的对象，是履行个人信息保护职责的部门和个人。通知对象之间并无先后之分。也就是说一般情形下，在通知履行个人信息保护职责的部门的同时应当通知个人。**例 15** 中，该品牌汽车不通知车主是错误的。

（二）通知时间及通知内容

我国《个人信息保护法》未对安全事件发生后的通知时间进行规定，一般认为，应当尽快、及时通知职能部门及个人。欧盟《一般数据保护条例》第 33 条将数据泄露后向监管机构报告的时间规定为在自知道之时起 72 小时内，如果未在 72 小时内报告，应当对报告迟延的原因作出说明。但是对通知信息主体的时间，未做明确规定。信息泄露事件中，涉及的个人往往人数众多，因此对个人信息处理者通知时间过于苛责也是不合理的。此外，通知个人的方式如何，是应当通知到具体的个人，还是通过公告的方式通知？我国对此并无规定，因为个人信息安全事件的发生很可能对特定个人产生重大影响，所以本书认为原则上个人信息处理者应当尽可能以单独通知方式通知特定的信息主体，实在无法通知的，可以以公告通知作为补充。

据《个人信息保护法》第 57 条的规定，通知义务的内容主要包括：(1) 发生或者可能发生个人信息泄露、篡改、丢失的信息种类、原因和可能造成的危害；(2) 个人信息处理者采取的补救措施和个人可以采取的减轻危害的措施；(3) 个人信息处理者的联系方式。

（三）通知义务的例外

《个人信息保护法》第 57 条第 2 款第一句规定了在特定情形下可以不通知个人，“个人信息处理者采取措施能够有效避免信息泄露、篡改、丢失造成危害的，个人信息处理者可以不通知个人”。由此可见，不需要通知个人的情形，仅限于个人信息处理者采取了有效的措施，可以避免个人信息安全事件所导致的危害的情形。但是，同条第二句对通知义务的例外进行了限缩：“履行个人信息保护职责的部门认为可能造成危害的，有权要求个人信息处理者通知个人。”换言之，如果该部门认为个人信息处理者采取的措施并不足以避免危害，可以责令个人信息处理者按照该条第 1 款的规定履行通知个人的义务。

评 论

个人信息安全事件的通知义务是指向性义务还是非指向性义务？如前所述，指向性和非指向性义务是按照是否有明确的指向对象来区分的，个人信息安全事件的通知对象有两个，分别是履行个人信息保护职责的部门和个人。通知个人的义务，是基于私法上的侵权法律关系和合同法律关系；而通知履行个人信息保护职责的部门的义务，是基于行政法律关系，是公法上的国家赋予个人信息处理者的数据安全保护义务。个人信息安全事件的通知义务是保护个人信息安全的义务的重要内容，这项义务实际上既指向了个人的信息权益和人身、财产安全，同时也指向了网络安全、信息安全等公共秩序，因此该义务兼具指向性和非指向性的双重性质。

六、“守门人”义务

例 16：为响应《个人信息保护法》规定的“守门人”义务，腾讯公司于 2021 年 10 月 15 日宣布将成立“个人信息保护外部监督委员会”（以下简称委员会），并公开招募委员会成员。腾讯公司表示，委员会是腾讯公司隐私保护工作的第三方独立监督机构，工作内容将包括但不限于：结合相关法律法规要求，独立评议腾讯公司及各产品隐私保护相关工作，提出指导和修改意见等，以不断完善与提高腾讯的个人信息保护工作的机制建设与透明度水平。委员会首批成员暂定为 15 人，计划包括法学与技术专家、行业协会代表等个人信息保护领域的专业人士，也将涵盖律师、媒体以及其他公众。首批成员将通过公开招募和定向邀请等方式产生。①

个人信息保护中的“守门人”义务，是指大型互联网平台的个人信息保护特别义务。在 2020 年 10 月的《个人信息保护法（草案）》中并未规定该义务，2021 年 4 月全国人大常委会二次审议稿采纳部门、专家的建议，增加了“守门人”条款，并在正式颁布的《个人信息保护法》中确立下来。为何规定这种义务？有的学者认为，根本原因在于“守门人”控制了移动互联网生态的关键环节，即一个移动 App 无法独立于技术环境和运营环境而单独存在，故此这两个环境决定或制约了移动 App 接入互联网和处理个人信息的能力。而控制了技术环境与运营环境的“守门人”扼守了 App 运行的关键环节，其对 App 个人信息保护的技术设置和具体行为具有决定性作用。因此，基于控制理论、经济合理性以及现实的必要性，同时借鉴欧盟《数字市场法》《数字服务法》关于大型在线平台和数字中介服务提供者的规定，我国《个人信息保护法》规定了“守门人”的个人信息保护的特别义务。②

（一）“守门人”的界定

面对海量的信息业者和信息服务提供者，如何进行更有效率的个人信息保护监督，提升个人信息保护水平，有必要抓住互联网生态的关键环节，即区分一般的个人信息处理者与担任“守门人”角色的操作系统、应用程序分发平台、大型平台型 App 等个人信息处理者。③“守门人”义务主体是大型平台，是《互联网平台分类分级指南（征求意见稿）》中的超级平台经营者与大型平台经营者。

我国《个人信息保护法》第 58 条规定了成为“守门人”的三个条件，分别是“提供重要互联网平台服务”“用户数量巨大”“业务类型复杂”。这三个条件是“且”而非“或”的关系，即必须同时满足这三个条件，才有可能成为作为“守门人”的个人信息处理者。需要指出的是，第 58 条的特别保护义务在很大程度上加重了平台义务，导致合规成本剧增，因此，大型平台会规避该条款的适用。因此，对这三个条件如何解释，是界定“守门人”边界的关键。

① https://baijiahao.baidu.com/s?id=1716191797987721612&wfr=spider&for=pc.

② 张新宝. 大型互联网平台企业个人信息保护独立监督机构研究. 东方法学，2022（4）：37.

③ 张新宝. 互联网生态“守门人”个人信息保护特别义务设置研究. 比较法研究，2021（3）：12.

1. 提供重要互联网平台服务

重要互联网平台服务提供者，与欧盟《数字市场法》中的“核心平台服务提供者”有相似性，《数字市场法》首先明确了在线中介服务、在线搜索引擎、社交网络、视频分享平台服务、独立于号码的人际间电子通信服务、操作系统、云服务以及广告服务，一共八类“核心平台服务”，其共同的特点是具有极端的规模经济性和网络效应，能够最大化数据优势，使商家或者用户增加的成本接近于零，并且锁定商家和用户。[①] 而我国的重要互联网平台服务提供者，参照《互联网平台分类分级指南（征求意见稿）》中对平台的分类，有网络销售类、生活服务类、社交娱乐类、信息资讯类、金融服务类、计算应用类6类，判断平台规模主要考量四个要素，分别是用户规模、业务种类、经济体量、限制能力；同时结合《个人信息保护法》第58条要求的“提供重要互联网平台服务”“用户数量巨大”“业务类型复杂”三个条件，可以判断主要包含下表（参见表13-1）中的超级平台及大型平台。根据该指南，超级平台是指同时具备超大用户规模、超广业务种类、超高经济体量和超强限制能力的平台，而大型平台是指同时具备较大用户规模、较广业务种类、较多业务范围、较高经济体量和较强限制能力的平台。除上述两类以外的平台属于中小平台，因为其用户规模、业务种类、经济体量、限制能力均非常有限，不能被认为是重要互联网平台服务提供者。

表13-1 平台分级[②]

平台分级	分级依据	具体标准
超级平台	超大用户规模	在中国的上年度年活跃用户不低于5亿
	超广业务种类	核心业务至少涉及两类平台业务
	超高经济体量	上年底市值（估值）不低于10 000亿元人民币
	超强限制能力	具有超强的限制商户接触消费者（用户）的能力
大型平台	较大用户规模	在中国的上年度年活跃用户不低于5 000万
	主营业务	具有表现突出的平台主营业务
	较高经济体量	上年底市值（估值）不低于1 000亿元人民币
	较强限制能力	具有较强的限制商户接触消费者（用户）的能力
中小平台	一定用户规模	在中国具有一定的年活跃用户
	一定业务种类	具有一定业务
	一定经济体量	具有一定的市值（估值）
	一定限制能力	具有一定的限制商户接触消费者（用户）的能力

2. 用户数量巨大

2021年6月美国通过数字市场相关法案，其中《终结平台垄断法案》第5条对判断守门人确定的衡量标准是：市值必须在6 000亿美元以上，必须在美国国内拥有超过5 000

① 周汉华.《个人信息保护法》“守门人条款”解析. 法律科学（西北政法大学学报），2022（5）：40.

② 《互联网平台分类分级指南（征求意见稿）》表2。

万月活跃用户或者10万月活跃商业用户。[①] 由此可以看出，这一条件是非常苛刻的。《互联网平台分类分级指南（征求意见稿）》中，对超级平台要求的用户数量是在中国的上年度年活跃用户不低于5亿；对大型平台要求的用户数量是在中国的上年度年活跃用户不低于5 000万。可见，判断用户数量巨大的标准应当看上年度年活跃用户的数量。当然，美国的确定模式也有一定的参考意义，因为对于有些超级平台，其在不足一年之内就积累了大量的用户，此时以上年度活跃用户数量来判断显然困难，可以考虑增加参考标准，以月活跃商业用户数量来判断。同样，也有观点认为，用户数量与平台企业的市值（估值）正相关，因此，也可以以市值（估值）帮助判断平台企业的影响力，达到标准即构成“守门人”[②]。

3. 业务类型复杂

业务类型复杂，是指个人信息处理者提供的重要互联网平台服务中的交易业务的架构多样且复杂，是除用户数量巨大外的二级分类标准。如果一个大型企业，只是从事单一的平台服务，并没有必要被界定为“守门人”，因为通过反垄断执法就可以应对该企业的违法违规行为。但是，如果一个大型企业的业务类型复杂，在任何一个业务属项下都无法构成垄断，但确实对平台内经营者和个人信息主体产生强大的支配力和控制力，则应当认定为是“守门人”。

（二）“守门人”的义务范围

以欧盟《数字市场法》为例，被认定为“守门人”后，“守门人”必须履行的监管义务包括：未经终端用户特别选择并统一，“守门人”不得将通过提供核心平台服务所得到的个人数据与通过提供其他服务所获得的个人数据或者通过第三方服务获得的个人数据进行整合，也不得将终端用户推给“守门人”的其他服务；不得要求平台内商户必须使用“守门人”提供的身份验证服务；不得为了与平台内商户竞争，使用商户在提供核心平台服务中所产生的，包括这些商户的终端用户所产生的，公开渠道无法获得的数据；只要不影响系统正常运行，应允许终端用户卸载“守门人”在其核心平台服务中预装的任何应用程序；为平台内商户或者终端用户所生成的数据提供有效的可携措施，特别要为终端用户便捷地行使数据可携权提供持续、实时获取的工具；对于平台内商户及其终端用户在使用“守门人”相关核心平台服务过程中生成或提供的集合数据或者非集合数据，免费为平台内商户及其授权第三方提供有效、高质量、持续、实时的获取与使用等。[③]

相较欧盟规定的“守门人”义务，我国《个人信息保护法》上的“守门人”条款，包含了4项义务：（1）按照国家规定建立健全个人信息保护合规制度体系，成立主要由外部成员组成的独立机构对个人信息保护情况进行监督；（2）遵循公开、公平、公正的原则，制定平台规则，明确平台内产品或者服务提供者处理个人信息的规范和保护个人信息的义务；（3）对严重违反法律、行政法规处理个人信息的平台内的产品或者服务提供者，停止提供服务；（4）定期发布个人信息保护社会责任报告，接受社会监督。有学者将上述义务

---

① 周汉华.《个人信息保护法》“守门人条款”解析.法律科学（西北政法大学学报），2022（5）：38.

② 周汉华.《个人信息保护法》“守门人条款”解析.法律科学（西北政法大学学报），2022（5）：46.

③ 欧盟《数字市场法》第5条、第6条。

分为两类，即直接性义务与第三方义务（监管义务）：所谓的直接性义务，是指“守门人”需要履行的特别法律义务，包括了第1项建立个人信息保护合规制度体系和成立外部独立机构，第4项定期发布个人信息保护社会责任报告。第三方义务则是指“守门人”利用其独特地位，明确平台内商户处理个人信息的规范和保护个人信息的义务，包括了第2项和第3项义务。[①] 不同于欧盟《数字市场法》上“守门人”仅承担监督义务的是，我国立法上对“守门人”的直接性义务与第三方义务的区分，决定了我国的“守门人”既是负担了特殊义务的个人信息处理者，同时也是平台的管理者，双重身份兼具成为我国“守门人”制度立法的特色。下文将对此展开详述。

1. 建立个人信息保护合规制度体系和成立主要由外部成员组成的独立监督机构义务

关于“建立个人信息保护合规制度体系”，该项义务并非“守门人”的特殊义务，我国《个人信息保护法》第51条对所有的个人信息处理者规定了对个人信息的合规审查义务，作为“守门人”的个人信息处理者也并不例外。但是如何理解第58条要求的个人信息保护合规制度体系？本书认为基于“守门人”的特殊地位，对其合规审查义务应当有更高的要求，即“形成制度体系”。

“独立监督机构”，是指根据《个人信息保护法》第58条的规定成立的主要由外部成员组成的独立机构，其职责是对相关个人信息处理者的个人信息保护情况进行监督。[②]“外部成员”，应当是除在该组织担任个人信息保护监督职务外不担任其他任何职务，且不存在其他可能影响其独立判断和执行职务的因素的人员，可类比上市公司的独立监事、外部董事。同时，外部成员应当具备相应的专业知识、能力和经验。由外部成员组成的机构应当独立于组织的经营管理机构以及监督机构，其职责是对个人信息处理者的个人信息保护情况进行监督，不承担个人信息保护具体事务。[③] 外部独立监督机构既是大型互联网平台企业公司治理的一部分，又与公司内部机构保持相对独立性，其组成人员应满足一定的资质要求。在职责范围上，外部独立监督机构需要对大型互联网平台企业个人信息保护的合规情况，以及企业对商业用户的个人信息处理活动予以规范的合规情况进行监督、指导或提出建议和意见。[④]

2. 制定平台规则，明确平台内商户处理个人信息的规范和保护个人信息的义务

该义务是法定义务，同时也是经法律授权的，因此不同于属于作为纯粹的法律义务的直接性义务。该项义务实际上属于“守门人”的管理义务，也就是说，“守门人”应当负责监督平台内商户处理个人信息的规范和保护个人信息的义务。“守门人”通常与平台内的商户通过签订平台协议的方式，明确平台内商户处理个人信息的相关事项及平台与平台内商户共享交换个人信息处理的相关事项。

3. 对严重违反法律、行政法规处理个人信息的平台内的产品或者服务提供者，停止提供服务

行政机关的执法成本和执法措施相对有限，与其逐一审查平台内商户的违法活动，不

---

① 周汉华.《个人信息保护法》“守门人条款”解析. 法律科学（西北政法大学学报），2022（5）：46.

② 张新宝. 大型互联网平台企业个人信息保护独立监督机构研究. 东方法学，2022（4）：41.

③ 杨合庆. 中华人民共和国个人信息保护法释义. 北京：法律出版社，2022：148.

④ 张新宝. 大型互联网平台企业个人信息保护独立监督机构研究. 东方法学，2022（4）：37.

如监督少数大型平台企业，授权其结合技术手段统一解决违法行为更为有效率。我国《民法典》第1194条至第1197条已经对网络服务提供者赋予了“采取删除、屏蔽、断开链接等必要措施”来阻止网络用户的侵权行为的权力，因此，可以认为，对严重违反法律法规处理个人信息的服务提供者停止服务既是一项法定的义务，同时也是授予“守门人”作为管理者的权力相应的正当性。“停止提供服务”作为“处罚”违法违规的平台内的产品或者服务提供者的措施，其实质是平台内经营者在该平台的业务被中止，对于以营利为目的的平台内经营者来说，这样的“处罚”往往能起到较好的治理效果，因此有学者认为该条是“守门人”义务中的“牙齿”①。

对于何种行为“严重违反法律、行政法规处理个人信息”，“守门人”应当公开、公平、公正制定相应的平台规则，并通过平台协议的方式使平台内商户知情，“守门人”对平台内商户采取停止服务的措施，应当是基于违反平台协议的违约责任，而非基于法定的处罚权。其主要原因在于，“守门人”虽然被授予了在特定情形下停止提供服务的权力，但是本质上“守门人”的地位依然是作为平等主体的私主体，无法如公权力机关一样对平台内商户进行行政处罚。目前的多数平台企业也是通过平台协议或者平台公告的方式告知平台内商户，对被发现存在问题并拒不整改的平台内商户将会采取应用下架、账号封禁等停止提供服务措施。

4. 定期发布个人信息保护社会责任报告的义务

个人信息处理者负有个人信息保护的法定义务，同时也应当在法定义务和标准的基础上，为企业持续健康发展和社会公共利益而不断提高个人信息保护水平，尤其是“守门人”，作为有责任管理大量平台内商户的大型平台，其对企业社会责任的承担对整个业态的发展至关重要，因此，法律明确了这些重要的互联网平台服务提供者（守门人）的定期发布个人信息保护社会责任报告并接受社会监督的特殊义务。

评 论

“守门人”是不是个人信息处理者？对此有学者认为，在《个人信息保护法》第58条语境下，大型平台并非个人信息处理者，而是一种管理者。第58条仅规制大型平台对平台内商户的管理行为，而不规制其自身的个人信息处理行为。② 笔者以为，首先从文义上，第58条明确规范个人信息处理者，只是加了限定性定语，即“提供重要互联网平台服务”“用户数量巨大”“业务类型复杂”这三个条件，但并不能从根本上认为该条规制的大型平台并非个人信息处理者。其次，第58条第1项明确了的“守门人”义务是“按照国家规定建立健全个人信息保护合规制度体系，成立主要由外部成员组成的独立机构对个人信息保护情况进行监督”，第4项明确规定了“定期发布个人信息保护社会责任报告，接受社会监督”，而这两项义务并非大型平台的管理行为，而是大型平台在个人信息保护中作为特殊主体的特殊义务。其与第58条第2项、第3项规定的对平台内商户的管理义务之间并不矛盾。当然，有学者指出，如果将第58条的规范目的理解为既规范作为管理者的平

---

① 姚志伟. 大型平台的个人信息“守门人”义务. 法律科学（西北政法大学学报），2023（2）：118.

② 姚志伟. 大型平台的个人信息“守门人”义务. 法律科学（西北政法大学学报），2023（2）：111.

台，又规范作为个人信息处理者平台，不可避免会导致大型平台与非平台型作为个人信息处理者相互之间义务的显著失衡。[①] 同样用户数量巨大的非平台型个人信息处理者因为无法被纳入“守门人”范畴就无须履行第58条第1项和第4项规定的义务，这是不合理的。平台型个人信息处理者（“守门人”）应当承担个人信息保护义务高于非平台型个人信息处理者。原因在于，平台型个人信息处理者的特征除用户数量巨大外，还兼具提供重要的平台服务、业务类型复杂两个特征，对平台内商户和信息主体具有强大的支配力和控制力，尤其是其很可能形成市场支配地位及技术上的垄断，难于监管，因此，对平台型个人信息处理者施加更为严格的义务是合理的。

【进一步阅读文献】

1. 周汉华.《个人信息保护法》“守门人条款”解析. 法律科学（西北政法大学学报），2022（5）.

2. 张新宝. 互联网生态“守门人”个人信息保护特别义务设置研究. 比较法研究，2021（3）.

3. 张新宝. 大型互联网平台企业个人信息保护独立监督机构研究. 东方法学，2022（4）.

4. 程啸. 论个人信息处理者的告知义务. 上海政法学院学报（法治论丛），2021（5）.

5. 王玎. 论个人信息安全事件通知义务. 行政法学研究，2023（2）.

6. 姚志伟. 大型平台的个人信息“守门人”义务. 法律科学（西北政法大学学报），2023（2）.

7. 吴伟光. 平台组织内网络企业对个人信息保护的信义义务. 中国法学，2021（6）.

8. 张新宝. 论个人信息保护请求权的行使. 政法论坛，2023（2）.

9. 谢登科. 个人信息跨境提供中的企业合规. 法学论坛，2023（1）.

10. 刘权. 论个人信息保护影响评估：以《个人信息保护法》第55、56条为中心. 上海交通大学学报（哲学社会科学版），2022（5）.

11. 李世刚，包丁裕睿. 大型数字平台规制的新方向：特别化、前置化、动态化：欧盟《数字市场法（草案）》解析. 法学杂志，2021（9）.

① 姚志伟. 大型平台的个人信息“守门人”义务. 法律科学（西北政法大学学报），2023（2）：113.

第十四章　个人信息处理者的法律责任

第一节　行政责任与刑事责任

一、行政责任

例1：2022年7月21日，国家互联网信息办公室公布了对滴滴全球股份有限公司依法作出网络安全审查相关行政处罚的决定：根据网络安全审查结论及发现的问题和线索，国家互联网信息办公室依法对滴滴全球股份有限公司涉嫌违法行为进行立案调查。经查实，滴滴全球股份有限公司违反《网络安全法》《数据安全法》《个人信息保护法》的违法违规行为事实清楚、证据确凿、情节严重、性质恶劣。国家互联网信息办公室依据相关法律法规，对滴滴全球股份有限公司处人民币80.26亿元罚款，对滴滴全球股份有限公司董事长兼CEO程维、总裁柳青各处人民币100万元罚款。①

例2：2022年12月20日，蔚来公司发布《关于数据安全事件的声明》称：12月11日，蔚来公司收到一封外部邮件，该邮件声称拥有蔚来内部数据，要求蔚来支付225万美元（约合1 570.5万元人民币）等额比特币来作为保证数据不泄露的赎金。经初步调查该公司发现，被窃取数据为去年8月之前的部分用户基本信息和车辆销售信息。据网传疑似出售信息相关截图，此次出售的信息涉及蔚来内部员工数据、车主用户身份证数据、用户地址数据以及蔚来注册用户数据等多个方面。②

（一）对违法处理个人信息及未履行个人信息保护义务的行政处罚

《个人信息保护法》第66条就对违反《个人信息保护法》的规定处理个人信息以及处理个人信息没有履行《个人信息保护法》规定的个人信息保护义务的行为如何处罚，作出了规定。该条将需要处罚的违法行为分为以下两类。

1. 违反《个人信息保护法》的规定处理个人信息的行为

这主要是指违反《个人信息保护法》所确立的个人信息处理的基本原则（如合法、正当、必要、公开透明、目的限制等），违反《个人信息保护法》规定的个人信息处理规则以及侵害个人信息权益等个人信息处理活动。例如，超越实现处理目的的最小范围，过度

---

① 国家互联网信息办公室对滴滴全球股份有限公司依法作出网络安全审查相关行政处罚的决定. http://www.cac.gov.cn/2022-07/21/c_1660021534306352.htm.

② 蔚来用户数据遭窃取 智能汽车如何守好信息“安全锁”. 北京商报，2022-12-20.

收集个人信息；未履行告知并取得个人同意又不具备《个人信息保护法》第13条的规定情形就收集个人信息的行为；处理信息时没有按照要求真实、准确、完整的告知相关事项；因个人撤回同意，处理者拒绝提供产品或者服务且处理个人信息并非提供产品或服务所必须；拒绝个人查阅复制其个人信息的要求等。在**例1**中，该公司之所以被处罚，就是其存在严重的违反《个人信息保护法》非法处理个人信息的活动，如违法收集用户手机相册中的截图信息1 196.39万条；过度收集用户剪切板信息、应用列表信息83.23亿条；过度收集乘客人脸识别信息1.07亿条、年龄段信息5 350.92万条、职业信息1 633.56万条、亲情关系信息138.29万条、“家”和“公司”打车地址信息1.53亿条；过度收集乘客评价代驾服务时，App后台运行时，手机连接桔视记录仪设备时的精准位置（经纬度）信息1.67亿条；过度收集司机学历信息14.29万条，以明文形式存储司机身份证号信息5 780.26万条；在未明确告知乘客情况下分析乘客出行意图信息539.76亿条、常驻城市信息15.38亿条、异地商务/异地旅游信息3.04亿条；在乘客使用顺风车服务时频繁索取无关的“电话权限”；未准确、清晰说明用户设备信息等19项个人信息处理行为。[①]

2. 未履行《个人信息保护法》规定的个人信息保护义务的行为

这主要是指个人信息处理者没有按照《个人信息保护法》的要求，采取相应的组织措施和技术措施保护个人信息安全，防止未经授权的访问及个人信息泄露、篡改、丢失，以及在发生个人信息泄露、篡改、丢失等个人信息安全事件后，没有应当立即采取补救措施，并通知履行个人信息保护职责的部门和个人。在**例2**中，蔚来公司在发生个人信息安全事件后，应当立即采取补救措施，并依法履行相应的义务。同时，对履行个人信息保护职责的部分也应当依法调查该公司是否存在未履行《个人信息保护法》规定的个人信息保护义务的行为。

无论上述哪一类违法行为，依据情节，《个人信息保护法》第66条都规定了不同梯次的行政处罚。

首先，对于一般违法行为，如未告知并取得个人同意而收集少量的个人信息或者虽未采取必要的安全保护措施，但尚未发生个人信息泄露或被窃取等后果的，由履行个人信息保护职责的部门责令改正，给予警告，没收违法所得，对违法处理个人信息的应用程序，责令暂停或者终止提供服务；拒不改正的，并处100万元以下罚款；对直接负责的主管人员和其他直接责任人员处1万元以上10万元以下罚款。

其次，如果处理个人信息的违法行为情节严重的，则由省级以上履行个人信息保护职责的部门责令改正，没收违法所得，并处5 000万元以下或者上一年度营业额5%以下罚款，并可以责令暂停相关业务或者停业整顿，通报有关主管部门吊销相关业务许可或者吊销营业执照；对直接负责的主管人员和其他直接责任人员处10万元以上100万元以下罚款，并可以决定禁止其在一定期限内担任相关企业的董事、监事、高级管理人员和个人信息保护负责人。应当说，在情节严重的时候，监管机关给予的处罚是严厉的，如暂停相关业务、停业整顿、吊销相关业务许可或吊销营业执照，这些处罚措施可能导致实施了个人

① 国家互联网信息办公室有关负责人就对滴滴全球股份有限公司依法作出网络安全审查相关行政处罚的决定答记者问. http://www.cac.gov.cn/2022-07/21/c_1660021534364976.htm.

信息违法行为的企业因此就破产倒闭。即便不是如此严厉，仅仅是 5 000 元以下的罚款，也会使中小企业因此而关门。故此，何为“情节严重”，需要将来颁布相应的法规规章予以细化。情节严重主要是从违法行为造成的后果的严重程度（如侵害的对象、涉及自然人的人数、损害的利益等）、违法行为的发生次数（如屡教不改）、违法者的主观心理状态（故意、重大过失或一般过失）等综合加以判断。这既可以降低企业的合规成本，也能规范个人信息行政执法中的自由裁量权，维护当事人合法权益。

（二）对个人信息违法行为人的失信惩戒措施

1. 失信惩戒措施的含义与法律规定

《个人信息保护法》第 67 条规定：“有本法规定的违法行为的，依照有关法律、行政法规的规定记入信用档案，并予以公示。”所谓记入信用档案并公示，属于失信惩戒措施的一种。失信惩戒是指通过行政、经济、行业管理、社会舆论等手段，对列入失信名单的行为人给予一定的警示、限制和约束的制度。[①] 2003 年，《中共中央关于完善社会主义市场经济体制若干问题的决定》明确提出，建立健全社会信用体系，建立信用监督和失信惩戒制度。该决定首次在国家层面明确提出社会信用体系和失信惩戒的概念。2014 年，国务院发布的《社会信用体系建设规划纲要（2014—2020 年）》明确了我国社会信用体系建设的总体思路，并确定了到 2020 年，社会信用基础性法律法规和标准体系基本建立，守信激励和失信惩戒机制全面发挥作用的总目标。

所谓信用档案，就是指政府部门或者征信机构对于个人、组织的信用信息进行采集、保存、加工而提供的信用记录，体现了个人、组织在市场活动中的可信度、公信力，是证实其是否诚实守信、遵纪守法或有无违法违约、欺诈等行为的重要凭证和依据，是出具信用报告和进行信用惩戒的基础。[②] 将违法行为人、违法信息以及处罚情况记入信用档案，并依法加以公示，既可以使社会公众及时有效地知悉相关违法信息，也为进一步对失信人采取相应的惩戒措施，如加大执法检查频次、暂停审批或许可、任职和准入资格限制、荣誉和授信限制、特定市场交易限制等奠定了基础。目前，我国法律、行政法规规定的信用档案包括：食品生产经营者食品安全信用档案、药品安全信用档案、民办学校信用档案、粮食经营者信用档案、化妆品生产经营者信用档案、商标代理机构信用档案、网络信用档案等。

对于网络违法以及将个人信息违法行为记入信用档案并加以公示的规定，最早出现在 2012 年颁布的《全国人民代表大会常务委员会关于加强网络信息保护的决定》当中。该决定第 11 条规定：“对有违反本决定行为的，依法给予警告、罚款、没收违法所得、吊销许可证或者取消备案、关闭网站、禁止有关责任人员从事网络服务业务等处罚，记入社会信用档案并予以公布。”2013 年修订的《消费者权益保护法》第 56 条第 2 款规定：“经营者有前款规定情形的，除依照法律、法规规定予以处罚外，处罚机关应当记入信用档案，向社会公布。”2014 年国务院发布的《社会信用体系建设规划纲要（2014—2020 年）》要求“建立涵盖互联网企业、上网个人的网络信用档案，积极推进建立网络信用信息与社会

---

① 张晓莹. 行政处罚视域下的失信惩戒规制. 行政法研究，2019（5）：130.

② 杨合庆. 中华人民共和国网络安全法解读. 北京：中国法制出版社，2017：147.

其他领域相关信用信息的交换共享机制”。《网络安全法》第 71 条以及《电子商务法》第 86 条也分别规定了，要将相应的违法行为依照有关法律、行政法规的规定记入信用档案，并予以公示。

2. 对个人信息违法行为适用失信惩戒措施

依据《个人信息保护法》第 67 条，对个人信息违法行为适用失信惩戒措施的要件包括：首先，必须存在《个人信息保护法》规定的违法行为，即违反《个人信息保护法》的规定处理个人信息或者没有履行个人信息保护义务。其次，必须是依照有关法律、行政法规的规定记入信用档案并予以公示。这就是说，并非所有《个人信息保护法》规定的违法行为都要记入信用档案并予以公示。一方面，《个人信息保护法》所规定的哪些违法行为应当记入信用档案、记录哪些内容，应当依照有关法律、行政法规的规定。我国目前已有 36 部法律、48 部行政法规对信用档案和信用条款作出了规定，只有少数法律、行政法规对哪些违法行为应当记入信用档案以及记录哪些信息作出了较为具体的规定。例如，《反不正当竞争法》第 26 条规定：“经营者违反本法规定从事不正当竞争，受到行政处罚的，由监督检查部门记入信用记录，并依照有关法律、行政法规的规定予以公示。”此外，《电影产业促进法》第 46 条、《食品安全法》第 113 条以及第 114 条也有相应的规定。目前，尚无法律、行政法规对于违反《个人信息保护法》的违法行为应当记入信用档案以及记录哪些信息作出具体的规定。另一方面，被记入信用档案的违法行为如何公示，也应当依照有关法律、行政法规的规定。例如，《企业信息公示暂行条例》第 6 条和第 7 条规定：工商行政管理部门应当通过企业信用信息公示系统，公示其在履行职责过程中产生的对企业的行政处罚信息；工商行政管理部门以外的其他政府部门也应当公示其在履行职责过程中产生的对企业的行政处罚信息。由此可见，网络公司等企业因违反《个人信息保护法》而遭受行政处罚时，该行政处罚信息应当被公示。再如，依据《政府信息公开条例》第 20 条的规定，行政机关应当依照该条例第 19 条的规定，主动公开本行政机关的相关政府信息就包括了“实施行政处罚、行政强制的依据、条件、程序以及本行政机关认为具有一定社会影响的行政处罚决定”“突发公共事件的应急预案、预警信息及应对情况”“环境保护、公共卫生、安全生产、食品药品、产品质量的监督检查情况”①。

（三）国家机关不履行个人信息保护义务的责任

1. 意义

《个人信息保护法》第 68 条第 1 款对国家机关不履行《个人信息保护法》规定的个人信息保护义务的责任作出了规定。该规定具有重要意义。国家机关在履行法定职责的过程中，掌握了大量的个人信息，其中很多属于私密信息和敏感的个人信息。一旦国家机关不严格依法履行个人信息保护义务，导致这些信息被泄露、窃取、篡改、丢失或未经授权被访问，不仅会对个人的人身财产权益造成严重的损害，对于公共安全、社会秩序乃至国家安全都会造成极严重的后果。因此，《民法典》第 1039 条规定：“国家机关、承担行政职能的法定机构及其工作人员对于履行职责过程中知悉的自然人的隐私和个人信息，应当予

---

① 《市场监督管理严重违法失信名单管理办法》对于何种情形列入严重违法失信名单、决定列入的部门、相关信息通过国家企业信用信息公示系统进行公示、撤销列入的决定以及从名单中移除等具体程序作出了规定。

以保密，不得泄露或者向他人非法提供。”《刑法》第253条之一第2款规定：“违反国家有关规定，将在履行职责或者提供服务过程中获得的公民个人信息，出售或者提供给他人的，依照前款的规定从重处罚。”有鉴于此，《个人信息保护法》第68条第1款也专门对国家机关不履行该法规定的个人信息保护义务的责任作出了规定。

2. 责令改正与依法给予处分

依据《个人信息保护法》第68条第1款的规定，国家机关违反《个人信息保护法》规定的个人信息保护义务的，由其上级机关或者履行个人信息保护职责的部门责令改正，对直接负责的主管人员和其他直接责任人员，依法给予处分。由于国家机关的经费本身就来自财政经费，故此，没有规定对国家机关的罚款。至于对直接负责的主管人员和其他直接责任人员的处分，应由该人员的任免机关或监察机关按照管理权限，根据违法行为的性质、情节以及危害程度，决定给予警告、记过、记大过、降级、撤职或开除处分，对此，《公务员法》《监察法》等法律有具体的规定。

（四）履行个人信息保护职责部门的工作人员的法律责任

《个人信息保护法》第68条第2款规定，履行个人信息保护职责的部门的工作人员玩忽职守、滥用职权、徇私舞弊，尚不构成犯罪的，依法给予处分。玩忽职守，是指履行个人信息保护职责的部门的工作人员严重不负责任，不履行或不认真履行个人信息保护职责。例如，明知道正在发生非法的个人信息处理活动，却不依法予以查处。滥用职权，是指履行个人信息保护职责的部门的工作人员超越职权，违法决定、处理其无权决定或无权处理的事项。例如，违反不同部门的分工，某一履行个人信息保护职责的部门的工作人员去处理本该由其他履行个人信息保护职责的部门处理的非法的个人信息处理活动。徇私舞弊，是指工作人员为了私情或者私利而包庇违法行为人，应当处理的不处理或者应当从重处理的却从轻处理甚至不处理。履行个人信息保护职责的部门的工作人员玩忽职守、滥用职权、徇私舞弊，尚不构成犯罪的，依法给予处分，包括警告、记过、记大过、降级、撤职和开除处分。

二、刑事责任

例3： 2021年1月，被告人熊某恒、熊某林、熊某浪、熊某强、范某聪与秦某斌结伙，利用“微骑兵”软件非法制作成品微信号并高价出售从中非法获取利益。在出售成品微信号的同时，这些被告还通过网上购买的方式非法获取他人求职信息（含姓名、性别、电话号码等公民个人基本身份信息）后，将求职人员的信息分发给公司工作人员。以员工每添加到一名求职人员的微信号，赚约10元不等佣金的奖励方法，让员工谎称自己是“公共科技传媒”的工作人员，并通过事先准备好的“话术”以刷单兼职为理由，让求职者添加“导师”的微信，招揽被害人进群，致使部分被害人上当受骗。经查明，上述被告人共获得非法利益20余万元。[①]

① 最高人民法院第194号指导性案例. https://www.court.gov.cn/shenpan-xiangqing-384431.html.

《个人信息保护法》第 71 条规定："违反本法规定，构成违反治安管理行为的，依法给予治安管理处罚；构成犯罪的，依法追究刑事责任。"这是关于违反《个人信息保护法》规定的治安管理处罚和刑事责任的衔接性规定。也就是说，对于是否构成犯罪和如何处罚，应当依据《刑法》等法律或司法解释的规定。

我国《刑法》较早就规定了侵害公民个人信息的犯罪与刑罚。《刑法》第 253 条之一规定："违反国家有关规定，向他人出售或者提供公民个人信息，情节严重的，处三年以下有期徒刑或者拘役，并处或者单处罚金；情节特别严重的，处三年以上七年以下有期徒刑，并处罚金。违反国家有关规定，将在履行职责或者提供服务过程中获得的公民个人信息，出售或者提供给他人的，依照前款的规定从重处罚。窃取或者以其他方法非法获取公民个人信息的，依照第一款的规定处罚。单位犯前三款罪的，对单位判处罚金，并对其直接负责的主管人员和其他直接责任人员，依照各该款的规定处罚。"

《最高人民法院、最高人民检察院关于办理侵犯公民个人信息刑事案件适用法律若干问题的解释》对《刑法》第 253 条之一的具体适用作出了详细的规定。例如，依据该解释第 5 条的规定，非法获取、出售或者提供公民个人信息，具有下列情形之一的，应当认定为《刑法》第 253 条之一规定的"情节严重"：(1) 出售或者提供行踪轨迹信息，被他人用于犯罪的；(2) 知道或者应当知道他人利用公民个人信息实施犯罪，向其出售或者提供的；(3) 非法获取、出售或者提供行踪轨迹信息、通信内容、征信信息、财产信息 50 条以上的；(4) 非法获取、出售或者提供住宿信息、通信记录、健康生理信息、交易信息等其他可能影响人身、财产安全的公民个人信息 500 条以上的；(5) 非法获取、出售或者提供第 3 项、第 4 项规定以外的公民个人信息 5 000 条以上的；(6) 数量未达到第 3 项至第 5 项规定标准，但是按相应比例合计达到有关数量标准的；(7) 违法所得 5 000 元以上的；(8) 将在履行职责或者提供服务过程中获得的公民个人信息出售或者提供给他人，数量或者数额达到第 3 项至第 7 项规定标准一半以上的；(9) 曾因侵犯公民个人信息受过刑事处罚或者 2 年内受过行政处罚，又非法获取、出售或者提供公民个人信息的；(10) 其他情节严重的情形。如果实施前款规定的行为，具有下列情形之一的，应当认定为《刑法》第 253 条之一第 1 款规定的"情节特别严重"：(1) 造成被害人死亡、重伤、精神失常或者被绑架等严重后果的；(2) 造成重大经济损失或者恶劣社会影响的；(3) 数量或者数额达到前款第 3 项至第 8 项规定标准 10 倍以上的；(4) 其他情节特别严重的情形。**例 3** 是最高人民法院发布的第 194 号指导性案例"熊昌恒等侵犯公民个人信息案"，在该案中，法院依据《刑法》第 253 条之一判处该等被告有期徒刑 3 年 2 个月至 10 个月不等，并处以罚金和没收非法所得。

除《刑法》第 253 条之一外，《刑法》第 252 条规定的隐匿、毁弃或者非法开拆他人信件，侵犯公民通信自由权利犯罪；第 177 条之一规定的窃取、收买或者非法提供他人信用卡信息资料的犯罪；第 284 条规定的非法使用窃听、窃照专用器材的犯罪等，也涉及侵犯公民个人信息的犯罪。[①]

① 杨合庆. 中华人民共和国个人信息保护法释义. 北京：法律出版社，2022：172.

第二节　个人信息保护公益诉讼

一、概述

（一）公益诉讼的概念与类型

公益诉讼是指由特定的机关、社会团体或个人提起的旨在维护社会公共利益的诉讼活动。[①] 依据被诉的对象不同，公益诉讼分为民事公益诉讼与行政公益诉讼。前者是针对侵害社会公共利益的特定民事主体所提起的民事诉讼，适用的是《民事诉讼法》；后者的诉讼对象是未履行法定职责或者作出损害社会公共利益的行政行为的行政机关，提起的是行政诉讼，适用的是《行政诉讼法》。[②]

近些年来，我国立法越来越重视公益诉讼，不少法律都对公益诉讼作出了规定。民事公益诉讼的相关法律规定，如《民事诉讼法》第 58 条规定："对污染环境、侵害众多消费者合法权益等损害社会公共利益的行为，法律规定的机关和有关组织可以向人民法院提起诉讼。人民检察院在履行职责中发现破坏生态环境和资源保护、食品药品安全领域侵害众多消费者合法权益等损害社会公共利益的行为，在没有前款规定的机关和组织或者前款规定的机关和组织不提起诉讼的情况下，可以向人民法院提起诉讼。前款规定的机关或者组织提起诉讼的，人民检察院可以支持起诉。"此外，《消费者权益保护法》第 47 条、《环境保护法》第 58 条、《妇女权益保障法》第 77 条、《英雄烈士保护法》第 25 条、《反电信网络诈骗法》第 47 条、《反垄断法》第 60 条、《军人地位和权益保障法》第 62 条、《安全生产法》第 74 条等也都规定了相应的民事公益诉讼。

对行政公益诉讼的规定是在《行政诉讼法》中，该法第 25 条第 4 款规定："人民检察院在履行职责中发现生态环境和资源保护、食品药品安全、国有财产保护、国有土地使用权出让等领域负有监督管理职责的行政机关违法行使职权或者不作为，致使国家利益或者社会公共利益受到侵害的，应当向行政机关提出检察建议，督促其依法履行职责。行政机关不依法履行职责的，人民检察院依法向人民法院提起诉讼。"此外，《妇女权益保障法》第 77 条、《反电信网络诈骗法》第 47 条、《安全生产法》第 74 条、《军人地位和权益保障法》第 62 条等也规定了相应的行政公益诉讼。

（二）个人信息保护公益诉讼的意义

在现代网络信息时代，个人信息处理者处理的个人信息数量极大，涉及众多的个人，一旦出现违法处理个人信息的行为，如个人信息的泄露、非法收集个人信息等，将侵害众多的个人的合法权益。然而，由于此种侵害众多个人的权益的非法处理行为并不直接造成特定个人的民事权益的损害，而是涉及不特定主体的社会公共利益，个人在缺乏直接的利害关系的情形下不会起诉，即便起诉也仅仅是维护个人合法权益。故此，需要通过在个人

---

① 张卫平．民事诉讼法．5 版．北京：法律出版社，2019：358.

② 王太高．论行政公益诉讼．法学研究，2002（5）.

信息保护领域建立公益诉讼制度，从而更好地维护社会公共利益。《个人信息保护法》第70条规定：“个人信息处理者违反本法规定处理个人信息，侵害众多个人的权益的，人民检察院、法律规定的消费者组织和由国家网信部门确定的组织可以依法向人民法院提起诉讼。”该条是对个人信息保护公益诉讼的规定。

我国《个人信息保护法》第70条规定的是个人信息保护民事公益诉讼。因为，该条规定的个人信息保护公益诉讼的原告既包括检察院，也包括了法律规定的消费者组织，还有国家网信部门确定的组织。当然，该条也并未禁止个人信息保护的行政公益诉讼，能否进行行政公益诉讼应当依据《行政诉讼法》第25条的规定，毕竟在个人信息保护领域中，所有的行政机关在各自职责范围内都负有保护个人信息的职责。不作任何限制地由检察院针对任何行政机关提起个人信息保护行政公益诉讼，显然是不合适的。

二、个人信息保护民事公益诉讼

例4： 自2019年2月起，被告孙某以34 000元的价格，将自己从网络购买、互换得到的4万余条含姓名、电话号码、电子邮箱等的个人信息，通过微信、QQ等方式贩卖给案外人刘某。案外人刘某在获取相关信息后将其用于虚假的外汇业务推广。杭州市上城区人民检察院针对孙某提起个人信息保护民事公益诉讼。公益诉讼起诉人认为，被告孙某未经他人许可，在互联网上公然非法买卖、提供个人信息，造成4万余条个人信息被非法买卖、使用，严重侵害社会众多不特定主体的个人信息权益，致使社会公共利益受到侵害，据此提起民事公益诉讼。杭州互联网法院判决孙某按照侵权行为所获利益支付公共利益损害赔偿款34 000元，并向社会公众赔礼道歉。[①]

（一）个人信息保护民事公益诉讼的要件

1. 个人信息处理者违反《个人信息保护法》的规定处理个人信息

也就是说，存在非法处理个人信息的行为，包括违反个人信息处理的基本原则、个人信息处理规则等处理个人信息，如过度收集个人信息，未告知并取得个人同意就处理个人信息，非法买卖个人信息等；拒不履行协助义务以致个人无法实现个人信息权益，如不响应个人要求查阅、复制其个人信息的请求，在符合法律规定应当删除个人信息的情形时仍拒不删除等；不履行法律规定的个人信息保护义务，导致个人信息被泄露、丢失或者篡改等。

2. 侵害众多个人的权益

公益诉讼的根本要求就在于其目的不是维护某个特定民事主体的权益，而是维护公共利益，如果个人信息处理者违反《个人信息保护法》的规定处理个人信息的行为，只是侵害了某些特定的主体的权益的，应当由受害人提起民事诉讼，不应当任意提起公益

---

① 民法典颁布后人格权司法保护典型民事案例. https://www.court.gov.cn/zixun-xiangqing-354261.html.

诉讼。只有当非法处理个人信息的行为侵害了“众多的个人权益”时，才能提起个人信息保护民事公益诉讼。所谓“众多”，就是指人数很多，更突出的是人数的不特定性，而不应当僵化地理解为具体多少人以上。“个人权益”的含义范围很广，因为个人信息上承载了诸多的自然人的权益，既包括《民法典》规定的个人享有的各类人身权益、财产权益等民事权益，也包括《未成年人保护法》《妇女权益保障法》《残疾人保障法》《消费者权益保护法》等法律中规定的未成年人、老年人、残疾人、妇女、消费者等特殊个人的民事权利，还包括了《宪法》规定的公民的人格尊严、人身自由、通信秘密等基本权利。

（二）个人信息保护民事公益诉讼的原告

1. 人民检察院

《民事诉讼法》第 58 条明确规定，人民检察院在履行职责中发现破坏生态环境和资源保护、食品药品安全领域侵害众多消费者合法权益等损害社会公共利益的行为，在没有法律规定的机关和有关组织或者该机关和组织不提起诉讼的情况下，可以向人民法院提起诉讼。这一规定明确了人民检察院作为民事公益诉讼的原告，即民事检察公益诉讼制度。人民检察院本身就是国家法律监督机关，而公益诉讼具有法律监督的功能，因此，由人民检察院提起个人信息保护的民事公益诉讼是合适的。**例 4** 就是由人民检察院针对侵害个人信息权益的侵权人提起的民事公益诉讼。人民检察院提起的民事公益诉讼可以是单独提起的，也可以是附带于刑事诉讼当中的。对于人民检察院提起的民事诉讼公益诉讼的具体程序，《最高人民法院、最高人民检察院关于检察公益诉讼案件适用法律若干问题的解释》《人民检察院公益诉讼办案规则》等司法解释作出了规定。

2. 法律规定的消费者组织

所谓法律规定的消费者组织，就是指我国《消费者权益保护法》规定的消费者组织，该法第 47 条规定：“对侵害众多消费者合法权益的行为，中国消费者协会以及在省、自治区、直辖市设立的消费者协会，可以向人民法院提起诉讼。”故此，如果个人信息处理者违反该法规定处理个人信息，侵害众多消费者的权益的，中国消费者协会以及在省、自治区、直辖市设立的消费者协会，完全可以依据《消费者权益保护法》的上述规定提起民事公益诉讼。《人脸识别解释》第 14 条也明文规定：“信息处理者处理人脸信息的行为符合民事诉讼法第五十五条、消费者权益保护法第四十七条或者其他法律关于民事公益诉讼的相关规定，法律规定的机关和有关组织提起民事公益诉讼的，人民法院应予受理。”《最高人民法院关于审理消费民事公益诉讼案件适用法律若干问题的解释》对法律规定的消费者组织提起的民事公益诉讼作出了具体的规定。

3. 由国家网信部门确定的组织

为了更好地保护个人信息权益，《个人信息保护法》还增加了一类提起个人信息保护民事公益诉讼的组织，即国家网信部门确定的组织。所谓国家网信部门确定的组织，即由国家网信部门依据有关法律法规和规章所规定的条件确定的，能够依法提起个人信息保护民事公益诉讼的单位。这主要是考虑到：一则，公益诉讼并非常态的救济方式，且各种组织的类型众多，也不是所有的都能提起个人信息保护的公益诉讼，如果不作限制就会产生滥诉等问题。二则，从职责分工来看，国家网信部门负责统筹协调个人信息保护工作和相关监督管理工作，因此，由其来确定是比较合适的。

三、个人信息保护行政公益诉讼

例 5：2020 年 5 月，江西省乐安县农业农村局在乐安县人民政府官方网站“政府信息公开”栏目公布了 4 份内容为该县 2017 年至 2019 年农机购置补贴情况的政府信息，其中包含了未经去标识化处理的农户的个人信息。乐安县人民检察院经调查发现，乐安县农业农村局于 2020 年 5 月先后制作了 4 份农机购置补贴情况的政府信息并在县政府官方网站公开，上述公开信息未对其中的公民个人信息内容进行去标识化处理，相关农户的身份证号码、家庭住址、银行账户、手机号码等个人信息被完整公开，涉及农户（含部分单位）1 044 人（次）。2020 年 7 月 22 日，乐安县人民检察院向具农业农村局发出诉前检察建议，建议其加强对政府信息公开内容的审查，及时撤回泄露公民个人信息内容的政府信息。收到检察建议后，乐安县农业农村局及时将相关信息从政府网站上撤回，对涉及个人信息的内容进行去标识化处理后重新公开。

人民检察院提起的行政公益诉讼是指，人民检察院在履行职责中发现生态环境和资源保护、食品药品安全、国有财产保护、国有土地使用权出让等领域负有监督管理职责的行政机关违法行使职权或者不作为，致使国家利益或者社会公共利益受到侵害的，向行政机关提出检察建议，督促其依法履行职责。如果行政不依法履行职责的，人民检察院则以该行政机关为被告依法向人民法院提起诉讼。从《行政诉讼法》第 25 条第 4 款的规定来看，人民检察院提起的行政公益诉讼的主要适用范围是“人民检察院在履行职责中发现生态环境和资源保护、食品药品安全、国有财产保护、国有土地使用权出让等领域负有监督管理职责的行政机关违法行使职权或者不作为”。2020 年 9 月最高人民检察院发布了《关于积极稳妥拓展公益诉讼案件范围的指导意见》，明确将个人信息保护作为网络侵害领域的办案重点。截至 2021 年，全国已有 25 个省级人大常委会作出关于加强检察公益诉讼工作的决定，其中有 19 个省份明确要求检察机关积极稳妥开展个人信息保护领域公益诉讼。[①] 2021 年 4 月 22 日，最高人民检察院发布了 11 件检察机关个人信息保护公益诉讼的典型案例（其中，个人信息保护行政公益诉讼案件 6 件，民事公益诉讼案件 2 件，侵犯公民个人信息刑事附带民事公益诉讼案 3 件），引起了很大的社会反响。**例 5** 就是该批发布的案例之一“江西省乐安县人民检察院督促规范政府信息公开行政公益诉讼案”。在该案中，由于乐安县农业农村局接受了人民检察院发出的诉前检察建议，故此案件并未进入行政公益诉讼程序。

---

① 最高检发布检察机关个人信息保护公益诉讼典型案例 斩断个人信息侵权与电信网络诈骗之间的利益链条. https://www.spp.gov.cn/spp/xwfbh/wsfbt/202104/t20210422_516357.shtml#1.

表 14-1　个人信息保护民事与行政公益诉讼的区别

区别	项目	
	个人信息保护民事公益诉讼	个人信息保护行政公益诉讼
法律依据	《个人信息保护法》第 70 条	《行政诉讼法》第 25 条
提起诉讼的主体	人民检察院、法律规定的消费者组织和由国家网信部门确定的组织	人民检察院
起诉的要件	个人信息处理者违反《个人信息保护法》规定处理个人信息，侵害众多个人的权益的	人民检察院在履行职责中发现对个人信息保护等领域负有监督管理职责的行政机关违法行使职权或者不作为

【进一步阅读文献】

1. 张馨天. 违法处理个人信息的行政罚款责任研究：以《个人信息保护法》第 66 条为中心的考察. 中国应用法学，2022 (6).

2. 周加海，邹涛，喻海松.《关于办理侵犯公民个人信息刑事案件适用法律若干问题的解释》的理解与适用. 人民司法（应用)，2017 (19).

3. 喻海松. 网络犯罪二十讲. 2 版. 北京：法律出版社，2022.

4. 张新宝，赖成宇. 个人信息保护公益诉讼制度的理解与适用. 国家检察官学院学报，2021 (5).

第十五章　履行个人信息保护职责的部门

第一节　概　述

一、立法背景

在《个人信息保护法》起草过程中，就如何确定履行个人信息保护职责部门的问题，有不同的观点，有一种观点认为：我国目前缺乏专门的、独立的个人信息保护机关，对于个人信息保护的监管职责基本上是按照个人信息所涉及的领域来划分的，即线下相关活动的监管部门是哪个机关，线上的监管部门也是哪个机关。这种“九龙治水”的局面，不利于强化对个人信息的保护，因此，设立专门的个人信息保护机构是很有必要的。如此方能使得个人信息保护机构的立法权、执法权、具体的处罚措施等加以统一，更好地维护个人信息权益，规范个人信息处理活动。① 也有学者从便于统一规制个人信息保护法的施行，便于提升个人信息保护专业化水准，便于国际交流与合作三个方面来呼吁成立专责机关，这样方可以实现其独立性、专业性及国际性。独立性体现在可以在依法行使职权时，保有不受外来直接或间接影响的自主性。专业性体现在统一适用法律，发挥事前引导功能，协助、辅导公务机关与非公务机关妥善遵循与因应法律规范，并拥有一致性的标准执行行政检查与处罚的权利。国际性则体现在与其他国家的专责机关的交流趋于正规化，经谈判后加入相应的国际联盟，增强个人信息保护水平。②

另一种观点认为，考虑到个人信息的应用场景非常广泛，社会生产生活的方方面面都涉及个人信息的保护问题，因此，不同的行政机关在依法履行监管职责时势必要涉及各自领域中的个人信息保护和监管问题，显然不可能将所有领域的个人信息监管职责都统一到一个专门的机关或部门。况且，即便将所有的个人信息监管职责都统一到一个部门，其也缺乏足够的人力物力来履行这一职责。

在国际上，个人信息保护机构的设置和监管职责有多种模式：一是以欧盟及其成员国立法为代表，设立专门的个人信息保护机构，独立行使个人信息保护和监管职权；二是以新加坡、日本、韩国等国家为代表，设立个人信息保护委员会承担个人信息保护职责，但法律或个人信息保护委员会可以授权特定行业和领域的主管部门负责相关个人信息

---

① 李慧琪. 民法典编纂专家程啸接受南都专访谈个人信息保护：保护个人信息的目的绝非单纯地管理，而是落实《宪法》，维护自然人人格尊严. 南方都市报，2020－05－20（GA07）；周汉华. 未来个人信息保护机构设置要明确独立性.［2020－07－30］. http://fzzfyjy.cupl.edu.cn/info/1022/12106.htm.

② 高秦伟. 论个人信息保护的专责机关. 法学评论，2021（6）：108.

保护工作；三是以美国、澳大利亚为代表，在不同领域的部门法中规定由相关主管部门负责个人信息保护工作，如美国联邦贸易委员会、金融保护局、联邦通信委员会、卫生和公众服务部分别承担消费者、金融消费者、电信和医疗卫生等领域的个人信息保护职能。①

考虑到我国现行法律所确立的监管体制与各部门的职责分工，《个人信息保护法》并未将所有领域的个人信息保护和监管职责统一到一个部门，而是规定国家网信部门负责统筹协调个人信息保护工作和相关监督管理工作。国务院有关部门依照《个人信息保护法》和有关法律、行政法规的规定，在各自职责范围内负责个人信息保护和监督管理工作。同时，还明确了县级以上地方人民政府有关部门的个人信息保护和监督管理职责按照国家有关规定确定。上述所有负责个人信息保护和监督管理工作的部门被《个人信息保护法》统称为“履行个人信息保护职责的部门”。

二、部门职责分工

（一）国家网信部门

《个人信息保护法》第 60 条第 1 款第一句规定：“国家网信部门负责统筹协调个人信息保护工作和相关监督管理工作。”早在《个人信息保护法》出台前，国家网信部门就依据《网络安全法》等法律和有关规定，负责承担互联网信息服务等领域的个人信息保护职责。国家网信部门就是指国家互联网信息办公室。2011 年 5 月 4 日，经国务院批准，国家互联网信息办公室（简称国家网信办）设立，将原由工业和信息化部承担的信息化推进和网络信息安全协调职责划入该办。国家互联网信息办公室不另设新的机构，在国务院新闻办公室加挂国家互联网信息办公室牌子。2013 年 11 月 12 日，中国共产党第十八届中央委员会第三次全体会议通过《中共中央关于全面深化改革若干重大问题的决定》，该决定指出：“坚持积极利用、科学发展、依法管理、确保安全的方针，加大依法管理网络力度，加快完善互联网管理领导体制，确保国家网络和信息安全。”2014 年 2 月，中央网络安全和信息化领导小组成立，将着眼于国家安全和长远发展，统筹协调涉及经济、政治、文化、社会及军事等各个领域的网络安全和信息化重大问题，研究制定网络安全和信息化发展战略、宏观规划和重大政策，推动国家安全和信息化法治建设，不断增强安全保障能力。同时，领导小组办事机构即中央网络安全和信息化领导小组办公室成立了，由国家互联网信息办公室承担具体职责。2014 年 8 月 26 日《国务院关于授权国家互联网信息办公室负责互联网信息内容管理工作的通知》（国发〔2014〕33 号）规定：“为促进互联网信息服务健康有序发展，保护公民、法人和其他组织的合法权益，维护国家安全和公共利益，授权重新组建的国家互联网信息办公室负责全国互联网信息内容管理工作，并负责监督管理执法。”2018 年 3 月，中共中央印发了《深化党和国家机构改革方案》，该方案将中央网络安全和信息化领导小组改为中央网络安全和信息化委员会，负责相关领域重大工作的顶层设计、总体布局、统筹协调、整体推进、督促落实。同月，国务院下发的《国务院关于机构设置的通知》（国发〔2018〕6 号）规定：国家互联网信息办公室与中央网络安全和信息化委员会办公室，一个机构两块牌子，列入中共中央直属机构序列。

---

① 杨合庆. 中华人民共和国个人信息保护法释义. 北京：法律出版社，2022：151.

国家互联网信息办公室负责的职责范围包括以下两个领域。

（1）国家互联网信息办公室负责统筹协调网络安全工作和相关监督管理工作，其中最具特殊性的是国家互联网信息办公室负责网络安全的监测预警与应急处置以及制定和公布网络关键设备和网络安全专用产品目录。

（2）国家互联网信息办公室负责全国互联网信息内容管理工作，具体而言：首先，国家互联网信息办公室负责网络信息服务的“监督管理执法工作”。所谓网络信息服务包括区块链信息服务、新闻信息服务、公众账号信息服务、互联网群组信息服务、互联网论坛社区服务、互联网直播服务、移动互联网应用程序信息服务、互联网信息搜索服务、互联网用户账号名称的注册与使用等。其次，国家互联网信息办公室承担“统筹协调指导”工作领域：即时通信工具公众信息服务发展管理工作。最后，国家互联网信息办公室与其他主管部门共同负责的互联网信息监管包括：互联网危险物品信息发布；制定与公布网络关键设备和网络安全专用产品目录，并推动安全认证和安全检测结果互认，避免重复认证、检测。

从国家互联网信息办公室的职能来看，其主要职能在于落实互联网信息传播方针政策和推动互联网信息传播法制建设，指导、协调、督促有关部门加强互联网信息内容管理等，职能侧重在网络安全和信息化建设工作，个人信息保护的统筹协调和相关的监督管理工作并非其主要职能所在。

（二）国务院有关部门

《个人信息保护法》第60条第1款第二句规定，国务院有关部门依照本法和有关法律、行政法规的规定，在各自职责范围内负责个人信息保护和监督管理工作。在数字时代各主管部门业务均关涉个人信息保护，比如市场监管部门根据《消费者权益保护法》等法律的规定，承担消费者个人信息保护的相关职责；金融监管部门根据《商业银行法》《证券法》《保险法》等法律的规定，承担金融消费者、投资者个人信息保护的相关职责；公安部门根据《刑法》《网络安全法》等法律的规定，承担打击侵害个人信息的违法犯罪的职责；工信、教育、医疗等有关主管部门按照相关法律和有关规定，承担指导、监督本行业、本领域个人信息保护的职责。因而在我国国情下强调统筹协调职能的设计是合理的。

（三）县级以上地方人民政府有关部门

《个人信息保护法》第60条第2款规定，县级以上地方人民政府有关部门的个人信息保护和监督管理职责，按照国家有关规定确定。在《个人信息保护法》立法过程中，一种观点认为，现代网络信息社会已经打破了传统的地域以及国家之间的疆界，在一国内对个人信息的保护尤其是网络个人信息的保护应当是统一的，而不是分地域、分级别的，如果规定县级地方人民政府有关部门就可以进行个人信息保护和监督管理，很容易出现地方保护主义以及执法的不统一，不利于促进网络科技与数字经济的发展。此外，实务界人士也曾对地方人民政府是否有能力对一个大型互联网公司作出10亿元的罚款产生过一定的疑问。[①] 基于上述理由，只需要设置国家和省两个层级的个人信息保护机构即可。

---

① 邓志松，戴健民.《个人信息保护法（草案）》实务解读：十大关键词与九大业务场景.［2023-02-15］.http://www.dachenglaw.com/cn/news/dachengNews/140052.html.

另一种观点则认为，由于个人信息处理者数量庞大，因此个人信息保护和监督管理的任务非常繁重，如果仅仅设置国家和省两级监管体制，难以应付大量的管理任务，但是，如果设置过多的层级，又难以解决地方政府对于行政执法的影响。故此，应当设立国家、省、地市级三级纵向管理架构。①

最终立法考虑到地方政府部门的设置及其职责与中央部门有所不同，对地方政府有关部门的个人信息保护职责分工未作具体规定。② 对于县级以上地方人民政府有关部门的个人信息保护和监督管理职责，留待国家有关规定进一步明确。

第二节　具体职责

一、一般职责

《个人信息保护法》第 61 条设置了 5 项职责，这几项职责属于一般性的职责规定，统一适用于所有的履行个人信息保护职责的部门，包括国家网信部门、国务院有关部门以及县级以上地方人民政府。具体规定如下。

（1）开展个人信息保护宣传教育，指导、监督个人信息处理者开展个人信息保护工作。

加强个人信息保护宣传教育，普及个人信息保护知识，增强全社会个人信息保护意识，是个人信息保护工作的基础。履行个人信息保护职责的部门应当采取人民群众喜闻乐见的方式，通过网络、电视、广播、报纸杂志、自媒体等多种媒介，广泛开展个人信息保护宣传教育活动。③

指导、监督个人信息处理者开展个人信息保护工作，是履行个人信息保护职责的部门的重要职责，应当通过业务培训、技术咨询、行政指导等方式，指导个人信息处理者建立有效的个人信息保护合规体系，提升个人信息保护技术水平，降低各类个人信息处理活动的风险水平。通过日常监督等方式，督促个人信息处理者加强个人信息保护工作，及时发现问题和风险隐患并督促整改。④

（2）接受、处理与个人信息保护有关的投诉、举报。

个人信息保护的关键一环是确保维权渠道的畅通，并建立相应的赔偿制度，发动群众监督和社会监督，进一步减少不法侵害的发生。⑤ 因此，《个人信息保护法》第 65 条规定："任何组织、个人有权对违法个人信息处理活动向履行个人信息保护职责的部门进行投诉、举报。收到投诉、举报的部门应当依法及时处理，并将处理结果告知投诉、举报人。履行个人信息保护职责的部门应当公布接受投诉、举报的联系方式。"相应地，履行个人信息

---

① 周汉华．未来个人信息保护机构设置要明确独立性．（2020－07－30）［2023－02－15］．http://fzzfyjy.cupl.edu.cn/info/1022/12106.htm.

② 杨合庆．中华人民共和国个人信息保护法释义．北京：法律出版社，2022：151.

③ 杨合庆．中华人民共和国个人信息保护法释义．北京：法律出版社，2022：152.

④ 杨合庆．中华人民共和国个人信息保护法释义．北京：法律出版社，2022：152.

⑤ 徐颖．为个人信息安全提供法治保障．（2021－12－14）［2023－03－01］．https://news.gmw.cn/2021－12/14/content_35378445.htm.

保护职责的部门就应当接受、处理与个人信息保护有关的投诉、举报。

(3) 组织对应用程序等个人信息保护情况进行测评，并公布测评结果。

移动互联网应用程序（App）数量巨大，正逐步成为各类企业提供服务的主要方式以及收集个人信息的主要途径。对 App 处理个人信息的情况进行测评，能够及时发现 App 是否存在违法违规处理个人信息等问题。[①] 2019 年 12 月 30 日，国家互联网信息办公室等四部门联合发布了《App 违法违规收集使用个人信息行为认定方法》（以下简称办法），该办法列举了 6 类 31 种 App 违法违规收集使用个人信息的行为，为 App 运营者自测自评、自查自纠和网民社会监督、职能部门组织测评等提供了指引。对测评结果负面的应用程序，职能部门应当要求个人信息处理者及时整改。

(4) 调查、处理违法个人信息处理活动。

履行个人信息保护职责的部门应当根据日常监督检查发现的线索和举报、投诉提供的限缩，依照法定程序对涉嫌违法处理个人信息的活动进行调查，并根据调查结果及时作出处理。[②]

(5) 法律、行政法规规定的其他职责。

该项是兜底条款，除上述法律明确规定的职责之外，其他法律、行政法规规定的其他职责也需要履行，比如《个人信息保护法》中规定的网信部门的统筹和协调职责、个人信息的出境安全评估职责；此外还有其他的法律，比如《网络安全法》《数据安全法》中所规定的相应职责。

二、国家网信部门的统筹和协调职责

国家网信部门在职责分工中主要负责统筹和协调有关部门依法推进个人信息保护工作，其重要性不言自明，尤其是目前我国并无独立的专责机构，而个人信息保护又关涉个人权益、公共利益甚至国家安全。因此，为彰显国家网信部门的职责之重要性，《个人信息保护法》中明确了国家网信部门的具体职责。

(1) 制定个人信息保护具体规则、标准。

《个人信息保护法》虽然已经出台，但对个人信息保护的规定较为原则，在实践中存在操作性弱、指引性不够等问题，因此，需要详细的具体配套规则予以细化，以适应不同场景、不同环节的个人信息保护的需要。国家网信部门就承担了依法协调制定配套规则的职能，这些配套规则包括了行政法规、规章、规范性文件等强制性规范，也包括推荐性标准和指南等推荐性规范。

(2) 针对小型个人信息处理者、处理敏感个人信息以及人脸识别、人工智能等新技术、新应用，制定专门的个人信息保护规则、标准。

这条是对几类特殊的情形制定专门保护规则和标准的要求。首先，小型个人信息处理者一般而言都规模小、处理个人信息数量少、业态简单，且在专业人才、技术能力等方面都较为弱小，《个人信息保护法》为保护这一类型的个人信息处理者，就明确排除了这类

---

① 杨合庆. 中华人民共和国个人信息保护法释义. 北京：法律出版社，2022：153.

② 杨合庆. 中华人民共和国个人信息保护法释义. 北京：法律出版社，2022：153.

小型个人信息处理者的“守门人”义务。针对小型个人信息处理者的规定，本质上也是充分考虑小型个人信息处理者的情况，减轻其合规成本，鼓励和保护小微企业的发展和进一步壮大。

其次，由于处理敏感的个人信息的高风险性，《个人信息保护法》对敏感的个人信息的特殊保护，体现在多个方面：单设一节规定了敏感的个人信息的处理规则，明确要求对处理敏感的个人信息进行事前的个人信息保护影响评估，以及国家网信部门专门对其制定保护规则或标准。

最后，人脸识别、人工智能等新技术、新应用不断涌现，一方面为人民群众的生活带来了不少便利，但另一方面，也给个人信息保护带来了很大的挑战，尤其是现有的各项规则是否能适应新技术和新应用的发展，是否能及时回应人民群众对个人信息权益保护的关切，这些都是国家网信部门需要统筹和协调的。因此，法律赋予了国家网信部门协调相关部门及时制定专门的规则和标准的权力。

（3）支持研究开发和推广应用安全、方便的电子身份认证技术，推进网络身份认证公共服务建设。

《网络安全法》《反洗钱法》《反恐怖主义法》等法律均对网络实名制提出了要求，网络身份认证工作成为个人信息保护、网络安全、数据安全等的重要环节。此外，在未成年人上网、电子政务、商业互联网等业务场景下，也可能需要核验用户身份。因此，身份认证技术的开发和推广，对实现网络身份可信，促进数字化发展具有重要的意义。目前主要有三种电子身份认证技术：一是基于口令的电子身份认证，二是基于物理证件的电子身份认证技术，三是基于生物特征的电子身份认证技术。当今世界各国都高度重视电子身份认证技术的研究和开发，美国和欧盟都发布了相应的可信身份国家战略，都强调在一段时间内需要建立一个可靠的身份管理体系。[①] 因此，国家网信部门支持研究开发和推广应用安全、方便的电子身份认证技术，推进网络身份认证公共服务建设，也是在响应国家战略，为个人信息保护提供重要的支撑。

（4）推进个人信息保护社会化服务体系建设，支持有关机构开展个人信息保护评估、认证服务。

《个人信息保护法》对个人信息保护影响评估，向境外提供个人信息的安全评估和认证、合规审计等作出了规定，这些评估、认证需要专业的机构来进行。但目前我国的认证评估机构发展还不够成熟，准入门槛低、机制不健全、专业能力不足，存在良莠不齐的问题。为推进个人信息保护社会化服务体系建设，一方面，对上述认证评估机构的发展国家网信部门应当在政策上予以支持，但另一方面，对认证评估机构的恶性竞争等也应当进行一定的监管，从完善市场准入规则、建立市场退出机制、制定罚则的角度来推进评估认证服务的健康有序发展。

（5）完善个人信息保护投诉、举报工作机制。

该项职责对应了一般性职责中的“接受、处理与个人信息保护有关的投诉、举报”，要求国家网信部门统筹、协调有关主管部门完善个人信息投诉、举报工作机制，通过建

---

① 杨合庆. 中华人民共和国个人信息保护法释义. 北京：法律出版社，2022：156.

立统一的投诉、举报平台，畅通社会公众投诉、举报的渠道，规范投诉、举报和受理、处理程序。[①]

三、监督检查的措施

《个人信息保护法》第63条规定，履行个人信息保护职责的部门履行个人信息保护职责，可以采取下列措施。

（1）询问有关当事人，调查与个人信息处理活动有关的情况。

在日常对个人信息处理活动的调查和监督中，需要询问当事人和调查有关情况。当事人的范围应当是个人信息处理者及其工作人员，或者受托处理个人信息者以及其工作人员。而调查的方式包含了实地调查和书面调查，以合理为限。应当有理由要求当事人对处理情况进行一定的解释说明，并根据其提供的情况制作相应笔录，留存以供后续有必要时调档使用。

（2）查阅、复制当事人与个人信息处理活动有关的合同、记录、账簿以及其他有关资料。

与个人信息处理活动有关的上述资料，能反映个人信息处理活动的真实情况，包括是否合规，是否侵害个人权益等各个方面。因此，如实提交与处理活动相关的合同、记录、账簿等资料，供履行个人信息保护职责的部门查阅、复制，是个人信息保护日常监督检查的必要手段。

（3）实施现场检查，对涉嫌违法的个人信息处理活动进行调查。

现场检查，往往需要进入个人信息处理者的工作和经营场所，对有关人员进行询问，对有关文件资料和设备物品等进行检查。现场检查对于查明违法违规事实、保存证据等至关重要。数据类的资料文件的删除和销毁较为容易，因此，对一些涉及违法犯罪的个人信息处理活动的调查，突击性质的现场检查，很有必要。

（4）检查与个人信息处理活动有关的设备、物品；对有证据证明是用于违法个人信息处理活动的设备、物品，向本部门主要负责人书面报告并经批准，可以查封或者扣押。

履行个人信息保护职责的部门在履行个人信息保护职责时，有权检查与个人信息处理活动有关的设备、物品，如计算机、存储设备、服务器等，但是，对于与个人信息处理活动无关的设备、物品，则不得检查。如果有证据证明该等设备、物品是从事违法处理个人信息活动之用的，如电脑或硬盘中存储的是非法窃取或非法买卖的个人信息的，则在向本部门主要负责人书面报告并经过批准后，对之可以进行查封或扣押。

对个人信息处理活动进行监督和检查，并对涉嫌违法的个人信息处理行为进行调查处理，是履行个人信息保护职责的部门的法定职责，而当事人应当予以协助、配合，亦是其法定义务，不得拒绝、阻挠。

---

① 杨合庆．中华人民共和国个人信息保护法释义．北京：法律出版社，2022：157.

四、监管约谈和强制合规审计职责

例 1：在 2021 年年初，针对三大运营商违规开卡泄露信息的行为，工业和信息化部约谈了中国移动、中国联通、中国电信三家基础电信企业负责人，并连夜责成三家企业和所在省通信管理局进行调查，依法依规严肃处理有关责任单位和责任人。

（一）个人信息保护的监管约谈

行政约谈作为一种行政指导行为，是纠正问题、规范行业行为的规制手段，在安全生产、环境保护等领域已经被广泛应用。随着互联网经济的飞速发展，约谈也逐渐成为行政机关管理和规范互联网企业活动的重要手段。《个人信息保护法》第 64 条将约谈作为监督和管理个人信息处理者的一种方式，主要是因为约谈有几个方面的好处：一是可以向社会传递出一种关注约谈对象的信息，有利于后续的监督；二是要求约谈对象说明情况，提出整改建议，有助于个人信息保护义务的履行；三是可以通过约谈，更好地指导约谈对象的个人信息处理活动，促进个人信息保护措施的落实。

个人信息保护监督约谈一般有两种情形：一是发现了个人信息处理活动存在较大风险，二是发生了个人信息安全事件。其与《个人信息保护法》第 57 条规定的个人信息处理者的安全事件通知义务的情形具有一致性。如果发生或可能发生个人信息安全事件，个人信息处理者应当及时通知职能机关，其法定代表人或主要负责人也应当做好随时被约谈的准备。如果被约谈后并未整改或者虽经整改但个人信息保护的水平并未有明显的提升，可能会导致类似的安全事件再次发生，那么履行个人保护职责的部门应当尽快采取进一步监管措施。

（二）个人信息保护强制合规审计

《个人信息保护法》第 54 条规定了个人信息处理者的合规审计义务，第 64 条与第 54 条不同的是：第 54 条的合规审计是个人信息处理者自发进行的，可以委托内部机构或外部机构进行审计活动；而第 64 条的合规审计是法定的强制合规审计，是在发现了个人信息处理活动存在较大风险或发生个人信息安全事件情形下，履行个人保护职责的部门作出的应对措施。因此，第 64 条规定的合规审计活动不存在内部机构的审计，而是由独立的外部审计机构进行的专业审计和评估。合规审计的内容包括了个人信息处理活动是否合法合规，采用的技术手段和组织手段是否有效等等。强制的合规审计，被审计对象不能拒绝，应当予以配合，按照要求采取措施，进行整改，消除隐患。如果有故意逃避审计或者审计结果明显负面的，职能部门应当采取进一步的监管措施。

（三）涉嫌犯罪的移送

履行个人信息保护职责的部门在履行职责中，发现违法处理个人信息涉嫌犯罪的，应当及时移送公安机关依法处理。根据《行政处罚法》的规定，违法行为构成犯罪，应当依法追究刑事责任，不得以行政处罚代替刑事处罚。因此，对于涉嫌犯罪的个人信息处理者，履行个人保护职责的部门有法定的责任和义务将其移送公安机关。

【进一步阅读文献】

1. 王锡锌. 个人信息国家保护义务及展开. 中国法学，2021 (1).

2. 高秦伟. 论个人信息保护的专责机关. 法学评论，2021 (6).

3. 谭海波，史钰宏. 政府对互联网信息服务平台的约谈有选择性吗?：基于 2018—2021 年网信办 94 份行政约谈数据的分析. 行政论坛，2022 (6).

4. 张莹莹. 风险预防视阈下政府在个人信息保护领域的治理责任. 云南行政学院学报，2023 (2).

5. 王虎. 风险社会中的行政约谈制度：因应、反思与完善. 法商研究，2018 (1).

6. 邓辉. 我国个人信息保护行政监管的立法选择. 交大法学，2020 (2).

主要参考文献

一、中文文献

1. 程啸. 个人信息保护法理解与适用. 北京：中国法制出版社，2021.

2. 程啸. 人格权研究. 北京：中国人民大学出版社，2022.

3. 丁晓东. 个人信息保护原理与实践. 北京：法律出版社，2021.

4. 江必新，郭峰.《中华人民共和国个人信息保护法》条文理解与适用. 北京：人民法院出版社，2021.

5. 龙卫球. 中华人民共和国个人信息保护法释义. 北京：中国法制出版社，2021.

6. 黄薇. 中华人民共和国民法典人格权编解读. 北京：中国法制出版社，2020.

7. 王利明. 人格权法研究. 3版. 北京：中国人民大学出版社，2018.

8. 王利明，程啸. 中国民法典释评·人格权编. 北京：中国人民大学出版社，2020.

9. 杨合庆. 中华人民共和国网络安全法解读. 北京：中国法制出版社，2017.

10. 杨合庆. 中华人民共和国个人信息保护法释义. 北京：法律出版社，2022.

11. 张新宝.《中华人民共和国个人信息保护法》释义. 北京：人民出版社，2021.

12. 最高人民法院民法典贯彻实施工作领导小组. 中华人民共和国民法典人格权编理解与适用. 北京：人民法院出版社，2020.

13. 谢远扬. 个人信息的私法保护. 北京：中国法制出版社，2016.

14. 刘金瑞. 个人信息与权利配置：个人信息自决权的反思和出路. 北京：法律出版社，2017.

15. 张继红. 大数据时代金融信息的法律保护. 北京：法律出版社，2019.

16. [美] 海伦·尼森鲍姆. 场景中的隐私：技术、政治和社会生活中的和谐. 王苑，等译. 北京：法律出版社，2022.

17. [德] Christopher Kuner. 欧洲数据保护法：公司遵守与管制：第2版. 旷野，等译. 北京：法律出版社，2008.

18. [英] 维克托·迈尔-舍恩伯格. 删除：大数据取舍之道. 袁杰，译. 杭州：浙江人民出版社，2013.

19. [英] 克里斯托弗·米勒德. 云计算法律. 陈媛媛，译. 北京：法律出版社，2019.

20. [美] 尼尔·波斯曼. 技术垄断：文化向技术投降. 何道宽，译. 北京：中信出版集团，2019.

21. [美] 欧文·戈夫曼. 日常生活中的自我呈现. 冯钢，译. 北京：北京大学出版社，2008.

二、外文文献

1. Brox Walker，Allgemeiner Teil des BGB，32Aufl. ，Carl Heymanns，2008.

2. Christopher Kuner，Lee A. Bygrave & Christopher Docksey ed. . The EU General Data Protection Regulation (GDPR)：A Commentary. Oxford University Press，2020.

3. Gola/Heckmann. Bundesdatenschutzgesetz. 13. Aufl.. Beck，2019.

4. Goetting/Schertz/Seitz Hrsg. Handbuch des Persoenlichkeitsrecht. Beck，2008.

5. Heinrich Hubmann. Das Persoenlichkeitsrecht. 2. Aufl.. Boelau，1967.

6. Larenz/Wolf. Allgemeiner Teil des Buergerlichen Rechts. 9Aufl.. Beck，2004.

7. Maximilian von Grafenstein. The Principle of Purpose Limitation in Data Protection Laws. Nomos，2018.

8. Paul Voigt & Axel von dem Bussche. The EU General Data Protection Regulation (GDPR)：A Practical Guide. Springer，2017.

9. Sanjay Sharma. Data Privacy and GDPR Handbook. John Wiley & Sons，Inc.，2020.

10. Julie Cohen. Between Truth and Power：The Legal Constructions of Informational Capitalism. New York：Oxford University Press，2019.

个人信息保护法条文索引

图书在版编目（CIP）数据

个人信息保护法教程/程啸，王苑著. --北京：中国人民大学出版社，2023.6

21世纪高等院校法学系列精品教材

ISBN 978-7-300-31804-2

Ⅰ.①个… Ⅱ.①程… ②王… Ⅲ.①个人信息-法律保护-中国-高等学校-教材 Ⅳ.①D923.74

中国国家版本馆CIP数据核字（2023）第101825号

21世纪高等院校法学系列精品教材

个人信息保护法教程

程 啸 王 苑 著

Geren Xinxi Baohufa Jiaocheng

出版发行	中国人民大学出版社		
社　　址	北京中关村大街31号	邮政编码	100080
电　　话	010－62511242（总编室）		010－62511770（质管部）
	010－82501766（邮购部）		010－62514148（门市部）
	010－62515195（发行公司）		010－62515275（盗版举报）
网　　址	http://www.crup.com.cn		
经　　销	新华书店		
印　　刷	北京七色印务有限公司		
开　　本	787 mm×1092 mm　1/16	版　　次	2023年6月第1版
印　　张	17.5插页2	印　　次	2023年6月第1次印刷
字　　数	405 000	定　　价	58.00元

《　　　　　　　》※任课教师调查问卷

为了能更好地为您提供优秀的教材及良好的服务，也为了进一步提高我社法学教材出版的质量，希望您能协助我们完成本次小问卷，完成后您可以在我社网站中选择与您教学相关的1本教材作为今后的备选教材，我们会及时为您邮寄送达！如果您不方便邮寄，也可以申请加入我社的**法学教师QQ群：436438859（申请时请注明法学教师）**，然后下载本问卷填写，并发往我们指定的邮箱（cruplaw@163.com）。

邮寄地址：北京市海淀区中关村大街31号中国人民大学出版社806室收

邮　　编：100080

再次感谢您在百忙中抽出时间为我们填写这份调查问卷，您的举手之劳，将使我们获益匪浅！

基本信息及联系方式：※

姓名：________ 性别：________ 课程：________________

任教学校：________________ 院系（所）：____________

邮寄地址：________________ 邮编：____________

电话（办公）：________ 手机：________ 电子邮件：________

调查问卷：※

1. 您认为图书的哪类特性对您选用教材最有影响力？（　　）（可多选，按重要性排序）
   A. 各级规划教材、获奖教材　　B. 知名作者教材
   C. 完善的配套资源　　D. 自编教材
   E. 行政命令
2. 在教材配套资源中，您最需要哪些？（　　）（可多选，按重要性排序）
   A. 电子教案　　B. 教学案例
   C. 教学视频　　D. 配套习题、模拟试卷
3. 您对于本书的评价如何？（　　）
   A. 该书目前仍符合教学要求，表现不错将继续采用
   B. 该书的配套资源需要改进，才会继续使用
   C. 该书需要在内容或实例更新再版后才能满足我的教学，才会继续使用
   D. 该书与同类教材差距很大，不准备继续采用了
4. 从您的教学出发，谈谈对本书的改进建议：________________

____

____

选题征集：如果您有好的选题或出版需求，欢迎您联系我们：

联系人：黄　强　联系电话：010-62515955

索取样书：书名：________________________

书号：________________________________

备注：※ 为必填项。